经济管理类主干课程教材·人力资源管理系列

招聘与录用

第3版

主编——王丽娟　李海蓉

中国人民大学出版社
·北京·

前言

招才引智是组织实现高质量发展、提升核心竞争力的关键，更是国家实施人才强国战略，打造人才强国的重要途径之一。面对科技革命和产业变革不断加速演进，经济和社会的发展对人才的需求十分迫切。选拔什么样的人才，如何选拔人才，成为人力资源管理研究者和从业者需要不断探索的问题。

招聘与录用在组织的人力资源管理中举足轻重，是其他工作（员工培训与开发、绩效管理、薪酬管理、员工关系管理等）的前置性工作，招聘效果的好坏直接影响其他工作的开展及成效。与此同时，求职者也在不断地选择适合自己并能实现自我价值的职业。如何才能实现组织和员工双赢？只有运用科学的招聘理论和技术，才能正确识别求职者，实现人岗匹配，做到人尽其才、才尽其用。无论是为了组织目标的实现还是为了员工个人职业生涯的发展，招聘与录用都是一个至关重要的综合职能。这个职能看起来简单，实践起来却面临诸多困难和挑战。

本书是为普通高等院校经济管理类专业学生编写的，适合人力资源管理相关专业学生使用。特别感谢王丽娟老师，她为本书前两版的编写付出了大量心血。这次修订继承了前两版的理论基础，并沿用了第 2 版的框架结构，包括八章，分别是概述、招聘前的理论准备工作、制订招聘计划、人力资源获取方式及选择、人员测评与选拔的主要方法、面试、背景调查与入职体检、录用与招聘评估。

这次修订增加了招聘与录用方面的新近研究成果，补充了中国企业优秀实践案例，尤其是数字化技术给招聘与录用工作带来的新挑战方面的案例，力求内容与时俱进。案例的更新是本次修订的重点。新案例的选择紧扣各章重要知识点，可读性强，便于加深学生对知识点的理解。部分案例配有思考题，帮助学生体会知识的运用，培养批判性思维。

这次修订由我负责全书的组织和统稿工作，中国人民大学劳动人事学院的多位同学参与了文献梳理、案例更新和正文内容的修订。他们是朱建军、刘紫涵、蔡丽琪、陈婕、顾彤彤、关琦、孟星宇、彭月虹、汪冰琪、王奕、武佳忆、闫本轩、杨心钰、于小彤、赵育萱、钟饶等。他们在修订过程中表现出高度的责任心，也贡献了许多有价值的意见和想法，在此对他们的付出表示感谢。同时，也要感谢中国人民大学出版社的谷广阔编辑，他为本书的修订提供了大量的支持和帮助。

由于本人学识有限、经验不足，书中难免有不足和疏漏之处，真诚地希望广大同行与读者批评指正，以便在今后的修订中改进。

李海蓉
于中国人民大学求是楼

目 录

第1章

概　述

| 学习目标 |

- 掌握招聘与录用的含义和意义
- 掌握招聘与录用的工作程序
- 掌握招聘的影响因素
- 熟悉招聘与录用的现状和未来

引 例

中国“红外芯”：高德红外如何招贤纳士?

武汉高德红外股份有限公司（以下简称“高德红外”）位于中国光电子产业基地——武汉东湖新技术开发区（又称中国光谷），是一家专业制造红外热成像系统的民营上市公司，也是全球领先的红外热像仪专业研制厂商。为实现“技术第一，组建一个专业性强的高精尖研发人才团队”的目标，高德红外制订了有效的人力资源招聘与配置方案。

1. 招聘环节

“国防七子”、“军工六校”和“兵工七子”类院校的毕业生成了高德红外补充人力资源新鲜血液、占领人才高地的首选目标。然而，传统老牌的军工强校大多地处军工业发达的北方，这些学校的毕业生大多不愿意舍近求远来到武汉。除了地缘因素上的劣势，高德红外的雇主品牌知名度不高也为校招工作带来困扰。“高德红外是做什么的？你们跟高德地图有什么关系?”是公司在招聘中被问得最多的问题。

针对以上问题，一方面，高德红外精心打造雇主品牌。在线下，高德红外设立了武汉站、西安站和南京站开展校园招聘。同时，高德红外以“燃高德、芯温度——我耀·高能绽放”为主题开展线上招聘，招聘网站上设有企业介绍、人才招聘、招聘路径、聊天互动四大模块，详细介绍企业相关信息。另一方面，高德红外精心挑选招聘团队人员。比如，选用宣讲目标院校往届校友（现为高德红外员工）回访母校交流以拉近与学生之间的距离，提高学生对高德红外的信赖度。高德红外还利用校企合作和内部推荐两种方式提高校园招聘效率。

2. 甄选环节

招聘活动完成后，接下来就是挑选适合企业发展的员工。高德红外设计了一套详尽的测评系统，通过这个系统快速从大量求职者中筛选满足基本条件的人选。应聘者在通过了简历筛选、在线测评等环节后，才算是获得了与高德红外面对面的机会。公司更加看重求职者的项目经历而非受教育程度，那些在校期间有过项目经历的学生，能够优先得到面试机会。

高德红外有非常严格的面试官选拔标准：形象气质佳、谈吐良好，能代表公司形象；精通业务，专业技能水平为部门内前20%；有相关面试经验；应聘者对面试官的评价打分情况；个人绩效和综合能力优秀等；同时会参考面试官过往录用员工的稳定性。严格的面试官选拔标准助力公司更好地选才用人，塑造公司的雇主品牌形象。

3. 录用与新员工培训环节

通过了面试环节的毕业生在与公司正式签订三方协议后，将作为准“高德新星”纳入高德红外人才发展体系。在为期半年的引导期内，高德红外通过丰富生动的文化活动，帮助准“高德新星”加深对公司的了解，提高对公司的认同度，更加坚定这次职业选择的正确性与荣誉感；同时还会通过设置专业项目，促进毕业生与公司内的带教导师建立联系，在与同伴开展协同共创的过程中，展现自己的专业优势，为将来的发展定位生成一个基础画像。

资料来源：中国“红外芯”：高德红外如何招贤纳士？.（2021-12-15）. http：//www.cmcc-dlut.cn. 有改动。

1.1 人力资源管理与招聘

1.1.1 招聘与录用的含义和意义

一、招聘与录用的含义

招聘是人员招聘的简称，也称招募、招收、招雇。人力资源管理中“招聘”一词包括两层意思：招聘是企业获取人力资源的过程；招聘即选择最合适的员工。招聘是指企业为了生存和发展的需要，根据企业人力资源规划和职位分析对人员的数量与质量的要求，通过信息发布和科学甄选，获得所需的合格人才，并安排他们到相应岗位上工作的过程。招聘过程实质上就是从应聘者中选择最适合特定工作岗位的人员的过程，选择的目的是挑选最合格的员工。

广义的招聘包括招募、选拔、录用、评估等一系列活动，也称招聘与录用。招募是组织为了吸引更多更好的候选人来应聘而进行的若干活动，主要包括招聘计划的制订与审批、招聘信息的发布、应聘者申请等。选拔也称为选择、挑选、筛选、遴选，是组织从“人-事”两个方面出发，挑选最合适的人来担任某一职位。选拔包括资格审查、初选、面试、体检等环节。录用主要涉及员工的初始安置、试用、正式录用。评估则是对招聘活动的效益与录用人员的质量进行评估。

狭义的招聘主要是指人才吸引与选拔，是人才聘用或聘任的前置性工作。

二、招聘与录用的意义

从国家或地区的角度来看，企业招聘与录用有利于人员的合理流动，有利于就业，有利于人员潜能的进一步发挥。从企业自身的角度来看，招聘与录用工作主要具有以下四个方面的意义。

1. 招聘与录用是企业生存和发展的重要基础

IBM前总裁托马斯·沃森和微软前董事长比尔·盖茨都曾强调，只要员工在，企业就可以生存或发展。无论是新成立的企业，还是处于运营阶段的企业，招聘到合适的人才都是进一步发展的关键。

对于新成立的企业，即使物质资源、经济资源、信息资源都不缺，如果不能招聘到合适的员工去经营与管理这些资源，这些资源也不会产生任何价值，企业也就无法正常运营。

对于业已存在的企业，无论是为了维持现状还是为了开拓美好的未来，都需要应对不断变化的外部环境和内部环境，都需要与强劲的对手展开竞争。所以，处于动态发展中的企业需要不断从外部引进人才或从内部调配人才，这就是招聘工作。

人才是企业生存和发展的基础，招聘是企业获取人才的关键，招聘工作对于企业的生存和发展具有决定性影响。

2. 招聘与录用是企业人力资源管理工作中其他工作的基础

生产经营实践告诉我们，招聘与录用是企业人力资源管理工作中其他工作（员工培训与开发、绩效管理、薪酬管理、员工关系管理等）的前置性工作，是其他工作得以开展的基础，招聘效果的好坏直接影响其他工作的开展和成效。如果招聘到的是“愿干、能干、进取、有潜力、品德好”的员工，则后续的培训与开发、绩效管理等工作就会进行得比较顺利，较少出现绩效考评方面的问题。如果招聘工作做到位，应聘者在招聘阶段就已经比较深入地了解企业、部门和岗位的情况，部门、主管和主要共事者在招聘阶段就已经比较全面地了解应聘者的情况，那么双方的磨合会更顺利，员工对企业包括薪酬在内的各方面的满意度就会较高，企业对员工各方面的满意度也会较高，从而降低离职率。所以，招聘与录用是企业人力资源管理工作中其他工作的基础。

3. 招聘与录用为企业注入新的活力，提高企业创新能力

企业根据人力资源规划和职位分析的要求，通过招聘，给岗位配置新的人员。新员工在工作中会带来新的理念、管理思想和工作模式，有利于促进企业的制度创新、管理创新和技术创新。尤其是从外部招聘的人才，他们能够为企业输入新生力量，弥补企业内部人力资源的不足，带来更多新思想、新观念和新技术，从而提高企业的创新能力。

4. 招聘与录用能够调动企业员工的工作积极性

当企业从外部招聘优秀人才时，由于存在“鲶鱼效应”，企业内部的员工会打破原来固有的稳定的工作状态，更加积极主动地开展工作。

当企业采用内部招聘的方式，尤其是竞争上岗方式时，员工都有机会去竞争某个岗位，因此在平时的工作中，员工会积极主动地工作、创造良好的业绩，以保其位或为谋求其他工作岗位奠定基础。另外，当企业为了消除员工长时间在某一岗位上工作的疲劳、乏味感而采用定期的岗位调整策略时，这种内部招聘也能极大地调动员工的积极性。

读一读

鲶鱼效应

挪威人爱吃沙丁鱼，尤其喜欢购买活鱼，所以在海上捕得沙丁鱼后，如果能让它活着抵港，其卖价就会比死鱼高出好多。但是，沙丁鱼生性懒惰，不爱运动，返航的路途又很远，因此捕捞到的沙丁鱼往往一运到码头就死了，即使有些是活的，也奄奄一息。只有一位渔民的沙丁鱼总是活的，而且很生猛，所以他赚的钱也比别人多。后来，人们才发现只不过是他的鱼槽里多了几条鲶鱼。原来鲶鱼到了一个陌生的环境后，会“性情急躁”，四处乱游；而沙丁鱼发现多了这样的“异己分子”后，自然也很紧张，快速游动。这样沙丁鱼就保持了旺盛的生命力，也就不会死了。

在企业管理中，企业通过外部招聘引进的优秀人才就如同进入了原本生性懒惰的沙丁鱼群的鲶鱼，“异己分子”的到来为企业注入了新鲜血液，为企业带来了新思想、新观念，激发了企业活力，从而打破了企业内部员工固有的稳定的工作状态，激励员工更加积极主动地开展工作。

资料来源：什么是鲶鱼效应．(2012-05-14). https://www.wenku.baidu.com.

1.1.2 招聘与录用的工作程序

一、招聘准备阶段

事前的充分准备为招聘工作的顺利进行提供了保证，在招聘准备阶段主要完成以下任务：确定招聘需求；明确拟招聘岗位的特点和要求；制订招聘计划；选择招聘策略。

1. 确定招聘需求

确定招聘需求就是要准确地把握有关组织对各类人员的需求信息，确定人员招聘的种类和数量。首先，由企业统一进行人力资源规划或由各业务部门根据实际工作需要提出人员需求。然后，由人力资源管理部门填写人员需求表。人员需求必须依据职位分析和胜任素质要求确定，相关资料一般包括：

- 所需人员的部门、职位；
- 工作内容、职责、权限；

- 所需人数及录用方式；
- 人员基本情况（年龄、性别等）；
- 要求的学历、经验；
- 希望的技能、专长；
- 其他需要说明的内容。

最后，由人力资源管理部门进行审核，对人员需求及相关资料进行审定和综合平衡，对有关费用进行评估，提出是否受理的具体建议，报送主管部门审批。

2. 明确拟招聘岗位的特点和要求

在招聘准备阶段，需要明确拟招聘岗位的特点及其需要任职者满足何种条件。只有明确了拟招聘岗位的特点和要求，才能有针对性地制订招聘计划，采取有效的招聘策略。拟招聘岗位的特点和要求可以从职位说明书中或其他处获得。

明确了拟招聘岗位的特点和要求就决定了需要什么样的人，包括对应聘者的年龄、学历、工作经验、工作能力、个性品质等方面的要求。

3. 制订招聘计划

招聘计划是企业根据已经确定的人力资源规划，在职位分析的基础上，通过分析与预测组织岗位空缺及合格员工获得的可能性，所制定的关于员工补充的一系列工作安排。是否需要招聘新员工是一项十分谨慎且重要的决策，需由人力资源管理人员及有关专家依照企业现状、需求信息等情况来决定。

（1）企业现有职位和员工的情况分析。

1）现有工作和职位的数量与分布。包括完成组织目标需要做哪些工作、工作流程以及各项工作之间的关系；每项工作由哪些职位构成；每一职位需承担哪些工作任务等，这些都需要通过职位分析获得。

2）工作和职位的任职要求。根据工作性质和要求，对任职者提出有关工作能力、知识水平、素质、个性、适应性等方面的任职要求。这些任职要求是在职位分析的基础上产生的，一般体现在职位说明书中。

3）员工在各个岗位的分布情况。若有关岗位存在冗员，则应先考虑能否取消招聘工作或减少招聘人数。此外，还要了解重要部门和管理职位的现有任职者若离职，是否有合适的候选人，并对重要部门和管理职位的继任情况进行摸底，制订或修正继任计划。

（2）组织目标和组织计划的分析。组织目标是制订人员招聘计划、录用计划的指导和依据。组织计划是组织目标的具体化和实施策略，组织中各部门的计划决定了人力资源的配置情况，所以应根据各种计划及时调整或者重新制订人员招聘与录用计划，以适应组织内外部环境的变化。

招聘计划的制订以及实施，都必须以国家现有的人员录用法律、法规、政策为依据，充分考虑国家政策的影响，以保证招聘工作在合理、合法的框架下进行。

（3）编写人员招聘计划。在了解组织现有人力资源的使用和需求以及有关政策法规之后，就可以制订人员招聘计划。人员招聘计划的内容主要有：

1）招聘人数。需要招聘的人数往往多于实际录用的人数。其原因是一些应聘者可能最终发现对该工作没有兴趣，也可能组织认为应聘者的条件不满足任职要求。

2）招聘基准。招聘基准就是确定录用什么样的人才，其内容包括年龄、性别、学历、工作经验、工作能力、个性品质等。设置招聘基准最合理的方法是将资格要求分为两大类：必备条件和择优条件。必备条件是对候选人最低限度的资格要求，它不依靠其他力量、学习新的技艺或从其他途径获得帮助加以弥补。择优条件是指带有倾向性的资格要求，在候选人其他方面都相当的情况下，择优条件可以帮助企业比较候选人的相对优势。

3）招聘经费预算。招聘经费预算除了包括参与招聘工作的有关人员的工资，还包括广告费、考核费、差旅费、电话费等。

4. 选择招聘策略

招聘策略是招聘计划的具体体现，是为实现招聘计划而采取的具体策略。

（1）地点策略。选择在哪些地方进行招聘，一般要考虑潜在应聘者寻找工作的行为、企业的位置、人力资源市场状况等因素。客观上为了节约开支，企业通常在企业所在地招聘办事员和工人，跨地区招聘专业技术人员，在全国甚至世界范围内招聘高级管理人才。

（2）时间策略。有效的招聘策略不仅要明确招聘地点，还要确定恰当的招聘时间，招聘时间一般应比有关职位空缺可能出现的时间早一些。可以用以下公式进行计算：

招聘日期＝用人日期－准备周期＝用人日期－培训周期－招聘周期

（3）渠道策略。应聘者的来源渠道主要有组织内部来源和组织外部来源两种。前者又有内部晋升和职业转换两个渠道；后者则有员工介绍、广告招聘、就业机构招聘、专职猎头公司招聘、大学校园招聘等多个渠道。如果企业进行大规模的招聘，只使用一种招聘渠道往往是不够的，需要将不同的招聘渠道结合，这样才能保证在限定的时间内招到足够的合适的员工。

看一看

锐仕方达 RNSS 系统的数字化“猎才”初探

锐仕方达（Risfond）成立于 2008 年，2022 年被评为我国 AAAA 级人力资源服务机构。2019 年起，秉承着“科技引领人才，专业成就未来”的使命，以成为受人尊敬的世界级人才服务公司为愿景，将“真诚、敬业、规范、高效、创新、成长”作为新的价值观，锐仕方达开启数字化赋能的战略，以科技赋能人才招聘。

对于数字化管理系统，集团创始人兼董事长黄小平谈道：“真正优秀的系统需要不断更新和修改。”因此，锐仕方达在成立的前十年，以 CPM（cross-partner models）合伙人制度为基础，大力研发自己的管理平台，突破信息孤岛，彼此互联互通，以信息系统加持，进入智慧化管理阶段，RNSS（Risfond network search system）应运而生。这是黄小平实现数字化发展的第一步，也是锐仕方达运用数字化平台技术赋能“猎才”的初步探索，同时也为企业快速扩张奠定了坚实基础。

从 2012 年起，RNSS 系统不断迭代优化。如今，全面数字化“猎才”已经浮出水面：

（1）业务链条一体化：锐仕方达为提高工作效率，更精准地抓住和满足客户需求，将候选人面试、会议、候选人推荐、资源获取、款项回收等环节，全部采用线上的方式进行，实现整个业务链条一体化。同时 RNSS 系统将推荐量、面试率、offer 率、试用期保用率等针对客户企业的 KPI 数字全部实现了在线化，更利于绩效考核。

（2）AI 智能匹配：在公司内部出现了客户需求不同频、推荐不精准、轻重分不清等问题，RNSS 系统推出了 AI 智能匹配，基于精准算法、严谨分析，通过对 250 000 家客户数据进行分析，集聚八大维度、47 项类别，让目标客户跃然纸上，深入了解客户需求和痛点，进而提供更好的服务。同时，算法智能的 RNSS 系统，拥有强大的人才库，通过系统定期排查和内部人员随时互查互评，进行简历淘汰、更新；通过关键词检索和对职位名称等 24 个维度的智能分类，定向寻找候选人，绘制智能化人才地图，精准快速匹配 C 端候选人。

正如重庆分公司人事经理介绍的："这款软件是集合了数字化办公模块、数字化业务模块、数字化通信模块的智能系统，不仅能通过科技手段为团队和业务赋能，做到业务数据化、数据业务化，还能通过 AI 智能化人才匹配的方式，为企业推荐更加多元化、个性化、层次化的专业人才。"RNSS 系统仍在不断地发展和壮大，以助力企业人力资源服务，如今增加的联合交付功能以及未来的持续更新迭代，都将推动锐仕方达向数字化和平台化转型。

资料来源：工欲善其事，必先利其器：锐仕方达数字化赋能"猎才".（2023-01-04）. http://www.cmcc-dlut.cn. 有改动。

（4）聘用策略。聘用策略主要分为传统的甄选模式、人力资源管理模式和"非我族类"模式。传统的甄选模式，即以人就事，以工作为主，组织的需要优先；人力资源管理模式，即以事就人，以人为主，旨在人尽其才；"非我族类"模式，即筛选与我们的理想、经验、学历、背景不同的人。

二、招聘实施阶段

招聘实施阶段是整个招聘活动的核心阶段，也是最为关键的一个环节，其中包括招募、测试与筛选、人员录用三个步骤。

1. 招募

招募是指根据招聘计划所确定的招聘策略和用人标准，采用适合的招聘渠道和相应的招聘方法，吸引符合条件的应聘者来求职，为企业下一步的人才选拔做好准备工作。

（1）人力资源市场分析。在招聘活动实施前，必须考虑现有人力资源的数量和整体素质。如果人力资源市场正处于供不应求的状况，企业的选择余地就会比较小。制订录用计划时就必须降低标准，以获得足够的人员；或者减少录用量，以保证录用人员满足原定标准。反之，如果人力资源市场供过于求，则可以制定较为严格的录用标准，确保被录用人员的质与量。

（2）发布招聘信息。制订较为详细的招聘计划，选择合适的招聘策略后，招聘人员需要准备包括招聘信息在内的所有相关材料。招聘信息应吸引那些具有所要求的能力、技巧和兴趣的应聘人员愉快、主动地申请来企业工作。

发布的招聘信息一般应符合 AIDA 原则，即 attention（引起注意）、interest（产生兴趣）、desire（激发欲望）、action（促成行动）。首先，发布的信息要能吸引应聘者注意；其次，应聘者能对企业发布的信息产生兴趣，如薪酬具有竞争力、有晋升的空间或者有完善的培训体系等；再次，企业提供的薪酬或其他条件能激发应聘者的求职欲望；最后，应聘者采取实际行动参与招聘活动。

招聘信息的设计和发布过程中，企业应普遍遵循的一般原则有：

1）面广原则。招聘信息的覆盖面越广，接收到该信息的人越多，应聘者中有合适人选的概率就越大。当然，招聘费用也会相应增加。

2）及时原则。在条件许可的情况下，招聘信息应尽早发布。这样有利于缩短招聘进程，有利于使更多的人接收到信息，使应聘人数增加。

3）层次原则。应聘人员都是处于社会的某一层次的。要根据招聘岗位的特点，向特定层次的人员发布招聘信息。招聘信息的发布渠道有报纸、杂志、网站、电视台、电台、布告、新闻发布会等。

招聘信息应包括的内容如下：

- 工作岗位的名称；
- 关于工作职责的简单描述；
- 完成工作所需的技巧、能力、知识和经验说明；
- 工作条件，如工作地、工作时间、周工作天数、报酬和福利等；
- 申请时间和地点；
- 如何申请，是否要寄送简历、填写申请表以及面试等。

在准备招聘信息时，注意不要过分夸大工作岗位或企业的优势。如果现实中工作岗位难以满足应聘人员的初始期望，只能导致应聘人员的不满和跳槽。

2. 测试与筛选

测试是指在招聘过程中，对应聘者进行客观鉴定时所运用的各种科学和经验方法的总称。测试的种类有很多，常用的有以下几种：

（1）笔试。笔试主要了解应聘者是否掌握应聘岗位所必须具备的基础知识和专业知识。一般在招聘初期进行，成绩合格者才能进入下一轮的测试。

（2）面试。面试是一种经过组织者精心设计，在特定场景下，以面试官与应聘者的面对面交谈与观察为主要手段，由表及里测评应聘者的知识、能力和经验等有关素质的考试活动。面试是招聘者通过与应聘者正式交谈，了解其业务知识水平、仪表风度、工作经验、求职动机、表达能力、反应能力、个人修养、逻辑性思维、人际交往倾向等的方法，一般在资格审查、笔试、心理测验之后进行。

看一看

M集团校园招聘中的数字化甄选过程

2020年M集团校园招聘的甄选环节分为网申、在线测评和面试三个环节。随着数字化时代的到来，2014年M集团开始与北森、猎聘网等专业招聘机构合作，招聘团队也改变了以往简单发布广告、简历筛选、面试甄选的校园招聘运作模式，有效实现了招聘工作的统筹安排，招聘效能的全面提升。

1. 网申环节

2020年校园招聘中，M集团在网申环节共收到了10 014份电子简历。面对海量的简历，北森“招聘云”帮助M集团HR解放双手，使得原本近3天的工作量能够在2～3小时内完成。集团招聘团队利用北森“招聘云”的简历智能解析引擎、筛选器与评分器三大功能，快速、准确地进行简历筛选与人才评析。

2. 在线测评环节

应聘者的“网申”材料提交后，北森招聘管理系统会自动为应聘者发送在线测评短信和邮件。为了明确候选人入职后能否胜任岗位要求、能否认同企业的价值观以及能否转正成为合格的员工，M集团在面试之前引入北森素质测评（在线测评）对应聘人员进行初步筛选。在线测评一方面帮助HR在短时间内比较全面地考核候选人和岗位的匹配程度，直观地了解应届毕业生的整体素质情况；另一方面根据候选人的素质测评报告，在面试过程中有针对性地进行考察，使面试的方向性更强。

M集团与北森“测评云”研究团队组建专题小组，根据M集团人员胜任素质模型，从两个方面对应聘者进行测评。第一部分为PI行为测试，包含个人价值观测试、情境假设；第二部分为PI认知评估，主要对候选人的思维策略、图形推理、言语推理、数字运算等几个维度进行考核。测评完成后，系统会给每一位应聘者生成一份测评报告，招聘团队会依据应聘者在线测评结果进行人员筛选。

3. 面试环节

M集团校园招聘的面试分为无领导小组讨论面试、结构化面试和总部终面三个环节。宣讲会结束后，依据简历筛选和在线测评结果，北森招聘管理系统将向应聘者发出面试邀请，猎聘将会与应聘者再次进行面试电话通知与确认，M集团准备面试材料，三方共同保障面试前期的工作顺利进行。面试一般在宣讲会结束后的第一天及第二天举行。每一场宣讲会后，100多位应聘者被筛选出来进入面试环节。面试工作量极大，北森“招聘云”帮助M集团HR进行线上协同合作，保证多终端多渠道随时随地进行反馈互动。人员招聘小组由人力资源及各业务部门中精心挑选的业务能力过硬、对企业文化深刻认同的优秀员工组成，他们均为认可企业核心价值观且具有很高综合素质的专业人员。因为在面试环节他们不仅代表着企业形象，也承担了推广企业文化的任务。他们需要定期接受工作分析、选聘制度、面试技巧等方面的专业培训，还必须通过集团定期开展的业务能力测评。

资料来源：自燃力量，Fun享青春：蒙牛集团的校园招聘究竟“牛”在何处？.（2021-03-04）. http：//www.cmcc-dlut.cn. 有改动。

（3）劳动技能测试。如果某些岗位有劳动技能方面的要求，就必须进行这种测试。如招聘生产工人，可设计一些测试道具进行测试；招聘餐饮业服务员，可让应聘者实习几天。

（4）心理测验。心理测验是指在控制的情境下，向应聘者提供一组标准化的刺激，以所引起的反应作为代表行为的样本，从而对其个人的行为做出定量的评价。心理测验的目的是判断应聘者的心理素质和能力，从而考查应聘者对招聘职位的适应程度。目前，这种方法在西方国家的招聘与录用中使用非常广泛。

（5）情境模拟。这是指根据应聘者应聘的职务，编制一套与该职务实际工作内容相似的测试项目，将应聘者安排在模拟的工作情境中处理各种问题，进而对其进行评价的一系列方法。

基于以上一种或几种测试结果对应聘者进行选拔的过程即为筛选。

3. 人员录用

人员录用是依据选拔结果做出录用决策并对录用者进行安置的活动，主要包括做出录用决策、通知录用者、办理录用手续、签订劳动合同、新员工培训、正式录用等活动。

（1）做出录用决策。录用决策是指依照客观事实，避免主观武断的干扰，把筛选阶段多种考核和测试结果结合起来，进行综合评价，择优确定录用人员。录用决策是人员录用中最关键的环节。

（2）通知录用者。录用名单确定后，要张榜公布，公开录用情况，以提高透明度。这样做的好处是：一方面接受社会监督，切实落实招聘政策；另一方面可防止招聘中的不正之风。

（3）办理录用手续。招聘单位聘用员工，应向当地劳动行政主管部门办理录用手续，证明聘用员工具有合法性，得到国家有关部门的认可，并且使招聘工作接受劳动行政主管部门的业务监督。招聘单位办理录用手续应向劳动行政主管部门报送员工登记表，填写内容包括职工姓名、年龄、性别、民族、籍贯、文化程度、政治面貌、个人经历、考核结果、单位同意录用的意见等。经劳动行政主管部门审查同意，在登记表上加盖同意录用的印章，录用手续即办理完毕。

看一看

M集团2020届管理培训生录用通知

亲爱的同学：

我们非常高兴地通知您，您已被M集团正式录用为2020届“未来星计划”管理培训生！

不论您现在身在何方，即刻起，请整装待发！您将加入大家庭，在广阔的职业发展平台上充分发挥创新能量与活力，共同参与并见证集团这一最具中国活力的国际化公司的发展，为把集团打造成以消费者为中心，引领创新的百年营养健康食品公司而奋斗。

为了您能顺利地加入我们，请关注如下信息：

一、劳动关系单位

略。

二、部门

略。

三、岗位

略。

四、工作地点

略。

五、实习期

从接到此录用通知起签订三方就业协议，协议签署后可以到岗位用人部门进行实习锻炼，签订实习协议，发放实习津贴（按照实习期约定为准），实习期至2020年正式入职报到时为止（具体时间另行通知）。

六、合同期限

从入职之日起至____年，其中试用期为____个月。

七、薪酬与奖金

1. 工资总额（税前）为______（试用期工资与正式工资保持一致）。

2. 奖金，按照公司相关制度执行。

八、社保

按照国家规定缴纳医疗保险、养老保险、工伤保险、失业保险、生育保险、住房公积金。

九、福利

按照公司相关制度执行。

十、入职报到材料清单

1. 个人简历1份。

2. 一寸免冠彩色近照4张（白底深色上衣）、身份证原件及复印件3份（正反面复印在一张竖版A4纸上）。

3. 英语等级证书原件及复印件1份。

4. 按照国家对食品行业的要求，请在县级以上疾病预防控制中心办理健康证（行业：食品批发零售）和在国家二级以上医院进行入职体检。

5. 毕业证、学位证、其他技能证件原件及复印件各1份（本科及以上学历均需提供）。

6. 录用通知签字版原件1份。

十一、就业协议书

请将就业协议书个人信息填写完整，签名并加盖学校公章，于____年____月____日前寄出。

邮寄地址：

联系人：

联系电话：

如果您已经确认并接受以上条款，请在____年____月____日前将此录用通知回执签字版扫描件通过邮件回复我们，以示确认，并请及时邮寄就业协议；如未在____年____月____日前按要求回复邮件的，视为放弃录用。

基于就业协议书的重要性，建议大家使用EMS或者顺丰快递。

十二、其他事项

1. 档案转寄单位及地址，请填写您拟落户城市所在地具备存档资质的人才服务机构名称及地址。

2. 本录用通知的生效尚依赖于您在毕业时获得的最高学历的毕业证书、学位证书并取得健康证。

3. 逾期未回复确认或未完整提供资料且未获得书面同意延期者，或提供的简历、证件等信息有虚假者，本录用通知作废。

4. 欢迎各位同学提前实习，请与我们联系以确定实习安排。

5. 我们相信您尊重我们的保密要求，不会将本通知的有关信息向第三方透露。

2020我们期待与您携手同行，向更好的自己出发。

M集团人力资源中心

年　月　日

以下由受聘人员填写

我，__________，于____年____月____日接受以上所述的各项录用条款，并承诺于____年____月____日前报到。

资料来源：自燃力量，Fun享青春：蒙牛集团的校园招聘究竟“牛”在何处？.（2021-03-04）. http://www.cmcc-dlut.cn. 有改动。

（4）签订劳动合同。劳动合同是员工与企业之间的契约，也是确定劳动关系的依据、当事人的行为准则。

（5）新员工培训。新员工培训是指对新员工的工作和企业环境进行介绍，让新员工了解单位的历史、现状、未来发展规划，他们所在部门的情况，工作的岗位职责、流程，企业文化、绩效评估制度和奖惩制度，以及熟悉他们的同事，关键是要让新员工明确企业对他们的期望。此外，还应让新员工了解在遇到问题和困难时应该通过什么渠道来解决。新员工培训分为上岗前的集中训练和上岗后的分散训练两部分。

（6）正式录用。员工的正式录用即通常所称的“转正”，是指试用期满，试用合格的员工正式成为该单位成员的过程。员工能否被正式录用，关键在于试用部门对其的考核结果。单位对试用员工应坚持公平、择优的原则进行录用。

正式录用过程中，用人部门与人力资源管理部门应完成以下主要工作：员工试用期的考核鉴定，根据考核情况做出正式录用决策，给员工提供相应的待遇，制订员工发展计划，为员工提供必要的帮助与咨询服务等。

三、招聘评估阶段

招聘工作结束后，工作人员往往会忽视对招聘工作进行及时总结，甚至认为找到合适的员工并将其安置在合适的岗位上，招聘工作就结束了。一个完整的招聘过程应该包括招聘的评估与反馈阶段。招聘是企业的一项经常性工作，所以应该及时总结招聘的经验和教训，为以后的招聘工作积累经验，通过不断改进招聘方法，提高招聘质量，降低招聘成本。另外，对招聘工作的评估有助于从战略角度分析企业内部的深层次问题，如企业薪酬、企业人力资源战略、企业激励机制、企业竞争能力、企业文化与企业形象等方面存在的不足。企业应通过招聘评估，深究招聘工作中存在的问题并适时调整人力资源战略和其他有关的管理政策。但是目前，招聘评估并未得到足够的重视，企业较少进行招聘评估。

招聘工作能否达到预期的目标，受到企业内部诸多因素及企业外部环境的影响，因此对招聘工作的评估应该从内外两方面因素进行。内部因素主要包括企业招聘策略是否得当，招聘流程是否合适，选拔方法是否有效，招聘效果如何，招聘计划完成与否及其原因分析以及相关管理环节对招聘的影响等；外部因素主要包括劳动力市场目前的基本状况及其发展趋势、竞争对手的相关政策与策略等。

1.1.3 招聘与人力资源管理

招聘作为人力资源管理的基本职能，与人力资源管理活动有着密切的关系，招聘的地位与作用也就体现在这种相互的关系中。

第一，人力资源规划描述了拟招聘的人员的数量和类型，而职位分析又给出了对应聘人员的具体要求，同时向招聘人员提供了在招聘中要用到的职位描述和工作说明的信息。而招聘则是实施招聘计划、执行招聘要求、聘用合适人员的基本形式和途径。

第二，报酬与福利待遇以及工作条件等内容在一定程度上决定了招聘工作的难易程度。拟招聘岗位的工作性质、岗位规范、职责要求、技术水平等，必须与相应的报酬与福利待遇基本相符，否则难以招聘到合适的人员。

第三，人力资源培训与开发要求应聘人员具有相应的基本素质，对应聘人员进行分析也可以确定他们需要什么样的培训。

第四，对员工的评价可以决定晋升、降职、解雇等问题，因而可以部分地决定是否需要招聘新成员。

从以上几点可以看出，人力资源管理活动的各主要方面——计划与控制、职位分析、培训与开发、评价与激励、报酬与福利等，都与招聘或多或少地存在联系。

1.1.4 招聘与录用的原则

一、公开原则

公开即根据组织需要，把招聘部门，招聘种类和数量，招聘资格条件，招聘测试方法、科目和时间，招聘程序等有关事项，在一定范围内公开，把招聘与录用工作置于有关人员的公开监督之下，防止不正之风，同时也有助于达到广招人才的目的。

二、平等原则

平等即对待所有应聘者应当一视同仁，不应人为地制造一些不平等的限制（如性别歧视等），努力为有才能的人提供平等竞争的机会，不拘一格地选拔、录用优秀人才。

三、竞争原则

竞争即通过考试竞争和考核鉴别，确定成绩的优劣。只有经过严格统一的考核、甄选，才能比较科学地决定录用的人选。竞争原则还有一个含义，即动员和吸引的应聘者越多、竞争越激烈，就越容易选择优秀人才。所以，招聘范围应尽可能广，以吸引更多的应聘者前来应聘。

四、能力重于学历原则

许多企业在招聘时要求本科毕业、硕士研究生毕业，应该说这本身是一个巨大的社会进步。但是，看重学历并不是看重一纸文凭，而是看重学历背后的学识和涵养。有学历不等于有能力，学历既不是能力的充分条件，也不是能力的必要条件，只是一个相关条件，相关度如何对于每一个人来说是不一样的。所以，招聘者必须综合运用背景分析、经验判断、面试考核等多种手段，对应聘者的能力、品质、性情、学识等做出全面、深刻的评价。如果应聘者既有学历又有能力，对组织来说无疑是两全其美，但在学历和能力不能兼顾时，则应坚持能力重于学历的原则。

五、能岗匹配原则

能岗匹配原则有两个方面的含义：一是某个人的能力完全符合该岗位的要求；二是岗位所要求的能力这个人完全具备。能岗匹配原则就是要尽可能使人的能力与岗位要求的能力相匹配。招聘与录用时固然要本着择优录用的原则，但在实践中，这绝不意味着能力超出岗位要求越多越好。员工能力低于岗位要求，无法很好地完成岗位职责，企业的凝聚力和竞争力会受到影响；而员工的能力如果远远高于岗位要求，则"英雄无用武之地"，个人才华无法施展，工作积极性将受到影响，企业的人员流动率就大，反而不利于企业的长期稳定发展。因此，遵循能岗匹配原则才能使组织整体效益达到最大化。

六、员工与组织匹配原则

员工首先是为组织工作，而不是仅仅为岗位工作。对组织文化与价值标准的认同是人才与组织合作的基础。员工与组织匹配就是指要在坚持能岗匹配原则的基础上，着重强调员工与组织的匹配，关注员工个人的价值观、目标、态度等内在特质与组织文化的吻合度。被誉为"全球第一CEO"的杰克·韦尔奇在通用电气2000年度报告中曾把通用电气的员工分为三类：第一类是既能为公司创造价值又符合公司的文化精神、价值观的人。对于这样的员工，要提拔重用。第二类是目前不能为公司创造价值，但其思维方式、价值观符合公司的文化精神、价值观的人。对于这样的员工，要对其进行培训，为其创造发展机会。第三类是能够为公司创造价值，其思维方式、价值观却不符合公司的文化精神、价值观的人。对于他们，要坚决予以清除。韦尔奇的话正说明了员工与组织匹配的重要性。只有坚持员工与组织匹配原则，组织人才的多样化才能为其带来新动力和高绩效，否则员工在进入组织后，要么因无法与组织融合而离开，要么可能破坏组织的稳定，阻碍组织文化朝着健康的方向发展。更有甚者，组织中那些“恃才傲物”的人会破坏组织原有的和谐，削弱组织的凝聚力。

七、同等条件下求职动机优先原则

在合格候选人的工作能力基本相同的情况下，候选人希望获得这一职位的动机是制定录用决策时所要考虑的又一原则。研究表明，个体的工作绩效一般取决于个体的能力和工作积极性两个因素。如果两个人的能力基本相同，而工作积极性却大不相同，他们所产生的工作绩效就会有很大的差异。求职动机是影响新员工工作积极性的一个很重要的因素。一般而言，已经辞职的应聘者的求职动机要强于目前在职的求职者。再者，如果被录用，已经辞职的应聘者会更加珍惜这个工作机会。

1.2 招聘的影响因素分析

篇中案例 | R公司的用工短缺困局

R公司是四川G农化股份有限公司设立的生产型全资子公司，主要从事植物生产调节剂生产、以杀菌剂为主的农药制剂生产销售和以植物生产调节剂高效水溶肥的生产销售业务，定位于中高端市场，是目前国内最大的植物生产调节剂生产销售企业。近年来国家高度重视粮食安全与绿色环保问题，加之植物生长调节剂作用面广，应用领域多，行业发展状况良好。

2019年年初，由于订单量的迅猛增长，现有人员仅能满足两个月的订单产能要求，新员工招聘势在必行。然而，一个月过去了，全公司只招到十多个人，与各车间和管理岗位共52人的供求缺口相去甚远，这期间还有多位员工离职。生产管理部部长杨强华叫来人力资源部部长老刘和员工小张以及生产部各车间负责人等，希望通过群策群力来改变当前困局。

杨强华首先发言：“大家都知道，我们公司大部分是手工作业，需要大量人手，且季节性需求较强。根据今年公司的发展规划，还可能向外兼并或收购，又需要外派大量经验丰富的生产管理人员及机修人员，而目前人员配备数量连保证当前需求都困难。如果再考虑新厂投产的情况，人员缺口还会更大。现在市场上对我们产品的需求量很大，我们根本供应不上。今天开会就是好好商讨一下解决方法。”

老刘说：“现在生产部的大部分员工年龄都在40岁以上，这批人由于时代的因素，受教育程度较低，家庭经济情况不好，普遍面临上有老下有小的情况，生活压力较大。而目前的就业主体是80后、90后，这部分人家庭经济情况普遍较好，加之社会转型速度快，他们更愿意去快消行业工作，不愿意到工厂上班。我们公司又属于化工行业和农药行业，在许多人眼中化工或农药行业的工作会影响身体健康，就更不愿意来了。”

办公室主任表示赞同：“公司现在老厂区存在工作环境差、工作条件及配套设施较差的问题，新员工进来后，工作几天觉得不适应，工资方面我们也没有竞争力，所以就不容易留住人。”

分装车间主任补充道：“公司长期不重视对生产部门的人力资源规划，同时又对部门员工关怀不足，生产一线人员的薪酬近些年增长缓慢，一年到头因忙于生产，集体团队活动、员工家庭生活关怀缺失，年轻员工个人婚姻、住房等问题因公司地理位置也得不到很好的解决，导致年轻员工稍有经验就会流失。”

招聘是一项复杂、艰巨的工作，招聘的有效性受到多种因素的影响。在招聘实践工作中，应综合利用多种知识技能，善于分析企业自身的需求和外部市场状况，采取不同的方法和策略。本案例中，R公司面临严峻的招工难题，除了因产品市场需求骤增而连带产生的劳动力短缺外，企业地理位置、劳动力市场对企业经营状况和发展前景了解不足、企业文化难以满足新生代员工需求等都是招工难题产生的原因。要解决这一问题，需要调整改进的地方有很多。

资料来源：破困局，谋出路：润尔科技用工短缺应对之道．(2023-03-18)．http://www.cmcc-dlut.cn．有改动。

1.2.1 企业外部因素

一、外部人力资源市场

企业外部人力资源市场影响企业招聘的具体因素主要表现在以下四个方面。

1. 人力资源供给状况

外部人力资源市场的人力资源供给状况对企业招聘的影响表现在人力资源的数量和质量两个方面。一方面，如果某地区或行业某种具有一定质量的人力资源的数量较大，该种人力资源的供给一般就会相对充足；如果该地区或行业某种具有一定质量的人力资源的数量有限，该种人力资源的供给一般就会相对不足。当人力资源供给相对充足时，企业的空缺岗位就可能有相当数量的求职者应聘，企业不但有充分的挑选余地，人员质量也能得到保证，招聘任务比较容易完成；相反，当人力资源供给相对短缺时，求职者的数量较少，企业不但会陷入与同行企业的激烈竞争，而且招聘成本上升，录用标准降低。另一方面，如果某地区或行业某种人力资源数量一定，则其整体素质越高，企业越容易挑选到合适的人选；素质越低，则合适的人选就越少，甚至导致企业降低招聘标准，出现“矮子里面拔将军”的现象。

2. 人力资源价格

在人力资源市场上，某种人力资源的价格固然与这种人力资源形成过程中的累计投资成本以及后天的维护成本有关，但最终还是取决于该种人力资源供给与需求的关系。供大于求时，该种人力资源的价格就会下降；供小于求时，该种人力资源的价格就会上升。在企业技术构成基本不变的情况下，当某种人力资源的价格上升时，企业对该种人力资源的需求就会受到抑制，招聘活动就会减少，人员招聘的数量也会减少，甚至会暂时不招聘。

3. 人力资源市场的成熟程度

成熟、完善的人力资源市场可以为企业和求职者提供完全的信息，中介机构所提供的职业指导、就业咨询、人事代理以及各种测评等服务，为供求双方提供了充分交流和了解的机会，也降低了企业在招聘中的成本和风险。人力资源市场越成熟，企业就越倾向于从外部进行招聘。反之，人力资源市场越不成熟，中介服务越不到位，企业就越倾向于从内部选拔人才。

4. 人力资源市场的地理区域

由于地理区域不同，人力资源市场上人力资源的供给状况和类型也不同。不同的地理区域受区域经济社会发展状况、文化教育状况、人口密集程度等因素影响，人力资源的供给状况不同。依据地理区域的范围大小，人力资源市场可以分为局部性的、区域性的、全国性的和国际性的，招聘不同素质要求的人力资源应该选择合适的人力资源市场。通常，一般性的人力资源，如普通的生产工人、文职人员可以在本地的人力资源市场招聘，专业技术人才可以到区域性的人力资源市场招聘，而专业管理人员则应该在全国性的人力资源市场招聘，对一些特殊人才，如科学技术人才、跨国公司中的高层管理人员，除了在国内招聘，还可以到国际市场上招聘。

二、宏观经济状况和行业特性

宏观经济状况和行业特性对企业招聘的影响主要表现在以下五个方面。

1. 宏观经济状况

宏观经济状况良好，意味着社会失业率较低，企业的劳动力需求旺盛，人力资源市场上的人力资源供给相对较少，市场竞争加剧，企业招聘的难度加大。而宏观经济状况出现危机，则意味着社会失业率较高，人力资源供给相对过剩，虽然企业招聘相对比较容易，但由于企业发展状况普遍不佳，招聘的次数、规模以及人数都会受到影响。如果出现通货膨胀严重的情况，有可能导致企业的招聘费用和用人成本大幅上升，也会影响招聘。宏观经济状况对招聘的影响尤其明显地表现在对企业高层管理人员和技术人员的招聘上。

2. 行业性质

通常情况下，传统行业里的企业多属于劳动密集型，对人力资源质量的要求不高，由于市场上人力资源供给相对比较充足，企业也较容易招聘到合格的员工。而一些新兴行业的企业多属于技术密集型或知识密集型，对人力资源的质量要求较高，由于市场上人力资源供给相对匮乏，企业在招聘过程中将面临较大的竞争压力，招聘费用也会更高。

3. 行业技术发展状况

行业技术水平的提高一方面会使企业对人员的素质和能力的要求提高，另一方面也会因为劳动生产率的提高而使企业对人员数量的需求减少。比如，印刷业长期以来依靠人工拣字排版，而计算机排版系统的出现使得这种局面发生了根本的改变。印刷厂从劳动密集型企业变为技术密集型企业，极大地降低了对排版人员的数量要求，同时对排版人员的素质要求大大提高。

4. 行业生产资料价格

企业所需购置的设备、能源和原材料价格也对招聘有影响。当生产资料价格下降时，产品的成本降低，企业生产的产品价格下降，市场需求增加，企业为满足市场需求而扩大生产规模，增加对人力资源的需求。为满足对人力资源的需求，企业会到人力资源市场上招聘新员工。反之，生产资料价格上涨，企业生产的产品价格随之上涨，市场需求减少，企业就会减少供给，缩小生产规模，减少人力资源需求，从而就不会招聘新员工，甚至会裁员。

5. 行业竞争状况

行业竞争状况与行业的属性有关。新兴行业发展快、前景好，有意进入该行业的企业可能在短时间内增加很多，这就使行业人力资源竞争相对激烈。而成熟行业的情况恰恰相反。另外，企业所在行业的竞争状况，尤其是竞争态势的变化，企业在该行业中的地位等，对企业开展招聘工作的影响也非常大。如果企业在行业中竞争优势明显，领先地位牢固，那么该企业就相对容易吸引应聘者，招聘任务也就相对容易完成。相反，处于劣势地位的企业在与有优势的企业同时进行招聘时，要取得较好的招聘效果，面对的竞争状况将更加激烈。

三、国家的政策法规

企业的招聘工作看起来是一种纯企业行为，其实不然，它既与劳动者有关，又与国家有关，是一项政策性很强的工作。因此，用人单位的招聘必须在国家相关的法规政策规范下进行。

1. 国家法规

《劳动法》于1995年1月1日开始实施，结束了我国长期以来只能依靠劳动法规调整劳动关系的局面，同时也成为制定其他劳动法律规范的直接法律依据。随着社会主义市场经济体制下的劳动法律制度的正式确立，我国劳动关系也完成了从行政化向市场化及法治化的过渡。在中国特色社会主义法治体系目标的指引下，立法机关开启了劳动立法的大幕，《劳动合同法》《促进就业法》《劳动争议调解仲裁法》等劳动法律法规先后出台。我国现行的劳动法律体系以《劳动法》《劳动合同法》为主体，由国家法律、行政法规、部门规章与司法解释四个层级共同勾勒而出，可以分为劳动基准、集体协商、社会保险与促进就业、劳动监察与争议处理四大类。我国的法律法规不但保护了企业和劳动者双方的利益，维护了社会的和谐稳定，而且对企业合法招聘人员和求职人员合法流动起到了很好的规范作用。

例如，就业歧视及反歧视一直以来是我国立法高度关注的问题。《劳动法》第二章“促进就业”中明确规定，“劳动者就业，不因民族、种族、性别、宗教信仰不同而受歧视”。《就业促进法》第三章“公平就业”中进一步明确要求，“用人单位招用人员、职业中介机构从事职业中介活动，应当向劳动者提供平等的就业机会和公平的就业条件，不得实施就业歧视”。《就业促进法》具体列举了单位不得对妇女、少数民族劳动者、残疾人、传染病病原携带者以及农村劳动者等五类群体在招聘活动中设置歧视性限制。2022年的政府工作报告中明确提出，坚决防止和纠正性别、年龄等就业歧视，大力营造公平就业环境，着力解决侵害劳动者合法权益的突出问题。这也是“就业歧视”第一次出现在政府工作报告中。党的二十大报告强调，破除妨碍劳动力、人才流动的体制和政策弊端，消除影响平等就业的不合理限制和就业歧视，使人人都有通过勤奋劳动实现自身发展的机会。因此，企业在进行招聘面试时，应认真依法办事，避免违反法律法规。

2. 国家政策

政府管理方式和方针政策能够直接影响甚至决定企业人力资源管理的各项活动，包括招聘与录用。在我国，政府在社会生活中居于主导地位，因此政府对企业的管理方式直接决定了企业进行人力资源管理活动及其子活动的空间。一方面，政策的连贯性和延续性是企业开展包括招聘与录用在内的人力资源管理活动的必要条件；另一方面，政策对企业控制的松紧程度会影响企业进行招聘与录用相关活动的自主权。

我国政府高度重视就业工作，围绕促进就业制定和实施了一系列政策，从世界、国家、社会和个人四个维度全面论述了就业工作的重要性，丰富和完善了就业理论，为当前和今后相当长一段时间内做好就业工作提供了重要的理论支持和行动指南。面对复杂多变的国内外发展环境，党中央坚持以人民为中心的发展思想，将就业作为最大的民生，全面深化就业创业体制机制改革，不断完善就业创业政策体系，形成就业优先政策，并首次将其与积极的财政政策、稳健的货币政策共同作为宏观调控三大政策实施，有效应对重大风险挑战，紧盯关键环节和重点问题，适时做出重大变革，实现重点突破，开拓了就业工作的新局面，取得了举世瞩目的新成就。一是创新和丰富就业优先政策体系，有效应对重大风险挑战。二是形成新时代就业方针，“双创”开启创业带动就业新局面。三是实施就业扶贫攻坚，不断加强就业保障体系。四是推进劳动力供给侧结构性改革，强化职业技能培训和完善就业服务体系。五是适应经济社会高质量发展和人民高品质生活要求，推动实现更加充分和更高质量的就业。

就业政策对企业招聘有着广泛的影响。一是法律法规的约束机制。一系列法律法规，例如《最低工资规定》《国务院关于职工工作时间的规定》等，直接影响着企业的招聘策略和成本。二是税收政策的激励机制。税收优惠可以减轻企业的负担，促使其更积极地招聘，例如2019年出台的《降低社会保险费率综合方案》促进了在线招聘岗位数量的增加，产生了良好的就业促进作用。三是技能培训的牵引机制。政府为劳动者提供的技能培训能够提高其就业竞争力，客观上也将迫使企业改变其招聘需求和策略并提升企业招聘部门员工的职业素养，以应对求职者职业技能提升带来的挑战，例如2019年以来实施的职业技能提升行动对于提升劳动者的职业技能水平和就业创业能力，稳定和促进就业，加强技能人才培养，推动高质量就业，发挥了重要的作用。四是创业政策的淘汰机制。政府采取的鼓励创业措施将增加可供企业选择的人才数量，并影响招聘的竞争程度和薪酬水平，例如国务院于2021年印发的《“十四五”就业促进规划》就将“强化创业带动作用，放大就业倍增效应”作为重点任务之一。总的来说，就业政策的制定和实施将直接或间接地影响企业的招聘活动。企业需要密切关注并适应相关政策变化，以确保其招聘策略与法律和市场的要求相符，并保持竞争力。

读一读

夯实民生之本 增进民生福祉——新时代就业成就

党的十八大以来，党中央高度重视就业工作，近年来更是明确把就业摆在“六稳”“六保”之首，强化就业优先政策，推动就业工作取得历史性成就。城镇就业规模显著扩大，十年累计实现城镇新增就业1.3亿人；城乡就业格局发生历史性改变，2021年城镇就业人员占比达到62.7%，第三产业成为就业最大“容纳器”；重点群体就业平稳，十年来，8 000多万高校毕业生总体就业水平保持稳定，农民工总量增至2.9亿人。我国就业优先战略深入实施，积极的就业政策不断丰富发展，就业优先导向显著增强。这十年，就业局势保持总体稳定，14亿多人口的大国实现了比较充分的就业。帮扶困难人员就业，关系群众冷暖，关系民生底线。十年来累计促进失业人员再就业5 501万人，帮扶困难人员就业1 768万人。增加就业是最有效、最直接的脱贫方式，是巩固脱贫攻坚成果的基本措施。贫困劳动力务工规模从2015年的1 227万人增加到2020年的3 243万人，三分之二以上建档立卡贫困人口主要靠外出务工和产业实现脱贫。乡村振兴战略实施以来政策继续加力，2022年上半年脱贫人口务工规模达到3 223万人。

资料来源：夯实民生之本 增进民生福祉：“中国这十年”系列主题新闻发布会聚焦新时代就业和社会保障成就．(2022-08-26). https://www.gov.cn/xinwen/2022-08/26/content_5706863.htm.

四、科学技术的发展水平

科学技术的发展水平对企业招聘的影响主要表现在三个方面。

1. 岗位结构的变化

随着科学技术的发展和社会的进步，低科技含量的传统职业或岗位相应减少甚至消失，比如打字员、电话接线员、纺织工等。而一些高科技含量、高技术含量的新兴职业或岗位则如雨后春笋般涌现，如电脑工程师、程序员等。

2. 招聘流程的变化

科学技术的发展推动了招聘流程的变化，比如建立智能化招聘系统，充分收集和利用潜在候选人的海量数据，通过应用数据分析、人工智能等技术，将招聘计划准备、职位发布、简历筛选、人才选拔等过程不断规范和提速，把不是必须人工做的任务转为自动化，解决传统招聘周期长、耗时费力的问题，达到提升效率，降低成本的目的。

3. 对求职者素质要求和岗位技能要求的变化

科技的发展和知识的更新速度加快对劳动者的个人技能和职业素养提出了新的要求。例如，大学教师除了要具有板书教学的传统技能，还必须掌握现代教育技术，如能使用多媒体技术进行教学等。目前，多学科交叉融合、综合化的趋势对劳动者也提出了新的要求，即要从知识单一型人才向知识复合型人才转变。

1.2.2 企业内部因素

一、企业的经营状况与发展前景

从企业规模来看，良好的经营状况与发展前景意味着市场对企业产品的需求增加，企业便会扩大生产规模，从而增加对劳动力的需求。如果企业现有人力资源存量不能满足企业扩大生产规模的需要，则形成扩张型人力资源短缺，从而产生招聘需求。扩张型人力资源短缺越大，企业招聘需求就越大。

企业的经营状况不仅决定了其在同行业中的竞争地位，也是吸引求职者的关键因素。良好的经营状况不仅意味着企业有着良好的管理和发展前景，还意味着更高的薪酬和福利待遇水平；而良好的发展前景则意味着更多的发展机会和提升空间。因此，经营状况与发展前景良好的企业一般被认为是理想的雇主，能够吸引更多的求职者来应聘。

企业的经营状况也决定了企业对招聘可投入的资金数额的大小，因而对招聘有着重要影响。充足的招聘资金可使企业在招聘方法上有更多的选择。反之，经营状况不佳的企业只能选择成本较低的招聘方法，从而使得招聘的活动范围较小，选择余地也较小，这对整个招聘活动以及招聘效果可能会产生不利影响。

二、企业的技术装备水平

企业所具有的技术装备水平决定着企业资本与劳动力的比例，从而决定了企业对劳动力数量和质量的需求。在一定条件下，随着技术装备水平的提高，企业对人力资源需求的数量和质量与现实中人力资源数量和质量的差距会越来越大。由于劳动力的数量与质量不能相互替代，因此，如果企业的技术装备水平提高，企业对劳动力数量的需求就会相应减少，同时对劳动力的质量（知识和技能）需求会相应提高。因此，企业技术装备水平的变化毫无疑问会影响招聘工作。

三、企业文化和企业声望

企业文化是企业全体成员所认可和接受的共同价值观和行为准则的聚合，一旦形成对成员既能起到激励作用又能起到约束作用。不同的企业文化会导致不同的招聘行为。比如，有的企业进行招聘只是单纯的招聘，有的企业则更多的是一种营销行为，希望通过招聘提高本企业的知名度；有的企业倾向于从外部获取人才，有的企业则侧重于通过内部提拔获取人才。

企业文化是吸引求职者的重要因素，也是招聘双方在进行双向选择时必须重点衡量的内容。一方面，如果求职者认为企业文化非常适合自己的发展，就会主动报名并在整个招聘过程中积极配合；另一方面，招聘单位也会根据求职者的个人特质，选择与本企业文化相融的人。此外，招聘人员的态度、行为方式和招聘方式也受企业文化的影响。

国外人力资源管理咨询公司做过一项调查，发现人们在选择进入哪一家企业就业时，主要考虑的是企业的声望。企业的声望由许多因素构成，如员工待遇、产品服务质量、企业对参与社会事务的态度等。求职者在进入一家企业前，一般对企业的内部信息知道的很少，只能依靠企业的外部名声来做决策。一个不知名的企业可能管理水平很高，很有前景，薪酬也不低，但求职者由于不了解，一般还是不太愿意进入这样的企业。而名气大、形象好的企业一般更容易招到高素质人才。企业的形象越好，越容易吸引人才加盟。这些因素都是企业文化的组成部分。

四、企业战略

企业战略是指决定企业发展方向、用以整合企业主要目标与政策的总体计划，可分为增长战略、稳定战略、收缩战略和组合战略四种类型。一般情况下，有什么样的企业战略，就会有什么样的人力资源战略与之相对应。因此，企业战略对招聘无疑会产生重大影响。比如，实施增长战略的企业通常采取发展式人力资源战略，注重个人发展与团队建设，注重绩效管理制度建设与实施，管理人员尽量从内部提拔，初级人员则从外部大量引进；而实施收缩战略的企业通常采取转向式人力资源战略，在进行企业组织结构调整的同时，裁减冗余人员，尽量减少人员招聘。此外，企业战略实施的不同阶段对人员素质的要求也会有很大变化。

五、企业管理人员的素质

企业管理人员的素质及管理水平的高低对招聘具有重要的影响：一方面，企业管理人员的素质和水平越高，企业的管理水平就会相应越高，从而对招聘工作的重视程度以及招聘工作的规范程度就越高，招聘的效果也就会越好。比如，公平的招聘程序对应聘者有积极的影响，不公平的招聘程序对应聘者的影响则是消极的。另一方面，企业高层管理者的水平和能力也是求职者尤其是高素质人才选择是否加盟的重要因素。如果感到企业高层管理者有强烈的事业心、有魄力、有远见、有能力，那么，即使目前企业规模并不大，实力并不强，待遇并不高，求职者也可能愿意加盟，甚至愿意放弃部分物质利益。

六、招聘者的水平

招聘者作为企业发现、招募并甄选人才的执行者，无疑是影响企业招聘的一个重要因素。招聘者的水平也决定了企业能否招到合适的人才。招聘者的水平主要从三个方面来衡量：首先是人品。企业的招聘者应该具备良好的个人品质和修养，为人要正直、客观、公正。尤其是在面试过程中，作为主考官的招聘者代表着企业的形象，是连接企业和应聘者的桥梁。招聘者应使每位应聘者在与他们的接触中感受到企业的文化及价值观。其次是招聘所需的专业知识和经验。招聘是一项专业性很强的工作，要做好这项工作就必须具备相应的专业知识和经验，否则很难做好招聘的组织工作，也很难有效地识别人才，即使识别了人才也很难将人才招揽到自己的企业里。最后是对所招聘岗位的理解。招聘者只有熟谙组织状况及岗位要求，才能帮助企业选出真正需要的人才。在招聘前，招聘者应仔细阅读所招聘岗位的职位分析文件，了解岗位的工作性质、内容、职责、工作条件和环境等，并准确把握岗位的任职资格和潜在要求。

七、企业的薪酬水平

薪酬问题是招聘企业和应聘人员最为敏感和关心的问题之一。对于应聘者来说，如果对企业给出的薪酬水平不满意，则一般不会接受企业的邀约。但对企业来说，过高的薪酬水平意味着企业运营成本的增加，而较低的薪酬水平又很难招聘到满意的人员。所以，了解同行和竞争对手的薪酬政策，从而建立有竞争力的薪酬体系，无疑是企业在招聘工作开始前的必要的准备工作之一。薪酬调查可以请专业咨询公司或猎头公司进行，也可以企业自己进行，通过收集竞争对手的招聘信息，逐步了解竞争对手的薪酬结构和薪酬水平，并建立自己有竞争力的薪酬体系。有了这样的薪酬体系，在招聘时就有了依据，就可以为不同层次的人员提供合适的薪酬水平，拒绝那些不切实际的对薪酬水平要求偏高的应聘者。

八、企业提供的发展机会

企业是否能吸引到优秀的人才，与企业能否给人才提供发展机会有关。发展机会可以使员工在人格和专业技术等方面得到迅速的发展和提高。一个企业若能为员工提供发展机会，往往会被认为是一个关心员工、以人为本的企业，员工会乐于在这样的企业中工作。一个企业如果能为员工制定明确的职业生涯规划，提供清晰的发展和晋升通道，则更能吸引和招聘到优秀人才，并使其在企业中长期工作下去。

1.2.3 求职者个人因素

一、求职者的教育背景和家庭背景

毋庸置疑，求职者的教育背景和家庭背景对求职者的择业有着重要的影响，进而影响企业的招聘。

求职者的教育背景对求职者择业的影响表现在：一是求职者所学的专业是其选择职业的主要影响因素。二是受教育程度的高低是其择业期望值的重要影响因素。受教育程度越高，应聘者越趋向于选择较高的职位，很难低就；反之，求职者对职位的期望值就较低。

求职者的家庭背景对求职者择业的影响表现在家庭成员的职业、家庭的经济状况、家庭教育等对求职者的影响上。比如，我们经常可以见到的教师世家、艺术世家等，都证明了家庭背景对求职者择业的影响。

二、求职者的经济状况

求职者的求职动机与经济状况成正比，在职人员的求职动机远比没有工作的人小，因此，这类求职者在单位时间内寻找工作的次数明显少于无业者，寻找工作的过程中表现也较为被动，面对工作机会更为挑剔。除了求职者是否有工作，求职者的个人经历、家庭条件等也决定了求职者的经济状况，进而影响企业的招聘。

三、求职者的工作经验

从企业方面来看，招聘有经验的人员可以在短时间内给企业带来效益，用人单位也不必花费高成本从技能方面重新培养人才，节约了企业成本。因此，有工作经验已经成为很多单位招聘的一个重要标准。从求职者方面来看，工作技能和工作经验也是影响求职者择业期望值的重要因素之一。一般来讲，接受过多种专业训练或具有多年相关工作经验的求职者，对职位的要求会高于没有相关经历和技能的求职者。

四、求职者的职业期望

每一个求职者都有自己的职业期望，有的人期望高一些，有的人期望低一些；有的人胸怀大志，有的人不求上进；有的人好高骛远、不切实际，有的人脚踏实地。这些期望都会影响求职者择业，进而影响企业招聘。每个人的天资、能力、动机、需求、态度和价值观等与职业的关系的形成是一个渐进的过程，只有这个人正确地认识自己，形成了较为明晰的与职业有关的自我概念时，才能形成一个明显占主要地位的职业锚。所以企业的招聘必须了解求职者的职业期望，看他是否有明显的职业锚，职业锚与企业的发展需求是否一致。

1.3　招聘与录用的现状和未来

1.3.1　当前招聘与录用工作面临的问题与挑战

一、新经济、新业态快速发展，招聘工作面临新问题

近年来，随着我国社会整体进入移动互联网技术时代，人工智能（AI）、大数据、云计算、共享经济、零工经济等新技术、新业态、新模式的产生，灵活就业的形式更加多样，在“大众创业、万众创新”的背景下，我国的灵活就业、灵活用工发展迅猛。据人力资源社会保障部统计公报，截至2021年，我国灵活就业人员达2亿人。新经济、新业态带来相关就业市场的劳动争议处理面临挑战。主要原因在于：一是新兴行业发展快、人员流入多，客观上造成劳动争议数量增多；二是“互联网＋”从业人员多数工作场所不固定，人员更迭频繁，劳动关系错综复杂，极易引发劳动人事争议；三是企业用工管理不规范，规章制度可能存在缺失，管理水平跟不上新兴行业的发展步伐。劳动争议处理工作面临着劳动关系认定难、证据认定难等困境。

二、招聘制度不完备，流程不规范

应该有规范的人员招聘制度来规范企业的招聘行为，如果缺乏明确的招聘制度，企业的招聘管理会混乱且无据可依，企业也很难达到预期的招聘效果，企业的招聘制度又需要与企业的薪酬制度、员工评级制度、员工绩效考核制度相配合。如果仅有招聘制度，

其他制度不够完善，招聘工作也很难发挥其应有的效用。从这个角度来看，招聘工作应该是整个人力资源管理体系的有机组成部分。招聘工作应该不仅仅是招聘人员的工作。只有整个人力资源管理体系发挥整体性作用，才能有效规范企业的招聘行为。企业的招聘管理混乱通常表现为：（1）无招聘制度。企业知道要招聘什么样的人员，但标准经常在实际执行中走样，企业招到的人员往往以关系型人员为主，并不一定符合企业的实际需求。（2）招聘无严格的程序。对谁能初步面试、谁能复试、依据什么样的结果来录用，往往没有明确的规定。有时，老板或总经理的一句话就打破了一切规定与标准。（3）人员的招聘无分层分类管理。招聘普通的员工往往要总经理亲自来面试，特殊人才往往又是某个领导者拍一下脑袋就决定，完全没有程序来进行检测与考查。这样就使人员招聘变得随意与不科学，给日后的管理增加了难度。

三、招聘工作缺乏事后的评估与成本分析

对于部分企业来说，招聘工作做了，但往往没有检查，不知道做得怎么样，更谈不上改进与如何改进。也就是说，把招聘工作当成一项任务对待，而不是一项事业来做。这二者的区别就是做过与做好的区别，就是表现普通与绩效卓越的区别。只有做了评估与成本分析，只有对招聘进来的人员进行持续的观测或做好持续的绩效表现记录，才能对前期招聘工作的结果有一个客观的衡量，才能找到不足并提出改进措施，使未来的招聘工作得到改善与提高。

四、忽视应聘者与组织的适配性

在面试中，招聘人员往往只注重应聘者与空缺职位任职资格的符合程度，而很少考虑应聘人员与组织文化、部门现有员工的适配性，从而导致在录用后发现新员工并不符合该职位的要求，或者与企业的文化很难融合。任职资格主要规定了从事某一个职位工作的任职者应该具备的知识、技能和能力，但是仅仅具备这些素质还远远不够。因为工作的完成离不开与他人的合作，因此合格的员工还应该具备所在团队所要求的人格特点、企业文化所要求的价值观念以及对企业使命的认同。这就要求招聘人员以特定组织、特定岗位对人员的要求为依据来选择合适的员工。

1.3.2 招聘与录用工作的发展趋势

随着我国市场经济改革的深入发展，我国社会经济生活的各个方面也发生了深刻的变化。新技术的进步、新市场的出现极大影响了人力资源管理的各项实践。人力资源管理人员在未来招聘工作中会面对以下主要挑战。

一、招聘媒介进一步多元化、网络化和智能化

随着经济的发展和社会的进步，招聘媒介也经历了较大的发展和飞跃。20 世纪 90 年代中期以前，企业招聘的主要手段是内部推荐、当街张贴海报。90 年代中期以后，逐渐发展到在报纸、杂志上刊登招聘广告，在广播、电视上做招聘宣传，举办大型的人才

招聘会。进入21世纪以后，企业开始在互联网上进行网络招聘，使用猎头服务、人事代理、招聘外包等。

随着互联网技术的发展和普及，网络招聘已成为一种越来越普遍的招聘模式。网络招聘的全天候、即时性大大提高了招聘工作的速度和效率，使招聘企业可以在短时间内找到所需的人才。视频正在成为一种新兴的工具，可以帮助求职者获得更具吸引力的求职体验。例如，思爱普（SAP）使用卡通和视频游戏等引人入胜的方式来展现公司的日常工作场景。还有些组织以视频形式重塑陈旧的职位说明书。发布在脸书（Facebook）上附带视频内容的招聘广告收到的求职申请要比没有附带视频内容的高出36%。视频也在改变面试。相对于传统面试，视频面试可能会更好地识别潜在求职者，节约资金并缩短招聘时间。例如，希尔顿酒店（Hilton）使用视频面试平台将其招聘周期从6周缩短至5天。视频面试可将雇用前的评估问题从200个缩减至5个，并提高一次性面试的成功率。

随着新兴技术的发展，越来越多的企业将人工智能、虚拟现实（VR）等运用到招聘过程中。例如，通用汽车有一个虚拟办公室可供“参观”。通用电气则把VR技术用在校园招聘会上，让学生戴上VR头盔，参观公司石油和天然气回收设备。IBM的人工智能技术先锋正在建立三大平台：对空缺职位进行优先排序的机器学习平台；在雇主点评网站Glassdoor、社交网站推特（Twitter）和新闻网站上监听组织以及竞争对手公开评论的社交平台；通过一个基于职业体验和技能的匹配度评分系统为求职者进行工作匹配的工具平台。这些技术利用已有的社交数据和信息，然后运用高级认知能力进行可行性分析。随着招聘渠道的多元化、网络化和智能化，人力资源管理者要对当地的劳动力市场有更加深入和透彻的认识与了解，熟悉各种招聘渠道的特性，从而制定更有效的招聘策略，使招聘资源投放更加精准和有效。

看一看

浙江台州：“直播云招聘”助企招才引智

2021年3月，台州市开展“‘才涌东海·同台竞发’2021台州名企云招聘融媒大直播”活动，着力搭建人才与用人单位之间高效精准的互动平台，通过“云推介”“云聘会”“云签约”，创新开展“直播云招聘”模式，为企业引进各类紧缺人才。

（1）“云推介”实时互动“助引才”。围绕汽车及零部件、通用航空、模具与塑料、医药医化、智能马桶、缝制设备、泵与电机等七大千亿产业集群，台州市9个县（市、区）在人才市场定点设置“云直播间”，联动开展10场直播推介会，全方位展示各地概况、产业分布，以及劳务输出地奖励、中介机构奖励、员工交通补助、企业线上职业培训奖励等方面的政策支持。每场直播邀请当地8～10家优质企事业单位参加，主持人和企业代表与网友实时互动，提升引才效果。

（2）“云聘会”全程直播“无接触”。在台州人才网和智联招聘官方网站开设“名企直播”活动专区，实现无接触高效招聘。1 000余家知名企事业单位在线同台竞技，对各类人才及求职者关注的企业发展、招聘岗位、员工福利等问题进行全面介绍，涵盖软件开发、项目经理、销售、产品研发、普工等岗位。

(3)“云签约”项目招引“在线签”。通过实时音频+视频互动，分行业举办“500精英”系列高层次创业大赛，线上海选、线下决赛，并开展“名企有约”在线签约活动，搭建人才、资本、产业多方沟通平台，拓展引才渠道，足不出户实现资智对接。签订数字经济、新材料、高端装备、医药化工、医疗器械、汽车零部件等领域50个高层次人才创业项目，已落地26个。

直播招聘进一步拓宽了线上招聘渠道，多维度开展直播招聘活动，为求职者和用人单位搭建精准供需对接平台，为企业提供用工保障，助力实现更高质量更充分的就业。

资料来源：浙江台州：“直播云招聘”助企招才引智.(2021-05-08). http://www.mohrss.gov.cn/SYrlzyhshbzb/dongtaixinwen/dfdt/202105/t20210508_414255.html. 有改动。

二、异地招聘

随着企业业务的不断发展，越来越多的企业到其他城市拓展业务。如何在一个陌生的城市中迅速招聘到合适的人才以满足企业业务发展的需要，是人力资源管理者要面对的问题。

三、全球化招聘

随着企业走出国门，企业也会对跨国人才产生相应的需求。企业要在全球化竞争中取得优势，就必须拥有具有全球化视野和经验的人才。这要求人力资源管理者必须具有放眼全球的视野，掌握全球化的招聘手段和方式，如此方能进行全球化人才的招聘。

四、新的职位不断涌现

随着市场的进一步发展，新经济的繁荣也催生了新的职位。据统计，当前劳动力市场每年涌现的新职位有40～50个。新职位的涌现要求人力资源管理者关注新经济的发展动态，了解和熟知新职位的特点，明晰其职责和要求，如此才能进行有效的招聘。

五、人员流动进一步加剧

随着信息时代的到来，人们获取信息的成本越来越低，更加容易了解劳动力市场的情况；另外，随着交通条件的改善，人们的出行成本越来越低，迁移到其他地方或城市去工作和生活的成本大大降低，这些都大大降低了人们转换工作的成本，也促成了劳动力市场上的高流动率。同时，企业的人员流动率也随之增高。人力资源管理者在制订相应的招聘计划时，必须充分考虑未来人员的流动率。

延伸阅读

100年来的招聘和甄选研究回顾
——基于《应用心理学》的文献综述

一、招聘研究

1. 早期招聘研究

《应用心理学》中第一篇提到招聘的文献出现在第一年期刊的第四期也是当年的最后一期，该文献侧重于介绍德国新兵的甄选、招聘和培训。

20世纪20—60年代，《应用心理学》上很少有关于招聘的文献。这很可能是因为第一次世界大战和第二次世界大战创造了一大批技术工人，社会鼓励员工对雇主保持忠诚，因此甄选成为最基础的问题。

70年代，商业和社会变革推动了专业化技能的产生，提高了员工流动率，业内主要关注的问题有招聘面试（如设计面试试题、吸引申请者）、影响申请者或者面试官的因素，以及对不同招聘方法和策略的有效性评价。

80年代的招聘研究很大程度上延续了70年代的研究：招聘面试、招聘策略、现实工作预览，但是开始以新的方式探索招聘策略。例如，有研究者开始研究招聘评价中的歧视问题和不同的招聘手段，如大学生实习。

90年代，经济和信息技术的迅速发展导致对高素质人才的竞争日趋激烈。这期间发表的招聘方面的研究反映了这些趋势，并且越来越专业化和精细化。例如，Martin和Raju（1992）扩大了招聘效用分析研究，其中包括了各种招聘成本削减造成的更具体的后果。Barber等（1994）研究了不同面试形式下企业获得的申请者信息的结果。

2. 当前招聘研究

当前关于招聘的研究还在继续探索不同的招聘策略对员工受雇前后行为的影响，同时，商业和社会的巨大变化正在推动招聘研究以新的方式展开。

第一，招聘和多样性。许多公司将多元化招聘目标作为其使命的一部分，所以其研究重点集中在如何招聘才能提高劳动力多样性。大部分研究试图确定招聘策略和媒介以提高对不同候选人的吸引力，其他研究则将招聘与多样性和甄选联系起来。例如，Newman和Lyon（2009）发现，多样性和合格的劳动力将减少后续招聘决策中的不利影响。相关研究表明，招聘信息多元化的影响是中等或较小的，但即使是很小的影响也可能有助于提高申请人群体的多样性并减少不利影响。

第二，招聘实践和技术。随着科学技术的进步，传统的招聘方式不断升级，技术从根本上改变了传统的招聘方式。从最初的互联网到现在的社交媒体和其他大数据来源，招聘的本质已经彻底改变。几乎所有的公司都使用互联网（如招聘网页）进行招聘，许多人使用某种形式的社交媒体。因此，对招聘实践的研究主要集中在互联网招聘上。

第三，招聘和组织形象。一个比较新的招聘研究领域是申请人如何看待组织的就业品牌、声誉或形象。组织形象不仅影响对申请人的吸引力，也可能用于从战略上对本组织和竞争对手进行区分。例如，研究表明，招聘方法（特别是口碑）影响申请人的品牌资产认知，同时组织的品牌意识可以影响招聘过程和招聘结果。其他研究侧重于探讨不同招聘渠道的角色。申请人的组织形象认知似乎高度稳定，因此可能会在招聘中产生重要的结果。营销、招聘和组织形象之间的关系仍有待进一步研究。

第四，招聘理论。早期关于招聘的研究更多聚焦于“实践驱动”，后续的研究重点则转向“理论驱动”。尽管目前没有一个被广泛接受的招聘理论，但这一领域的研究受益于相关文献或理论的融合。主要有两种理论方法：一种理论方法采用了来自认知心理学和社会认知理论来解释信息处理、态度形成和说服，例如，社会心理学理论被用来理解实习、招聘参观和招聘来源；另一种理论方法聚焦于个人-环境匹配理论，并将其应用于对网站、招聘阶段和民族文化的解释上。

3. 招聘研究与实践的鸿沟

当前商业中经济和社会力量与以往几十年完全不同。全球化、互联网和移动技术、人口变化、经济不确定性以及变化发生的速度对招聘提出了挑战。企业必须制定有效的招聘策略，以满足来自世界各地的不同群体的应聘者。他们有不同的职业期望，并掌握不同种类和层次的电子访问技术。以这些挑战作为背景，我们确定了一些主流招聘实践中的问题。

第一，在许多情况下，企业需要识别候选人的来源。显而易见，企业必须越来越重视识别、创建、形成必要的人才库。有资格的候选人在不同国家并不是均匀分布的，例如，发达国家的劳动力中老年劳动力的比例往往高于发展中国家，但发展中国家拥有先进技能的劳动力较少。因此，全球招聘正在变得越来越重要。在招聘过程中，企业需要努力识别符合条件的候选人，也可能还需要强调自己的竞争优势来吸引合适的人选。总之，未来的合作研究不仅要关注有效的招聘策略，还要努力关注哪些策略对何种候选人是最有效的。

第二，企业往往很难保留那些评估招聘人选来源和方式有效性的数据。技术的发展、工作信息来源的多样性使得企业必须整体了解影响招聘人选的因素。因此，未来的研究需要基于完整和准确的招聘数据，更广泛地考虑信息来源，将这些信息提供给候选人并确定哪些对于他们是有意义的。

第三，大部分招聘研究的重点在于评价一个特定的平台或网站的成效，而不是研究其对申请人产生影响的关键特征。将来，研究人员需要从研究具体的技术平台（如脸书）转向捕捉这些平台的关键特征。

第四，对于许多企业来说，技术和企业对人员配备的速度和灵活性的需求使得招聘流程更加动态化和多变，但这并未反映在现有的招聘研究中。未来的研究需要一个更实际的模型，为未来的实践提供更多的指导。

第五，随着学术领域研究的日益专业化，学者对实践问题达成了共识。例如，在实践中，招聘和企业经营效益是密不可分的，由何人负责招聘以及何时进行招聘很大程度上受企业经营效益的影响。招聘研究需要同时考虑招聘效果和企业经营效益之间的关系。

二、甄选研究

1. 早期甄选研究

1917—1940 年，大部分《应用心理学》文献研究的是能力测试在不同情境和不同职业中的使用。基于今天的标准，无论从样本量还是分析方法等方面来看，这些都是非常简化的研究。但是，这些研究试图解决的都是重要的实际问题。后来的研究开始在这些简化研究的基础上增加预测指标，并发展效标的测量方法以及拓展关于甄选和效度研究的主题。例如，Remmers（1934）发现学生评估老师时会出现晕轮效应，Brandenburg（1925）关注人格测验在甄选中的应用，Hartmann（1933）则讨论了面谈作为教学和研究工具的价值。此外，数据分析方面的进步在这几十年发表的文献中也有所体现。

20世纪40—60年代，其他形式的甄选测验相继出现，包括生物数据、情境测试、小组练习、领导力测试、评价中心等。关于效标领域的研究也在这几十年中有所发展，包括营业额、工作场所中的事件和团队绩效等的测量以及新测量工具比如行为锚定等级评价法的开发。在60年代末，《应用心理学》中出现了使用多特质多方法的手段来研究建构效度的文献。Wernimont和Campbell（1968）的研究则对构建和选择预测指标的效标给予了很大关注。

2. 当前甄选研究

首先，效标的概念和测量的发展。近几十年来，《应用心理学》越来越关注工作绩效的结构以及除任务绩效之外的绩效的测量方法的使用和发展。Rosenbaum（1976）在预测员工偷窃方面做出了一些努力。将员工离职的性质分解为积极的和消极的以及自愿的和非自愿的，使我们对员工离职问题的理解有了进步。在工作行为的积极方面，Smith、Organ和Near（1983）引入了组织公民行为这一概念。Pulakos、Arad、Donovan和Plamondon（2000）提出，员工适应不断变化的工作需求的能力是员工绩效的一个重要方面。Sackett、Zedeck和Fogli（1988）提出了典型绩效和最佳绩效之间的重要区别。

其次，预测指标的性质和测量的发展。预测指标结构的拓展以及用来衡量它们的方法的发展，仍然是《应用心理学》中许多关于甄选的文献的主题。在所有甄选工具中，人格测验可能是在过去25年中最受欢迎的。Wang和Mount（2011）没有检验自评式大五人格测验的效度，而是用元分析的方法研究了旁观者评分的效度。结果发现，旁观者评分（范围为0.05～0.22）比自我评分（范围为0.18～0.32）具有更高的有效性。Lievens和DeSoete（2011）介绍了许多创新的甄选方法，包括通过各种各样的游戏来测量人格，这种甄选方式可以帮助组织改善形象，提高吸引力，并在某些情况下提升甄选效度。

最后，收集适当的效度证据。人员甄选方面的研究者普遍较为关心效度——用来支持根据测试成绩对员工绩效进行归因的证据。早期甄选方面的研究几乎完全依赖于效标关联效度，即测试分数与所关注绩效结果之间的相关性。Sussman和Robertson（1986）介绍和评估了效标关联效度研究的各种方式。Binning和Barrett（1989）提供了一个整合各种效度证据观点的模型，这个模型经常被改编和讨论。当甄选方面的研究人员开始考虑多层次和跨层次关系时，这个模型需要进一步扩展和修改。《应用心理学》中已经有文献提出了内容效度的构成问题。

3. 甄选研究与实践的鸿沟

商业（例如，经济全球化）、社会（例如，人口变迁、移民、价值观和工作期望等方面）和技术（例如，移动设备）发生了巨大变化。然而，甄选方面的研究却落后于这些变化。

首先，我们需要继续寻找能够最小化子组差异同时保持较高效度和成本效益的测验或项目类型。其次，减少被测者的作弊和伪装，提高各项测验尤其是人格测验和其他自评式测验的信度。再次，提供与目标工作相关的测验工具，并在测验中强调雇主品牌，让求职者参与测试过程可能比以往任何时候都更重要。最后，许多公司在全球范围内进行招聘，但对全球性和国际性的人员甄选问题的研究仍是空白。

在这一领域，大数据可能会产生与其他科学领域一样的机会和挑战。人们可以预见到，大型跨组织和跨国数据库可以用来评估甄选测验在各种情况下的效度和效用。人们还可以设想，大数据使得我们能够使用非传统预测指标（例如，来自社交媒体的信息、信用评分），随之而来会出现预测指标与工作的相关性及个人隐私等问题。许多组织将寻求使用大数据来做出甄选决定，而不管这样的过程是否符合应用心理学家期望的严格要求和美国法律制度的要求。因此，人员甄选方面的研究人员在研究中考虑这些方法的潜在利益和风险是至关重要的。

未经监督的互联网测验（unproctored internet testing）指的是在没有监督的情况下，求职者在方便的地点进行测验。这种测验模式对于雇主和求职者都很方便，但是，容易产生作弊问题，并对测验环境的标准化提出了很大的挑战。也许解决这些问题的最常用方法是使用未经处理的测验成绩作为一个过滤器，并通过一场有监考人员的考试来验证这些成绩，后面这场考试针对那些在未经监督的测验中满足一定标准的考生。更复杂的方法是使用计算机自适应测验作为初始过滤器，接着在有监控的环境下进行计算机自适应验证性测验。

人员甄选方面的研究产生于对个体差异的兴趣，所以我们主要关注个体层面所测量的变量之间的关系的本质。但是企业的成败基于它们相对于竞争对手而言能够创造业绩优势的能力。Klein 和 Kozlowski（2000）将多层次研究引入了人员甄选领域，这对该领域有重要的意义：在个人层面观察到的效度可能无法推广到公司层面。事实上，对小组和团队的研究发现，个人知识、技能、本领和其他特征（KSAO）与个人绩效之间的关系经常不同于一个小组的 KSAO 与团队绩效的关系。

三、总结

招聘和甄选领域的 100 多年的研究回答了一些问题，也留下了一些没有得到回答的问题，并提出了很多新的问题。要列出 100 多年的研究结论是不可能的，然而，有几个重要见解可以从文献中总结出来。

第一，招聘和甄选研究都倾向于解决现实世界中的问题。从业人员的关注点与研究人员的兴趣之间的差距，在招聘和甄选方面比起工业和组织心理学领域其他方面更小。然而，仍然存在一个缺口，特别是在招聘领域，在这个领域中研究人员努力创建和证实有意义的理论，而这些理论对实践的作用常常是存疑的。另外，研究人员会深入研究招聘实践的效果，但等到这些研究发表时，所研究的实践可能已经过时了。关于甄选方面的研究，从业人员与研究人员的兴趣之间的差距可能更小。

第二，招聘和甄选研究中的两个主题似乎是最重要的问题：个体能力和多样性。《应用心理学》中大多数关于招聘和甄选的研究回答了以下三个问题：如何准确识别谁拥有执行特定工作的KSAO？在哪里能找到他们？如何识别不同背景的人？然而，近年来，全球化商业环境的变化表明，无论种族、信仰、肤色、性别等如何不同，都要以KSAO为先决条件来创建一支有能力的劳动力队伍，从而保持企业的竞争优势。

第三，招聘和甄选都可以从两个角度来看：求职者角度和组织角度。《应用心理学》中的早期研究集中在公司如何找到拥有合适技能的人，后来以求职者为角度的研究探索了求职者对不同招聘和选择策略的反应。任何一个角度的研究都能解决问题，但是大多数研究人员特别是当今的从业者认识到了两者都很重要。

第四，技术在招聘和甄选以及其他业务流程中扮演着越来越重要的角色。过去二三十年的大量研究关注了如何利用技术的力量来提高招聘和甄选的速度与灵活性，并解决由技术带来的问题（例如，未经监督的互联网测验和作弊的问题）。

资料来源：Robert E P，Neal S，Nancy T T. Solving the supreme problem：100 years of selection and recruitment at the Journal of Applied Psychology. Journal of Applied Psychology，2017，102（3）：291－304.

□小　结

现代企业的招聘与录用是企业引进人才的主要方法和手段，是企业生存与发展的重要基础，是企业人力资源管理工作中其他工作的基础，能增强企业的创新能力，而且这项工作越来越受到广大企业的重视。

招聘与录用是一个复杂、完整、连续的程序化过程，这个过程的每一个阶段都是为了保证组织人员录用的质量，为组织选拔合格、优秀的人才。它由三个阶段组成。第一个阶段是招聘准备阶段。充分的准备为招聘工作的顺利进行提供保证，在招聘准备阶段主要完成四项任务：确定招聘需求；明确拟招聘岗位的特点和要求；制订招聘计划；选择招聘策略。第二个阶段是招聘实施阶段。其中包括招募、测试与筛选、人员录用三个步骤。第三个阶段是招聘评估阶段。招聘工作结束后，人力资源管理部门要及时总结招聘工作的经验和教训，为以后的招聘工作积累经验。

招聘与录用工作要坚持公开、平等的原则，因为坚持公开、平等的原则是招聘到合适优秀人才的前提，也是树立良好企业形象的关键。招聘与录用工作也要遵循竞争、能力重于学历、能岗匹配、员工与组织匹配、同等条件下求职动机优先等原则。

企业的招聘与录用工作除受外部人力资源市场、宏观经济状况和行业特性、国家的政策法规、科技技术的发展水平等企业外部因素的影响，还受企业的经营状况与发展前景、技术装备水平、企业文化和企业声望、企业战略、企业管理人员的素质、招聘者的水平、企业的薪酬水平、企业提供的发展机会等内部因素的影响，受求职者的教育背景和家庭背景、经济状况、工作经验、职业期望等个人因素的影响。因此，在招聘活动之初，必须深入分析这些因素及其影响。

本章最后一节根据当前招聘与录用工作面临的问题与挑战，预测了招聘与录用工作的发展趋势。

□思考题

1. 简述招聘与录用的工作程序。

2. 简述招聘与录用的原则。

3. 简述影响招聘工作的企业内部因素。

4. 简述招聘评估的必要性。

□参考文献

1. 廖泉文．招聘与录用．4版．北京：中国人民大学出版社，2022.

2. 赵永乐，沈宗军，刘宇瑛，等．招聘与面试．上海：上海交通大学出版社，2006.

3. 吴志明．招聘与选拔实务手册．2版．北京：机械工业出版社，2006.

4. 董福荣，赵云昌．招聘与录用．大连：东北财经大学出版社，2006.

5. 彭剑锋．人力资源管理概论．3版．上海：复旦大学出版社，2018.

6. 王丽静．人力资源管理实务．北京：中国轻工业出版社，2009.

7. 姚月娟．人力资源管理．5版．大连：东北财经大学出版社，2020.

8. 廖泉文．人力资源管理经典案例：《人力资源管理》配套案例集．北京：高等教育出版社，2005.

9. 雷蒙德・诺伊，约翰・霍伦贝克，巴里・格哈特，等．人力资源管理：赢得竞争优势：第9版．北京：中国人民大学出版社，2018.

10. 赫伯特・赫尼曼，蒂莫西・贾奇，约翰・卡迈尔-米勒．组织人员配置：招募、选拔和雇用：第7版．北京：中国人民大学出版社，2017.

11. 劳伦斯・克雷曼．人力资源管理：获取竞争优势的工具：第4版．北京：机械工业出版社，2009.

12. 韦恩・蒙迪，朱迪・蒙迪.人力资源管理:第11版.北京：机械工业出版社，2011.

13. 杨倩．员工招聘．2版．西安：西安交通大学出版社，2014.

14. 王贵军．招聘与录用．5版．大连：东北财经大学出版社，2021.

15. 徐世勇，陈伟娜．招聘与人才测评．2版．北京：中国人民大学出版社，2021.

16. 涂永前．论我国劳动法治的现代化与劳动法典的编纂．法学论坛，2023，38(2)：87－99.

17. 涂永前．新时代中国特色社会主义和谐劳动关系构建研究：现状、问题与对策．社会科学家，2018(1)：119－125.

18. 曾湘泉．反就业歧视的理论思考与对策．(2022－04－18)．https://politics.gmw.cn/2022－04/18/content_35666245.htm.

19. 习近平．高举中国特色社会主义伟大旗帜为全面建设社会主义现代化国家而团结奋斗：在中国共产党第二十次全国代表大会上的报告．(2022－10－16)．https://www.gov.cn/gongbao/content/2022/content_5722378.htm.

20. 吕菊芳，刘怀元．习近平关于就业重要论述的四个维度．湖北社会科学，2020(10)：26－32.

21. 莫荣．新时代就业领域的变革与突破．(2022－09－13)．https://m.gmw/baijia/2022－09/13/36019609.html.

22. 赵海珠，蔡卫星，罗连化．社会保险降费政策促进就业了吗：基于在线招聘岗位数据的分析．广东财经大学学报，2022，37（4）：56－70.

23. 中国政府网．多措并举 推动职业技能提升行动提质增效．（2021－05－20）. https：//www. gov. cn/xinwen/2021－05/20/content _ 5609584. htm.

24. 国务院．国务院关于印发“十四五”就业促进规划的通知．（2021－08－27）. https：//www. gov. cn/zhengce/content/2021－08/27/content _ 5633714. htm.

25. Robert E P，Neal S，Nancy T T. Solving the supreme problem：100 years of selection and recruitment at the Journal of Applied Psychology. Journal of Applied Psychology，2017，102（3）：291－304.

□附　录

H公司20××年会计人员招聘方案

一、H公司简介

H公司隶属于中国航天科技集团有限公司，是运载火箭生产总装集成企业和航天高科技产业制造基地，中国机械500强。H公司通过了GJB/Z 9002和GB/T 19001国家质量体系认证。

公司自承担航天产品研制任务以来，始终是推动我国航天事业发展的核心力量，生产总装了名扬世界的长征系列运载火箭，为中国航天实现从发射人造地球卫星、载人航天到探月工程三座里程碑的跨越和国防现代化建设做出了卓越贡献。

公司以引领中国航天制造业为己任，大力提升核心制造能力，强化综合制造、系统集成和工程转化优势，坚持加强企业基础管理，建设企业文化，培育高素质的管理、技术、技能人才队伍，实现企业、员工与社会的和谐发展。

● 公司使命

引领中国航天制造业

● 目标

建设具有国际竞争力的航天产业化制造基地

● 工作作风

快速反应、快捷应对、快乐工作

● 质量方针

我们永远坚持质量第一

我们持续进行质量改进

我们不断满足顾客需求

● 制造能力

公司焊接技术综合实力在全国处于领先地位。

二、招聘岗位介绍

因为业务迅速发展，H公司现需要招聘会计1名，招聘方式为社会招聘。公司拟在智联招聘网站上发布招聘广告。以下是H公司针对该岗位的招聘广告。

1. 基本信息

职位名称：会计。

职业性质：全职。

工作经验：3 年以上。

学历要求：大学本科及以上。

需求专业：会计、财务审计或相关专业。

福利待遇：员工工资实行岗位系数工资，享受国家规定的社会保险及住房公积金待遇，以及企业为职工建立的补充养老和补充医疗保险。为外地生源提供住宿，房间配有空调、电视等。

薪酬待遇：9 万～11 万元/年。

工作地点：北京。

联系人：李老师。

联系方式：010－68××××00/hr2012@sohu.com。

单位地址：北京市丰台区××东路。

2. 职位描述

(1) 负责组织公司财务管理制度、会计成本核算规程、成本管理会计监督及其有关的财务专项管理制度的拟定、修改、补充和实施。

(2) 核签、编制会计凭证，整理保管财务会计档案。

(3) 登记保管各种明细账、总分类账。

(4) 定期对账，如发现差异，查明原因，处理结账时的账务调整事宜。

(5) 设计、修订会计制度与会计表单，分析财务结构，编制会计报告、报表。

(6) 组织公司的成本管理工作，进行成本预测、控制、核算、分析和考核，降低消耗、节约费用，提高利润监管水平，确保公司利润指标的完成。

(7) 具体执行资金预算及控制预算内的经费支出，管理往来账、应收款、应付款、固定资产、无形资产，每月计提核算税金、费用、折旧等费用项目。

(8) 完成上级交办的其他任务。

3. 任职资格

(1) 工作经验：具备 3 年以上企业财务工作经验，有会计专业技术中级资格证书。

(2) 专业背景：会计、财务、审计或相关专业。

(3) 学历：大学本科及以上。

(4) 年龄：26 岁以上。

(5) 能力：精通国家财税法律规范、财务核算、财务管理、财务分析、财务预测等财务制度和业务；熟悉国家会计法规，了解税务法规和相关税收政策；熟悉银行业务和报税流程；具有良好的口头及书面表达能力；熟练应用财务软件和办公软件。

(6) 个人素质：正直、敬业、责任心强、严谨踏实、工作仔细认真；遵守纪律，具备团队合作以及开拓创新精神。

三、岗位胜任素质分析

1. 素质与素质测评

素质是驱动一个人产生优秀工作绩效的个体特征的集合，反映的是可以通过不同方式表现出来的个人知识、技能、个性与内驱力等。素质是判断一个人是否胜任某项工作的起点，是决定并区别绩效差异的个人特征。

国外学者研究认为，素质是可以通过行为表现出来的各种特征的集合，包括表象的和潜在的，由七个核心要素构成，即动机、个性、自我形象与价值观、社会角色、态度、知识、技能。① 它们由内而外说明了素质的各个构成要素能逐渐被观察和衡量的特点。素质对于绩效的好坏起着不可或缺的作用，因此，如果企业能够通过科学的手段比较准确地测评员工素质，特别是潜在素质，并以此进行人员配置，那么对于员工个人和企业自身来讲会起到事半功倍的效果。

对于企业中层管理者而言，他们是企业人才队伍里的中坚力量，其素质高低、能力大小直接影响下属、团队、部门绩效目标乃至企业战略的实现。因此基于中层管理人员的素质与企业发展的关系，一方面要求企业选择具备相应素质的管理人员从事相应的管理工作；另一方面要求员工在正确了解自身素质的基础上，选择并从事适合其素质发挥作用的工作岗位，从而获得职业发展并实现价值。

素质测评又称人事测评，是心理测量技术在人力资源管理领域的应用。素质测评以心理测量为基础，针对特定的人力资源管理目的，如招聘、安置、考核、晋升、培训、职业规划、继任者计划等，对人的素质进行多方面的系统评价，为人力资源管理和开发提供依据。素质测评由两部分组成：一是测评主体采用科学的方法，收集被测评者在主要活动领域中的表征信息；二是采用科学的方法，对人力资源管理的某一目标进行量化并做出价值判断，或者直接从表征信息中引发与推断出某些素质特征。②

2. 胜任素质和胜任素质模型

麦克利兰认为，胜任素质就是用行为方式描述出来的员工需要具备的知识、技能、能力和特质，是个体能够达到某个职位的绩效要求的一种状态或综合品质，具有可指导、可观察和可衡量三个特征。根据该定义，H公司会计岗位任职人员的胜任素质就是指该工作岗位、组织环境和文化氛围中有优异成绩者所具备的任何可以客观衡量的个人特质。

H公司会计人员的胜任素质模型是指为了完成会计工作、达成绩优目标所需具备的一些不同胜任素质的组合，描述的是在H公司中有效担任会计人员这个角色所需的知识、技能和性格特点等的组合。

3. 胜任素质模型的构建

（1）胜任素质模型的构建流程。为确保H公司招聘并录用合适的会计人员，H公司

---

① 彭剑锋．人力资源管理概论．3版．上海：复旦大学出版社，2018.

② 徐世勇，李英武．人员素质测评．北京：中国人民大学出版社，2019.

拟采取基于胜任素质模型的招聘方式。在开展招聘工作之前，需要针对会计岗位设计一个具有针对性的会计人员胜任素质模型。该模型的构建按照以下六个步骤来进行，主要是通过行为事件访谈法、问卷调查法等来确定会计人员的胜任素质要素。

第一步：确定绩效有效标准。

- 硬指标——账务处理准确率、单据结算的效率；
- 软指标——团队合作能力、问题处理能力。

第二步：选择效标样本。

优秀业绩组和普通业绩组。

第三步：收集资料。

直接观察法、行为事件访谈法、问卷调查法、专家小组讨论法、360度评估系统。

第四步：建立胜任素质模型。

假设产出，分析主题，形成概念。

第五步：验证胜任素质模型。

行为事件访谈法、问卷调查法、评价中心测评技术。

第六步：应用胜任素质模型。

招聘与甄选、绩效评估、培训开发、职业发展。

(2) 会计人员胜任素质模型。结合公司文化和价值观要求、会计岗位工作职责以及会计人员胜任素质分析，本方案进行了H公司会计人员胜任素质分析，在胜任素质分析中还加入了一些任职资格分析。该岗位的胜任素质模型如表1-1所示。

表1-1 H公司会计人员胜任素质模型

岗位名称：会计　　　　　　　　　　　　　　　　　　　　　　　岗位代号：

类别	素质与能力要素	要求等级(1～4)	行为描述
个人特质与动机	稳定性	3	工作踏实、稳定，能够为未来的利益或回报付出时间和精力
	责任心	4	工作认真负责、执行能力强
	细心程度	4	对工作的耐心和细致程度
	求职动机	3	对本公司、本岗位的求职欲望
价值观	诚信	4	恪守诚信原则、重视个人操守和职业道德的程度
	务实态度	3	讲求实际，实事求是，工作严谨
	业绩导向	4	以结果作为衡量工作成效的主要依据；重点关注提高绩效、实现目标和产出结果
	团队合作	2	努力工作，确保团队实现其主要里程碑和目标；有效激励团队成员，帮助团队更有效地完成任务
	学习和创新	2	系统学习专业领域知识、工具或方法，总结规律并应用到工作中，能对现有工作进行系统的改进

续表

类别	素质与能力要素		要求等级（1～4）	行为描述
必备知识	专业知识	财务知识	4	对财务会计知识的掌握程度
		税法知识	3	对相关税法知识的掌握程度
		计算机知识	3	在会计领域内应用计算机的基本技能，包括会 Office、财务软件的使用
		产品知识	2	精通本公司产品和服务的相关知识以及其他关键业务知识
	环境知识	国家法律与法规	4	对有关的环境方面的国家法律与法规的了解程度
		国家有关政策	3	对与企业有关的国家相关政策的了解程度
		行业有关政策	2	对企业所在行业的各项环境政策的了解程度
	企业知识	制度与政策	3	对企业的工作制度、薪酬制度、福利政策的了解程度
		主要工作流程	3	对与自己从事的工作相关的工作流程的了解程度
		机构设置与部门职责	3	对组织结构及各部门职能的了解程度
		组织文化	3	对组织的价值观和信念的认同感
工作技能与综合能力	问题解决能力		3	能预测可能出现的问题，产生新想法；区分现象和本质，能制订解决问题的可操作性方案
	数理能力		3	能从数字中推理、分析得出结论；会分析定量数据
	逻辑思维能力		4	具有归纳、演绎的能力，能从有限的信息或者相关信息中得出结论
	沟通能力		2	倾听和表达的能力
	计划能力		3	明确工作任务目标和要求，合理安排工作流程，调配人、财、物资源
任职资格	教育经历		专业	财务相关专业
			学历	大学本科及以上
			学校	同等条件下名校优先
	工作经历		从事一般工作经历	从事一般财务相关工作的经历
			从事管理工作经历	从事管理工作的经历、承担的管理职责

四、招聘流程设计与实施

在确定了H公司会计人员胜任素质模型以后，公司马上开展招聘工作。为了确保招聘甄选的客观性和可靠性，公司采用主客观测评相结合的方法，共进行五轮筛选。具体的流程如表1-2所示。

表 1-2 H公司招聘流程

招聘流程	比例
1. 简历筛选	10：1
2. 笔试	3：2
3. 第一轮面试	4：3
4. 第二轮面试	5：1
5. 终极面试	3：1

1. 简历筛选

简历筛选是人员甄选的第一关。第一轮简历筛选的主要目的是找出初步符合公司要求的潜在求职者，重点查看求职者是否满足公司会计职位的任职资格等硬性条件。比如根据公司对该岗位的任职资格（工作经验、专业背景、学历、年龄、能力、个人素质等）要求，筛选简历前应明确哪些条件是必须满足的，在10秒钟之内即可做出判断，对不符合硬性条件的立即淘汰。此外，对其他条件也必须予以关注。比如求职者的待遇要求公司很难达到，这样的简历可以直接舍弃；再如简历上求职者的居住地离公司较远，极不方便，即公司在北郊，尽量不要通知住在南郊或者其他更远地方的人来面试，除非公司提供住宿，或者对方愿意搬到公司附近住。表1-3是H公司会计人员简历的筛选标准和考查重点。

表 1-3 H公司会计人员的简历筛选标准和考查重点

职位要求	候选人情况	考查重点
最低学历： 大学本科 若有丰富的相关职业经验，可适当放宽学历要求	学历： 无须特定教育背景□ 高中□ 中专□ 大专□ 本科□ 硕士及以上□	1. 学习时间是否中断？ 是□ 否□ 2. 是否为正式学历教育？ 是□ 否□ 3. 学历是否低于职位的要求？ 是□ 否□
专业： 首选专业：会计、财务、审计 可考虑专业：相关专业	专业：	1. 是否满足专业要求？ 是□ 否□ 2. 若不满足是否可以考虑？ 是□ 否□
经验要求： 1. 1年相关工作经验□ 2. 1～3年相关工作经验□ 3. 丰富的相关工作经验□	工作经历整体评估： 优□ 良□ 一般□ 较差□	1. 所在的公司是： 大型国企□ 知名外企□ 民企□ 其他□ 2. 是否从事过重要工作或担任过团队管理者： 是□ 否□

续表

职位要求	候选人情况	考查重点
职业培训：	是否参加过职业培训： 是□　否□ 如果参加过职业培训，请列举： 1. 2. 3.	1. 职业培训时间长短。 2. 具体教学内容。 3. 技能的训练与培养。
特定资格要求： 1. 外语： 无要求□　四级□　六级□ 2. 资格证书： 资格证书名称： 初级□　中级□　高级□	特定资格要求： 1. 外语： 无要求□　四级□　六级□ 2. 资格证书： 资格证书名称： 初级□　中级□　高级□	1. 外语考试的分数是多少？ 2. 听说读写的熟练程度如何？ 3. 证书是否真实并在有效期内？
荣誉和奖励：	荣誉和奖励： 1. 2. 3.	1. 与职业能力是否相关？ 2. 与工作行为和态度是否相关？ 3. 什么机构颁发的？ 4. 是否有价值？
业余爱好：	业余爱好： 1. 2. 3.	1. 业余爱好是否与职业相关？ 2. 公司是否需要该才能？ 3. 这种才能是否可以作为优先聘用的条件？
简历情况： 是否附加求职信： 简历是手写、打印还是复印的： 文字水平： 错别字： 表述方式：	简历情况： 有求职信□　无求职信□ 手写□　打印□　复印□ 语言流畅□　语句不通□ 错别字少□　错别字多□ 冗长□　简练□	1. 有求职信表示比较关注和迫切想得到这份工作且训练有素。 2. 简历是复印的表示大量或多次求职。 3. 语句不通顺、错别字多与本身素质和认真程度相关。 4. 冗长可能是为了掩盖无经验或与办事拖拉的风格有关。

此次筛选的比例是10∶1，即预期查看300份简历，从中挑选出有效简历30份，通知这30人进入下一个环节。

2. 笔试

笔试是用人单位对求职者的专业知识、文字表达能力和书写态度等综合能力的一次有据可查的测试，测验的题型可以分为选择题、填空题、论述题等，对求职者的写作功底、逻辑分析能力以及专业技能的考查尤为重视。本次笔试共100分，拟挑选出测试成绩前20名的候选人进入第一轮面试。

以下是H公司设计的笔试套题（样题）。

（1）专业知识：包括财务知识、税务知识、业务知识、计算机知识等。例如：

1）内部回报率法需要投资项目的净现值（　　）。

A. 小于零　　B. 等于零　　C. 大于零　　D. 非常大

2）现金合并和换股合并的主要区别为（　　）。

A. 合并后利益分享　　　　B. 税
C. 净利润　　　　D. 控制权

3）为本公司提出几条避税建议。

（2）宏观环境知识：国家法律法规、国家有关政策、行业有关政策。例如：

1）你如何看待国家对房地产行业的“限购令”？

2）为了应对通货膨胀问题，国家今年几次调整存款准备金率，你认为这对本公司会产生什么影响？

（3）H公司的相关知识：制度与政策、主要工作流程、机构设置与部门职责、公司文化。例如：

1）本公司成立于（　　）年，目前总资产为（　　）元，主要业务包括（　　）、（　　）、（　　）和（　　）。

2）以下不属于本公司核心价值观的是（　　）。

A. 诚信　　B. 务实　　C. 以人为本　　D. 创新

3. 第一轮面试

第一轮面试由人力资源部人员担任面试官，形式为半结构化的单独面试，面试时间为20分钟/人，主要考查求职者的个人资历、个人特质、个人价值观和综合能力。此次面试最终筛选出15人进入第二轮面试。

第一轮面试的流程和考查内容如表1-4所示，评估表如表1-5所示。

表1-4　第一轮面试的流程和考查内容

一、面试人数：1人 二、面试官：人力资源部人员 三、面试流程 1. 自我介绍 每人两分钟介绍时间，请控制时间；面试官可以根据介绍内容提问。 自我介绍必须包括的内容：姓名、籍贯、学习经历、工作经历、个性、爱好。 **考查要点：** 个人资历（工作经验、教育背景） 2. 个人价值观 问题1：你在工作中最喜欢/最讨厌的同事是什么类型的人？你认为自己最适合什么样的企业文化？ 问题2：你辛辛苦苦加班一整晚赶出一份财务报表，但是第二天交给上级时他认为这份报表做得很糟糕，对于上级只看结果不看过程的做法你怎么看？你如何看待结果与过程的关系？ **考查要点：** 个人价值观（团队合作性、结果导向） 3. 个人性格及素质考查 问题：你性格上有什么弱点？在事业上它给你带来的劣势是什么？ **考查要点：** 个人特质 10——性格弱点与对会计人员的性格要求不相悖，能正视自身弱点，并强调个人如何克服自身劣势。 8——性格弱点与对会计人员的性格要求不相悖，能正视自身弱点，但是没有对自身弱点做出改正。 5——性格弱点与对会计人员的性格要求相悖，能正视自身弱点，并强调个人如何克服自身劣势。 3——性格弱点与对会计人员的性格要求相悖，能正视自身弱点，但是没有对自身弱点做出改正。

续表

0——不能正视自身弱点，认为自己完美无缺。
备注：
对会计人员的性格要求：细心、踏实、稳重、责任心强，忌马虎、毛躁、性子急。

4. 职业道德：
问题1：你认为一个合格的会计人员所需具备的职业操守或者职业道德是什么？
问题2：你是如何看待做假账的？（举例说明）
考查要点：
职业道德素养、诚信务实
问题1的优秀回答是：遵守会计职业道德，不泄露公司机密，遵纪守法。
问题2若应聘者大谈如何做假账，则表明此人职业道德感不强。

5. 工作态度和工作配合度
情境问题：假如你上岗后，领导交代你和一位同事共同完成本单位的财务迎检工作，你会怎么做？
考查要点：
（1）团队合作与协调能力
10——能与同事积极有效地进行沟通和展开合作，对任务进行分析。能够尊重别人，善于发掘他人的优势和潜力，善于倾听他人的意见，善于把众人的意见引向一致。
8——能与同事沟通和展开合作，考虑问题比较细致周到。比较能够尊重别人，倾听他人的意见，并且有一定的把众人意见引向一致的能力。
5——能与同事展开合作，考虑问题片面不周到，基本能够尊重别人，基本能够让他人表达意见，能做出协助他人形成一致意见的努力。
3——没有体现出与同事的有效合作，不够尊重别人，对别人的意见有一定的排斥，较为固执，自己的看法较难与众人一致。
0——个人独断专行，不尊重别人，有很强的攻击性。
（2）计划能力
10——有良好的计划习惯，有很强的时间管理能力，有协调资源运用的技巧，计划安排周全。
8——有较为周全的计划，有较为细致的时间安排，能够考虑多方面的资源，有较强的协调意识。
5——有基本简单的计划安排，有基本的协调意识。
3——计划安排有漏洞，协调能力不足。
0——没有成型的计划安排，或者夸夸其谈、不能切中要害。
6. 职业稳定性和忠诚度
问题1：你为什么要离职？
问题2：你选择本公司的原因是什么？
问题3：你未来的职业生涯规划是怎样的？
考查要点：
（1）职业稳定性，详细询问离职原因
可能的回答：A. 别的同事认为我是老板面前的红人，所以处处排挤我。
B. 调薪的结果令我十分失望，完全与我的付出不成正比。
C. 老板不愿授权，工作处处受限，束手束脚，很难做事。
D. 公司营运状况不佳，大家人心惶惶。
比较得体的回答是C或者D。选择C表明应聘者有进取心、能力强，且希望被赋予更多的职责。选择D表明离职原因为个人无法改变的客观外在因素，因此，应聘者也就不会谈及个人的能力或工作表现，对这个回答可存疑。
（2）求职动机
（3）职业忠诚度

表1-5 第一轮面试评估表

候选人		应聘职位		应聘部门			权重	面试官打分
任职资格评估（最高分合计30分）							20%	
形象气质	标准及分值	佳	较好	一般	较差	糟糕		
		10分	8分	5分	3分	0分		
教育背景	标准及分值	硕士及以上	全日制本科	专升本	大专	中专及以下		
		10分	8分	5分	3分	0分		
工作经验	标准及分值	8年以上	5年以上 8年以下	3年以上 5年以下	1年左右	没有经验		
		10分	8分	5分	3分	0分		
价值观评估（最高分合计30分）							20%	
求实态度	标准及分值	十分求实	比较求实	一般	不够求实	不求实		
		10分	8分	5分	3分	0分		
业绩导向	标准及分值	强	较强	一般	较弱	忽视结果		
		10分	8分	5分	3分	0分		
学习创新	标准及分值	好学上进	较主动学习	不够主动	被动学习	较排斥学习		
		10分	8分	5分	3分	0分		
个人特质和动机评估（最高分合计40分）							30%	
稳定性	标准及分值	强	较强	一般	较弱	弱		
		10分	8分	5分	3分	0分		
细心程度	标准及分值	强	较强	一般	较弱	弱		
		10分	8分	5分	3分	0分		
责任心	标准及分值	强	较强	一般	较弱	弱		
		10分	8分	5分	3分	0分		
求职动机	标准及分值	强	较强	一般	较弱	弱		
		10分	8分	5分	3分	0分		
工作技能和综合能力（最高分合计30分）							30%	
逻辑思维能力	标准及分值	强	较强	一般	较弱	弱		
		10分	8分	5分	3分	0分		
计划能力	标准及分值	善于计划	较能计划	一般	较不善于计划	不做计划		
		10分	8分	5分	3分	0分		
沟通能力	标准及分值	演讲口才极佳	表达清晰	表达一般	偶尔表达混乱	词不达意		
		10分	8分	5分	3分	0分		

续表

候选人		应聘职位		应聘部门		权重	面试官打分
面试官综合评语	综合表现以及是否推荐进入第二轮面试						

4. 第二轮面试

第二轮面试的主考官是财务部负责人，人力资源部人员陪同，面试时间为每人15～20分钟，考查重点是求职者的专业知识和技能。面试结束后，筛选出3人进入终极面试。

第二轮面试的流程和考查内容如表1-6所示，评估表如表1-7所示。

表1-6 第二轮面试的流程和考查内容

一、参与人：第一轮面试合格者
二、面试官：财务部负责人和人力资源部人员
三、面试流程
1. 专业知识和技能
问题：这次我公司招聘会计，在这方面你有什么专业知识和技能？
考查要点：
专业知识（求职者具备的专业知识、专业技术等）

2. 工作相关性考查
(1) 就简历中的工作经历进行提问。
(2) 你如何看待以前的工作？以前的工作经历对于你这次求职有何帮助？
考查要点：
工作相关性、测谎（诚信）

3. 计划能力考查问题
描述一下你的××工作的一天是如何安排的/说说你的工作时间的具体分布。
考查要点：
计划能力
10——有良好的计划习惯，有很强的时间管理能力，有协调资源运用的技巧，计划安排周全。
8——有较为周全的计划，有较为细致的时间安排，能够考虑多方面的资源，有较强的协调意识。
5——有基本简单的计划安排，有基本的协调意识。
3——计划安排有漏洞，协调能力不足。
0——没有成型的计划安排，或者夸夸其谈、不能切中要害。

4. 上机测试
财务部负责人安排求职者进行上机操作。
考查要点：
(1) 求职者的动手能力；
(2) 求职者的专业技能。
5. 其他提问
财务部负责人就专业素养进行提问。

表 1-7 第二轮面试评估表

候选人		应聘职位		应聘部门			权重	面试官打分
必备知识（最高分合计 30 分）							20%	
专业知识	标准及分值	佳	较好	一般	较差	糟糕		
		10 分	8 分	5 分	3 分	0 分		
企业知识	标准及分值	硕士及以上	全日制本科	专升本	大专	中专及以下		
		10 分	8 分	5 分	3 分	0 分		
工作经验	标准及分值	8 年以上	5 年以上 8 年以下	3 年以上 5 年以下	1 年左右	没有经验		
		10 分	8 分	5 分	3 分	0 分		
工作技能（最高分合计 30 分）							20%	
求实态度	标准及分值	十分求实	比较求实	一般	不够求实	不求实		
		10 分	8 分	5 分	3 分	0 分		
业绩导向	标准及分值	强	较强	一般	较弱	忽视结果		
		10 分	8 分	5 分	3 分	0 分		
学习创新	标准及分值	好学上进	较主动学习	不够主动	被动学习	较排斥学习		
		10 分	8 分	5 分	3 分	0 分		
个人特质和动机评估（最高分合计 40 分）							30%	
稳定性	标准及分值	强	较强	一般	较弱	弱		
		10 分	8 分	5 分	3 分	0 分		
细心程度	标准及分值	强	较强	一般	较弱	弱		
		10 分	8 分	5 分	3 分	0 分		
责任心	标准及分值	强	较强	一般	较弱	弱		
		10 分	8 分	5 分	3 分	0 分		
求职动机	标准及分值	强	较强	一般	较弱	弱		
		10 分	8 分	5 分	3 分	0 分		
工作技能和综合能力（最高分合计 40 分）							30%	
问题解决能力	标准及分值	强	较强	一般	较弱	弱		
		10 分	8 分	5 分	3 分	0 分		
计算机技能	标准及分值	强	较强	一般	较弱	弱		
		10 分	8 分	5 分	3 分	0 分		
软件运用技能	标准及分值	强	较强	一般	较弱	弱		
		10 分	8 分	5 分	3 分	0 分		

续表

候选人		应聘职位		应聘部门			权重	面试官打分
计划能力	标准及分值	强	较强	一般	较弱	弱		
		10 分	8 分	5 分	3 分	0 分		
面试官综合评语	综合表现以及是否推荐进入终极面试							

5. 终极面试

终极面试官为H公司董事长和财务部负责人，陪同人员为人力资源部经理。其方式是非结构化面试，面试官可以自由提问并追问。由于在单独面试环节，所有胜任素质模型要求的素质均已经评价完成，参加终极面试的求职者均是满足模型要求的人员。终极面试灵活性、主观性较强，但仍要满足一定的要求，面试官共同讨论决定面试结果。终极面试重点考查求职者的个人特质和价值观是否与公司匹配，此外还可以考查求职者的求职动机以及职业稳定性。向面试官推荐的题目如下，仅供参考。

(1) 简单寒暄类。

- 您过来时交通还方便吧？
- 您老家是哪里？

测试目的及考查要点：

测试求职者的谈吐、语言表达和思维能力；最主要的目的是缓和气氛。

评分参考：

优：口齿伶俐，语言流畅，条理清晰，言简意赅。

中：谈吐比较自然，条理比较清晰，但语言表达不够简练，基本能表达自己的观点。

差：谈吐不自然，条理不清晰，语言啰唆，不能表达自己的观点。

(2) 企业文化和价值观类。

- 请描述一下以往所就职公司中您认为最适合自己的公司文化的特点。
- 您最喜欢和什么样的人共事？

测试目的及考查要点：

测试求职者与本公司文化和价值观的匹配度。

评分参考：

没有最佳答案，匹配程度高的优先。

(3) 求职动机和职业稳定性。

- 您第一次离职是基于什么考虑？离职时有没有失落感？
- 本公司吸引您的地方主要是什么？
- 谈谈您未来的职业生涯规划。

面试评估表和前两轮面试类似，不再赘述。最后通过综合考查，从3位求职者中挑选出H公司的最佳匹配者。

五、素质测评实施过程中的注意事项

1. 采用标准化的指导语

指导语是在测评过程中说明测评方式以及如何回答问题的指导性语言。在本招聘方案的素质测评中，指导语有两种：一种是对受测者的，主要是对测评过程的细节做进一步解释，包括场地设置、材料准备、计时计分原则以及如何应对意外情况等，目的是保证测评情境的一致性。一种是给测评主试人的，包括选择反应方式（画圈、打钩、填数字、口答、书写等）、如何记录这些反应（答卷纸、录音、录像等）、时间限制、计分方法等，目的是降低测评的误差。测评双方都要严格遵照执行，才能保证测评效果。

2. 确定恰当的测评时限

此次素质测评既要考查受测者反应的速度，也要考查其解决有较大难度题目的能力，涉及的测评工具和方法比较多。不同类别的测评方法所花费的测评时间不同。具体的测评时段应该挑选能够完全发挥受测人员智慧和能力的时间段。例如，中午人容易犯困，身心比较疲劳，不适宜安排测评。此外，在测评实施前，要合理安排测评的先后顺序以及时间间隔，确定合适的测评时间。

3. 创造适宜的测评环境

测评环境的选择对测评效果有重要影响。对环境的选择主要考虑测评现场是否适合受测者完成所测事项。如果测试环境通风不好、空间狭小、嘈杂、光线不好，容易使人心情烦躁、反应迟钝、疲劳，影响思考。所以要在比较宽敞、光线充足、安静的环境下开展测评，这样才能使受测者注意力集中、思维敏捷，提高测评的准确性。此外，测评的人文环境也很重要。主试人的态度要保持温和，以让受测者放松心情，轻松应对。

4. 测评双方心理的调控

素质测评是测评者依据一定的标准对受试者有关情况进行评判的过程，所以测评者的心理状态必然会影响测评结果，而受试者由于受到心理因素的影响，也常常会出现“失真”情况，导致测评结果不准确。因此，对测评主试人，要选用思想品德好、实践经验丰富、心理素质好的人员，并进行测评技能培训，开展思想政治和纪律教育，使其端正思想，客观公正进行评判；对受测者，要事前做好宣传动员，提高其对测评的认识，使其以积极、自信的心态面对。同时在测评过程中，注意保持测评主试人与受试者的良好的心理状态，以免引起冲突。

第 2 章

招聘前的理论准备工作

| 学习目标 |

- 掌握职位分析的概念和作用
- 掌握职位分析的方法
- 掌握人力资源供给与需求预测的步骤和方法
- 熟悉胜任素质模型的相关概念、构建流程及其在人力资源管理中的应用

引 例

L 钢炼铁厂开展岗位用工测评工作实践

L 钢炼铁厂已有多年未开展职位分析工作。该厂现具备年产生铁 1 200 万吨的生产能力，总定员 1 687 人，现有在岗职工 1 599 人，其中操作岗位工种 42 个，分布在 105 个岗位上。近几年随着新工艺、新技术的投入，生产设备的自动化水平有了提高，同时大部分设备老化的矛盾日益凸显，现行的岗位定员一定程度上制约了岗位用工调配的准确性，造成了人岗不匹配的矛盾，也制约了节能减排工作的有效推进。为解决这一问题，L 钢炼铁厂于 2020 年 8—12 月，在全厂范围对操作岗位（不含维修工岗位）的工作任务进行分析，开展岗位用工测评工作。

一、职位分析准备工作

本次职位分析人员组成为炼铁厂劳资主管科长 1 人、人力资源管理部员工 3 人、见习生 1 人。职位分析人员采取访谈法和观察法相结合的方法，并制作职位分析记录表以记录测评岗位当班人数、工作任务、工作区域所负责的设备（台/套）情况，以及当班工作情况等内容。

二、职位分析的实施

本次职位分析重点测评正常生产情况下岗位的工作量，从 2020 年 8 月下旬开始实施。职位分析人员根据工种操作的复杂性以及工作区域所负责设备的数量，采取每个工

种选取1～3个岗位、每个岗位值班点安排1～3人的方式进行跟踪测评，一共选取了36个岗位，同一个岗位现场，人力资源管理人员跟踪测评半天或一天，见习生根据测评计划，全程跟踪。

职位分析人员通过与当班岗位操作人交流，了解当班人数、工作任务、工作区域所负责的设备数量，以及职工的人员配置需求、建议等信息，记录到岗位用工测评表中。同时，通过跟踪观察，记录当班人员的工作状态，作为衡量该岗位工作量的依据。

每个岗位测评结束三天内，由小组长负责整理好岗位用工测评表，上交主管科长，由主管科长及时进行测评记录汇总和初步分析。在初步分析过程中，如发现问题，要及时调整岗位用工测评工作的重点和方向。

三、职位信息的整理和分析

测评结束后，劳资主管科长对参与职位分析的岗位测评记录进行汇总并分析，由此推算同工种没有列入测评的其他岗位的人员配置需求，由职位分析人员初步提出该工种定员配置调整方案。

职位分析小组认为L钢炼铁厂设备、装备服役多年，现有高炉几乎全部达到后期炉(3座高炉在护炉生产）标准，设备老化严重，冷却壁（板）的维护、煤气防护以及节能减排等工作难度逐年增加。根据原有的定员设计，辅助车间除了准备车间、自动化室设安全兼设备点检员为1人外，其他5个辅助车间的安全兼设备点检员定员按2人设计。从目前情况看，高炉车间不设安全兼设备点检员，已不能满足车间日常设备点检、安全管理工作的需求。

安全兼设备点检员岗位的用工需求，采取专题讨论会的形式进行分析，先后召开两次。会议由分管设备管理的厂长主持，职能科室分管设备管理及安全的科级干部、各车间行政负责人或分管设备的负责人参加讨论会，由各车间介绍本单位当前设备运行状况、点检和安全管理存在的难点、设备点检兼安全员的工作分工和工作内容等。通过充分讨论，形成安全兼设备点检员定员调整初步方案，提交厂长行政办公会审议。

四、岗位定员设计的调整完善

根据岗位用工测评的组织实施、职位信息的整理和分析，炼铁厂调整了岗位定员设计方案。结合技术员、管理人员岗位的人力资源需求，本次岗位定员设计调整了技术员、管理人员、操作工人的定员，在总定员维持1 687人不变的前提下，减少技术员定员6人，增加操作工人定员6人，涉及定员调整的工种有31个。按“三重一大”制度程序要求，将岗位定员设计调整方案提交厂长行政办公会审议后，上报公司人力资源部审批通过。

通过实施职位分析以及开展岗位用工测评，炼铁厂全面掌握了现有工作条件、工作环境下的各岗位用工人数需求，并得以调整和完善了岗位定员、定编的设计，为未来制订年度人力资源需求计划和日常岗位人员调动，提供了科学的依据。人岗匹配度的提升，也为高效推进节能减排提供了强有力的人力资源保障。

资料来源：覃莉芳，刘敏，江西．柳钢炼铁厂开展岗位用工测评工作实践．冶金管理，2021（6）：41-43．有改动。

从引例中可以看到，职位分析在招聘与录用中扮演着重要角色，职位分析最重要的结果——职位说明书，是开展招聘与录用工作的依据。职位说明书明确了工作的职责权限、任职资格、工作特点、工作目标等重要因素，能够进行岗位工作的客观数据和主观数据分析，有助于整个人力资源管理工作逐步走向标准化、科学化。本章重点介绍招聘前的理论准备工作。职位分析和招聘与录用的关系如图 2-1 所示。

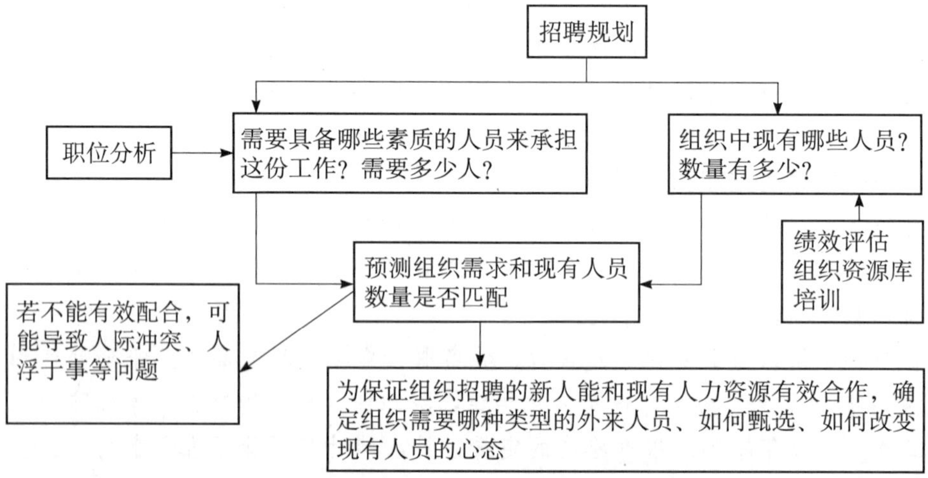

图 2-1 职位分析和招聘与录用的关系

资料来源：朱兴佳，白京红．职位分析与评估．北京：电子工业出版社，2008.

2.1 职位分析

在当今经济发展与企业竞争中，人力资源已成为直接构成企业核心竞争力的关键战略资源，人力资源管理的地位也越来越重要。职位分析作为人力资源管理的基础性工作，为企业从战略到组织和人力资源管理变革的系统推进提供了重要的桥梁和纽带，并为企业人力资源管理系统的构建和整合提供了基础性平台，同时还能够对员工职业意识和职业规范的建立进行有效的引导，提高企业的职业化管理水平。

职位是组织的基本单元，组织的战略、目标与计划最终都要通过职位的功能发挥得到落实，并以职位目标与任务的达成为实现手段。职位分析是人力资源管理的一项核心基础职能。作为一个系统地收集工作相关信息的过程，职位分析在人力资源管理中起着基础的、不可替代的作用，是企业招聘、选拔、培训、薪酬管理及裁员等各种管理活动的决策基础。

通过职位分析，企业能够明确地规定工作岗位的短期和长期目标，掌握工作任务的静态和动态特点，提出有关人员的生理、心理、技能、文化和思想等方面的要求，选择工作的具体程序和方法，并在此基础上确定选人的标准。有了明确、有效的标准，就可以通过心理测评和工作考核，选拔和任用符合工作需求和职务要求的合格人员，将适当的人员安排在适当的职位上。

由于职位说明书对某类工作的性质、特征以及担任此类工作应具备的资格、条件，都做了详尽的说明和规定，这就使人力资源管理人员明确了选聘对象和标准，从而在组织人员甄选时能正确地选择测量手段，避免盲目性，保证“为事择人、任人唯贤、专业对口、事择其人”。

2.1.1　职位分析的概念和作用

一、职位分析的概念

我国系统地引入“职位分析”这一基础管理工具只有十几年的时间，职位分析的经验有限。职位分析的定义有很多，加里·德斯勒将职位分析定义为：“通过这一程序，我们可以确定某一工作的任务和性质是什么，以及哪些类型的人（从技能和经验的角度）适合从事这一工作。”国内学者孙健敏、付亚和认为，职位分析“实质上是全面了解工作并提取有关工作全面信息的基础性管理活动”。朱智贤在《心理学大辞典》一书中对职位分析的诠释包括两部分：一是正确描述工作的内容和实质，如工作性质、范围、难易程度、工作程序、所包含的动作、所使用的工具材料和所承担的责任；二是确定执行此项工作的人所应具备的能力、知识、技能、经验等资格条件。萧鸣政在《工作分析的方法与技术》一书中认为，职位分析是分析者采用科学的手段与技术，直接收集、比较、综合有关工作的信息，就岗位的状况、基本职责、资格要求等做出规范性的描述与说明，为组织特定的发展战略、组织规划，为人力资源管理以及其他管理行为提供基本依据的一种管理活动。

总的来说，职位分析是指全面了解、获取与工作有关的详细信息的过程，是对组织中某个特定职位的定位、目标、工作内容、职责权限、工作关系、业绩标准、人员要求和职务规范的描述和研究过程，即制定职位说明书和任职资格说明的系统过程。

职位分析要回答或者解决以下两个主要问题：

第一，“某职位是做什么事情的？”这一问题与职位承担的工作活动有关，包括职位名称、职责、工作要求、工作场所、工作时间、工作条件等一系列内容。

第二，“什么样的人来做这些事情最适合？”这一问题则与承担职位的人的资格有关，包括专业、年龄、必要的知识和能力、必备的证书、工作经历、心理要求等内容。

二、职位分析的作用

1. 为招聘、甄选和考核工作提供客观尺度

在人员招聘中，以什么为依据来判断求职者是否合格？主管人员怎样才能将“恰当的人”安排到“恰当的岗位”上？在员工甄选工作中，如何才能减少主观随意性，做到相对公正？这些都需要职位分析来提供客观尺度。职位分析是对组织中某个特定职务的设置目的、任务或职责、权力和隶属关系、工作条件和环境以及任职资格等相关信息进行收集与分析，并对该职务的工作做出明确的规定，确定完成该工作所需的行为、条件和人员的过程。职位分析有助于员工甄选工作，根据职位分析获得的资料，可以详细了解为顺利履行岗位职责，工作人员应具备的条件，从而明确甄选的标准。同时，使员工的绩效评估有据可依。

2. 为人力资源规划提供前提和保证

组织内每项工作的责任大小、任务轻重、时间的约束以及工作条件的限制等因素决定了所需的人员数量。通过对部门内各项工作的分析，组织可以确定各部门的人员编制，制订人力资源需求计划，并将接近的职务归类，为人力资源规划的科学化提供前提和保证。

3. 为工作评价、人员考核、晋升与调动管理奠定基础

基于合理的职位分析，企业才有可能判断各种工作的相对价值，制定相应的薪酬标准。职位分析提出的要求也为公正客观地考评员工、调配人员提供了依据。

4. 为工作设计提供基础信息

组织内的任何工作职务都是根据组织的需要设置的。职位分析要根据组织的需要，逐一列举、分析影响工作的因素，决定组织中原有工作哪些需要保留，哪些需要废止，还需要新设置哪些工作等。为了达到工作设计和再设计的目的，职位分析要进行工作目标、活动内容、工作责任、工作复杂性、工作时间、劳动强度以及工作危险性等的调查，提供关于工作设计的最基础的信息。

5. 为制订培训计划提供方法和内容上的依据

组织在促进员工职业素质提高方面所进行的各种培训工作，其效果在一定程度上也取决于职位说明书和工作要求细则的完善程度。组织可以根据工作内容与任职条件设计培训方案，确定适当的指导与培训内容，这样培训所涉及的工作内容和责任才能准确地反映实际工作的要求，使员工在培训中学到的知识和技能与未来工作中的实际应用相一致，提高员工参与培训的主动性，在支付合理的培训费用的同时还可以获得较好的培训效果。

6. 为绩效考核提供评价标准

绩效考核，顾名思义，就是要考核绩和效，也就是考核员工的职责履行情况。具体来讲就是考核工作业绩和工作表现，所以绩效指标要根据不同的职位来合理设置，也就是说要把员工的职责履行情况当作绩效考核的主要依据。职位分析对每种职位的工作内容都进行了明确的界定，员工应该做什么，不应该做什么，应该达到何种工作标准，都很清晰。这样以职位分析为根据，对员工绩效及工作表现进行评价，就能做到合理、公平和准确。

7. 为岗位评估及确定薪酬等级提供依据

岗位评估是以职位分析所获得的工作信息为依据进行的，这些信息包括任职者应具备的学历、工作经验和工作技能，工作强度，工作职责等。通过对各职位的重要性进行分析、排列，可以评价各项工作的相对价值，而职位价值是确定该职位薪酬等级的主要依据，员工所从事的工作难度越大，薪酬就应越高。职位分析提供的信息可用来确定任务、职责和责任的权重，对难度较大的工作赋予较大的权重，从而支付给任职者更高的薪酬。职位价值是组织导入职务工资和职能工资等工资制度的基本依据。

8. 为员工职业发展规划的制定提供依据

现代企业员工越来越注重自我工作能力的培养与发展，企业管理者应该从企业和员工个人的角度来为员工设计职业发展规划。从员工个人角度看，职位分析明确界定了每个职位具体的任职资格以及为达到此任职资格所需要的相关职业培训。这些信息有助于员工制订自己的职业发展计划，通过与工作要求细则相对照，员工可以发现自己在哪些方面存在不足，从而有针对性地提高自己，为促进职业生涯的发展创造条件。

看一看

从数据管人到人管数据——DP 公司的职位分析

DP 公司是镇江市国资委下属的一家国有化工企业。2019—2021 年，该公司一直致力于设备的数智化改造，打造数字化、无人化工厂，朝自动化智能生产方向发展。

随着硬件设备的改造，该公司生产过程数据的易得性提高，DP 公司希望结合数智化和阿米巴变革，调动基层员工的积极性，实现生产管理的精细化。

在原有的管理模式下，生产过程中产生的数据，只要生产过程不出问题，即可无须再管，管理人员的精力只需用在管控生产上。而在数智化改造和在阿米巴变革的推进下，数据的地位提升，很多生产过程中的指标都要求记录与统计出来，一切工作安排均须根据数据说话，出现了“数据管人还管不好”的窘境。

经过对管理人员的职位分析后，DP 公司发现新管理模式下，管理者每天要承担大量的数据抄录、统计、汇总和指标计算、分解工作。这样的工作安排消耗了管理者大量的时间、精力，使其几乎无暇顾及对生产过程的管控，不仅给管理人员造成了极大困扰，也背离了阿米巴变革调动基层员工积极性的初衷。

于是 DP 公司基于职位分析结果，决定着力为管理人员减负，将记录数据这一工作任务分配给员工个人，利用网络，建立共享文档，人人参与数据统计工作，通过团队协作的方式解决了管理人员工作职责不合理、工作量过大的问题，实现从“数据管人”到“人管数据”的转变。

资料来源：数据管人还是人管数据？数字化工厂工作设计的困境．(2023 - 03 - 12). http：www.cmcc-dlut.cn. 有改动。

2.1.2　职位分析的方法

一、观察法

观察法是指职位分析人员通过对员工正常工作的状态进行观察，获取工作信息，并通过对信息进行比较、分析、汇总等，得出职位分析结果的方法。观察法适用于体力工作者和事务性工作者，如搬运员、操作员、文秘等。

不同观察对象的工作周期和工作突发性有所不同，因此观察法可分为直接观察法、阶段观察法和工作表演法。

1. 直接观察法

直接观察法是指职位分析人员直接对员工工作的全过程进行观察的方法。直接观察法适用于工作周期很短的职位，例如保洁员，其工作基本上是以一天为一个周期，职位分析人员可以一整天跟随保洁员进行直接工作观察。

2. 阶段观察法

有些员工的工作具有较长的周期性，为了能完整地观察员工的所有工作，必须分阶段进行观察。例如行政文员，他需要在每年年终时筹备企业总结表彰大会。职位分析人员就必须在年终时再对该职位进行观察。有时由于时间跨度太长，职位分析工作无法拖延很长时间，此时采用工作表演法更为合适。

3. 工作表演法

工作表演法适用于工作周期很长和突发事件较多的工作。例如安保工作，除了有正常的工作程序，还有很多突发事件需要处理，如盘问可疑人员等，职位分析人员可以让安保人员表演盘问的过程，对该项工作进行观察。

在使用观察法时，职位分析人员应事先准备好观察表格，以便随时记录。条件好的企业可以使用摄像机等设备，将员工的工作内容记录下来，以便进行分析。另外需要注意的是，观察的工作行为要有代表性，并且尽量不引起被观察者的注意，更不能干扰被观察者的工作。

二、问卷调查法

使用问卷调查法时，职位分析人员首先要拟定一套切实可行、内容丰富的问卷，然后由员工进行填写。问卷调查法适用于脑力工作者、管理工作者或工作不确定性很大的人员，例如软件设计人员、行政经理等。问卷调查法比观察法更便于统计和分析。需要注意的是，调查问卷设计的好坏直接关系到问卷调查法的成败，所以问卷必须设计得完整、科学、合理。

组织行为学专家和人力资源管理专家开发了多种科学的问卷调查方法。例如，职位分析调查问卷（position analysis questionnaire，PQA）是美国普渡大学麦考密克等提出的一套量化的工作说明法。PQA虽然格式固定，但仍可用于分析许多不同类型的职位。PQA共有194个问题，分为六个部分：资料投入、用脑过程、工作产出、人际关系、工作范围、其他工作特征。PQA的评分标准有六项：信息使用度、耗费时间、适应性、对工作的重要程度、发生的可能性及特殊计分。

三、面谈法

面谈法也称访谈法，是通过职位分析人员与员工面对面的谈话来收集职位信息资料的方法。在面谈之前，职位分析人员应该准备好问题提纲，方便在面谈时按照预定的计划进行。面谈法对职位分析人员的语言表达能力和逻辑思维能力有较高的要求。职位分析人员应该能控制谈话的局面，既要防止谈话跑题，又要使谈话对象无所顾忌地侃侃而谈。职位分析人员要及时、准确地做好谈话记录，并且避免使谈话对象对记录产生顾忌。面谈法适用于脑力劳动者，如开发人员、设计人员、高层管理人员等。

麦考密克于1979年提出了面谈法的一些标准，包括：

（1）所提问题要和职位分析的目的有关；

（2）职位分析人员语言表达要清楚，用词要准确；

（3）所提问题必须清晰、明确，不能太模糊；

（4）所提问题和谈话内容不能超出谈话对象所掌握的知识与信息范围；

（5）所提问题和谈话内容不能引起谈话对象的不满或涉及谈话对象的隐私。

读一读

职位分析访谈提纲示例

（1）请用一句话概括您的职位在本公司中的价值，您要完成的主要工作内容和要达成的目标是什么？

（2）工作中，与您联系的人员主要有哪些？联系的主要方式是什么？

（3）您认为自己的主要工作职责是什么？请列出至少八项。

（4）对于这些职责您是怎样完成的，在执行过程中遇到的主要困难和问题是什么？

（5）请您指出以上各项职责在总工作时间中所占的比重，并指出其中耗费时间最多的三项工作。

（6）请您指出以上工作职责中最重要、对公司最有价值的是哪项？

（7）公司赋予您的最主要的权限有哪些？您认为这些权限有哪些是合适的，哪些需要重新界定？

（8）请就以上工作职责，谈谈出色履行这些职责的标准是什么。

（9）您认为在工作中需要其他部门、职位为您提供哪些方面的配合、支持与服务？其中做得好的有哪些，尚待改进的有哪些？

（10）您认为要出色地完成以上各项职责需要什么样的学历、专业背景和工作经验（类型和时间）？在外语和计算机方面有何要求？还需要具备哪些能力？

（11）您认为要出色地完成以上各项职责需要具备哪些专业知识、技能和个性品质？

（12）您在工作中自主决策的机会有多大？工作中是否经常加班？是否要求精力高度集中？工作负荷有多大？

四、其他方法

1. 参与法

参与法也称职位实践法，是指职位分析人员直接参与员工的工作，扮演员工的角色，获取其中的工作信息。参与法适用于专业性不是很强的职位。与观察法、问卷调查法相比，参与法获得的信息更加准确。需要注意的是，职位分析人员要真正地参与到工作中去体会工作，而不是仅仅模仿一些工作行为。

2. 典型事件法

如果员工太多，或者职位工作内容过于繁杂，应该挑选具有代表性的员工和典型的时间段进行观察，从而提高职位分析的效率。

3. 工作日志法

工作日志法是由员工本人自行进行的一种职位分析方法。采用此方法时，事先应该由职位分析人员设计好详细的工作日志单，让员工按照要求及时填写职位内容，从而收集工作信息。需注意的是，工作日志单应该随时填写，比如以10分钟或15分钟为一个周期，而不是在下班前一次性填写，这样做是为了保证填写内容的真实性和有效性。工作日志法最大的问题是很难确保工作日志单内容的真实性。

4. 材料分析法

如果职位分析人员手头有大量的职位分析资料，比如类似的企业已经做过相应的职位分析，比较适合采用此方法。这种方法更适用于新创办的企业。

5. 专家讨论法

专家讨论法是指请相关领域的专家或者经验丰富的员工进行讨论，以进行职位分析的一种方法。这种方法适用于发展变化较快或职位职责还未定型的企业。企业没有现成的观察样本，因此只能借助专家的经验来规划未来希望看到的职位状态。

上述职位分析方法既可单独使用，也可结合使用。每种方法都有自己的优点和缺点，因此每个企业应该根据本企业的具体情况进行选择。最终的目的是一致的：得到尽可能详尽、真实的职位信息。

常用的职位分析方法包括观察法、问卷调查法、面谈法、参与法和典型事件法，在实际运用中应结合不同的情况采用不同的分析方法或者将多种方式结合。常用的职位分析方法的优缺点如表2-1所示。

表2-1　常用的职位分析方法的优缺点

方法	优点	缺点
观察法	有助于职位分析人员了解工作过程，减少误差	（1）耗费时间长 （2）适用于流水线上的工人以及周期短、规律性强的职位，对脑力劳动者不适用
问卷调查法	信息获取的速度快，效率高，节约时间	（1）设计问卷要求高，需要花一定的时间 （2）理解和表达能力不好的员工有可能提供错误的信息
面谈法	（1）通过面对面的交流，让员工理解问题，并清楚地回答，沟通效率较高 （2）避免因双方理解的差异导致信息理解和收集的不准确	（1）面谈过程容易受任职者个人因素的影响，导致收集的信息不真实 （2）需要花费较多的时间
参与法	可以准确了解工作的实际任务和对体力、环境等方面的要求，适用于那些短期内可以熟练开展的工作	不适用于需要进行大量训练以及较危险的工作
典型事件法	可揭示工作的动态性，生动、具体	（1）需要花大量时间去收集典型事件，并加以概括和分类 （2）不适用于描述日常工作

2.1.3　职位描述与任职资格

一般来说，职位分析主要包括两个方面的基本内容：第一，确定工作岗位的具体特征，如工作内容、任务、职责和环境等；第二，找出工作岗位对任职人员的各种要求，如技能、学历、培训、经验和体能等。前者的结果表现为职位描述，后者的结果表现为任职资格，它们的文本形式就是职位说明书或工作说明书。

一、职位描述

职位描述又称职位界定，即经过工作调查，在获得相关真实信息的基础上，对工作的名称、性质、任务、权限、职责、程序、业绩标准、内外部环境和条件等内容做出比较系统的描述，并加以规范化。

职位描述是通过职位分析得到的关于某一特定职位的职责和工作内容的一种书面记录，其成果是职位说明书。日文中职位描述就是指给工作画像，是把工作所具有的一些特征用白描的手法记录下来。职位说明书描述的对象是工作本身，而与从事这项工作的人无关。

职位描述通常包括以下几方面的内容。

1. 工作名称

工作名称是指用简洁准确的文字对本工作岗位的工作任务进行概括，包括工种、职务、职称、等级等。

2. 工作概要

工作概要又称工作目的，是指用一句非常简洁和明确的话表述的该职位存在的价值与理由。

3. 工作范围

工作范围是指该职位的任职者所能掌控的资源的数量和质量，以及该职位的活动范围，它代表了该职位能在多大程度上对企业产生影响。

看一看

华为深圳人力资源管理部人力资源专员的岗位职责

1. 我们是公司各级业务组织的战略伙伴，负责构建匹配业务发展的组织阵型，打造一支有活力、有战斗力、有创造力的干部、专家队伍，支撑公司业务战略成功。

2. 我们是公司核心价值观的传承者，负责守护好公司核心价值观，对公司人力资源管理导向和政策符合负有责任。

3. 我们是公司人力资源政策的 COE，负责公司人力资源在组织管理、招聘调配管理、人才管理、薪酬管理、干部管理、员工沟通与工作体验和学习与教育等专业方向的政策建设和运营，有效支撑公司组织管理理念/导向要求的落地。

4. 我们是公司人力资源管理基础理论的研究者，负责建设公司人力资源体系的底层能力，通过HR基础研究提升公司人力资源管理工作的专业性。

资料来源：http：//www.career.huawei.com/reccampportal/portal5/campus-recruitment-detail.html？jobId＝3790&dataSource=1.

4. 工作职责

工作职责是指该职位通过一系列的活动来实现什么组织目标，并取得什么工作成果。职责就是责任，是指个人从事的由一项或多项任务组成的活动，即由个体操作的任务的总和。例如，人力资源经理的职责之一就是进行薪酬调查，这一职责是由以下任务组成的：设计调查问卷，把问卷分发给调查对象，统计分析并解释调查结果，将调查结果反馈给调查对象。

读一读

工作职责的分解步骤

工作职责的分解步骤如下：

（1）确定职位目的。根据组织的战略和部门的职能职责定位确定该职位需要达到的目的。

（2）分解关键成果领域。通过对职位目的的分解得到该职位的关键成果领域。所谓关键成果领域，是指一个职位需要在哪几个方面取得成果，以实现职位的目的。关键成果领域可以利用鱼骨图对职位目的进行分解得到。

（3）确定职责目标。即确定该职位在该关键成果领域中必须达成的目标或取得的成果。因为职责描述是要说明这项职责主要做什么以及为什么做，因此，从成果导向出发，应该在关键成果领域中进一步明确所要达成的目标，并且所有关键成果领域的目标都与职位的整体目标之间存在部分与整体的关系。

（4）确定达成职责目标的行动。即确定该职位为了达成这些职责目标，需要采取的行动。职责目标表达了该职位为什么要完成这些职责，确定达成职责目标的行动则表达了任职者到底要进行什么样的活动来达成这些目标。

（5）形成初步的职责描述。通过将上述四个步骤得到的职责目标与行动相结合，可以得到关于该职位的初步的职责描述。

5. 工作权限

工作权限是指根据该职位的工作目标与工作职责，组织赋予该职位的决策范围、所属层级与控制力度。更确切地说，工作权限是指赋予特定任务完成者所需要的权力。工作权限主要应用于管理人员的职位描述与岗位评估，以确定职位对企业的影响大小和过失损害程度；另外，在职位说明书中对该职位拥有的工作权限做出明确表述，可以进一步加强组织的规范化，提升任职者的职业化意识，并有助于提高员工的职业化能力。

6. 业绩标准

业绩标准是指与职位的工作职责相对应的对职责完成的质量与效果进行评价的客观

标准。例如，人力资源经理的业绩标准通常包括员工满意度、空岗率、培训计划的完成率等。

7. 工作活动和程序

工作活动和程序包括所要完成的工作任务，工作职责，所需要的资料、机器设备与材料，工作流程，工作中与其他工作人员的正式联系以及上下级关系等。

8. 工作条件和物理环境

工作条件和物理环境包括正常的温度、适当的光照度、通风设备、安全措施、建筑条件，甚至工作单位的地理位置等。

二、任职资格

在开展招聘工作之前必须了解并界定期望求职者达到的标准。只有确定了理想人员属于哪种类型，在遇到合适人选时才能发现他。

任职资格说明了从事某项工作的人员所必须具备的知识、技能、能力、兴趣、健康状况和行为特点等心理及生理要求。制定任职资格的目的是明确重要的个体特征，以此作为人员甄选、任用和调配的基础。任职资格主要包括以下几方面内容。

1. 一般要求

一般要求主要是指任职者所需的最低学历、职业兴趣、年龄规定、培训的内容和时间以及从事与本职相关工作的年限和经验等。

2. 生理要求

生理要求主要是指某工作对工作人员身体素质方面的要求。如健康与否、运动的灵活性如何以及感官的灵敏度、体力如何等。

3. 心理要求

心理要求主要是指工作中个人应具有的知识、技艺、能力、思想素质等个人条件，包括观察能力、注意力集中能力、记忆能力、理解能力、学习能力、解决问题能力、创造性、数学计算能力、语言表达能力、决策能力、性格、气质、兴趣爱好、态度、事业心、合作性以及领导能力等。

看一看

华为深圳人力资源管理部人力资源专员的任职资格

1. 硕士及以上学历。

2. 人力资源管理、心理学、教育学等相关专业优先，掌握相关理论知识和研究方法。

3. 具备良好的沟通、协调和解决问题的能力以及文字表达能力。

4. 英语听说读写流利，可将英语作为工作语言。

5. 志存高远、心怀梦想、脚踏实地，能够接受来自不同国家不同文化的挑战。

资料来源：http//www.career. huawei. com/reccampportal/portal5/campus-recruitment-detail. html? jobId=3790&dataSource=1.

2.1.4 职位分析的实施

职位分析是一项系统化的人力资源管理活动，也是整个人力资源管理的基础平台，因此，这项技术性很强的工作需要具有与企业人力资源管理活动相匹配的、科学的、合理的操作程序。一般来说，职位分析的整个过程要经过以下几个阶段：准备阶段、调查阶段、分析阶段和完成阶段。

一、准备阶段

职位分析准备阶段的主要任务是为职位分析的正式展开做好人力、物力、财力、信息等方面的准备。

这一阶段需完成以下几项任务。

1. 确定职位分析的目的和用途

要明确收集的信息到底用来干什么，要解决什么问题。职位分析的目的不同，信息的收集和使用方法也会不同。

2. 成立职位分析小组

为了保证职位分析的顺利进行，最重要的一项工作就是确定由谁进行职位分析，一个高效的职位分析小组是职位分析工作取得成功的保证和基础。职位分析小组一般由以下四类人员组成：一是企业的高层领导者，主要负责进行宏观的指导和提供支持；二是职位分析人员，主要是人力资源管理人员和熟悉本部门情况的人员；三是某职位的直接管理者；四是外部的专家和顾问，他们具有职位分析方面的丰富经验和专门技术，可以防止职位分析过程出现偏差，以保证结果的客观性和科学性。

3. 对职位分析人员进行培训

为了保证职位分析的效果，在成立职位分析小组之后，要在职位分析小组内部进行合理的分工，明确每一位职位分析人员的工作职责和工作权限，做到责权清晰，以便职位分析工作顺利进行。

看一看

A公司的职位分析小组的构成

A公司是一家能源类国有企业的三级分公司。2019年，A公司着手进行组织结构的优化。为了给组织结构的优化调整提供科学可靠的依据，A公司计划开展职位分析，梳理内部汇报流程和具体岗位分工，全面掌握所有部门职责和岗位职责情况。

在进行职位分析之前，考虑到项目涉及的部门多、时间长、岗位多且需要专门的实施技术，A公司成立了职位分析小组，整个项目过程中的沟通协调、推进实施、会议讨论、问题反馈、过程监督、结果审核等任务均由该小组负责。

A公司职位分析小组的成员由以下人员构成。

(1) 人力资源顾问。在整个项目的实施过程中，人力资源顾问承担着分配、指导并评估项目的阶段性成果的任务，对整体工作质量负责。A 公司的上级单位考虑到国有企业内部人事关系复杂，为监督整个职位分析过程不出现偏差，确保结果的客观科学，将与总部机关合作多年的人力资源顾问 X 博士推荐给 A 公司，作为职位分析顾问。X 博士具有丰富的项目操作经验，同时熟悉能源系统的工作模式和文化，可以对职位分析小组的成员进行指导培训，也能解决公司项目实施过程中自身无法解决的问题和困惑。

（2）公司的高层领导。此次 A 公司的总经理担任工作分析小组的组长，副组长由分别分管物业服务中心和分管培训交流中心的两位副总经理担任。一方面，作为一家国有企业，一把手主抓此项目，充分说明了公司高度重视，也保证了资源的调动和全员的参与积极性；另一方面，工作分析涉及工作流程和组织优化，需要听取高层领导的意见，领导的深度参与，对项目的落地和具体实施起到了引领性作用。

（3）人力资源部的部门负责人和项目主管。人力资源部是整个职位分析活动的策划者和组织者，为职位分析活动进行指导、协调和具体任务的分配、跟进。

（4）各业务行政部门的部门经理。他们既是职位分析活动的支持者，又是参与者，负责各自部门内部职位分析活动的开展和跟踪、问题的汇总和反馈，同时也是职位分析结果的初步把关者和审核者。

资料来源：吕成．基于工作分析的 A 公司组织结构优化研究．北京：中国石油大学，2020. 有改动。

4. 做好其他必要的准备

（1）职位分析小组成立之后，在正式开始职位分析之前，职位分析小组成员要与企业各个方面进行沟通，为职位分析的开展做好充分的准备。适当有效的沟通体系对职位分析的实施是非常重要的。有效沟通可以避免在职位分析时发生推诿、扯皮现象，保证职位分析顺利进行。

（2）人力和时间的保证。例如，由各部门抽调参加职位分析小组的人员，部门经理应对其工作进行适当的调整，保证职位分析人员有充足的时间完成这项工作；在企业内部要对这项工作进行宣传，消除员工不必要的误解。

看一看

全员宣贯，统一思想

MY 公司位于四川省，是中国移动通信集团旗下的一家子公司。在一次组织诊断中，该公司发现其原有的职位说明书存在职位与工作内容不匹配的问题，为了对原有的职位说明书进行修改，公司决定开展职位分析。

为了工作的顺利开展，MY 公司在成立职位分析项目组后召开了启动大会，从顶层重视，旨在让所有部门的领导层、中层、一线基层理解本次职位分析工作的目的，让每位员工充分了解职位分析是“对岗不对人”“对事不对人 ”。

在启动大会上，首先，由MY公司总经理向与会全员宣贯，引起全员的高度重视；其次，人力资源部开展项目具体介绍，描述现阶段的问题与要因，提出问题解决的方向与可能的结果；再次，由三方项目组进行各项成果介绍；最后，由人力资源部与三方项目组完成答疑。

经过宣贯会上的沟通和宣传，公司各层级各部门都充分了解了本次职位分析的目的和意义，为职位分析的顺利开展奠定了基础。

资料来源：赵曦．MY公司职位分析与应用的案例研究．成都：电子科技大学，2018. 有改动。

二、调查阶段

调查阶段的主要任务是对整个工作过程、工作环境、工作内容和工作人员等主要方面进行全面的调查。具体任务主要有以下几项。

（1）制定职位分析的时间计划进度表，以保证职位分析工作有条不紊地进行。

（2）编制各种调查问卷和提纲。

（3）灵活运用各种方法，如观察法、问卷调查法、面谈法、参与法、典型事件法等。

（4）收集工作的背景资料。这些资料包括公司的组织结构图、工作流程图以及国家的职位分类标准，如果可能的话，还应当找来以前保留的职位分析资料。组织结构图指明了某一职位在整个组织中的位置，以及上下的隶属关系和左右的工作关系；工作流程图指出了工作过程中信息的流向和相关的权限，这些都有助于更加全面地了解职位的情况；职位分类标准和以前的职位分析资料也有助于更好地了解职位的情况。但是在使用这些资料时要注意，绝对不能照搬照抄，应当根据组织现有的具体情况，有选择地加以利用。

（5）广泛收集有关工作的特征以及需要的各种数据，包括工作活动、工作流程、工作关系、工作中使用的工具设备、工作时间、工作地点、工作的物理环境、有关工作绩效的信息以及与完成工作有关的知识和规章制度等信息。

读一读

工作活动

工作活动，包括必须进行的与工作有关的活动和过程、活动的记录、工作的程序、个人在工作中的权力和责任等。

工作中人的活动，包括人的行为，如身体行动以及工作中的沟通；作业方法分析中使用的基本动作；工作对人的要求，如精力的消耗、体力的消耗等。

在工作中使用的机器、工具、设备以及辅助用品，包括电话、计算机、传真机、汽车、对讲机、仪器、车床等。

与工作有关的有形因素和无形因素，包括完成工作所要涉及或者运用的知识，如公司会计需要运用的会计方面的知识，法律事务主管需要懂得的法律知识等；工作中加工处理的材料；所生产的产品或所提供的服务。

工作绩效的信息，包括完成工作所耗费的时间、所投入的成本、工作中出现的误差等。需要注意的是，这里只是收集与绩效相关的信息，并不是要制定与各项工作相对应的绩效目标，后者是分析阶段要完成的任务。

工作的背景条件，包括工作时间；工作地点，如是在室内还是在室外；工作的物理条件，如有没有噪声，是不是在高温条件下工作等。

工作对人的要求，包括个人特征，如个性和兴趣爱好；所需要的教育与培训水平；工作经验等。

（6）重点收集有关人员必需的特征信息，包括个人在工作中的权力和责任、个人的活动（人际沟通活动、心理活动和体力活动）。

（7）要求被调查的员工对各种工作特征和工作人员的重要性等做出等级评定。

上述工作信息一般从以下几个渠道获得：工作执行者本人、管理监督者、顾客、分析专家、职业分类大典中的分析资料。在通过这些渠道收集职位分析所需的信息时需要注意：由于各种主客观原因，来自不同信息源的信息会存在一定程度的差异。例如，工作执行者本人在提供信息时往往会夸大工作的难度；而顾客在提供信息时也往往会从自己的利益出发，从而导致某些信息与实际情况有出入。因此，职位分析人员应站在中立的立场听取各方的意见，条件允许或者有必要的时候还要亲自实践有关工作活动，以期掌握比较准确可靠的信息。

三、分析阶段

在收集完与职位相关的信息之后，就要进入职位分析的下一个阶段，即分析阶段。这个阶段的主要任务是对有关工作特征和工作人员特征的调查结果进行深入、全面的分析，具体工作如下。

1. 整理资料

将收集的信息按照职位说明书的各项要求进行归类整理，看是否有遗漏的项目。若有遗漏，需返回上一个阶段，继续进行调查。

2. 审查资料

进行归类整理以后，职位分析小组的成员要一起对所获得的工作信息的准确性进行审查，如有疑问，则需要找相关人员进行核实，或者再返回上一个阶段，重新调查。

3. 归纳、总结职位分析所必需的材料和要素

如果收集的资料没有遗漏，也没有错误，接下来就要对这些资料进行深入的分析，也就是说要归纳、总结职位分析所必需的材料和要素，揭示出各个职位的主要成分和关键因素。在分析的过程中一般要遵循以下几个基本原则。

（1）对工作活动是分析而不是罗列。职位分析反映的是某一职位的工作情况，但它并不是一种直接的反映，而要经过一定的加工。进行职位分析时，应当将某项职责分解为几个重要的组成部分，然后将其重新组合，绝不是对任务或活动进行简单罗列。例如，对公司前台转接电话这项职责，经过分析后应当描述为“按照公司的要求接听电话，并迅速转接到相应的人员那里”，而不应该将所有的活动都罗列出来，描述为“听到电话铃响后，拿起电话，放到耳边，说出公司的名字，然后询问对方的要求，再按下转接键，转接到相应的人员那里”。

（2）针对的是职位而不是人。职位分析并不关心任职者的任何情况，它只关心职位的情况。例如，某一职位本来需要一个本科学历的人，由于各种原因，现在是一名中专生在任职，那么在分析这一职位的任职资格时要将学历要求规定为本科，而不能根据现在的状况规定为中专。

（3）分析要以当前的工作为依据。职位分析的任务是获取某一特定时间内的职位情况，因此应当以工作现状为基础进行分析，而不能把自己或别人对这一职位的工作设想加入分析中。只有如实地反映职位目前的工作状况，才能够据此进行分析判断，发现职位设置或职责分配上的问题。根据实践经验，在分析资料的过程中，如果觉得分析起来比较困难，就说明对职位情况的了解还不是很深入，或者收集的资料还不是很全面。也许需要返回到上一个阶段，再继续了解和收集信息。

四、完成阶段

职位分析完成阶段是职位分析的最后阶段，此阶段的任务就是根据规范和信息编写职位说明书。

职位说明书又称工作说明书，是根据职位分析得到的资料对工作的职务名称、条件以及责任所编写的正式文件。它的目的是在某些条件的限制下确认工作的职责，并说明工作的范围和内容。其内容可能包括工作条件、必须使用的工具和设备，以及与其他职位的关系等。好的职位说明书必须正确、简洁而且完整。

完成阶段的具体任务是：

（1）编写职位说明书。根据对资料的分析，首先，按照一定的格式编写职位说明书的初稿；然后，反馈给相关人员进行核实，对意见不一致的地方要重点讨论，无法达成一致的还要返回到第三个阶段，重新进行分析；最后，形成职位说明书的定稿。

职位分析人员应注意以下几个方面：1）职位分析应对事不对人。2）尽量全面地掌握资料，避免主观臆断。3）根据经过分析处理的信息草拟职位说明书和工作规范，并将草拟文件与实际工作情况对比。4）根据对比结果决定是否需要再进行调查研究。5）修正职位说明书与工作规范。6）形成最终的职位说明书与工作规范。7）将最终文件应用于实际工作中，并对职位分析本身进行总结。

（2）对整个职位分析过程进行总结，找出其中成功的经验和存在的问题，便于以后更好地进行职位分析。

（3）将职位分析的结果运用于人力资源管理以及企业管理的相关方面，真正发挥职位分析的作用。近年来，随着人力资源管理的逐渐升温，很多企业投入了大量的人力、物力进行职位分析，但是这项工作结束以后，相应的职位说明书被束之高阁，根本没有加以利用，这无疑是一种极大的浪费。需要强调的是，作为一项人力资源管理活动，职位分析是一个连续的动态过程，企业绝不能有一劳永逸的思想，认为做过一次职位分析，以后就不用再做了，而应当根据企业的发展变化随时进行这项工作，以使职位说明书能及时地反映职位的变化情况。

2.2　人力资源规划

篇中案例　凡事预则立，不预则废

2020年8月24日，中共中央总书记习近平在中南海主持召开经济社会领域专家座谈会，听取专家代表就“十四五”规划编制等提出的意见和建议，并发表重要讲话。他强调，“十四五”时期是我国全面建成小康社会、实现第一个百年奋斗目标之后，乘势而上开启全面建设社会主义现代化国家新征程、向第二个百年奋斗目标进军的第一个五年，我国将进入新发展阶段。凡事预则立，不预则废。我们要着眼长远、把握大势，开门问策、集思广益，研究新情况、做出新规划。“凡事预则立，不预则废”出自《礼记·中庸》。意思是，做任何事情，预先有规划才能做到有的放矢，稳扎稳打，最终取得成功，反之则一事无成。

资料来源：凡事预则立，不预则废．(2020－12－08). https：//www.m.gmw.cn/baijia/2020－12/08/34440214.html. 有改动。

2.2.1　人力资源规划的概念

人力资源规划是指为实施组织发展战略、实现组织目标，根据组织内外部环境的变化，运用科学的方法对人力资源的供求进行预测，制定相应的政策和措施，从而使组织人力资源的供给和需求达到平衡的活动过程。再通俗一些讲，就是对组织在某个时期内的人员供给和人员需求进行预测，并根据预测结果采取相应的措施来平衡人力资源的供求。

人力资源规划是在组织发展战略和经营规划的指导下进行人员的供求预测，以满足组织在不同发展时期对人员的需求，为组织的发展提供符合质量和数量要求的人力资源保证。通过人力资源规划，应能够回答或者解决以下几个问题。

(1) 组织在某一特定时期内对人力资源的需求是什么，即组织需要多少人员，这些人员的构成和要求是什么？

(2) 组织在相应的时期能够获得多少人力资源的供给，这些供给必须与需求的层次和类别相对应。

(3) 在这段时期内，组织人力资源供给和需求的对比结果是怎样的？组织应当通过什么方式来实现人力资源供求的平衡？

可以说，上述三个问题构成了人力资源规划的三个基本要素，涵盖了人力资源规划的主要方面。如果能够对这三个问题做出比较明确的回答，那么人力资源规划的主要任务也就完成了。

人力资源规划的内容，也就是它的最终结果，主要包括两个方面：人力资源的总体规划和各项业务规划。总体规划是指在规划期内对人力资源管理的总目标、总任务、总政策、总预算和主要实施步骤的安排。简单来说，它是对计划期内人力资源规划结果的总体描述，包括预测的需求和供给分别是多少，做出这些预测的依据是什么等。人力资源业务规划主要在组织业务的经营层次上，确定为实现人力资源总体规划需要实施的各种业务计划，是对总体规划的分解和具体实施。它包括人力资源补充规划、晋升规划、培训规划、流动规划、缩减规划、职业生涯规划等。每一项业务的实施规划可以由规划的目标、政策、步骤和预算等组成。只有通过这些业务规划的具体实施，才能使组织人力资源总体规划的目标得以实现。

2.2.2 人力资源供求预测

未来人力资源的需求是由组织的战略目标、发展规划和工作任务决定的。大多数情况下，以组织总目标和基于此进行的经营规模预测作为主要依据，综合考虑各种因素的影响，确定组织的人力资源需求状况。因此，人力资源管理人员要根据组织每年的经营、财务计划指标，结合组织现有员工状况，尤其是员工流动率，来测算年度人力资源需求总量和按工种、岗位、职务等分类的结构性指标；在此基础上提出年度新增招募、辞退、下岗分流、转岗调配的具体计划；最后确定人力资源需求的数量、质量及素质要求。

在进行人力资源需求预测后，还应对人力资源供给进行预测，即估计在未来一段时间内组织可获得的人员数目和类型。因此，人力资源管理人员必须关注人才市场上相应岗位的供求状况、总体薪资水平、人才供给的素质状况等，以确保能招聘到相应的人才。

一、人力资源需求预测

只有在科学的人力资源需求预测基础上进行的人力资源规划，才能使组织的人力资源管理活动成为一种具有自我意识和目的性的活动，有计划、有目的地协调组织人力资源发展，使其与组织发展战略相适应。

1. 人力资源需求预测的步骤

人力资源需求预测分为现实人力资源需求预测、未来人力资源需求预测和未来人力资源流失预测三个部分。人力资源需求预测的预测流程（见图2-2）如下：

（1）根据职位分析的结果，确定职位编制和员工配置；

（2）进行人力资源现状盘点，统计出人员超编、缺编情况及是否符合任职资格要求；

（3）将统计结果与部门管理者讨论，修正并调整统计结果；

（4）修正后的统计结果即为现实中的人力资源需求；

（5）对预测期内退休人员进行统计；

（6）根据历史数据，对预测期内的离职情况进行预测；

（7）将步骤（5）和步骤（6）的统计和预测结果进行汇总，得出未来流失人力资源的数量；

（8）根据组织发展规划，如引进新产品等，确定各部门的工作量；

（9）根据工作量的增长情况，确定各部门还需要增加的职位及人数，并进行结果汇总；

（10）该统计结果即为未来的人力资源需求；

（11）将现实中的人力资源需求、未来流失人力资源的数量和未来的人力资源需求汇

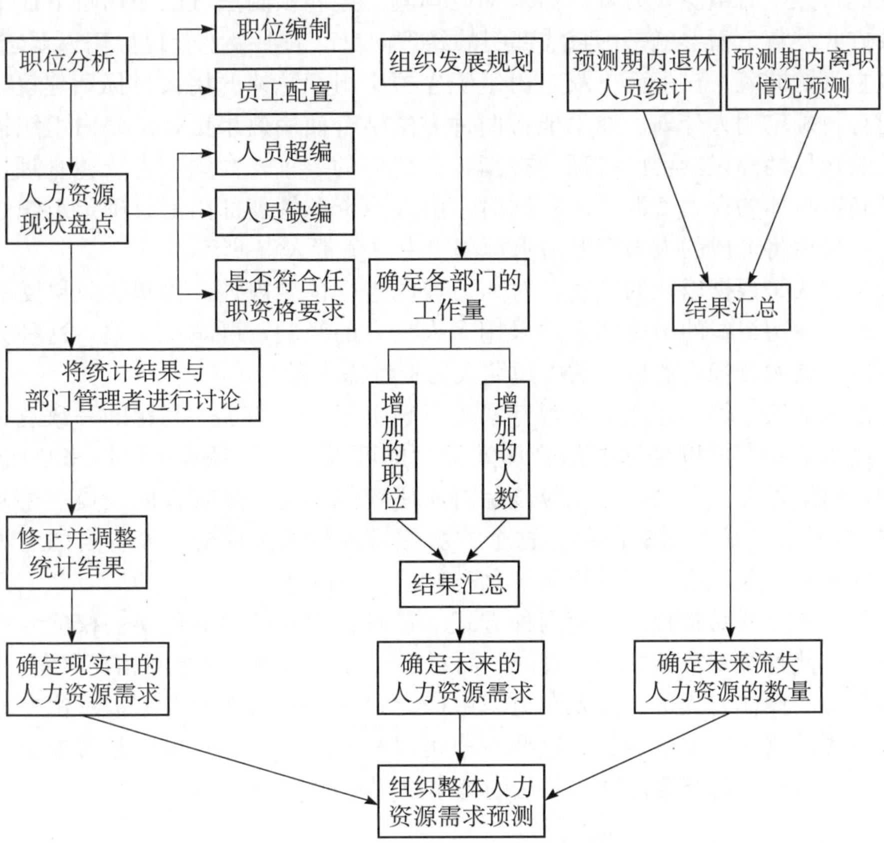

图 2-2　人力资源需求预测流程

资料来源：孙宗虎，李艳．招聘、面试与录用管理实务手册．4 版．北京：人民邮电出版社，2020.

总，即得组织整体人力资源需求预测。

通过人力资源需求预测的典型步骤，就可以预测出组织的人力资源需求。在实际操作中，应分别对组织的短期、中期和长期人力资源需求进行预测。可以将预测结果与到时的实际结果相对照，不断提高预测的准确性，使预测结果与实际结果逐渐接近。

2. 人力资源需求预测的方法

人力资源需求预测包括定性预测和定量预测，下面逐一介绍。

（1）现状规划法。现状规划法是一种最简单的预测方法，较易操作。它假定企业保持原有的生产规模和生产技术不变，企业的人力资源也处于相对稳定的状态，即企业目前各类人员的配备比例和人员的总数完全满足预测规划期内人力资源的需要。在此预测方法中，人力资源规划人员所要做的工作是测算出在规划期内哪些岗位上的人员将得到晋升、降职、退休或调出本组织，再准备调动人员去弥补即可。一般组织内管理人员的连续性替补都采用这种方法。现状规划法是假定组织各岗位上需要的人员都为原来的数量，它要求组织较稳定，技术不变，规模也不变。这一前提条件很难长期成立，因此适用于短期人力资源需求预测，长期的预测效果较差，但能为长期预测提供一个简单的思路。

（2）经验预测法。经验预测法是利用现有的情报和资料，根据有关人员的经验，结合本组织的特点，对组织人力资源需求加以预测。经验预测法可以采用自下而上和自上而下两种方式。自下而上就是由直线部门的经理向自己的上级主管提出用人要求和建议，征得上级主管的同意；自上而下就是由组织先拟定组织总体的用人目标和建议，然后由各级部门自行确定用人计划。如果能将两种方法结合使用效果更好：先由组织提出人力资源需求的指导性建议，再由各部门按指导性建议的要求，会同人力资源管理部门、生产部门等确定具体的人力资源需求；同时，由人力资源管理部门汇总确定组织总的人力资源需求，最后将形成的人力资源需求预测交由总负责人审批。

经验预测法是根据以往的经验，对人力资源进行预测规划，预测的效果受经验影响较大，因此，保留组织的历史档案并采用多人集合的经验，可减小误差。这种方法比较简单，适用于技术较稳定的组织的中短期人力资源需求预测。

（3）德尔菲法。德尔菲法是发现专家对影响组织发展的某一问题的一致意见的程序化方法。这里的专家可以是基层的管理人员，也可以是高层经理；可以来自组织内部，也可以来自组织外部。总之，专家应该是对所研究的问题有发言权的人员。德尔菲法是20世纪40年代在兰德公司提出的。这个方法的目标是通过综合专家各自的意见来预测某一领域的发展状况，适用于对长期人力资源需求的趋势。

德尔菲法分为背对背和面对面两种方式。背对背方式可以避免某一权威专家对其他专家的影响，使每位专家独立发表看法；面对面方式可以使专家之间相互启发。

德尔菲法的操作方法是：首先在组织中广泛地选择各方面的专家，每位专家都拥有关于人力资源预测的知识或专长。这些专家可以是管理人员，也可以是普通员工，他们不需要面对面坐在一起开会。德尔菲法的基本过程见图2-3。

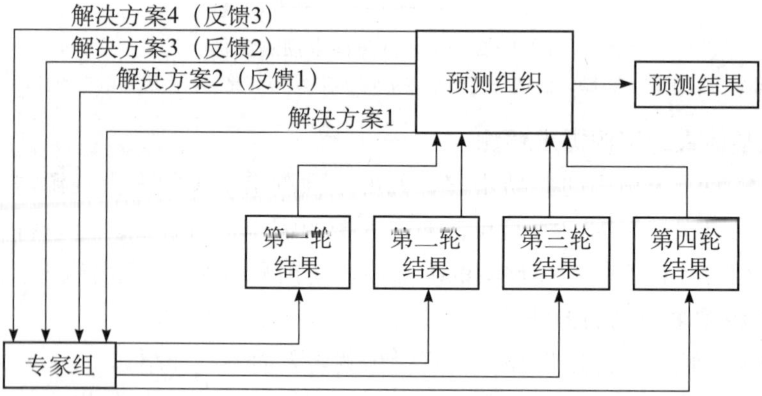

图2-3　德尔菲法的基本过程

1）设计一系列调查问卷，要求专家提供可能的解决方案。

2）专家匿名、独立地完成第一组调查问卷，提供解决方案。

3）汇总结果，整理后再分发给每位专家，由他们再次提出解决方案。

4）再将结果汇总，直到专家们的意见趋于一致（图2-3中共进行了四轮汇总）。

听取专家对未来发展的分析意见和应采取的措施，并通过多次反复达到在重大问题上有较为一致的看法。通常经过四轮咨询，专家们的意见可以达成一致，专家的人数以10～15人为宜。

在运用德尔菲法进行人力资源需求预测时，为提高预测结果的准确性，组织必须遵循以下基本原则：

1）提供充分且完备的信息，包括已经收集的历史资料和有关的分析结果，使专家能够做出准确的判断。

2）提出的问题尽可能简单，以保证所有专家能够从相同角度理解相关概念。

3）提出的问题应该是专家能够答复的，或属于其专业特长范围之内的问题。

4）问题的回答不需要太精确。专家可以粗略估计数据，但要说明数据的可靠程度。

5）尽可能简化过程，不问与预测无关的问题。

6）保证所有专家能够从同一角度去理解员工分类和其他有关定义。

7）向专家讲明预测对组织和下属单位的意义，以争取他们对德尔菲法的支持。

二、人力资源供给预测

人力资源需求预测分析的是组织内部对于人力资源的需求，而供给预测是指对在未来某一特定时期内能够提供给组织的人力资源的数量、质量以及结构进行估计。一般来说，人力资源的供给包括内部供给和外部供给两个来源，内部供给是指内部劳动力市场提供的人力资源；外部供给则是指外部劳动力市场提供的人力资源。内部供给预测要考虑组织内部的有关条件，如人员年龄分布，人员晋升、降职、离职、退休和新进员工的情况，考核员工填充预计的职位空缺的能力，进而确定每个空缺职位的接替人选。外部供给预测是根据组织业务变化和人员自然减员情况，预测外部劳动力市场上组织所需要的劳动力的供给状况。它要求对劳动力市场的供求状况有一定的了解和预测，制订周密的招聘方案，以便在人才市场竞争中争取主动，确保组织在发展过程中能从外部劳动力市场上获取可靠的人力资源。

1. 人力资源供给分析

人力资源的供给来源于组织内部和组织外部，因此对供给的分析也要从这两方面入手。相比内部供给来说，组织对外部人力资源供给的可控性比较差，因此，人力资源供给的预测大多数情况下侧重于内部供给。

（1）外部供给的分析。由于外部供给在大多数情况下并不能被组织直接掌握和控制，因此外部供给的分析主要是对影响供给的因素进行分析，从而对外部供给的有效性和变化趋势做出预测。

一般来说，影响人力资源外部供给的因素主要包括：第一，组织所在地的人力资源现状。这包括人力资源的整体状况，尤其是有效的人力资源状况。例如，组织需要哪一类人才？这类人才的市场供给情况如何？其他组织对这类人才的需求如何？第二，组织对人才的吸引程度。例如，组织所在地的居住环境如何？组织所在地的地域文化怎么样？在组织所在地工作是否有安全感？组织所在地是否对各类人才具有包容性？第三，组织自身的吸引力。例如，组织薪酬对人才的吸引力是怎样的？组织能够提供的各种福利对人才的吸引力如何？员工的工作发展前景如何？组织目标是否与员工个人发展目标一致？第四，预期经济增长。这里最主要的是组织所在行业的经济增长情况，如果预计行业经济增长率将提高，那么其他相关组织对相关人力资源的需求会增加，组织的相关人力资源供给就会减少。第五，全国范围内的职业市场状况。这包括：该行业全国范围内的人才需求状况；国家关于该类职业在就业方面的法规和政策；全国范围内该职业从业人员的薪酬水平和差异；全国相关专业的大学生毕业人数及就业情况等。

（2）内部供给的分析。由于人力资源的内部供给来自组织内部，因此组织在预测期内所拥有的人力资源就形成了内部供给的全部来源。内部供给的分析主要是对现有人力资源的存量及其在未来的变化情况做出判断。

1）现有人力资源的分析。由于人力资源自身的自然变化比如退休、生育等会影响未来的供给，因此在预测未来人力资源供给时，需要对现有的人力资源状况做出分析。一般来说，现有人力资源的分析主要是对年龄结构进行分析，因为人力资源自身的变化大多与年龄有关。此外，对所有员工的性别状况、身体状况等也要进行分析。

2）人员流动分析。人员流动主要包括两种：一是人员流出。流出人员的数量就是内部人力资源供给减少的数量。造成人员流出的原因有很多，如辞职、辞退等。二是人员在组织内部流动。虽然这种流动对于整体组织来说并不影响人力资源的供给，对内部的供给结构却造成了影响。在分析组织内部的人员流动时，不仅要分析实际发生的流动，还要分析可能发生的流动，也就是说要分析现有人员在组织内部调换职位的可能性，以便预测潜在的内部供给。例如，对于某一职位，在未来三年内有15名员工可以担任该职位，那么对于这一职位来说其内部供给为15人。

跟踪人员流动方向的一个简单方法就是识别员工晋升模型中员工在各个职位之间的多向流动，员工的流入、流出或者工作轮换（见图2-4）。

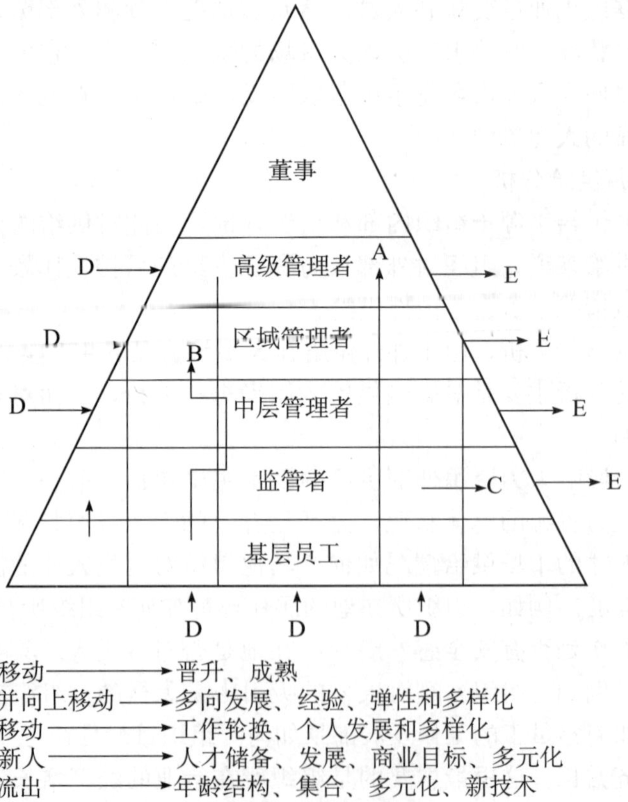

图2-4　企业内员工的“流动”

资料来源：伊恩·贝尔德维尔，莱恩·霍尔登，蒂姆·克莱顿．人力资源管理：现代管理方法：第4版．北京：经济管理出版社，2008.

3）人员质量分析。人员质量的变化会影响组织的内部供给，此变化主要表现为生产效率的变化。当其他条件不变时，生产效率提高，内部供给相应增加；相反，内部供给就减少。影响人员质量的因素有很多，如工资的提高、技能的培训等。除了要对显性的人员质量进行分析，还要对隐性的人员质量进行分析。例如加班加点，因为加班使得每个人完成的工作量增多了，同样增加了内部供给。

2. 人力资源供给预测的步骤

组织人力资源供给预测是一个比较复杂的过程。一般情况下，组织的人力资源供给预测可采取如下步骤（见图 2－5）。

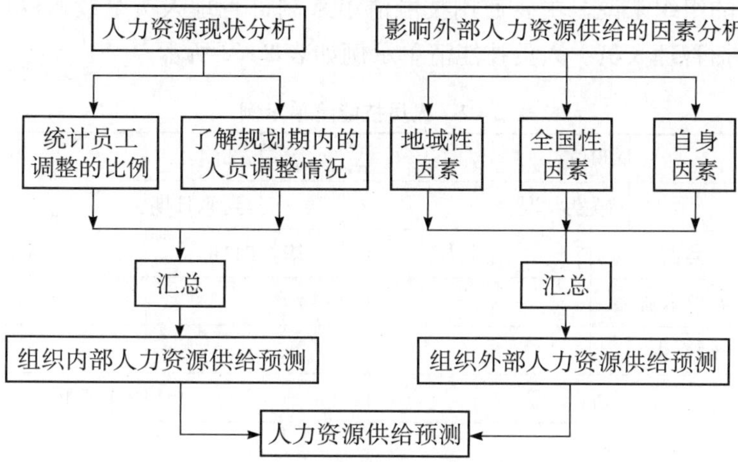

图 2－5　人力资源供给预测的步骤

资料来源：孙宗虎，李艳．招聘、面试与录用管理实务手册．4 版．北京：人民邮电出版社，2020.

（1）人力资源现状分析，对现有人力资源进行盘点，了解员工状况；

（2）分析组织的职位调整政策和员工调整历史数据，统计员工调整的比例；

（3）向各部门的人事决策者了解规划期内的人员调整情况；

（4）将步骤（2）和（3）的情况汇总，得出组织内部人力资源供给预测；

（5）分析影响外部人力资源供给的地域性因素；

（6）分析影响外部人力资源供给的全国性因素；

（7）分析影响外部人力资源供给的自身因素；

（8）根据步骤（5）、（6）和（7）的分析，得出组织外部人力资源供给预测；

（9）将组织内部人力资源供给预测和组织外部人力资源供给预测汇总，得出组织的人力资源供给预测。

3. 人力资源供给预测的方法

人力资源供给预测的方法主要是针对内部供给预测而言的，预测的方法有很多，这里简单介绍几种。

（1）技能清单。技能清单是用来反映员工工作技能特征的一张清单，其内容包括教育背景、工作经历、培训背景、持有的证书、主管人员的评价等。技能清单是对员工综合素质的一种反映，有助于决策者和人力资源管理人员对组织现有人力资源状况进行总体把握，估计现有员工调换工作岗位可能性的大小，决定有哪些员工可以填补以前的空缺，从而使组织的人力资源得到更为合理、有效的配置。从某种意义上讲，技能清单是员工的工作能力记录，其中包括基层操作员工的技能、研发人员的科研水平和中高层管理人员管理能力的种类及所达到的水平。

技能清单可以为以下工作提供参考：晋升人选的确定、管理人员继续培养计划、特殊工作安排、培训、职业生涯规划、工资奖励计划与组织结构分析。对于人员流动频繁或经常组建临时性项目小组的组织来说，其技能清单中要包括所有员工；而对于那些人员流动频率不高的组织来说，主要使用技能清单来制订管理人员继续培养计划，其技能清单中可以只包括管理人员。人员技能清单示例如表2-2所示。

表2-2 人员技能清单示例

<table>
<tr><td colspan="2">姓名：</td><td colspan="2">职位：</td><td colspan="2">部门：</td></tr>
<tr><td colspan="2">出生年月：</td><td colspan="2">婚姻状况：</td><td colspan="2">到职日期：</td></tr>
<tr><td rowspan="3">教育背景</td><td>类别</td><td>学校</td><td>毕业时期</td><td colspan="2">主修科目</td></tr>
<tr><td>大学本科</td><td></td><td></td><td colspan="2"></td></tr>
<tr><td>研究生</td><td></td><td></td><td colspan="2"></td></tr>
<tr><td rowspan="2">技能</td><td colspan="2">技能类型</td><td colspan="3">所获证书</td></tr>
<tr><td colspan="2"></td><td colspan="3"></td></tr>
<tr><td rowspan="2">培训背景</td><td colspan="2">培训主题</td><td colspan="2">培训机构</td><td>培训时间</td></tr>
<tr><td colspan="2"></td><td colspan="2"></td><td></td></tr>
<tr><td rowspan="4">志向</td><td colspan="3">是否愿意从事其他类型的工作</td><td>是</td><td>否</td></tr>
<tr><td colspan="3">是否愿意到其他部门工作</td><td>是</td><td>否</td></tr>
<tr><td colspan="3">是否愿意接受工作轮换以丰富工作经验</td><td>是</td><td>否</td></tr>
<tr><td colspan="3">最喜欢从事哪种工作</td><td colspan="2"></td></tr>
<tr><td colspan="3" rowspan="2">你认为自己需要接受何种训练</td><td colspan="3">改善目前技能和绩效的训练</td></tr>
<tr><td colspan="3">晋升所需的经验和技能训练</td></tr>
<tr><td colspan="3">你认为自己可以接受何种工作</td><td colspan="3"></td></tr>
</table>

（2）人员核查法。人员核查法是对组织现有人力资源质量、数量、结构和在各职位上的分布状态进行核查，以掌握企业拥有的人力资源具体情况及其利用潜力，并在此基础上评价当前不同种类员工的供应状况，确定晋升和岗位轮换的人选，以及员工对特定的培训或发展项目的需求，帮助员工确定职业开发计划与职业生涯规划。

人员核查法的典型步骤如下：

1）对组织的工作职位进行分类，划分其级别；

2）确定每一职位每一级别的人数（见表2－3）。

表2－3 企业供求状况分析表

项目		管理类	经济类	工程技术类	一般执行类
1	现有数	12	8	8	3
	需要数	11	9	12	4
	差异数	1	－1	－4	－1
2	现有数	20	12	16	7
	需要数	20	14	16	6
	差异数	0	－2	0	1
3	现有数	32			11
	需要数	36			12
	差异数	－4			－1
4	现有数				13
	需要数				11
	差异数				2

表2－3中，管理类中高层管理人员（第1类）现有数12人，需要数11人，差异数1人，即该岗位在规划期内应该调剂出1人；而工程技术类（第3类）却要补充4人。

人员核查法是一种静态的人力资源供给预测方法，不能反映组织中人力资源动态的、未来的变化，存在很大的局限性，只适用于中小型组织短期内人力资源的供给预测。

（3）岗位接替模型。组织在人力资源管理中为了能够及时补充一些岗位空缺，或者能够有意识地为不同的岗位准备接替人员，常常需要对一些重要的岗位设计岗位接替模型。岗位接替模型显示的是不同岗位的接替状况，记录了每个接替人员的能力、工作经历、工作绩效和所需改进之处等内容。因此可以用来确定每个关键职位的接替人选，评价接替人选目前的工作情况以及是否满足晋升的要求。

岗位接替模型主要用于确认特定职位的内部候选人。建立岗位接替模型的关键，首先是根据职位分析的信息，明确不同岗位对员工的具体要求；其次是确定一位或几位较易达到这一岗位要求的候选人，或者确定哪些员工具有潜力，经过培训后可以胜任这一工作；最后是把各岗位的候补人员情况与员工的职业生涯发展规划综合起来考虑，协调好员工职业生涯发展规划与不同岗位接替之间的关系。

（4）马尔可夫模型。马尔可夫模型是通过全面预测组织内部人员的转移情况从而预测组织内部人力资源供给的一种方法。它是一种比较有效和合理的方法，有利于管理者综合考虑各种影响因素，系统地考虑组织内部的人员供给状况。马尔可夫模型建立在这样一个前提下，即组织内部人员有规律地转移，而且其转移概率有一定的规则。

马尔可夫模型考虑的人员变动主要有调入、晋升、降职、平调或调出五种情况。通过计算某一时段内某项工作的人员变动比率，可以对未来该工作岗位的人员数量做出估计。举个例子，表2－4就是利用马尔可夫模型预测企业A、B、C、D四种工作的人员供给情况时所用的矩阵。该矩阵最左侧是目前这四种工作中各有多少人，通过对人员变动可能性矩阵的计算，得到最右侧在将来某一时刻这四种工作各需要多少人的预测结果。

表 2-4　马尔可夫模型预测矩阵

<table>
<tr><th>现在的雇佣人数
（T—0 时期）（人）</th><th colspan="6">变动可能性矩阵（T—2 时期）</th><th>雇佣人数预测
（T+1 时期）（人）</th></tr>
<tr><td></td><td></td><td></td><td>A
（350 人）</td><td>B</td><td>C</td><td>D</td><td></td></tr>
<tr><td>A——300</td><td rowspan="5">T—1
时期</td><td>A</td><td>70%
（245 人）</td><td>—</td><td>10%</td><td>—</td><td>300×70%+275×10%=238</td></tr>
<tr><td>B——150</td><td>B</td><td>20%
（70 人）</td><td>80%</td><td>—</td><td>—</td><td>300×20%+150×80%=180</td></tr>
<tr><td>C——275</td><td>C</td><td>—</td><td>—</td><td>60%</td><td>—</td><td>275×60%=165</td></tr>
<tr><td rowspan="2">D——360</td><td>D</td><td>—</td><td>—</td><td>10%</td><td>90%</td><td>275×10%+360×90%=352</td></tr>
<tr><td>离开</td><td>10%
（35 人）</td><td>20%</td><td>20%</td><td>10%</td><td>离开组织的人数：
300×10%+150×20%+275×20%+360×10%=151</td></tr>
</table>

中间的变动可能性矩阵展示了从过去的某一时期（*T*—2）到过去的另一时期（*T*—1）人员变动可能性的数据。

例如，对工作 A 来说，*T*—2 时期有 350 人，到了 *T*—1 时期，只有 245 人留在原岗位，70 人晋升到 B，35 人离开了组织。因此，可以计算出：

工作 A 留任率（从 A 到 A）=245/350×100%=70%

工作 A 晋升率（从 A 到 B）=70/350×100%=20%

工作 A 离职率=35/350×100%=10%

用同样的方法可以得到矩阵中其他工作的人员变动率数据。应当注意，这里计算的变动率只是从 *T*—2 到 *T*—1 时期的人员变动。在实际运用中，常常是分几个时期收集人员变动率数据，然后以它们的平均值作为人员变动率数值，用以预测未来的人员流动情况，这样可以使人员变动率更加准确可靠。

得到人员变动率后，就可以分别对这四种工作在 *T*+1 时期的人数做出预测了。对 A 来说，*T*—0 时期有 300 人，留下人数为：

300×70%=210（人）

由 C 到 A 的有：

275×10%=28（人）

因此，预测 *T*+1 时期 A 工作岗位上共有：

210+28=238（人）

很明显，和目前的 300 人相比少了 62 人。经过相似的计算，也可以得到其他工作在 *T*+1 时期的预测人数。

一般来说，在信息充分的条件下，统计学方法的准确性和可靠性都比定性方法高。随着计算机技术的飞速发展，统计学方法正在受到管理层以及专家们越来越多的关注。

但是，统计学方法的准确性和可靠性是以其灵活性和对完全信息的依赖为前提的。现代劳动力市场越来越纷繁复杂和难以预料，在这种情况下，单纯使用以历史趋势为依据的统计学方法很可能会带来偏差。所以，管理者和人力资源管理专家对形势的感觉和主观判断在人力资源预测方面的重要作用也不容忽视。在有些现实情况下，定性方法已经变成解决问题的不可缺少的重要协助方法。由于统计学方法、定性方法具有互补性，因此，在实际的人力资源预测中，这些预测技术常常是配合使用的。

2.2.3　制定人力资源规划的步骤

制定人力资源规划可分为四个步骤：第一，人力资源现状分析；第二，近期和远期组织的人力资源需求和供给预测；第三，制订平衡人力资源供求关系的总计划和各项业务计划；第四，对人力资源规划进行控制和评价。各步骤之间的关系如图 2－6 所示。

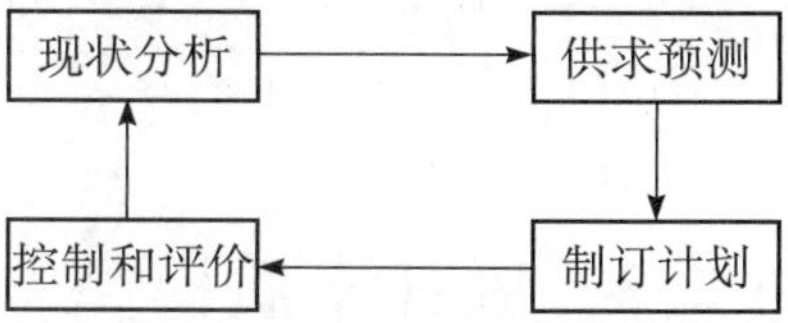

图 2－6　制定人力资源规划的步骤

一、人力资源现状分析

本阶段主要是调查收集有关人力资源规划所需要的信息资料并进行分析研究，为后续人力资源状况的预测分析做准备。调查不仅要了解现状，更要认清战略目标方向和内外部环境的变化趋势；不仅要了解表象，更要认清潜在的问题。该阶段主要需要收集的信息包括内外部环境的信息和现有人力资源的信息。例如，人力资源信息包括现有员工的一般情况（如年龄、性别等）、学历、能力、经验、专业技能水平、绩效、培训情况、人员流动和结构等，这些信息是制定人力资源规划的基础。

二、近期和远期组织的人力资源需求和供给预测

这个阶段的主要任务就是在充分掌握信息的基础上，选择并使用有效的预测方法，对组织未来一段时期的人力资源需求和供给做出预测。通常，劳动力需求预测是基于企业战略和竞争战略对企业未来的人才需求进行数量与质量分析。当预测出劳动力需求之后，组织还需要得到关于劳动力供给的指标。内部劳动力供给的确定要求组织对当前分布在组织内部的各种不同工作类型的员工人数进行详细的分析，然后还要根据组织在不久的将来可能会因员工退休、晋升、调动、自愿流动以及解雇等引起的变化，对上述分析稍做调整。

三、制订平衡人力资源供求关系的总计划和各项业务计划

在预测出需求和供给以后，就要根据两者之间的比较结果，通过人力资源的总计划

和业务计划，制定并实施平衡供求的措施，使组织对人力资源的需求得到满足。人力资源的供求达到平衡是人力资源规划的最终目的，进行需求和供给的预测就是为了实现这一目的。在制定相关的措施时要注意，应当使人力资源的总计划和业务计划与组织的其他计划相协调，只有这样，制定的措施才能够得到有效的实施。

四、对人力资源规划进行控制和评价

对人力资源规划实施的效果进行控制和评价是整个规划过程中十分重要的一步。人力资源规划的控制是指在实施过程中，发现实施的效果和规划之间的差距，分析产生偏差的原因，纠正偏差，使人力资源规划的实施更好地与企业当前所处的内外部环境、人力资源管理目标协调一致。人力资源规划的评价包括两层含义：一是在实施过程中，要随时根据内外部环境的变化来修正需求和供给的预测结果，并对平衡供求的措施做出调整；二是对预测的结果以及制定的措施进行评价，对预测的准确性和措施的有效性做出衡量，找出其中存在的问题以及有益的经验，为以后的人力资源规划提供借鉴和帮助。

2.3 胜任素质模型

2.3.1 胜任素质模型的相关概念

一、胜任素质

1. 胜任素质的概念

胜任素质（competency）概念的产生可以追溯到20世纪50年代弗拉纳根的研究，弗拉纳根在他的文章中提出了关键事件技术（critical incident technique，CIT）。虽然当时没有提出胜任素质的概念，但他确立了一种新的考查个体行为的方法，这种方法与传统人员测评中依赖智力测验和能力倾向测验的思路差异很大。后来，一些研究者将关键事件技术发展为胜任素质模型。

胜任素质的概念在学术与管理领域引起了广泛关注。美国哈佛大学教授麦克利兰博士是国际公认的胜任素质方法的创始人，1973年他发表了论文《测量胜任素质而非智力》，该文从挑战传统的智力概念和人们对它的信念出发提出了胜任素质的概念，试图找出导致绩效优异者和绩效平平者之间差异的最显著特征。该文发表之后，胜任素质引起了人力资源和组织行为学领域许多学者的兴趣。

麦克利兰教授认为，胜任素质是驱动员工产生优秀工作绩效的各种个性特征的集合，反映的是可以通过不同方式表现出来的员工的知识、技能、个性与内驱力等。胜任素质是判断一个人能否胜任某项工作的起点，是决定并区别绩效差异的个人特征。一个人的胜任素质就好比一座冰山（见图2-7），技能和知识只是露在水面上的冰山的一小部分，一个人的动机、个性、品质以及价值观等都潜藏在水面以下，很难判断和识别。

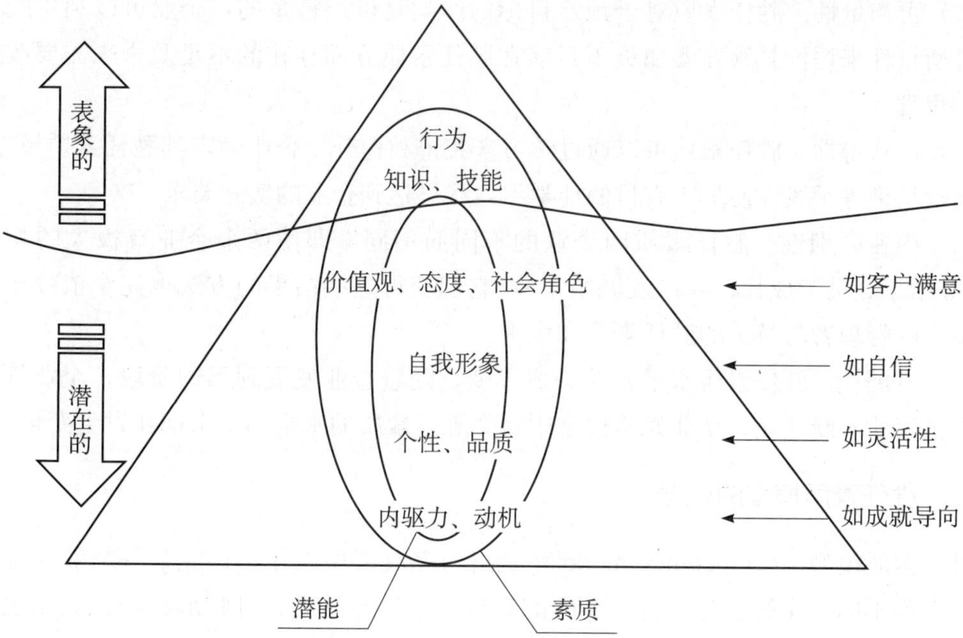

图 2－7　素质冰山模型

资料来源：彭剑锋，荆小娟．员工素质模型设计．北京：中国人民大学出版社，2003.

冰山在水面以下的部分就是通常所指的人的潜能，从上到下的深度的不同表示被挖掘与感知的难易程度的不同。相对于知识、技能而言，胜任素质中的潜能部分较难评价和培养，花费的成本也比较高。潜能的形成与人的大脑有密切的关系。由于大脑的内在结构在经历了先天的塑造与后天的培养之后，到了一定年龄不易改变，因此一个人潜在的动机、内驱力、个性、自我形象、价值观、社会角色等，在一定程度上也是持久不变且与众不同的。

2. 胜任素质的构成要素

（1）知识。即个人在某一特定领域拥有的事务型与经验型信息，如对某类产品营销策略的了解等。

（2）技能。即个人掌握和运用专门技术的能力，如商业策划能力等。

（3）社会角色。即个人对于社会规范的认知与理解，如以企业领导者、主人翁的形象展现自己等。

（4）品质。即一个人的个性、心理特征对环境与各种信息所表现出的一贯反应，如善于倾听、处事谨慎、做事持之以恒等。

（5）动机。即推动个人为达到一定目标而采取行动的内驱力，如希望把自己的事情做好，希望控制、影响别人，希望让别人理解和接纳自己等。

3. 胜任素质的特点

（1）指向性。一个企业可以利用胜任素质模型来识别其领导团队的行为是否可以带领整个团队实现预定的目标。

（2）可衡量性。胜任素质对于预定目标的影响是可以衡量的，企业可以利用胜任素质的可衡量性来评价其领导者和员工目前在胜任素质方面存在的不足及未来需要改进的方向和程度。

（3）可获得性。胜任素质可以通过学习来获得和提升。企业确定其胜任素质模型后，可以通过培训等手段促使员工有目的地学习，尽早达到企业的实际要求。

（4）内在区别性。胜任素质因企业的不同而不同，即使两个企业有极大的相似性（如财务结果、员工成长、客户发展结果），它们获得这些结果的方法也完全依赖于企业战略决定的管理者与员工的胜任素质和水平。

（5）发展性。胜任素质水平并非一成不变。随着企业发展到不同阶段，企业管理水平和人员素质不断变化，企业素质模型中每个胜任素质的水平和要求都在发生变化。

二、胜任素质模型的概念

胜任素质模型（competency model）是指为完成某项工作，达成某一绩效目标所要求的一系列不同素质的组合，包括不同的动机、个性与品质、自我形象与社会角色以及知识与技能水平等。胜任素质模型通常由素质要素及等级要求组成。人力资源管理人员通用素质模型如图 2－8 所示，成就导向的定义描述、评价标准举例如图 2－9 所示。

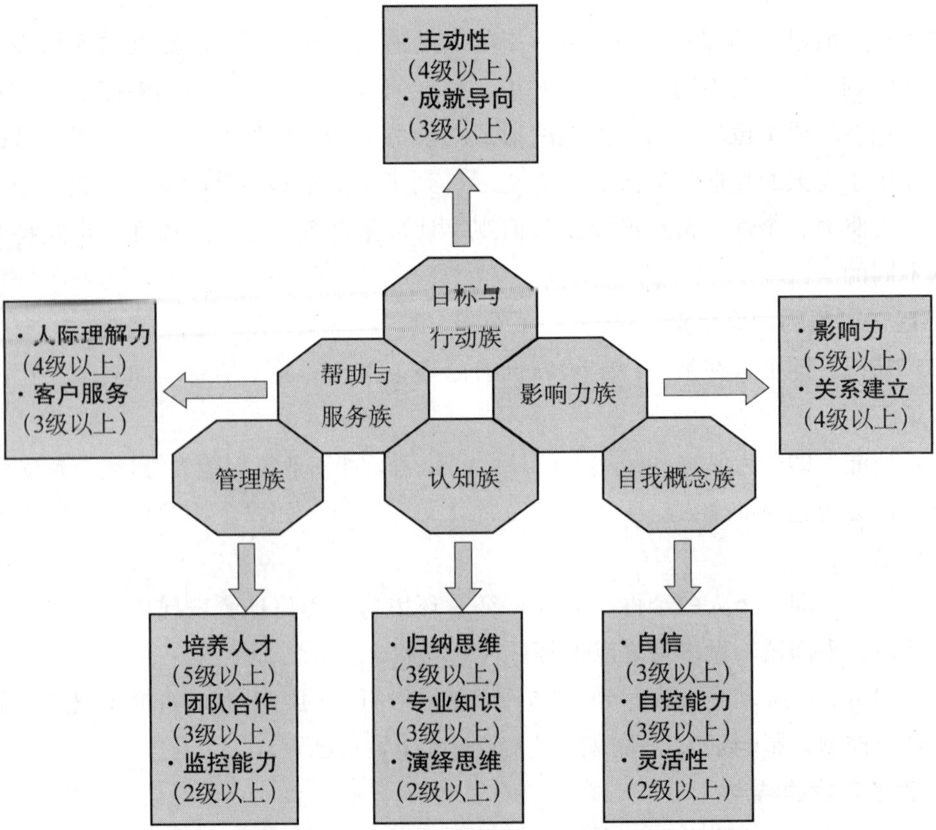

图 2－8 人力资源管理人员通用素质模型

成就导向

定义描述：

成就导向是指个人具有成功完成任务或在工作中追求卓越的愿望。具有高成就导向的人希望出色地完成他人布置的任务，在工作中极力达到某种标准，愿意承担重要的且具有挑战性的任务。这种人在工作中有强烈地表现自己的愿望，不断地为自己设立更高的标准，不懈地追求事业上的进步。成就导向表现为个人关注结果、效率、标准，并追求改进产品或服务质量，在组织中力求实现资源使用最优化。

评价标准：

1 级：安于现状，不追求个人知识、技术、个人素养等方面的提升，在工作中不尽力达到优秀的标准。

2 级：努力将工作做得更好，或达到优秀的标准。

3 级：想方设法提高产品性能或工作效率；为自己设立富有挑战性的目标，并为达到这些目标而付出行动。

4 级：在仔细权衡代价和利益、利与弊的基础上做出某种决策，为了使公司获得较大的利益，甘愿冒险。

典型行为：略。

图 2－9　成就导向的定义描述、评价标准举例

2.3.2　胜任素质模型的构建流程

一、准备阶段

在准备阶段，企业必须首先审视两个问题。

（1）企业的战略是什么？制订并且实施战略计划的关键环节有哪些？因为试图建立的胜任素质模型必定源自企业的战略，并且针对能够支撑战略有效实施的那些核心胜任素质，因此这一问题在建立胜任素质模型时是至关重要的。

（2）与实施战略计划的关键环节相关的核心职位有哪些？通常这些职位是由那些对企业业务的成败具有核心作用的人担任的，他们承担实施战略的主要责任并控制关键资源（人、资金、技术、市场、客户、知识与信息）。这些职位是可以产生价值增值的职位。对于企业而言，对这些关键的价值增值职位集中进行胜任素质模型研究是非常有价值的。

二、研发阶段

胜任素质模型的研发阶段可分为以下五个步骤。

1. 选定研究职位

建立一套完整的胜任素质模型通常要花费两三个月的时间。即使仅对该职位安排行为事件访谈以及对访谈结果进行处理，也需要约 30 个工作日。这对企业而言既不划算，又没有抓住重点。因此，必须首先确定哪些职位是企业的关键职位，值得企业对其进行这样的投入。研究职位一般通过收集分析组织结构图、战略计划执行记录，或对企业高层进行访谈的方式选定。

2. 明确绩优标准

对于选定的职位而言，明确绩优标准就是要制定一些客观明确的标准与规则，用来确定与衡量什么样的绩效是优秀的、什么样的绩效是较差的，从而为该职位的胜任素质研究提供基础。根据多数企业日常绩效考核的实践经验，有些职位的绩优标准是显而易见的，并且比较容易衡量。例如，销售经理的销售额、利润率，研发人员的项目成果转化率、专利权数量，操作工人的日劳动生产率、次品率等。但是，对于大多数职能部门的职位来说，其工作内容的重点在于满足客户及内部员工的需要，为企业业务运营的顺利开展提供支持与保障等，因此除了评价其工作成果的质量以及完成的及时性，还要由该职位的上级、同级及其他相关人员对任职者的绩效进行评价，以此界定该职位的绩优标准。

接下来，根据绩优标准与企业员工的实际考核结果，甄选该职位的胜任素质模型研究样本，一组为具备胜任素质但是绩效一般的人员，另一组为绩优人员。其中绩优人员3～6名，绩效一般人员2～3名。

3. 分析任务要项

依据工作分析的方法，将目标职位的绩优标准分解细化为一些具体的任务要项，以此发现并归纳驱动任职者产生高绩效的行为特征。例如：

（1）任务要项能够将优秀工作绩效与一般工作绩效区分开来吗？

（2）那些绩效一般的任职者是否也完成了该任务要项？

（3）该任务要项对于指导任职者的选拔与培训的意义何在？如果没有考虑或强调，会产生什么后果？

（4）如果在选拔人员之际就提出职位所必需的某些任务要项，该职位还能招募到合适的员工吗？

4. 进行行为事件访谈

采用结构化的问卷对绩效优秀和绩效一般的任职者分两组进行访谈，通过对比、分析访谈结论，发现那些能够导致两组人员绩效差异的关键行为特征，继而将其演绎成特定职位任职者所必须具备的胜任素质特征。

行为事件访谈的主要特点在于要求访谈对象（特定职位的任职者）详细描述他们在客户服务、团队合作、危机处理、问题分析等方面遇到的若干（通常为2～3件）成功和失败的典型事件或案例，特别是他们在事件中的角色与表现以及事件的最终结果等，从中总结并归纳访谈对象的思想、情感与行为，继而衡量与评价其能力水平，拆解与发掘其动机、个性以及自我认知能力等决定人的行为的胜任素质特征，最后形成该职位的胜任素质模型。

5. 进行信息整理与归类编码

将通过行为事件访谈获得的信息与资料进行归类，找出并重点分析对个人关键行为、思想和感受有显著影响的过程片段，发现绩优人员与绩效一般人员处理片段时的反应与行为之间的差异，比如关注的话题、待人接物的方式、思维方式及技能、情绪控制能力及关注行为的结果等，识别导致关键行为及其结果的、具有区分性的胜任素质特征，并对其进行层次或级别的划分。

信息整理与归类编码的步骤通常为：

（1）针对每一项胜任素质特征，组建开发小组。小组至少应包括四名主持或参与本胜任素质研究的行为事件访谈的人，小组的核心任务就是集中对特定的胜任素质特征进行研究与梳理。

（2）在第（1）步的基础上，由开发小组共同研究，采用统一的语言（包括用词、句式、语气等）完成胜任素质的概念化。其中，每项胜任素质都应具有针对性，要么是一组绩优人员的胜任素质，要么是一组绩效一般人员的胜任素质（消极特征），要么是所有人员的通用素质。

（3）采取统计分析等方式，对初步归纳的所有胜任素质要项进行论证与筛选，确认胜任素质项目是否能将绩优人员与绩效一般人员区分开来。同时，汇总访谈资料，进一步提炼胜任素质要项并明确其定义和分类。

（4）初步形成目标职位的胜任素质模型框架，其中包含特定的胜任素质要项，每项胜任素质的定义、级别划分以及各个等级行为特点的描述，并附详细解释和取自行为事件访谈资料的标识示例。

三、评估与确认阶段

由于胜任素质模型的开发本身是一个不断证伪、不断完善的过程，因此评估与确认阶段是必不可少的环节。评估的对象不仅要扩展到企业内部更多的职位与更多的人员，同时要考虑将企业的其他管理措施与手段嫁接进来，从而为胜任素质模型的应用营造良好的氛围。对于那些比较成熟的行业（例如，金融行业、电信行业、汽车行业等），企业还可以选取所在行业标杆企业的某些职位，在信息完备的前提下对胜任素质模型进行标杆检验，从而使其对企业构建核心竞争优势更具指导意义。

在胜任素质模型的框架形成之后，还要通过管理实践对胜任素质模型进行评估与确认。

·方面通过与相应职位的仟职者及其上级进行讨论，确认胜任素质模型中的胜任素质要项是否为驱动任职者达成高绩效的关键因素，对胜任素质要项的界定与划分是否准确，是否还有其他重要的胜任素质被遗漏等。这种修正方式能够使胜任素质模型更具操作性，那些绩优员工以及绩效一般人员也能够通过参与讨论，强化对企业要求达到的胜任素质的认识，从而通过提高自身胜任素质并改变行为方式，实现个人工作绩效的持续改进。

另一方面可以通过对胜任素质模型的实践运用来检验胜任素质模型的有效性。通常的做法主要包括：

（1）选取另一组绩优人员与绩效一般人员为样本，检验胜任素质模型对其行为差异以及未来绩效的预期意义。

（2）将胜任素质模型与企业的培训乃至其他管理职能相结合，预测以胜任素质模型为基石开展的人力资源开发活动是否能够帮助员工产生高绩效。

（3）标杆基准法也是对胜任素质模型进行评估与确认的一种有价值的方法，即通过选取标杆企业，进行企业间核心能力的比较与胜任素质模型的基准化。这种方法对于保证胜任素质模型与企业构建核心能力的意图相吻合是非常重要的。但是，基于中国企业发展的现实条件与资源，对胜任素质模型采取标杆基准化的方法还为时过早。

2.3.3 胜任素质模型在人力资源管理中的作用

一、组织层面

在胜任素质模型构建过程中，职位分析环节最重要的一项工作就是明确组织的目标、核心胜任素质、文化、价值观。当一个胜任素质模型体系构建成功，此模型体系也就成为沟通价值观、达成共识与实现战略的最佳工具，也可以将组织战略规划所需的核心胜任素质与个人胜任素质紧密结合。换句话说，胜任素质模型体系的价值在于它提供了组织与个人学习的标杆，使组织内各部门的功能、产品、技术在活动过程中产生了一个整合的接口，也为员工提供了一个职业生涯发展的目标，在个人胜任素质与组织胜任素质之间构建了一种良好互动发展的方式，帮助组织获得独特的竞争优势。

二、员工个人层面

胜任素质模型给员工提供了一个明确的学习范本，让员工清楚如何迈向成功与卓越，以积极的态度帮助个人不断激发潜能。由于组织一开始就为员工设定了极具挑战性的目标，可以让员工因为组织目标明确而全力以赴，发挥个人潜能，进而提升员工的工作效率与生活质量。当知识型员工成为员工的主体时，员工的胜任素质即成为企业生存的关键。

构建胜任素质模型的目的不仅仅是分清组织胜任素质与一般管理胜任素质，同时着眼于个人胜任素质的提升与发展。例如，经由评估工具的回馈给予员工必要的评估与协助，可以帮助员工了解个人目前胜任素质的发展程度与未来的发展方向。换言之，组织中每一位员工的胜任素质将在对胜任素质模型的评估与回馈中不断趋于完善。

胜任素质模型使企业员工具有明确的职业生涯定位。员工在主管的协助下，经由胜任素质评估分析和对自我胜任素质的检视之后，可以针对胜任素质、职业生涯规划与潜能开发的要求，规划个人职业生涯发展的行动步骤。同时，个人可以经由对组织胜任素质模型的了解，以及胜任素质评估的结果，发现个人职业生涯发展中出现的种种难题，寻求解决途径。

三、人力资源管理职能层面

胜任素质模型可以应用到人力资源管理的各项职能中。招聘工作中，企业要雇用某种类型的人才，此时可以通过胜任素质模型找到需要的人才素质的分布，通过胜任素质的测评工具即可找出符合素质要求的人才。在培训领域，可以通过胜任素质模型来分析企业的培训需求。在了解企业战略之后，进行组织、部门、员工个人三个层面的胜任素质需求分析，可以得到员工需要的胜任素质内容，并明确相应的标准。然后通过人员测评，了解个人素质状况，再与标准胜任素质比较，找出差距，作为明确培训需求的依据。这套流程可以使培训后的员工胜任素质与企业战略相匹配。在绩效考核活动中，一般的绩效考核标准以员工的绩效表现、短期的指标为依据。基于胜任素质的绩效考核制度着重于绩效的取得，大多为长期指标。在薪酬管理方面，以胜任素质为基础的薪酬制度以员工所掌握的技能或在胜任素质上的表现作为调薪的依据，以此激励员工努力提升胜任素质。

□小　结

职位分析是指全面了解、获取与工作有关的详细信息的过程，是对组织中某个特定职位的定位、目标、工作内容、职责权限、工作关系、业绩标准、人员要求和职务规范的描述和研究过程，即制定职位说明书和任职资格说明的系统过程。职位分析最终形成的职位说明书在企业人力资源管理中有重要的作用，是企业发布招聘信息、确定招聘方法和确定录用标准的基本依据。职位分析可以采用的方法有：观察法、问卷调查法、面谈法、其他方法（参与法、典型事件法、工作日志法、材料分析法和专家讨论法）。

人力资源规划是指为实施组织发展战略、实现组织目标，根据组织内外部环境的变化，运用科学的方法对人力资源的供求进行预测，制定相应的政策和措施，从而使组织人力资源供给和需求达到平衡的活动过程。

人力资源需求和供给预测的核心是：企业通过对人力资源总体需求的预测，与企业现有人力资源供给情况进行比较，从而制订人力资源的供给方案。

胜任素质模型是指为完成某项工作，达成某一绩效目标的所要求的一系列不同素质的组合，包括不同的动机、个性与品质、自我形象与社会角色及知识与技能水平。胜任素质模型可应用到人力资源管理中。招聘工作中，企业要雇用某种类型的人才，此时可以通过胜任素质模型找到需要的人才素质的分布，通过胜任素质测评工具即可找出符合素质要求的人才。在培训领域，通过人员测评了解个人素质状况，再与标准胜任素质比较，找出差距，作为明确培训需求的依据。

□思考题

1. 职位分析有哪些作用？
2. 简述制定人力资源规划的步骤。
3. 简述胜任素质模型。
4. 胜任素质模型在员工个人有哪些作用？

□参考文献

1. 朱兴佳，白京红．职位分析与评估．北京：电子工业出版社，2008.
2. 邹华，修桂华．人力资源管理原理与实务．2 版．北京：北京大学出版社，2015.
3. 孙宗虎，李艳．招聘、面试与录用管理实务手册．4 版．北京：人民邮电出版社，2009.
4. 伊恩·贝尔德维尔，莱恩·霍尔登，蒂姆·克莱顿．人力资源管理：现代管理方法：第 4 版．北京：经济管理出版社，2008.
5. 彭剑锋，荆小娟．员工素质模型设计．北京：中国人民大学出版社，2003.
6. 彭剑锋．人力资源管理概论．3 版．上海：复旦大学出版社，2018.
7. 王丽静．人力资源管理实务．北京：中国轻工业出版社，2009.
8. 王丽娟．员工招聘与配置．2 版．上海：复旦大学出版社，2012.

9. 陈京民，韩松．人力资源规划．上海：上海交通大学出版社，2006.

10. 王玺，曹亚克，王博，等．最新人力资源规划、招聘及测评实务．北京：中国纺织出版社，2004.

11. 董克用，李超平．人力资源管理概论．5版．北京：中国人民大学出版社，2019.

12. 顾英伟．人力资源规划．北京：电子工业出版社，2006.

13. 赫伯特·赫尼曼，蒂莫西·贾奇，约翰·卡迈尔-米勒．组织人员配置：招募、选拔和雇用：第7版．北京：中国人民大学出版社，2017.

14. 苗宏慧，于桂兰．人力资源管理．2版．北京：清华大学出版社，北京交通大学出版社，2013.

15. Schein E H. Increasing organizational effectiveness through better human resources planning. Sloan Management Review，1977，19（1）：1－20.

16. Kazan H. A study of factors affecting effective production and workforce planning. Journal of American Academy of Business，2005，7（1）：288.

17. Emmerichs R M. An executive perspective on workforce planning. Santa Monica：Rand，2004.

18. Jackson S E，Schuler R S. Human resources planning：challenge for industrial，organizational，psychologists. American Psychologist，1990，45（2）：223－239.

□附　录

戴维·尤里奇第八轮 HR 胜任素质模型

持续了三十四年的人力资源胜任力研究一直在引领 HR 行业的发展，并定义了当下业务和组织对 HR 能力的需求。第八轮调研，同样由戴维·尤里奇教授领衔，RBL 集团、密歇根大学罗斯商学院，以及全球 19 个地区的合作伙伴共同完成，发动了超过 27 000 人为超过 3 500 位 HR 专业人士评估，其中参与调研的组织超过 1 500 个。第八轮 HR 胜任素质模型如图 2－10 所示。

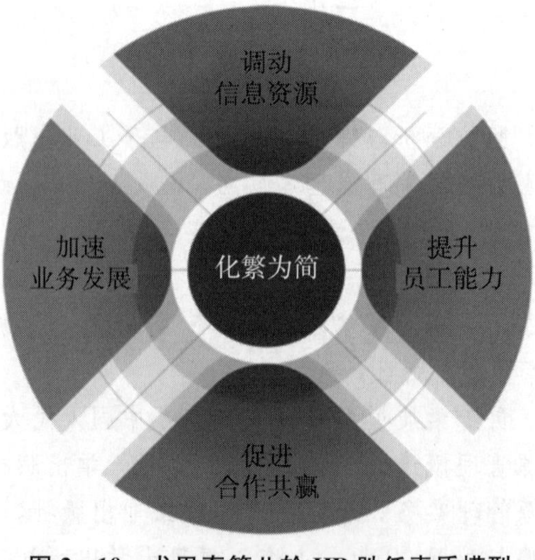

图 2－10　尤里奇第八轮 HR 胜任素质模型

相比于2016年九个模块的模型，最新版模型被缩减成了五个模块。这五个模块突出体现了HR必须要更加贴近业务，了解市场环境和业务状况，并通过赋能组织提升战略落地的能力。其各模块含义如下。

1. 化繁为简

这个模块位于本模型的“C位”。“化繁为简”强调了HR在组织面临挑战和错综复杂的环境时需要拥有批判性思维的能力。它反映了HR人员甄别信息、独立思考、发现机遇、抓住时机和迎难而上的能力。

反观第七轮的HR胜任素质模型，九个模块的正中央是矛盾疏导者，HR和组织面对的多重矛盾关系已经显现出来，经过了五年时间和新冠疫情这样突发的全球性事件，在更为复杂的矛盾关系中，能够化繁为简，找到关键事项，厘清头绪，并迅速行动，已成了新时代HR能力的核心，第七轮的九个模块，也顺应时势，简化成了第八轮的五个模块。化繁为简是未来HR必须具备的能力。

2. 调动信息资源

这个模块强调了HR抓取、分析数据，并依据数据和技术来解决问题、影响策略的能力。它反映了HR是否能用数据说话，是否对数字化、先进技术具有好奇心和应用能力，并明白社会问题会对组织产生哪些影响。

3. 加速业务发展

这个模块强调了HR助力业务部门达成结果的能力。为了创造价值，HR必须能够产生有竞争性的市场洞见，拥有个人资本，能够影响业务，并能够把关键工作做到位。另外，他们还能够帮助打造组织敏捷性。

4. 促进合作共赢

这个模块包含了HR促进各方合作，创造共赢机会的能力。促进合作共赢包括HR是否有足够的个人能力，是否能激发互信和尊重并有效建立关系，把人凝聚在一起的能力。

5. 提升员工能力

这个模块强调了HR在组织内部提升人力资本的能力。其中包括帮助业务领导提升团队人才的综合能力、帮助大家晋升并交付HR解决方案，从而同时提升个人和组织的整体绩效、能力。这个模块还特别包含了HR倡导的多样性和平等性的职责，通过打造包容的环境来提升组织效能。

资料来源：最新尤里奇HR胜任力模型重磅发布！.（2021-05-18）. https://www.hroot.com/d_new-421929.hr.

第 3 章

制订招聘计划

| 学习目标 |

- 掌握招聘计划的主要内容
- 掌握招聘基准的概念和具体内容
- 熟悉招聘计划中常用的表单及其格式
- 掌握招聘中人员策略、时间策略和地点策略的要求

引 例

R 大学党政教辅岗位用人计划需求申报

制订招聘计划需要明确人才需求，组织可以通过让不同团队申报用人计划来了解人才需求，以更好地制订招聘计划。表 3-1 是 R 大学的用人计划申报通知，其中展示了 R 大学用人计划申报需要包含的信息。

学校各单位：

为满足学校各项事业发展的实际需要，建设一支高效精干、素质精良、结构合理、持续稳定的党政教辅人员队伍，现根据学校总体规划，将我校 2020 年度党政教辅岗位用人计划申报工作通知如下：

一、申报要求

1. 各单位应根据非教师岗位控制数及现有人员情况，在下一年度有非教师岗位空缺的情况下，申报用人计划。学工系统学生骨干培养计划人员占用本单位非教师岗位控制数。

2. 各单位应进一步加强人员选聘工作的计划性，统筹考虑 2020 年度应届毕业生及校外调入需求并统一申报。用人需求纳入学校年度计划的，将面向社会公开招聘。未申报 2020 年度用人需求或者未纳入学校 2020 年度计划的，2020 年度内原则上不再安排招聘。

表3-1 R大学20××年度用人计划需求表

R大学20××年度用人计划需求表（党政教辅类）												
单位（盖章）：					负责人签字：				日期：			
序号	来源类别	岗位类别	岗位名称	岗位职责	人数	专业要求	专业中类	学位要求	政治面貌	其他岗位任职条件	联系人	联系电话及邮箱
备注：												
1.按岗位重要性程度排序；												
2.来源类别：填写应届毕业生或校外调入；												
3.岗位类别：填写管理职员或教师以外专业技术人员；												
4.岗位名称：如为教师以外专业技术人员，则填写编辑出版、图书资料、工程实验、会计统计、医疗卫生等岗位的具体名称；												
如为管理职员，则填写教学管理、学生管理、科研管理、人事管理、外事管理等岗位具体名称；												
5.岗位职责：请对拟招聘职位的岗位职责内容进行精炼、准确的描述，分条列出以便于应聘者准确了解岗位；												
6.专业要求：来源类别为校外调入的，请填写具体专业名称；												
7.专业中类：专业中类只需应届毕业生填写，根据教育部毕业生接收政策的要求，请严格按照《毕业生填报系统专业中类目录》选择与需求专业对应的专业中类，注意专业中类名称填写无误，例如中国语言文学类、工商管理类等，每个岗位可填不超过5个专业中类；												
8.其他岗位任职条件：请填写如计算机、外语、写作能力、专业水平等方面的要求。												

3. 各单位用人计划应由院（系）党政联席会或机关部处部（处、院）务会集体研究确定，结合本单位事业发展需要和实际情况，合理提出用人需求，严格按照申报要求填写《2020年度用人计划需求表（党政教辅类）》。

…………

资料来源：关于申报2020年度党政教辅岗位用人计划的通知．（2019-09-23）．http：//hr. ruc. edu. cn/bsjg/bszyglbgs/zytzgg/bf1fa92ecab24e0ca5e3470e2bc44659. htm.

3.1 招聘计划的内容

3.1.1 招聘计划的主要内容

招聘计划应在人力资源规划和职位分析的基础上产生，具体内容包括确定招聘人数、招聘基准、招聘策略和招聘经费的预算等。制订招聘计划是一项复杂的工作，大型企业常聘请企业外部的人力资源管理专家制订招聘计划；小型企业通常由人力资源管理人员负责此工作。

一、招聘人数

制订招聘计划是人力资源管理部门在招聘中的一项核心任务。为保证招聘工作有的放矢、有条不紊地按计划实施，企业最好能通过制订招聘计划来分析所需人才的数量，以避免工作的盲目性。具体来说，就是确定各年度应招聘的员工人数，其中包括招聘的员工总数及各部门的招聘人数。确定招聘人数时还要考虑招聘后员工的配置、晋升和退休金支付等问题。另外，还要根据企业的实际情况考虑男女员工的比例问题。

二、招聘基准

招聘基准即确定招聘什么样的人才，具体来说是指组织对计划招聘人员的基本素质要求以及针对各个部门中不同职位招聘人员的特殊要求，主要包括年龄、性别、学历、工作经验、工作能力、个性特征等。针对不同职位的不同情况来限定招聘群体，以较低的成本保证录用人员的基本素质。

看一看

Z公司的管理咨询实习生招聘要求

Z公司是一家著名的互联网公司，成立于2012年，其经营范围包括技术开发、技术推广、技术转让、技术咨询、技术服务等内容，公司的使命为“激发创造，丰富生活”。下面是Z公司的管理咨询实习生招聘要求。

1. 20××届及以后毕业，硕士及以上学历在读，人力资源、工商管理等相关专业优先。

2. 有文献研究分析能力，熟悉掌握数据分析、案例研究、信息收集的基本方法。

3. 对人力资源有较强的求知欲和好奇心。

4. 具备快速的学习能力、洞察力、逻辑思考能力，能够解决复杂问题。

5. 每周至少四天以上（五天优先）全职实习，实习期 3 个月以上（长期优先）。

资料来源：管理咨询实习生．(2023 - 07 - 24). https://jobs.bytedance.com/campus/position/7243836452697737528/detail? recomId=1cdb5173 - 2a20 - 11ee-a72b-fa163e356bb1&sourceJobId=7252150400110053692.

三、招聘策略

企业的招聘策略就是为满足企业对人力资源的需求而制订的招聘活动的总计划，也是制订具体招聘工作计划的指南或依据。为了招聘工作计划的制订和招聘工作的顺利进行而采取的具体招聘策略包括人员策略、时间策略和地点策略。具体来说，招聘策略包括以下内容：选择招聘信息的发布时间和发布渠道；初步确定招聘团成员；初步选择考核方案；确定从哪里招聘人才；编制招聘工作时间表和草拟招聘广告样稿等。确定从哪里招聘人才时，需要确定是招聘应届毕业生（定期招聘），还是招聘往届毕业生；是在本地区招聘，还是在全国招聘；如果是定期招聘，招聘哪几所学校的毕业生等。招聘策略将在后文详细介绍。

四、招聘经费的预算

招聘经费是招聘顺利进行的保障。企业做招聘经费预算，可以防止招聘过程中某一环节过多占用资金，也可以防止因经费不足而影响招聘工作的顺利进行。招聘成本包括内部成本、外部成本和直接成本。内部成本为企业内招聘专员的工资、福利、差旅费和其他管理费用。外部成本为外聘专家参与招聘的劳务费、差旅费。直接成本为广告、招聘会支出，招聘代理、职业介绍机构收取的费用，员工推荐人才的奖励金，校园招聘费用等。内部成本是企业进行招聘成本核算时最容易忽略的部分，而实际上它占有相当大的比重。通过模拟一次简单的中级职员筛选、面试流程，就可以粗略地计算内部成本。在实际工作中有时一次并不能招聘到合适的人选，需要招聘两三次，所以内部成本不容忽视。

3.1.2　招聘人数

一、何时产生人员需求

招聘人数的规划一般按照人力资源招聘申请的审批程序即可确定。各用人部门按照自己部门产生的职位空缺向人力资源管理部门提交招聘申请，在整个组织的人力资源规划的限制和约束下，经高层管理者审批，确定最终需要招聘的员工人数。人员需求一般发生在以下几种情况下：

（1）组织新成立或新的业务部门成立；

（2）组织发展，规模扩大，需要补充更多的员工来填补新产生的岗位；

（3）现有的岗位空缺或岗位上的人员不称职；

（4）突发的员工离职；

（5）岗位原有人员因晋升而形成职位空缺；

（6）机构调整时的人员流动；

（7）为使组织的管理风格、经营理念更具活力而必须从外部招聘新的人员；

（8）为了组织未来的发展而进行的人力资源储备；

（9）为获得市场竞争优势而引进特殊人才。

总之，组织需要不断吸收新生力量，为组织提供可靠的人力资源保障，以应对组织内外部环境的变化。可见，招聘工作是企业人力资源管理中最基本的管理活动。

二、注意事项

在招聘数量的确定上要考虑三个比较重要的问题。

第一，在实际工作中，某些用人部门为了本部门的利益，会有意虚报或者企图隐瞒真实的用人数量，从而不利于招聘数量的最终确定。为此，人力资源管理部门要在职位分析和对历史数据、组织的运营现状及发展规划的分析中，整合有关数据，这项工作的最终成果要经过组织最高决策层的批准。

第二，由于在整个招聘过程中的每一个筛选阶段都要拒绝一些应聘人员，因此组织最终需要录用的人数应该位于“招聘筛选金字塔”的最高端，为此，在组织进行人才吸引的时候，要根据本招聘职位的历史筛选数据预测最初需要的应聘人数，这在一定程度上还决定了招聘工作的渠道选择、方式选择等。

如图3-1所示，某公司需要雇用50名新员工。根据经验，该公司发给录用通知的人中只有大约一半的人会入职。所以，需要向100名求职者发出录用通知。参加面试者与最终录用者的比例大约为3∶2，收到面试通知者与实际参加面试者的比例大约为4∶3，因此需要向200人发出面试通知。此外，求职者总人数与实际收到面试通知者的比例大约为6∶1，所以企业需要吸引1 200名求职者，即招聘规模为1 200人。

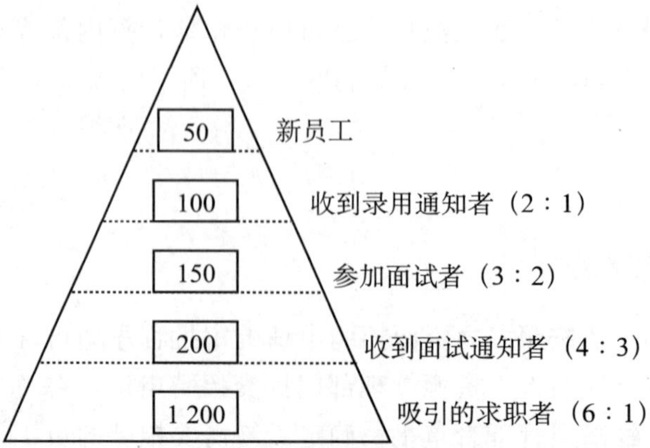

图3-1　招聘筛选金字塔

第三，企业可以考虑那些既不用对外招聘又可以满足人力资源需求的方法。比如，可以通过企业内部员工的培训，提高他们的技术和专业水平，从而满足企业对某类人员的需求。另外，对于短期内增加的工作量，可以采取加班、外包、雇用临时工等方法来完成。

看一看

2022年互联网行业招聘漏斗

2022年互联网行业的招聘漏斗如图3－2所示。平均每收到69份简历最后发出一份录用通知，由收到简历到进入一面的转化率为21.2%，由一面进入二面的转化率为38.1%，由二面到最终发出录用通知的转化率为17.8%。

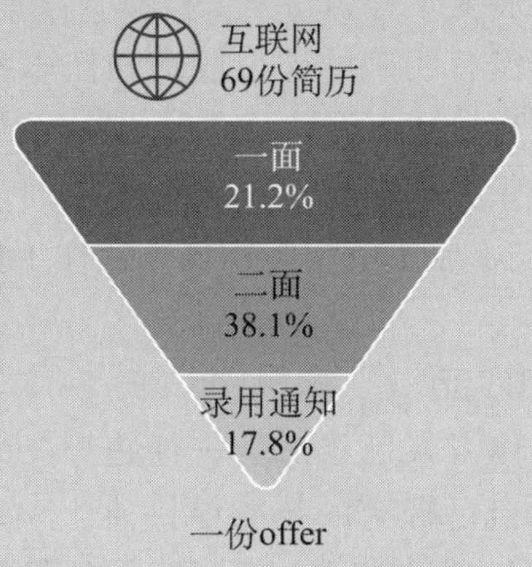

图3－2 互联网行业招聘漏斗

资料来源：2023招聘年度观察：企业迈入数质化招聘时代.（2023－04－18）. https://www.beisen.com/report/1636.html.

3.1.3 招聘基准

招聘基准就是确定录用人才的标准，其内容包括年龄、性别、学历、工作经验、工作能力、个性特征等。录用人才的标准可以归结为以下五个方面：与工作相关的知识背景、工作技能、工作经验、个性特征和身体素质。

人员标准有基本标准和关键标准两大类。基本标准是确定人能不能做这项工作，而关键标准是确定人能不能做好这项工作。两者相互补充，层层递进。制定好这两个标准，组织才能找到符合要求的人员，招聘才会成功。

一、人员的基本标准：人员的三个匹配度

人员的基本标准是指能胜任应聘职位的最基本要求，主要从三个方面来定义，即人员技能与岗位职责相匹配、人员个性与团队特点相匹配、人员价值观与组织价值观相匹配。只有人员的三个匹配度都符合组织的要求，他才有可能适应组织的工作。

1. 人员技能与岗位职责相匹配

古语云：骏马能历险，犁田不如牛；坚车能载重，渡河不如舟。这句话想表达的意思就是人和物要用在适当的地方，也就是常说的人员技能与岗位职责相匹配。人员技能与岗位职责相匹配就是根据个体间的素质差异将人员安排在最适合他的岗位上，从而做到“人尽其才，物尽其用”。众所周知，企业与个人是一个利益共同体，企业是个人职业生涯的舞台，所以一定要为岗位挑选合适的人；个人适合干什么，就尽量安排他到适合的岗位，充分发挥他的才能。同时需要注意的是，人员技能与岗位职责相匹配主要是指要胜任岗位要求，人员需要具备哪些基本技能，包括学历、专业、经验等，具备这些技能是做好一项工作的前提。要了解这些，对组织来说，就需要进行职位分析，明确岗位职责，把招聘职位的工作内容、特点和对人员的技能要求等编制成职位说明书，让应聘者知道岗位的任职条件、入职后要干什么。

一些组织在招聘时，由于没有明确的岗位职责和任职要求，往往被应聘者优秀的个人条件吸引，引进人员时存在盲目“高消费现象”，甚至内勤、前台人员都非本科毕业生不要。尤其是随着就业压力趋紧，部分组织中大材小用的现象较普遍，部分高学历人才甚至被当成装饰门面的“花瓶”，派不上实际用场。这样不仅造成人员的浪费，还为以后的人员流失埋下了隐患。

2. 人员个性与团队特点相匹配

在现代社会，团队化的工作方式已经成为一种趋势，员工需要与不同部门、不同专业的人员合作，而不能仅仅靠自己拥有的技能单打独斗。充分发挥团队成员的优势，让团队成员能够相互利用彼此的长项，能使企业形成新的优势。可见，要在团队化的工作方式下创造业绩，员工的个性与团队特点需要相互匹配。

看一看

数字经济背景下个人与团队匹配的新变化

个人与团队匹配，指个人与团队成员在性格、相处方式、工作目标以及价值观等方面的近似程度。定义中强调个人与团队成员在各方面的一致性，这缘于人类的群居属性和关系需求，即希望和那些与自己有相似心理特征的同伴进行互动，并相互尊重和联系。在某些方面具有一致性的成员会有相似的逻辑和行为框架，这种框架有助于促进成员间的频繁互动和信息交流，有助于形成融洽的氛围并减少误解，为员工带来安全感。而安全感能够降低员工因担心建言、寻求反馈、创新等主动行为失败而产生的焦虑，驱使员工做出更多的主动行为，充分发挥自身的创造力。同时，互动和交流有利于成员间的知识分享，促使员工形成共同的认知。当个体意识到自己与他人具有相同的认知时，归属感随之产生并激发团队的凝聚力和创造力。因而，个人和团队管理者极为重视个人与团队成员在价值观、性格等个人特质方面的匹配程度，并通过团建、组织社会化等方式不断提升个人与团队的匹配。

在数字经济背景下，个人与团队的匹配面临着诸多变化。数字技术对个人与团队匹配具有双刃剑效应。在技术加剧变革、商业竞争变化莫测的背景下，团队以集体智慧的群体动力优势成为企业的重要运作单元。数字技术的引入可以帮助团队管理者快速判别团队候选人在价值观、个性、能力等方面的相似程度，助力个人与团队成功匹配。在传统的“企业＋员工”的雇佣关系中，在不存在远程办公的情况下，数字技术的发展为团队知识分享和成员交流创造了便利条件，帮助个人与团队进行沟通，促使双方形成较为一致的价值观、工作目标等；但在“平台＋个人”的虚拟雇佣关系中，组织与个人松散的联系，以及远程办公导致的物理距离，均会对团队知识分享与团队交流带来阻碍。此外，企业文化和价值观等难以在虚拟雇佣关系和远程办公中充分发挥作用。这些会导致个人与团队冲突的加剧，并进一步影响个人与团队匹配。

资料来源：李茹，赵曙明．数字经济背景下人与环境匹配的新变化及应对策略．南京社会科学，2021（9）：37－44.

人员个性千差万别，因为构成个性的各种因素在每个人身上的侧重点和组合方式是不同的。如认识、情感、意志、能力、气质和性格等方面的不同造就了每个人独特的一面：有的人感知事物细致、全面，善于分析，而有的人感知事物较粗略，善于概括；有的人情感较丰富、细腻，而有的人情感较冷淡、麻木等。职业心理学的研究表明，不同的职业有不同的个性要求。不同的个性特征，对企业而言，决定了每个员工适合的工作岗位和可能的工作业绩；对个人而言，决定了自己的事业能否成功。

人员个性也是招聘中要考虑的重要因素。随着现在专业化分工越来越细，团队合作越来越重要，如果人员是以自我为中心、合作能力不强，就不适合在团队中工作。另外一点就是人员与团队的互补性，团队成员个性都很强时善于协调的员工就能发挥作用，死气沉沉的团队则需要性格开朗的人员活跃气氛。因此，分析团队的特点，招聘合作性和互补性强的新员工，团队才能产生 1＋1＞2 的效果。

当然，团队精神在绝大多数场合均应该提倡，个性独立的人也不能随意淘汰，对组织的管理、质检等岗位来说，坚持原则的人员更有用武之地。而在设计策划部门，特立独行的人有可能随时冒出创新的火花。因此，招聘前一定要清楚把新进人员放在哪个位置，该岗位对人员个性等有哪些要求，还要考虑新进人员的职业取向以及可能的晋升位置等，这样招来的员工才能“对号入座”，更好地发挥自身的价值。

3. 人员价值观与组织价值观相匹配

许多组织在招聘人员时，往往强调工作经验和技能，而忽略了对职业道德的考察。组织很容易让员工掌握工作经验和技能，但很难教他如何具有正直的品行。而品德不佳的人员，能力越强，带给组织的危害就越大。

另外，了解应聘者的价值观也是一个重要的内容。价值观支配个体行为，员工对组织忠诚度的高低与其对组织价值观的认同度有密切关系。认同组织价值观的员工能够更好地融入组织，提高组织绩效。所以，应该向应聘者开诚布公地讲明本组织的优劣势，提倡什么、反对什么，以及组织文化的特点，让应聘者权衡选择，这样组织虽然有可能失去一些优秀人员，但更能提高员工队伍的稳定性。

看一看

中文版MBTI个性测验

人格类型量表中文版（MBTI-G）共97道题，量表包括4个维度，8个因子，分别阐述了人格的倾向性：内向-外向型（extroversion-introversion，EI），根据注意力的不同指向分为两种人格倾向；感觉-直觉型（sensing-intuition，SN），描述了两种不同的提取信息的方式；思维-情感型（thinking-feeling，TF），描述了对事物做决策或判断时采用的不同方法；判断-认知型（juding-perceiving，JP），描述了与外界交往或适应外界环境时采用的方式。修订后的量表由意思表达完整的83个短句和14对意思清晰的词对组成。短句包括题干和2～4个迫选条目；词对为意义相对立的两个形容词。

资料来源：苗丹民，皇甫恩，罗正学．MBTI人格类型量表的效度分析．心理学报，2000（3）：324－331；陈静，苗丹民，王扬，等．1 921名空军飞行学员MBTI-G人格类型量表调查结果．中国心理卫生杂志，2007（11）：777－778＋808.

看一看

工作价值观量表的具体维度

工作价值观是人们衡量某种职业的优劣和重要性的内在尺度，是个体对待职业的一种信念，是个体人生观、价值观的有机组成部分，并为其职业选择和职业行为提供充分的理由。学者研究发现，中国情境下工作价值观主要包括五个维度（见表3－2）。

表3－2　工作价值观的五个维度

维度	维度内容
压力小	主要反映工作强度和要求不高，工作难度在自己能解决的范围内，竞争压力小，岗位稳定、工作内容较固定，总体上工作轻松、压力不大。
内在价值	主要涉及工作有利于发挥个人潜能，有利于激发个人创造力和想象力，有助于个人心智成长以及实现个人抱负，或者工作符合个人兴趣和才情，总体上反映工作对个体具有内在精神上的吸引力。
社会地位	内容涉及受人尊重、有面子、有地位，家人朋友欣赏、重视等，反映工作的社会地位和威望。
外在价值	内容主要与奖惩、薪酬、福利、晋升等有关，反映工作的外在激励和回报。
工作与生活	内容涉及工作环境或性质便于照顾家人、孩子教育、亲人相处，生活休闲等，反映工作与生活之间的平衡。

资料来源：张建人，彭松黎，李光程，等．时间视角下的工作价值观量表的编制．中国临床心理学杂志，2019，27（6）：1161－1167.

二、人员的关键标准：岗位胜任素质

按照同样标准选出的人员，其实际绩效可能相去甚远。经验表明，会干不等于干好。

导致人员绩效差异的还有很多非技能方面的因素，如系统思考能力、决策能力、激励能力、人际交往、自我控制等。这些因素就是岗位胜任素质，它决定了人员能不能出色地完成某项工作。

1. 关键胜任素质：发掘人员的潜能

关键胜任素质也就是工作所需的核心素质。素质是很难判断的，这是因为：第一，素质比工作业绩抽象，更不容易把握；第二，素质是人所共知但又难以说清的，因此对素质的判断有很大的主观性；第三，个人在自我讲述中容易夸大自己的优点，有选择地报告，或者将自己的理想和希望与实际工作混淆；第四，人际交往状况和利益的冲突等增加了素质评价的难度。

通过与任职者及其关联职位任职者访谈，对该职位典型的成功和失败事例进行分析，再加上经验积累和同行参考等，就能了解该岗位的关键胜任素质。同时，对职位胜任素质还要进行定义分级、明确界定。这样依据胜任素质选人，可以有效避免人员学历、资历、名气对甄选者的影响，更容易发现人员的潜能。如由于办公室主任经常接待客人，协调各类关系，处理突发事件等，因此沟通能力、组织协调、责任心就成了他的关键胜任素质。对设计人员来说，技术水平、逻辑思维能力、创新能力是他的关键胜任素质。

2. 权重设计：突出最重要的胜任素质

所谓权重，是指测评指标在测评体系中的重要性或测评指标的得分在总分中所占的比重。由于各个测评指标相对不同的测评对象来说有不同的地位与作用，因此，在测评中不能把每个测评指标都等量齐观，对各测评指标的分值简单加总，而要根据各测评指标对测评对象反映的不同程度而恰当地确定与分配不同的权重。例如，用相同的指标对同一组应聘者进行测评选拔，当赋予这些指标不同的权重时，获得的测评结果会有很大差异。

对一个职位来说，各项胜任素质的重要性往往不同，因此对各项胜任素质设定一定的权重会使甄选结果更为合理。对办公室主任来说，组织协调能力、沟通能力、灵活性是最重要的，因此它们的权重可以加大，而冲突管理、团队合作相对不如以上三项重要，权重可适当减小。只有对各项胜任素质设定不同的权重，才能保证人员是在最重要的胜任素质上表现最优秀的人。

读一读

人员素质测评

素质指的是员工自身所具有的一些比较稳定的个人特质，而这些个人特质会影响工作表现和任务绩效。素质具体包括人格特质、智力、技能、知识、价值观等。我们所测量的，也就是这些所谓的素质，它们构成了对人的测评内容。具体来说，人员素质测评包含两个相互独立而又密切联系的方面：素质测量与素质评价。人员素质测评的实施可以分为四个步骤：测评准备、测评实施、测评应用与测评评估。

一、测评准备

测评准备需要做好以下四项工作。

（1）确定测评的目的与内容。确定测评的目的与内容是进行人员素质测评的第一步。在这一步，我们首先需要思考为什么要进行测评，目的何在。如果测评目的不明确，那么后续整个测评的标准确定、方法选择，以及随后的测评效果评估就失去了根据。

（2）建立测评指标体系。在以人事选拔为目的的测评中，建立测评指标体系就是确定一些具体的标准，这些标准可以告诉我们什么样的被测者是合格的、满足组织和职位需求的。测评指标体系一般来自目标职位的任职资格，是那些与高绩效密切相关的素质，建立指标体系可以让整个测评过程有明确的目的和关注点。

（3）选择合适的测评方法。测评方法取决于测评的目的与内容。比如，如果想考察被测者是否具备较高的成就动机，只采用自我评价是不够的，因为很多被测者会按照测评人员的期望或社会的一般价值倾向来回答，从而隐藏自己内心真正的动机和想法，很容易在测评中出现偏差，达不到测评目的。

（4）建立专门的测评小组。测评小组一般由外部测评专家和企业内部人员组成，测评专家必须先对企业内部人员进行测评的相关培训，让内部人员熟悉测评的目的、流程、技术、信息处理等事项。

二、测评实施

测评实施主要包括以下两部分内容。

（1）实施测评。在进行测评的过程中必须做到标准化和客观化，以保证测评结果能够公正、公平地反映被测者的素质，尤其要注意在测评过程中不能加入个人的主观情感，很多测评人员很容易出现类我效应、第一印象等现象，这些主观印象很容易影响测评的公正性。

（2）对测评数据进行分析并处理。顾名思义，对测评数据进行分析并处理指的是测评小组对测评过程记录的信息进行讨论，并对被测者的表现进行深度分析，从行为表现判断被测者的素质。

三、测评应用

人员素质测评的目的是为绩效预测、问题诊断或人事选拔服务，以绩效预测为目的的测评的最终结果是关于员工未来绩效和行为表现的预测；以问题诊断为目的的测评的最终结果是生成关于被测者特长和不足的分析报告；以人事选拔为目的的测评的最终结果是生成人员素质分析报告，用来判断被测者和目标岗位是否匹配。

四、测评评估

人员素质测评的最后一个环节是对测评进行评估。评估的目的主要在于促进项目的持续改进。评估的内容主要包括：测评技术的设计思路和操作细节是否需要调整？测评的程序是否合理？等等。

资料来源：徐世勇，李英武．人员素质测评．北京：中国人民大学出版社，2019.

3.1.4　招聘经费的预算

组织每年的招聘经费预算应该是全年人力资源开发与管理总预算中的一部分。每个组织可以根据自己的实际情况，按照所采取的招聘方式、招聘对象、招聘人数等因素具体决定招聘经费预算。一般来说，招聘经费预算不仅包括招聘人员的工资、福利成本，还包括企业宣传广告费、差旅费、宣传材料费等（见表 3-3）。

表 3-3　某企业招聘经费预算一览表

招聘渠道		招聘会	网络	猎头中介
经费预算	招聘准备	● 宣传广告费 ● 宣传材料费 ● 场地、展位租用费 ● 差旅费 ● 交通费 ● 通信费	● 网站会员费 ● 通信费	● 中介服务费
	笔试	● 试卷印刷费 ● 考场租赁费 ● 人工成本	● 试卷印刷费	
	面试	● 面试人员的工资成本	● 面试人员的工资成本	● 面试人员的工资成本

资料来源：周鸿．员工招聘与面试精细化实操手册．2 版．北京：中国劳动社会保障出版社，2016.

由于招聘对象和招聘渠道的多元化，单位招聘成本也呈现出多元化特征，可以从招聘对象和招聘渠道两方面分析。

一、招聘对象多元化对单位招聘成本的影响

组织对人才的需求是多样的，主要表现在职务类别、职位级别、地理分布、填补空缺的紧迫性等方面。

二、招聘渠道多元化对单位招聘成本的影响

招聘渠道是指组织对外发布招聘信息的渠道，是组织招聘应聘者的途径。目前，组织的招聘渠道主要包括招聘会、报刊广告、猎头组织、人才机构、校园招聘、员工推荐、网络招聘和内部招聘等。而根据候选人资格要求的不同、招聘时限的不同，所采用的招聘渠道也不同。近年来，招聘市场规模进一步扩大，网络招聘发展尤为迅速。

看一看

2022 年企业社交招聘渠道使用情况

无论是 QQ、微信等社交软件，还是抖音、快手等带有社交属性的短视频平台，都聚集了大量的人气。哪里有流量，哪里就有市场，社交＋，和当年的互联网＋一样，正席卷各行各业，而擅用各类社交渠道的社交招聘也被更多企业喜爱。本调研

收集了330份有效问卷，对社交招聘渠道的使用情况进行了统计。

调查结果显示，相比于2021年，以抖音、B站为代表的视频类社交渠道和以朋友圈广告、视频号广告等为代表的社交网站的信息流广告的占比有大幅提升。但相较上年，选择职场类社交网站的企业占比下降（见图3-3）。2021年年末，领英中国发布官方公告称，由于面临运营挑战，决定关闭领英中国的社交服务，不再提供用户原创内容的发布与互动功能，该变动直接影响了很多企业尤其是外企在职场类社交网站上的布局，因此选择该类渠道的企业占比会回落。

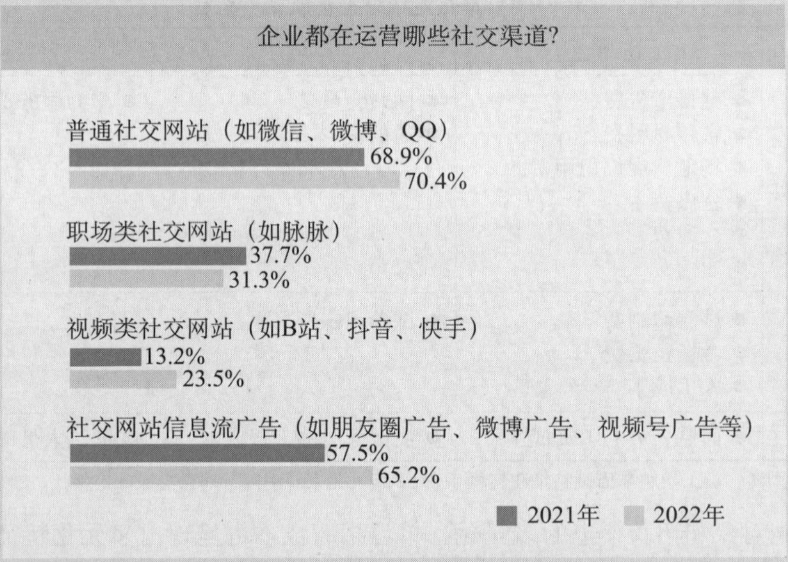

图3-3　社交渠道使用情况

资料来源：2022—2023企业招聘渠道效果与趋势调研报告.（2022-12-27）. https://www.dayee.com/html/whitePaper-31c.html.

不同招聘渠道的招聘成本不一。近10年来，我国组织的招聘成本有增无减，究其原因主要有：第一，直接招聘费用多；第二，外聘机构费用高；第三，人力时间成本提高；第四，跳槽风险大。以智联招聘为例，2017年企业在该网站进行职位发布、简历收集等需要支付2 000～6 000元的包年费用。根据某大型招聘机构发布的报告，2014年中国企业人均招聘成本达到3 204元。

3.1.5　确定人员招聘条件的步骤

（1）如果职位空缺是因有人辞职，那么招聘工作的起点就应该是马上与将要离职的人进行面谈。谁是合适的面谈人选呢？如果员工的直接上级与将要辞职的员工有着良好的关系，那么这位上级就是进行离职面谈的最佳人选；面谈也可以由组织人力资源部或其他部门的管理人员去做。目的是弄清楚员工离职的内在原因，请他阐述该职位的任职资格和招聘甄选的标准。

（2）与同离职者做同样或类似工作的人及其他相关人员进行交谈。要想对该职位有一个全面的认识，需要同部门经理进行交谈。目的是编写或完善职位说明书。

（3）审查任职资格。根据职位说明书对招聘工作前几个阶段中了解到的情况进行审查，看有没有重要的地方需要更新或修改，是否需要提高或者降低职位说明书中的工作要求。

一般来说，好的任职资格应能正确反映所要招聘的员工的具体情况。在现代组织管理中，任职资格已经从过去强调健康状况、经验等要素转向关注人的才能，但这不等于说其他任职资格要素就不重要了。同时，关于才能的说法也不相同，总体上是指知识、技能、能力等的组合，以及成功完成工作所必需的其他要求。

（4）确定人员招聘条件。在先前工作的基础上，考虑到该项工作已经发生的和将来可能发生的变化，正式起草人员招聘条件清单。

3.2 招聘计划中的文案及表单示例

建立科学、标准、规范的人力资源管理系统离不开一系列的文案、表单，这些文案和表单是企业人力资源信息的重要载体，是企业高效率、高水平、高质量的人力资源系统不可缺少的组成部分。

3.2.1 文案撰写

一、招聘启事的写作格式和内容

招聘启事是应聘者了解企业的一种途径，招聘启事写作质量的高低决定了应聘者对招聘企业第一印象的好坏。招聘启事是否规范很大程度上影响应聘者对招聘企业的认可度，所以高质量的招聘启事有助于企业招聘活动的顺利开展。

招聘启事一般可以分为三项内容。

1. 标题

招聘启事的标题可以简单地由事由和文种名称构成，如“招聘启事”“招工启事”“招贤榜”。

较为复杂的招聘启事还可以加上招聘的具体内容，如“招聘打字员”“招聘科技人员启事”。有的招聘启事在标题中还写明招聘的单位名称，如“××服装厂招聘启事”。

2. 正文

一般而言，招聘启事的正文需着重写明下列事项。

（1）招聘方的简介。招聘方的简介包括招聘方的业务、工作范围及地理位置等。简介能够将企业的各类优势清晰地展现出来，也有助于应聘者快速了解企业的基本情况。

（2）职位说明和对招聘对象的具体要求。招聘启事中的职位说明一般包括职位性质、业务类别、岗位职责、任职资格、薪酬福利等多方面的内容，其中岗位职责描述和任职资格是核心内容。对招聘对象的具体要求包括年龄、性别、学历、工作经历和技术特长等。

（3）福利待遇。该项内容一般要写明应聘者受聘后的月薪或年薪，执行标准、公休情况，是否解决住房问题等。

（4）其他情况。包括应聘者需交验的证件、应办理的手续以及应聘的程序、应聘的具体时间、具体联系地址、联系人、电话号码、网址、电子邮件地址等。

招聘启事的目的是吸引应聘者，从而选拔出符合企业要求的人才，所以应注明招聘联系人以及联系方式，以便应聘者进行求职申请。

3. 落款

落款要求在正文右下角署上发布启事的单位名称和启事的发布时间。题目或正文中已有单位名称的可不再重复。

看一看

T公司招聘启事

公司简介：T公司于1999年成立，是天津市粮食和物资储备局直属的市级政府粮食储备运营管理企业，位于天津市××区××路××号。主要负责组织落实市级政府粮食储备的收购、储存、轮换、动用等，对市级政府粮食储备的数量、质量和储存安全负责，T公司分公司为公司直属库，位于天津市××区××路××号。

登记机关：天津市市场监督管理委员会

营业类型：有限责任公司（国有独资）

经营范围：粮油储备管理、粮油仓储、粮油收购、粮油销售。（以上范围内国家有专营专项规定的按规定办理。）

根据工作需要，我公司决定面向社会招聘专业人才若干，具体情况如下：

一、招聘岗位及数量

T公司分公司党务、组织人事综合岗人员2名。

二、招聘工作组织形式

本次招聘委托第三方人力资源机构组织实施，确定录用的人员与T公司签订劳动合同。

三、招聘对象及资格条件

（一）招聘对象

符合岗位要求和资格条件的社会人员。

（二）应聘人员基本条件

1. 拥护中国共产党的领导，政治素质好，思想品德过硬，对党忠诚。

2. 拥护中华人民共和国宪法，遵守各项法律法规。

3. 具有良好的品行，品德优良，爱岗敬业，恪守职业道德，具有开拓精神、奉献精神和团队精神。

4. 身体健康，符合企业人员录用体检标准。

5. 服从公司的安排，遵守各项规章制度。

（三）岗位要求

1. 原则上年龄应在35岁及以下（即19××年7月13日以后出生），特别优秀的，年龄可适当放宽。

2. 本科及以上学历，中共党员。

3. 具有三年及以上机关、企事业单位党务或组织人事工作经历。

4. 语言表达能力强，具有一定的公文写作能力，熟练应用各类办公软件。

5. 责任心和原则性强，具有良好的团队合作精神，身体健康，吃苦耐劳，扎实肯干，能够严格遵守公司各项规章制度，服从工作安排。

（四）具有下列情形者不得应聘

1. 曾因犯罪受过刑事处罚的。

2. 曾被开除公职的。

3. 现役军人。

4. 在读的非应届毕业生。

5. 在公务员招考和事业单位公开招聘中被认定有作弊行为，在禁考期限内的。

6. 天津市粮食和物资储备局系统在职工作人员的近亲属，近亲属包括以下范围：夫妻；祖父母、外祖父母、父母、子女、孙子女、外孙子女；伯叔姑舅姨、兄弟姐妹、堂兄弟姐妹、表兄弟姐妹、侄子女、甥子女；配偶的父母、配偶的兄弟姐妹及其配偶、子女的配偶及子女配偶的父母、三代以内旁系血亲的配偶。

7. 有法律规定不得参加公开招聘的其他情形。

四、报名相关事项

（一）报名方式及时间

报名方式：应聘者将填写并签字后的报名表扫描件和电子版、学位学历证书认证报告扫描件发送到××××邮箱。

报名时间：20××年7月13日8：30至7月19日17：00。

（二）报名要求

报名人员提交的申请材料应当真实、准确，提供虚假材料的，一经发现取消录用资格。

五、资格初审及后续安排

审核应聘者提交的简历与材料信息，从学历、年龄、工作技能、任职资格等方面综合比较，筛选出符合条件的应聘者进入后续环节。

后续笔试及面试通知会在J（人力资源）公司官网上发布，请相关应聘者及时关注。

报名咨询电话：×××-××××××××

受理时间：工作日上午9：00—11：30　下午13：30—16：30

资料来源：T公司招聘启事．(2023-07-01)．http：//www.job.mohrss.gov.cn．有改动。

二、招聘启事的注意事项

1. 真实、合法

招聘启事要遵循实事求是的原则，各项内容均应如实写出，既不可夸大，也不可以缩小。招聘启事所含信息应符合国家及当地的劳动法律法规的要求。

2. 简洁、规范

招聘启事的内容应该简明扼要，简单介绍企业概况，重点突出招聘职位信息，职位说明书和任职资格要具体、规范。

3. 准确、美观

招聘启事应用词准确，无语法错误，语言流畅，排版美观整洁。

4. 项目齐全

招聘启事应该包括公司简介、职位说明、任职资格、应聘方法、截止日期、联系方式、联系人等各类项目。

3.2.2 人员招聘管理表单及示例

员工招聘计划中常用的表单主要有人员招聘条件表、招聘申请表、招聘计划表、人力资源部年度招聘计划报批表、应聘人员个人基本情况登记表。

1. 人员招聘条件表

表3-4是一个人员招聘条件表，组织可以从身体状况、培训/教育、知识/经验、特长、性格、交际技能和特殊环境适应能力等方面来界定招聘条件，同时从三个维度进行描述，分别为必备、希望和禁忌，这样便可筛选出那些符合组织要求的理想的求职者。

表3-4 人员招聘条件表

条件	必备	希望	禁忌
身体状况 工作对健康状况、身体体质和长相有何要求？			
培训/教育 工作对受教育程度与培训情况有何要求？			
知识/经验 工作需要的相关知识、技能、经验的深度和类型是怎样的？			
特长 哪些特长对工作有用，比如创造力、写作能力、口头表达能力和计算能力等？			
性格 工作是否需要创新精神和工作热情？			
交际技能 工作是否需要交际技能？			
特殊环境适应能力 工作是否需要出差或值夜班？			

填写表 3-4 时有以下几点注意事项：

（1）要做到具体明确，不能含糊其词。

（2）明确真正的必备条件，其他则是希望条件。

（3）尽量考虑未来工作的变化。

（4）确定所列各项条件的先后顺序和重要程度。

2. 招聘申请表

招聘申请表是企业各部门根据自身业务情况向人力资源部提出用人需求申请，内容涉及申请理由、申请内容等。表 3-5 是用人部门向人力资源部递交的招聘申请表。

表 3-5　招聘申请表

<table>
<tr><td rowspan="3">申请部门</td><td colspan="2">部</td><td>申请时间</td><td colspan="4"></td><td rowspan="3">申请理由</td><td colspan="2" rowspan="3"></td></tr>
<tr><td>部长</td><td>经办人</td><td rowspan="2">申请人</td><td colspan="4" rowspan="2"></td></tr>
<tr><td></td><td></td></tr>
<tr><td rowspan="2">申请内容</td><td>具体部门</td><td>工作内容</td><td>人数</td><td>分类</td><td>年龄</td><td>应聘资格</td><td>工作年限</td><td>能力</td><td>技术水平</td><td>学历</td></tr>
<tr><td></td><td></td><td></td><td></td><td></td><td></td><td></td><td></td><td></td><td></td></tr>
<tr><td rowspan="2">结果</td><td colspan="7" rowspan="2"></td><td>申请受理时间</td><td colspan="2"></td></tr>
<tr><td>人力资源部经办人</td><td colspan="2"></td></tr>
</table>

资料来源：李燕萍，李锡元．人力资源管理．3 版．武汉：武汉大学出版社，2020.

3. 招聘计划表

制订招聘计划表可以保证企业的招聘工作有条不紊地进行，招聘计划表如表 3-6 所示。

表 3-6　招聘计划表

单位名称：　　　　　　　　　　　　　　　　　　　　　　填表日期：　年　月　日

项目	岗位名称	人员数量	人员要求
招聘目标			

续表

发布时间							
发布渠道	发布方式	报纸□ 网站□ 行业杂志□ 人才中介机构□ 人才市场□ 猎头□ 其他□					
	发布安排						
招聘工作预算	项目						共计
	金额						
招聘小组成员分工		姓名	工作职责				
	组长						
	副组长						
	组员						
	组员						

填表人：　　　　　　　　　　审核人：　　　　　　　　　　总经理：

资料来源：金小川．企业人力资源管理常用表单．北京：中国国际广播出版社，2003.

4. 人力资源部年度招聘计划报批表

人力资源部年度招聘计划报批表如表3－7所示。

表3－7　人力资源部年度招聘计划报批表

单位名称：　　　　　　　　　　　　　　　　　填表日期：　　年　　月　　日

部门有关情况	录用部门	录用职位概况				考试方法和其他		
		职位名称	人数	专业	资格条件	考试方法	招考范围	招聘对象
企业核定的编制数								
本年度缺编人数								
本年度计划减员数								
本年度拟录用人数								
备注								

资料来源：人力资源部年度招聘计划报批表．(2011－10－19). https：//wenku. baidu. com/view/93625ac7bb4cf7ec4afed050. html.

5. 应聘人员个人基本情况登记表

应聘人员个人基本情况登记表如表3-8所示。

表3-8 应聘人员个人基本情况登记表

单位名称： 填表日期： 年 月 日

<table>
<tr><td>姓名</td><td></td><td>性别</td><td></td><td>民族</td><td></td><td>出生年月</td><td></td></tr>
<tr><td>学历</td><td></td><td colspan="3">毕业学校、毕业时间及专业</td><td colspan="3"></td></tr>
<tr><td>政治面貌</td><td></td><td>应聘职位</td><td></td><td>健康状况</td><td></td><td>期望月薪</td><td></td></tr>
<tr><td>籍贯</td><td></td><td>身份证号码</td><td colspan="3"></td><td>婚否</td><td></td></tr>
<tr><td colspan="2">现住址</td><td colspan="4"></td><td>联系方式</td><td></td></tr>
<tr><td colspan="2">现工作单位</td><td colspan="4"></td><td>现职位/职务</td><td></td></tr>
<tr><td>是否需提供食宿</td><td colspan="7"></td></tr>
<tr><td>教育经历</td><td colspan="7"></td></tr>
<tr><td>工作经历</td><td colspan="7"></td></tr>
<tr><td>个人特长</td><td colspan="7"></td></tr>
<tr><td>面试意见</td><td colspan="7">主试人：
年 月 日</td></tr>
<tr><td>备注</td><td colspan="7"></td></tr>
</table>

填表人： 审核人：

资料来源：金小川．企业人力资源管理常用表单．北京：中国国际广播出版社，2003.

3.3 招聘策略

3.3.1 人员策略

招聘人员的职业素养和行为方式会直接影响应聘者对组织的基本评价与判断。招聘人员的素质是企业文化的一个侧面反映，招聘人员也代表企业的形象，一个企业对人才是否重视，从招聘人员的态度可见一斑。研究结果显示，招聘过程质量的高低会很明显地影响应聘者对组织的看法。比如，研究人员询问参与面试的90名大学毕业生："在经过了第一轮面试之后，你们为什么会认为某家组织是不错的单位？"有41人提到了工作的性质；此外，有12个人提到了招聘者本人给他们留下的印象。遗憾的是，反过来情况也是如此，当被问及为什么有些组织会被认为是不好的单位时，有39人提到了工作的性质，有23人说他们是对组织低效率的招聘人员失望才转向别处的。这些失望包括：一些招聘人员穿戴不整齐；有些人"根本就没文化"；有些人十分粗鲁；有些人则展示出令人不快的性别歧视言行。所有这些都暗示招聘人员所代表的组织是缺乏效率的。

如今，企业对员工的技能和素质提出了更高的要求，不仅要求员工受过良好的教育，具备广博的知识和专业技能，还要具备与企业文化、职位特点相适应的其他素质。这些变化都导致招聘工作日益复杂，招聘人员不仅要不断学习和深入掌握具体的业务技能和知识，还要加深对企业文化和各种职位要求的理解。只有这样，才能在招聘面试工作中做出正确的录用决策。

招聘人员对于招聘工作的顺利开展非常重要。招聘成员的合理组成和招聘人员的技能与素质，对招聘工作的效率和效果有关键的影响。为此，在细致地进行了招聘工作的各项策划工作之后，一定要组建一支优秀的招聘队伍。这是因为招聘人员在外面进行招聘工作时，代表的是整个组织，当大多数应聘者第一次与组织直接接触的时候，招聘人员的素质往往是影响应聘者对组织评价的重要因素之一。

一、招聘人员的素质要求

（1）具有良好的个人品质与修养：热情、积极、公正、认真、诚实、有耐心、品德高尚、举止文雅、办事高效。

（2）具备多方面的能力：表达能力、观察能力、协调和沟通能力、自我认知能力。

（3）具有专业的知识技能：因专业而定，如IC设计、遥感技术等。

（4）具有广博的知识面：心理学、社会学、法学、管理学、组织行为学、血型学、笔迹学。

（5）掌握一定的技术：人员测评技术、谈话的策略、观察的技术、设计招聘环境的技术。

读一读

人力资源管理人员胜任素质模型

胜任素质也称核心素质，是一系列能够使工作顺利完成的相关个性特征，这些个性特征是由个人深层特性（例如性格、驱动力、价值观）引起的。性格、能力、推动力、价值观、知识和技术等个人的深层特性，将导致个人表现出一定的行为（这些行为由个人表现出来，可以被旁观者观察到），好的行为将导致成功的工作表现。每一个职业都有区别于其他职业的胜任素质。具体到人力资源管理人员，他们的胜任素质是什么呢？

一、人才培养能力

培养人才是人力资源管理人员所应具备的最关键的素质之一。具体体现在，人力资源管理人员要成为教练员，就必须能够制定并宣讲人力资源政策和制度，帮助各级主管承担激发下属潜能、培养人才和贯彻执行人力资源制度；而在面向员工的时候则要成为咨询师，为员工答疑解惑。

二、影响力

人力资源管理人员要胜任教练员的角色，还必须具备一定程度的影响力，就像作为人力资源产品与服务的提供者与营销人员需要具备影响力一样。这种影响力主要体现在与员工建立信任并达成共识，成为员工利益的代言人；同时作为人力资源管理领域的专家，依赖专业权威性影响来推动企业的变革，发挥人力资源管理对企业运营实践的支持作用等。

三、人际理解力

人际理解力也是人力资源管理人员必须具备的关键素质之一。试想，如果人力资源管理人员无法准确地理解员工的需求，无法基于企业与员工的需要提供人力资源产品与服务，那么人力资源管理的价值该如何体现？相应的人力资源管理所承担的一系列角色，包括变革推动者、战略合作伙伴等，该如何落实？影响力和培养人才的素质又该如何发挥作用？

四、关系建立的能力

关系建立的能力更多体现在人力资源管理与企业战略及运营之间达成某种默契与一致，从而驱动员工绩效与企业目标业绩之间达到良性循环的和谐状态的能力。

五、服务客户的能力

服务客户的能力是建立在人际理解力基础上的，具体表现为倾听并积极响应客户（包括内部员工与外部客户）提出的问题与需求，并就此提供一系列的人力资源产品与服务，使客户满意。

六、专业知识与技能

作为人力资源管理方面的专家，人力资源管理人员必须具备一定的人力资源管理专业知识与技能，在必要时还要掌握一套严密的人力资源管理技术与方法，从而打破任何人都能成为人力资源管理人员的观念，在一定程度上强化专业素养对于从事人力资源管理工作的基础性意义。

七、归纳思维与演绎思维

归纳思维与演绎思维实际上是运用人力资源管理专业知识与技能的过程，在帮助人力资源管理人员发现问题、找到瓶颈、总结经验与优势等方面都发挥着不可或缺的作用。

八、团队合作能力

团队合作从一定意义上说，可以看成一种培养与开发人才的有效方式。团队为促进人力资源管理人员履行其企业经营决策支持以及员工价值管理的职责提供了沟通、分享与支持的平台。

九、自我控制能力

当面对员工的抱怨与投诉，面对不满和企业内部各自为政的抵制情绪等时，人力资源管理人员必须具备良好的自我控制能力，以积极的心态对待周围的人与事。

十、监控能力

正视问题的存在，遵循一定的规则，在必要时说“不”，告诉员工何时该做什么等。

资料来源：赵宇明．人力资源管理专业人员通用素质模型．(2009-02-25). http://www.cjol.com/article/hrassistant/practice/89284.htm.

二、成立招聘小组并确定其权责划分

招聘活动的成功依赖于企业用人部门和人力资源管理部门的密切配合和协作，尤其是为专业性强的岗位招聘人才时，仅仅依靠人力资源管理部门是无法招聘到合适人员的。所以，企业在正式开始招聘前，有必要成立专门的招聘小组。

人力资源部经理可以根据图3-4的流程制订招聘计划，再结合部门员工的日常表现来选择招聘小组成员，最后形成招聘小组成员职责分配表，如表3-9所示。招聘小组的成员构成视不同的招聘对象而定。如果招聘对象为专业技术人员，则应有专业人士参与招聘活动；如果招聘中高层管理人员，则企业的高级管理人员应作为招聘小组的重要成员之一。一般来讲，可作为招聘小组的成员有人力资源部工作人员、用人部门负责人及企业中高层管理者等，视招聘对象的不同，其在招聘活动中的职责也不尽相同。

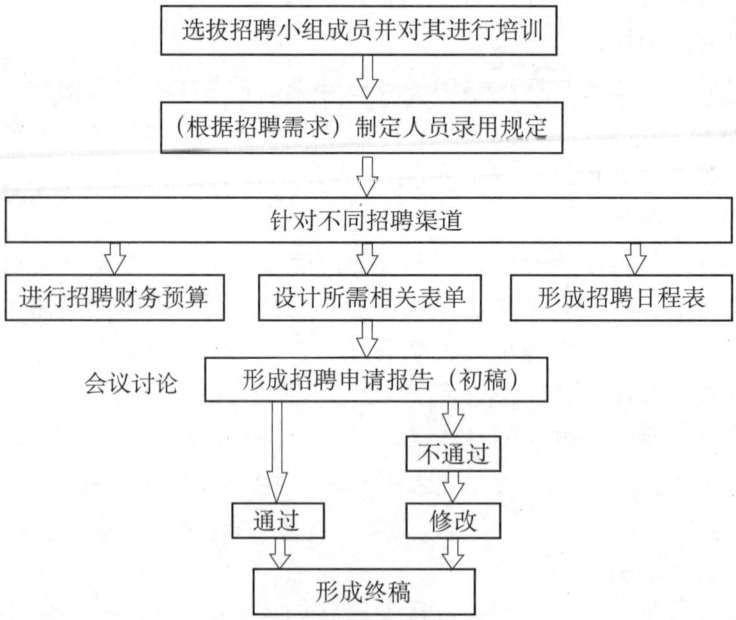

图3-4 制订招聘计划

资料来源：彭剑锋，睢海珍，顾爽，等．招聘操作技术与实施．上海：复旦大学出版社，2008.

表 3-9 招聘小组成员职责分配表

<table>
<tr><th rowspan="2">招聘小组成员</th><th colspan="2">招聘活动职责</th></tr>
<tr><th>招聘准备</th><th>招聘实施</th></tr>
<tr><td>招聘专员</td><td>● 发布招聘广告
● 筛选应聘简历
● 通知应聘者参加面试</td><td>● 负责面试接待
● 记录面试过程
● 组织笔试
● 告知应聘者录用结果
● 整理及归档应聘资料</td></tr>
<tr><td>招聘主管</td><td>● 统计各部门招聘需求
● 确认招聘岗位及任职要求
● 编制招聘预算
● 拟定招聘信息
● 选择招聘渠道</td><td>● 负责基层岗位的面试
● 对应聘者的表现进行评估</td></tr>
<tr><td>招聘经理</td><td>● 制订年度招聘计划
● 组织实施招聘活动
● 对小组其他成员进行招聘技术培训</td><td>● 负责主管级以上岗位的面试
● 为用人部门提供录用建议
● 确定本部门人员录用结果</td></tr>
<tr><td>用人部门负责人</td><td>● 提出招聘需求
● 编写本部门专业、技术的笔试试题</td><td>● 负责本部门应聘者的笔试、面试
● 确定本部门人员录用结果</td></tr>
<tr><td>企业的高级管理人员</td><td></td><td>● 负责经理级以上岗位的面试
● 确定录用人员</td></tr>
</table>

资料来源：周鸿．员工招聘与面试精细化实操手册．2 版．北京：中国劳动社会保障出版社，2016.

三、招聘队伍组建的原则

招聘时要组建一支强有力的招聘队伍。这支招聘队伍并不是随意组建的，而要遵循相应的原则，主要包括以下几个。

（1）知识互补。招聘队伍中既应该有熟悉人力资源招聘知识的人员，如人力资源部负责招聘的员工，又应该有熟悉招聘职位的相关业务人员，如建筑工程师，这样才能在招聘中从多个角度考核应聘者。

（2）能力互补。招聘队伍从整体上应该具备良好的组织能力、领导能力、控制能力、沟通能力、甄别能力、协调能力以及影响力等。

（3）气质互补。招聘队伍中应该有谨慎认真的招聘者，他们可以让整个招聘过程不出差错或少出差错；也应该有富有亲和力的招聘者，他们可以坦诚地与应聘者沟通；那些“盛气凌人”的招聘者有时候也是需要的，例如进行压力面试时。

（4）性别互补。招聘队伍中应该协调好男性和女性的比例，因为在招聘的过程中可能会出现性别偏见，也就是说，男性招聘者可能更倾向于选择女性应聘者，相反，女性招聘者可能会更倾向于选择男性应聘者。所以，性别互补也是一个不可忽视的原则。

（5）年龄互补。在招聘的队伍中应该有不同年龄的招聘者。不同年龄段的确存在代沟，所以应该考虑招聘者与应聘者的年龄相仿，以有利于沟通，达到预期效果。

此外，部门经理最好也参加招聘工作。因为部门经理是未来员工的直接上级，所以在招聘过程中，应该让部门经理参与，由他来决定最终是否录用应聘者。部门经理更加了解该岗位的技能要求，在技能考核中能够发挥不可替代的作用。另外，人们不会为自己的选择后悔，部门经理会更加喜欢管理他亲自挑选的下属。

招聘工作要想真正有效，还有一个重要的原则即组织或组织的最高管理者应对招聘工作给予充分的关心和支持，最好是组织的总经理或老板也加入招聘团队。对于有些中小企业而言，最高管理者亲自组织落实招聘对成功招到人才至关重要。

看一看

面试官：企业招聘的核心人物

面试可以使招募人员有机会直接接触应聘者，判断应聘者的语言表达能力、情绪控制能力、逻辑思维能力以及处理专业事务的能力等，并最终判断应聘者是否适合公司空缺的岗位。同时，面试过程中也是宣传公司、向应聘者展示公司文化的过程。面试甄选虽说有助于面试官直接接触应聘者，并评价应聘者，但是面试甄选也对面试官提出了较高的要求，因为不合格的面试官会直接影响应聘者对公司文化的认知，同时也会大大降低优秀人才选择与公司签约的概率，进而大大提高招聘成本。一名合格的面试官应该具备以下知识、素质和技能：

第一，深刻理解公司文化，能够运用准确的语言向别人传播公司文化。

第二，了解岗位的责任、要求、工作关系、环境特点以及工资福利和发展机会等。

第三，提前了解应聘者前期提供的相关信息。

第四，具有一定的知识面和驾驭能力，能够很好地控制面试过程。

第五，面试官在面试过程中应该始终保持礼貌、谦逊，不要流露出急躁、不感兴趣等负面情绪。

具体应该如何以最优的方式发挥面试官在面试甄选中的作用，以提高招聘效率呢？可从以下几个方面努力：

（1）提高面试官的专业素质和专业能力。面试官是面试的主角，主导整个面试过程，在招聘的时候，一定要谨慎地选择面试官，并适时进行培训，提高面试官的专业素质和专业能力，以提高面试的有效性，进而提高招聘效率和降低招聘成本。

（2）深刻理解并认同公司文化，能够传递公司核心价值观。在招聘过程中，面试官不仅担负着精准评价应聘者的任务，还担负着向应聘者展示公司文化和传递公司核心价值观与理念的重任。因此，面试官首先应该深刻理解并认同公司文化和价值观，面试官也只有从内心认可公司文化和价值观，才能够自信地向应聘者展示进而让应聘者认同公司文化和价值观。

（3）认真做好空缺岗位的职位分析，熟知职位说明书和工作规范。在面试过程中，面试官在尽力了解应聘者、评价应聘者的同时，应聘者也在尽可能地了解公司和自己未来岗位的工作情况。

(4) 做好前期准备工作，熟悉应聘者的相关情况。在招聘过程中，面试环节的成功与否直接影响整个招聘工作，但是面试工作不是孤立的，是在整个招聘前期工作的基础上进行的。因此，面试官要想通过面试环节精准评价应聘者是否适合公司目前的空缺岗位，还必须熟悉应聘者的其他情况。

(5) 避免不当的心理效应，并对面试效果进行跟踪评价。面试甄选工作在招聘过程中是最重要的环节，直接影响着招聘的成败，因此要想提高招聘效率和降低招聘成本，就必须对面试工作进行管理。同时，也可以从多方面对面试工作进行评价，例如对通过面试录用的新员工进行访谈，了解面试工作是否向他们展示了公司文化，他们是否通过面试更加深刻地理解并认同公司的核心价值观等。

资料来源：姜炜，王许阳．企业招聘中面试官的作用研究：以D公司的招聘面试为例．现代管理科学，2017 (05)：118－120. 有改动。

3.3.2 时间策略

招聘时间是从开始招聘准备工作到招聘结束所需要的时间，主要包括准备、招募、甄选和聘用四个环节所用的时间。准备工作主要包括组建招聘队伍，对员工胜任素质进行分析、制订招聘工作计划等。招募是指从发出招聘信息、解答求职者的咨询，到收集应聘者的求职资料的过程。甄选是指采用一系列有针对性的测评技术来选拔满足工作岗位要求的最佳人选的过程。聘用包括岗前培训和试用期考查。时间策略应根据经费预算、甄选所用的方法等因素制定。因此，为了满足企业对人力资源的需求、保证新员工按时到岗，制定时间策略时应考虑以下几个因素。

一、遵循劳动力市场上的人才规律

在人才供应高峰期到劳动力市场上招聘，可节约成本，提高招聘效率。一般来说，每年大学毕业生的求职季是人才寻找就业机会的高峰，这段时间一般是从每年的11月开始，直到第二年五六月结束，其间除去大中专院校寒假放假阶段。在这一时期进行人员招聘，因为劳动力供给充足，可以在较大程度上雇用到素质较高的员工，同时有利于节约招聘成本。

二、制订招聘时间计划

根据工作经验计划好招聘各阶段的时间，可以节约成本，尽快网罗人才，有助于树立高效的组织形象。按照一般招聘过程中每一阶段所需的时间可以估算出，有效的招聘一般需要近两个月的时间，其间要征集个人简历、通知面试、准备和进行面试、决定是否录用、录用入职等。所以招聘广告一般要在职位空缺前两个月就发布，这样才能按照既定的招聘工作流程顺利完成招聘工作，及时填补空缺岗位。

看一看

2021年金融行业招聘周期

2021年金融行业招聘周期如图3-5所示。

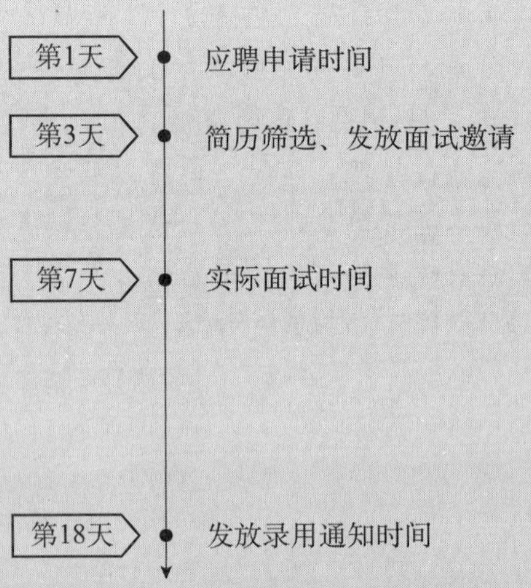

图3-5　金融行业招聘周期时间轴

资料来源：2023招聘年度观察：企业迈入数质化招聘时代．(2023-04-18). https://www.beisen.com/report/1636.html.

3.3.3　地点策略

招聘地点的选择是关系到企业能否招聘到合适员工的重要因素。招聘地点应是经过精心策划的，既考虑招聘的效果，同时考虑招聘成本的节约。选择招聘地点时应该对企业所需人员的类型与职位等级、招聘地点人才的分布、供求状况、招聘成本等因素进行综合分析。

一、招聘不同职位的人员选择不同的地域范围

可以在全国乃至世界范围内招聘高级管理人员或专家教授；在跨地区的市场上招聘中层管理人员和专业技术人才；在招聘单位所在地区招聘一般工作人员和技术人员。近几年，我国有些地方还时常组织招聘团到国外开展人才引进工作，重点招聘出国留学人员，吸引他们回国就业。

二、就近原则

如果企业所在地的人力资源供求状况与外地相差不大，则没有必要舍近求远，主要原因是就近可以节约招聘费用。试想，在深圳的企业到上海招聘的成本无论如何都会比

到北京招聘低一些，因为两地的差旅费就相差很多。还有一个原因就是邻近企业地区的人对企业所在地的文化、生活习惯、气候等较为熟悉或适应，一旦录用，便于后期管理。

三、尽量在同一地区进行招聘

这有利于形成固定的员工供给渠道，同时也是节约招聘成本的一个有效途径，因为现有员工的无形宣传已经是企业最好的广告。但是，企业每年的招聘类型、数量都有所不同，所以也要因事、因地制宜，灵活地在劳动力市场上开展招聘工作。

3.3.4 其他问题

一、甄选方式的选择

甄选方式往往有很多，比如笔试、面试、心理测验、背景调查、体检等。一般来说，并不是所有员工招聘的甄选工作都要采用所有这些方式才能决定是否要录用。对于高级管理人员，一般只进行面试和背景调查就可以决定是否录用；对于一般工作人员，如果在大学毕业生中进行选拔，最好所有的甄选方式都要采用，以便选拔出真正合适的、优秀的人才；对于一般的体力工人，以上甄选方式基本上用不到，只要进行力量测试就可以了。同时，甄选方式还有一个成本问题，所以应根据企业的不同情况决定采用何种方式。

二、招聘渠道和招聘方式的选择

招聘渠道的选择决定了招聘对象的来源、质量和数量等。企业应根据招聘的职位、素质要求、到岗时间等特点，选择合适的招聘渠道。任何一项招聘工作都要选择与之相适应的招聘渠道和招聘方式，所以这是招聘工作中极为重要的组成部分。

三、招聘的备选方案

招聘失败会对组织造成一定的损失。即使是辞退一名绩效一般的员工，其连带效应也需要组织付出一定的成本，所以，做出不明智的、轻率的招聘决策是不合适的。同时值得注意的是，并不是组织一旦出现了职位空缺就需要进行招聘，有时可以通过内部的人力资源重新调配和整合来弥补空缺。这也决定了在从事招聘工作的同时，也要认真考虑备选方案。组织一般可考虑以下备选方案：

（1）加班。由于员工离开导致的职位空缺，可以由从事同样工作的员工来完成其工作，也就是两个人的活一个人干，这就需要延长工作时间，即所谓的加班。这样一方面避免了组织招聘的费用支出，另一方面增加了加班员工的收入，可谓一举两得。但这不是长久之计，随着工作时间的延长，加班人员劳动效率会逐渐降低。

（2）临时工。在衡量雇用固定工人和临时工人的成本之后，很多组织发现使用临时工人或者兼职人员往往比雇用一名固定工人在经济上要划算得多。但使用临时工人有其特定的限制，一般在季节性员工需求比较强烈、临时增加组织项目、固定工人临时不在岗、需要用到特殊技艺且组织又不经常设置的岗位等情况下，使用临时工人比较合适。

（3）雇员租赁。在人力资源管理实践中，组织使用雇员租赁的形式获取人力资源，不仅可以节约招聘成本，而且省去了管理费用。对于出租雇员的组织来说，可以在人力过剩的情况下出租雇员，人力不足的时候召回雇员，如此便灵活地处理了组织人事工作。被租赁的员工也可在本组织人力过剩时避免失业，同时又可获得工资收入。由此可见，这种形式对三方都有好处。但不利因素也同样存在，由于员工的报酬福利均来自另外一个组织，因此对于员工的忠诚度是一种考验。

（4）外包。当转包商在生产某些特定的商品或服务方面具有专长时，这种方式比较具有吸引力。同时，由于组织自身的条件限制而不能独自完成工作任务时，也会将部分工作转包给另外的组织来完成。现代人力资源管理工作中已经出现了具体的外包形式，财务管理等方面的许多工作也经常由外来的专业人员完成。对于某些工作来说，外包可以在更合理的价格上得到更好的质量保证。

拓展阅读

最优规则控制对公共组织招聘与甄选的作用

《公共人事管理》2023年的一篇文章考察了最优规则控制（optimal rule control）对公共组织招聘与甄选的影响。研究发现，最优规则控制与招聘目标的形成和基于价值观和文化契合度的选择之间存在正相关关系。

最优规则控制是指，如果规则不被认为是繁重、过度和不必要的，而是支持组织工作的，则存在最优规则控制（DeHart-Davis，2009)。公共部门的招聘和甄选过程在人力资源管理系统中相当重要。然而，公共部门的招聘与甄选过程往往无法避免官僚主义、监管压力以及形式化和行政负担。尽管这些特征可以促进问责制和平等，但有时也会影响招聘效率。因此，根据控制水平，规则可以被视为有益的和有害的，即存在最优规则控制。

关于最优规则控制与公共管理人员的招聘与甄选之间的关系，研究表明，最优规则控制分别与招聘目标的形成和基于价值观和文化契合度的选择正相关。因此，当管理人员认为规则烦琐、过度和不必要时，他们会在较小程度上实现招聘目标和做出基于价值观和文化契合度的选择。这种关系可以通过增加的自由裁量权来解释，即管理者在招聘过程中有更大的自由度来做他们认为最合适的事情，如果管理者意识到权力的丧失，他们可能会感到自己受到了规则和条例的约束，从而导致负面情绪，如无力、无意义和疏离，以及负面的情绪反应，如愤怒和沮丧。

结果表明，最优规则控制对招聘与甄选发挥着重要作用，效果相当相似。然而，实质性的影响并不大，这表明公共组织的招聘和甄选还涉及其他因素。这些因素可能是：（1）管理者制定的招聘实践的规则及其总的领导行为和风格；（2）管理人员在招聘和培训方面的经验；（3）该公共组织的就业制度是依赖“基于职业”的就业制度还是“基于职位”的就业制度。

资料来源：Løkke A K，Anders R V，Anne S B. Recruitment and selection in the public sector：do rules shape managers' practices？. Public Personnel Management，2023，52（2）：218－239. 有改动。

□小　结

员工招聘是招募与聘用的总称，是指组织通过劳动力市场或人才市场获取人力资源的活动。作为人力资源管理中的重要环节，它是组织人力资源管理后续工作有效展开的重要前提，也是人员甄选的基础。本章主要介绍了招聘计划的内容、招聘计划中的文案及表单示例和招聘策略。

招聘计划的主要内容包括招聘人数、招聘基准、招聘策略和招聘经费的预算。

在招聘人数上应该注意两点：第一，应该实事求是地告知用人需求数量；第二，要根据招聘职位的历史筛选数据预测最初需要的应聘人数。

人员的招聘基准分为基本标准和关键标准两大类。基本标准是指能胜任应聘职位的最基本要求，主要从三个方面来定义，即人员技能与岗位职责相匹配、人员个性与团队特点相匹配、人员价值观与组织价值观相匹配。只有人员的三个匹配度都符合组织的要求，他才有可能适应组织的工作。人员的关键标准决定了人员能不能出色地完成某项工作，招聘者应该发掘人员的潜能，并突出最重要的胜任素质。

组织每年的招聘经费预算应该是全年人力资源开发与管理总预算的一部分。每个组织可以根据自己的实际情况，按照所采取的招聘方式、招聘对象、招聘人数等因素具体决定招聘经费预算。

确定人员招聘条件应该有四个步骤：第一，找出面谈合适人选弄清员工离职的内在原因；第二，与同离职者做同样或类似工作的人及其他相关人员进行交谈，目的是编写或完善职位说明书；第三，审查任职资格；第四，确定人员招聘条件。在此之后应该列出人员招聘条件清单，以使后续工作顺利进行。填写清单时应做到措辞严谨，确定真正必需的条件，尽量考虑到未来工作的变化，确定所列各项条件的先后顺序和重要程度。

建立科学、标准、规范的人力资源管理系统离不开一系列的文案、表单，这些文案和表单是企业人力资源信息的重要载体，是企业高效率、高水平、高质量的人力资源管理系统不可缺少的组成部分。

招聘策略主要分为三大部分：人员策略、时间策略和地点策略。招聘人员应该具备良好的个人品质与修养、多方面的能力、专业的知识技能、广博的知识面，以及掌握一定的技术。在时间策略上应该遵循劳动力市场上的人才规律，根据工作经验计划好招聘各阶段的时间。招聘地点的选择规律一般是：第一，招聘不同职位的人员选择不同的地域范围；第二，就近原则；第三，尽量在同一地区进行招聘。

有时，可以通过组织内部的人力资源重新调配和整合来弥补空缺职位的工作。这也决定了在进行招聘工作的同时，也要认真考虑备选方案。备选方案一般有以下形式：加班、临时工、雇员租赁和外包。

□思考题

1. 谈谈招聘计划的主要内容。
2. 企业在组建招聘队伍时，一般应遵循哪些原则？
3. 列举几个招聘失败时的备选方案。

□参考文献

1. 孙健，赵涛 . 用制度管人 按制度办事：生产工作规范化管理推行实务 . 北京：企业管理出版社，2008.

2. 栾锦红 . 大学生职业生涯与就业指导 . 北京：国际文化出版公司，2008.

3. 赵永乐，沈宗军，刘宇瑛，等 . 招聘与面试 . 上海：上海交通大学出版社，2006.

4. 彭剑锋，睢海珍，顾爽，等 . 招聘操作技术与实施 . 上海：复旦大学出版社，2008.

5. 周鸿 . 员工招聘与面试精细化实操手册 .2 版 . 北京：中国劳动社会保障出版社，2016.

第4章

人力资源获取方式及选择

| 学习目标 |

- 掌握内部招聘和外部招聘的原则与优缺点
- 掌握网络招聘的优劣势和流程
- 掌握校园招聘的优劣势和流程
- 熟悉企业的实习生计划

引 例

蒙牛集团校园招聘案例

1999年，蒙牛集团创始人牛根生带领十名员工租住在呼和浩特的一间53平方米的筒子楼里开启了创业之路。如今，蒙牛已经成为一家全球化的大型乳品集团，向国际营养健康食品企业迈进。蒙牛在发展过程中，对自身组织结构进行了调整，按照品类打造事业部，形成常温事业部、低温事业部、冰品事业部、奶源事业部、新业务群以及集团总部，这为蒙牛集团的“腾飞式”发展打下了坚实的基础。在企业文化方面，2016年初，蒙牛集团人力资源管理系统重新梳理了集团文化的核心价值观，明确了“诚信、创新、激情、开放”的八字“蒙牛集团基因”，指引着集团的战略发展，也为集团选拔优秀人才提供了核心思想与参考标准。

一、蒙牛集团校园招聘概况

蒙牛集团人力资源部紧跟时代变革的步伐。随着全新的数字化时代的到来，2014年蒙牛集团开始与北森、猎聘网等专业招聘机构合作，招聘团队也改变了以往校园招聘的运作模式。有效实现了招聘工作的统筹安排，招聘效能的全面释放。在多年的校园招聘经验积累下，蒙牛集团打造出了包括规划、招募、甄选、录用以及评估五个环节的一体化招聘流程。

二、线上招聘：微信招聘

蒙牛集团的微信招聘是校园招聘中的一大亮点。“蒙牛招聘”的公众号上包含“了解蒙牛”“简历投递”“校招首页”“内部推荐”几大块。在这里不仅可以看到企业概况、发展历史、企业文化等信息，还可以看到生动有趣的短视频，让应聘者对蒙牛有了更多的了解。

三、线下招聘：宣讲会

蒙牛集团校园招聘宣讲会由集团总部人力资源部统筹，每个事业部具体负责一个学校的宣讲会事宜，具体包括高校教师拜访、宣讲会筹备等工作。校园招聘宣讲会一般在每年9月下旬开始。通过采用巡回式宣讲，蒙牛集团提高了获取优质生源的概率，同时招聘团队可按照不同站点组织宣讲会邀约、简历筛选等工作，招聘负责人也可以清楚地看到站点相关工作的推进情况。2020年蒙牛集团校园招聘的6场宣讲会共有3 180名学生参与，平均到场率很高，获得了热烈的校园响应。

灵活的招聘方式不仅展现了蒙牛集团开放透明的企业文化，灵活便捷的求职体验也大大提升了其雇主品牌的美誉度。同时，完善的培养计划使毕业生的就业选择和规划更加清晰，也能从各个业务角度推动企业雇主品牌形象的塑造和传播。

四、内部培养：“未来星计划”

面对当前业务战略的变化以及企业品牌的全新塑造，蒙牛集团对管培生校园招聘项目全面升级。在2019年首次推出了“未来星计划”。此计划旨在针对应届毕业生，选拔与培养具有广阔视野、出色学习能力并具备一定专业优势的管培生，为蒙牛集团管理者和关键专业岗位储备人才，支撑企业未来发展战略的实现。

资料来源：自燃力量，Fun享青春：蒙牛集团的校园招聘究竟“牛”在何处？.（2021-03-04）.http://www.cmcc-dlut.cn.有改动。

从蒙牛的案例中可以看出，蒙牛集团采用了多种招聘方式，为企业获取了需要的人才，解决了人员短缺问题。可以说，好的招聘是企业管理的催化剂，确定通过何种方式获得企业所需的人力资源是招聘工作的基础。

那么，到底是内部招聘优先还是外部招聘优先？如何根据招聘情境选择合适的招聘方式？对于不同层次的人才，处于不同环境和不同发展阶段的企业应采取不同的选择。本章介绍不同的人力资源获取方式，以及应如何选择最适合的获取方式。

4.1 人力资源获取方式概述

4.1.1 人力资源获取的概念

人力资源获取（access to human resources）是指企业为了发展的需要，根据人力资源规划和职位说明书的要求，吸引、寻找那些既有能力又有兴趣到本企业工作的人员，并从中挑选适宜人员予以录用的过程。从以上定义可以看出，人力资源获取具有以下几层含义：首先，人力资源获取必须具备两个前提。一是人力资源规划。企业通过人力资源规划来确定组织下一个阶段人员的结构和数量，从而对招聘计划起到决定性的指导作用。二是职位分析。企业通过职位分析可以清晰认识工作本身，进而概括出对适合工作人选的特征要求。其次，人力资源获取分为三个步骤，分别是招聘、甄选与录用。通过招聘，吸引、寻找应聘者，从中甄选出合格的候选人，进而录用，这才完成了人力资源获取的整个流程。最后，人力资源获取的目的是获得企业所需的人力资源，以满足企业发展的需要。

企业可以通过基于外部渠道和内部渠道招聘员工的活动，获取所需的人力资源，即人力资源获取方式可以分为内部招聘、外部招聘。每一种方式又可细分为多种方式。内部招聘的主要方式有提拔晋升、工作调换、工作轮换、人员重聘、竞聘上岗、利用人才信息库档案等。外部招聘的主要方式有发布招聘广告、利用就业服务机构、利用猎头公司、员工推荐、求职者自荐等。

4.1.2 内部招聘

内部招聘是指当企业出现了职位空缺的时候，优先考虑将企业内部员工调到该岗位的方法。内部招聘的做法通常是企业在内部公开空缺职位，吸引员工来应聘。这种方法所起的作用就是使员工有一种公平合理、公开竞争的感觉，会使员工更加努力工作，为自己的发展增加积极因素。这无疑和人力资源开发与管理的目标一致。

一、内部招聘应遵循的原则

企业进行内部招聘时，应遵循如下原则。

第一，机会均等。内部招聘信息的覆盖面应该是整个组织内部的全体员工，应当让每个人都清楚空缺职位的招聘条件、要求、时间等，从而使所有符合招聘条件的员工都能有均等的机会应聘该职位。

第二，任人唯贤，唯才是用。“贤”和“才”是人才的客观标准，“任”是主观上对人才使用做出的决策。只有解决好对人才的选拔问题，才能保证合格的优秀人才有适合其发挥才干的岗位和机会。

第三，激励员工。无论是内部晋升还是职务调动，都是为了使广大员工认识到，只有不断提高自己的工作能力，才有可能获得更好的工作机会，从而提高工作积极性。

第四，人事匹配。人事匹配是内部招聘中的一条重要原则，也是一条根本原则。如果人事不匹配，既有损于企业的发展，导致企业中人力资源的工作效率低下，也无益于被录用者个人，因为这将影响个人职业生涯的发展。

二、内部招聘的主要方式

内部招聘的方式主要有六种：提拔晋升、工作调换、工作轮换、人员重聘、竞聘上岗、利用人才信息库档案。

1. 提拔晋升

提拔晋升给优秀员工以升职的机会，会使员工感到有希望、有发展前途，对于激励员工非常有利。通过提拔晋升来招募人员有以下几个理由：（1）组织内部的员工更有能力胜任空缺的职位。有一些工作看起来很平常，却需要那些熟悉组织人员、工作程序、政策以及组织特性的人去做。（2）员工会感到更稳定，而且愿意把自己的长远目标与组织目标联系在一起。提拔晋升可以激励员工更好地工作。从时间和金钱两个方面来看，提拔晋升更为省时、经济。

提拔晋升的缺点在于可能挑选不到最胜任工作的人，而且会带来内部冲突，所以必须对候选人进行鉴定、筛选。

2. 工作调换

工作调换也叫平调，是在组织内部寻找合适人选的一种基本方法。这样做的主要目的是填补空缺，实际上它还起到其他作用，比如可以使内部员工熟悉其他部门的工作，与更多的人员有更多的接触、了解。这样，一方面有利于员工今后的提拔，另一方面可以使上级对下级的能力有进一步的了解，也为今后的晋升工作安排做好准备。

3. 工作轮换

工作调换从时间上讲往往比较长。与工作调换不同的是，工作轮换通常是短期的，有时间期限。另外，工作调换往往是单独的、临时的，而工作轮换往往涉及两个以上的岗位、有计划进行的。工作轮换可以使组织内部的管理人员或普通人员有机会了解不同的工作，为那些有潜力的员工的晋升提供条件，同时可以缓解部分人员由于长期从事某项工作而带来的烦躁和厌倦等。工作轮换也是职业生涯管理与设计的一个组成部分。

4. 人员重聘

有些企业由于某些原因会有一些不在岗位的员工，如下岗人员、长期休假人员（如因病长期休假）、已在其他地方工作但关系还在本单位的人员（如停薪留职）等。在这些人员中，有的恰好是内部空缺需要的人员。对这些人员的重聘会使他们有再为单位尽力的机会。另外，由于他们比较熟悉本企业的工作，企业聘用这些人员可以要求他们尽快上岗，同时减少培训等方面的费用，使内部招聘达到事半功倍的效果。

5. 竞聘上岗

竞聘上岗也称工作张榜或布告招标，是在组织内部招聘人员的常用方法。过去的做法是在企业的布告栏发布岗位空缺信息，现在已开始采用多种方法发布招聘信息，如企业内部网络公告，同时建立报名程序、评审程序和方法，采用比较客观、公正的方法选聘最合适的员工。在使用竞聘上岗方式时，要满足以下几个要求：（1）至少要在内部招聘前一周发布招聘信息；（2）应该清楚地列出职位描述和工作规范；（3）使所有申请人收到有关申请书的反馈信息。

6. 利用人才信息库档案

内部招聘还可以利用现有人员人才信息库档案中的信息。这些信息可以帮助招聘人员确定是否有合适的人选，然后招聘人员可以与他们接触以便了解他们是否想提出申请。这种方式可以和以上几种方式结合使用，以确保岗位空缺引起所有有资格的申请人的注意。

三、内部招聘的优点

1. 招聘的风险低，成功率高

企业内部的候选人已经在企业中工作过一段时间，企业对其了解程度必然高于外聘者。候选人在企业中工作的时间越长，企业对其工作能力、业绩、人格特点、与组织的相容性等的了解就越多。因此，成功找到岗位合格人选的概率就比较高，从而降低了招聘的风险。

2. 可以激励员工

内部招聘尤其是提拔晋升能够给员工提供晋升机会，使组织的成长与员工的成长同步，容易鼓舞员工士气，形成积极进取、追求成功的氛围。同时，获得晋升的员工能为其他员工树立榜样，发挥带头作用。

3. 提高员工忠诚度

获得聘用的内部员工本身就是在品德、能力和专业方面都比较优秀的员工，他们不仅把企业当作自己事业的平台，更重要的是通过内部招聘把企业当作自己命运的共同体，因而对企业的忠诚度会提高。

4. 成本低，效率高

内部招聘可以节约费用，还可以省去一些不必要的培训，减少间接费用支出，而且人才离职、流失的可能性小。现有的员工更易于接受领导和管理，易于沟通和协调，易于消除人际摩擦并发挥组织效能。

5. 适应性强

员工能力的发挥主要取决于他们与组织文化的融合、对组织本身及其运行特点的了解。现有的员工更了解和熟悉本组织的运作模式、业务流程、人际关系等，与从外部招聘的新员工相比，定位过程更短，能更好地适应新工作。

四、内部招聘的缺点

1. 使企业失去活力，缺乏创新性

企业内部招聘的员工一般具有很多共同的思维方式，容易形成定式即思考和行为的固定模式，使企业失去活力，这也是企业变革创新的大敌。为了解决这一问题，主要采用内部招聘方式的企业应该重视企业的外部培训，激励员工接受新思想、新知识，以打破思维和行为定式，增强企业的活力和创新力。

2. 可能造成内部矛盾

内部招聘需要竞争，竞争失败的员工可能会产生不满、心理失衡或心灰意冷、士气低落，增加各级主管的思想方面的工作量。内部招聘还可能导致部门之间“挖人才”的现象发生，不利于部门之间的协作和组织的内部团结。

3. 不利于新主管建立声望

新上任的主管是从同级员工中产生时，会受到自己“是大伙中的一员”的情感束缚，感觉到对自己信任的缺失，也会导致该工作群体的比较心理失衡，使新主管无法很好地完成角色转变，不利于新主管建立声望。

4. 可能会出现不公正的现象

内部招聘有可能过多考虑资历、人际关系或领导者喜好而非业绩、能力，易形成不正之风，给有能力的员工的职业生涯发展设置障碍，导致优秀人才外流或被埋没，进而削弱企业的竞争力。

5. 容易造成“近亲繁殖”

有职位空缺时如果企业经常采用内部招聘的方式，难免会任人唯亲，容易导致“近亲繁殖”。“近亲繁殖”会使员工之间的关系越来越复杂，不利于企业的发展。

6. 出现“涟漪效应”

企业内部的每一次招聘都会引起一连串的晋升和调动。例如，当某一个部门的副总经理职位出现空缺时，下级部门的经理就有可能通过提拔晋升的方式担任副总经理。而下级部门的经理可以由某一业务主管顶替。这样“一石”而激起“千层浪”的人事更替，在人力资源管理领域叫作“涟漪效应”。涟漪效应对企业最大的影响就是“层层迭出”，几乎人人都有机会，也几乎人人都有可能在竞争中失败。这就可能导致一段时间内许多人不安心工作。当涟漪效应停止后，又有许多人可能因为情绪变化或心态不平衡而影响工作，同时也使企业管理者不得不接受那些本不应该调配的岗位和个人，从而给企业工作带来负面影响。

7. 失去选用外部优秀人才的机会

一般情况下，外部优秀人才是比较多的。一味寻求“本部制造”，减少外部“新鲜血液”进入本组织的机会，表面上看是节约了成本，实际上使企业错失了外部的优秀人才。

以上内部招聘的缺点不容忽视，企业只有高度重视这些缺点，才能在选拔人才的时候做到有的放矢，将内部招聘对企业的负面影响降到最低。

想一想

S公司内部晋升机制突破人才发展桎梏

从外部经济形势与自身创新实践出发，S公司提出了“一全一创二结合”的管理模式，但随着国内工程机械行业的快速发展，行业产能过剩和结构趋同的挑战日益严峻，集团新旧发展动能转换遇到了瓶颈，束缚了S公司自主创新的活力。A总苦苦思索，终于找到问题的关键突破口——人才，随即召开高层会议。

在会上，A总谈道：“面对愈加激烈的市场竞争环境，推动集团新旧动能转换是决定我们摆脱同质化竞争的关键一招。而人才作为企业发展的关键性资源，更是推动集团新旧动能转换顺利开展的重要支撑。然而，S公司对于关键人才的职业规划和保留机制均不完善，人才的职业发展通道存在瓶颈。由于上升通道受阻，有着丰富经验的优秀技术人员在职业发展上会碰到天花板，真正的技术骨干得不到发展，创新动力也明显不足。大家认为S公司应该如何改革目前的人才管理模式呢？”

话音刚落，大家纷纷发表意见，讨论不断。这时，有人提议：“华为这些年的创新发展离不开其独特的‘五级双通道’晋升机制，我们或许可以从中学习借鉴。”

说干就干，S公司迅速根据工作性质及业务特点，将职位划分为管理职务类、管理专业类、技术类、营销类、技能类五类。在不同的职类中，根据责任轻重和任职资格的不同，将每类职位划分为普通人员、初级、中级、高级和专家级五级。在职业生涯发展上，员工不仅可以纵向逐级晋升，还能申请横向跨通道发展，既符合员工全方位的发展要求，也可满足公司复合型人才战略的发展需要。目前，S公司的五级双通道晋升机制已成为同行业人力资源管理实践的标杆。据统计，近三年有300多家大中型企业5 000余人来公司学习人才培养经验，并对S公司给予一致好评。

资料来源：让创新基因融入员工“血液”：S公司的全员激励之路．（2022－10－19）．http：//www. cmcc-dlut. cn. 有改动。

五、关于内部招聘的几点建议

1. 推行内部招聘的制度化、透明化改革

内部招聘需要经历制定招聘决策、发布招聘信息、招聘测试、确定录用结果这几个技术过程。内部招聘的成功与否，有其相应的评定标准。内部招聘不是个别高层管理者的个人决定，而是相关部门根据公司的发展现状提出的一种职位需求。因此，为了防止个别管理者对内部招聘的不当干预，需要从两个方面来采取措施：一方面通过制度来约束高层管理者对个人权力的使用；另一方面引入相应的监督机制。根据内部招聘的特点和所需要的过程，建立一系列的规范来约束公司管理层的管理行为，避免个人权力不恰当地使用。

内部招聘的规范建立以后，还需要引入相应的监督机制。历史经验证明，不受监督的权力可能会有意或无意地被滥用。因此，内部招聘不仅需要将内部招聘的信息及时公开，还需要将内部招聘的标准、程序公开，接受公司全体员工的监督。必要的时候，可以组织现场竞聘，在公司员工的现场监督下，现场考试、现场评估、现场公布结果。只有这样，才能防止内部招聘工作中个别高层管理者滥用权力、不当干预，减轻招聘工作人员的压力，保证内部招聘过程的独立性。

2. 吸收人力资源管理部门和职位服务部门共同参与招聘与录用工作

为了防止用人部门在录用决策中的主观随意性，内部招聘应建立由用人部门、人力资源管理部门、职位服务部门共同参与决策的机制。三个部门享有平等的决策权，相互监督、互相制衡，保证招聘与录用结果的客观、公正。人力资源管理部门掌握着企业现有员工的工作经历、知识、能力等方面的书面资料，同时还具有人员考核和评价的专业技能，因此应该吸收其参与决策。职位服务部门作为聘用岗位的合作对象或服务对象，对招聘岗位要求的理解更现实、更全面，所以也应该吸收其参与决策。要通过三方组成的招聘委员会对应聘员工进行多维度考评，共同完成企业的内部招聘工作。

3. 加强招聘后沟通，争取员工对招聘工作的理解和支持

内部招聘不仅需要注重招聘前的信息公布、招聘过程中的信息披露，而且需要加强招聘与录用结束后的沟通工作。内部招聘工作的结束并不意味着内部招聘工作的完成，还需要与落选者进行有效的沟通。一方面解释公司为什么录用某位员工；另一方面帮助没有竞争到该岗位的员工了解自己的不足，指出在工作中需要做得更好的地方。做好竞聘员工职业发展和未来职业生涯规划方面的指导工作，让他们感受到参加内部招聘并不仅仅是一个参与竞聘某个岗位的过程，更重要的是通过内部招聘来了解自我、思考自我职业发展的过程，同时也是一个学习、了解公司目标和愿景的过程。通过有效的沟通，赢得员工的理解和支持，将员工的目标引导到企业发展的目标上，这是内部招聘一项最重要的工作。

综上所述，内部招聘是一项复杂而具体的工作。只有减少干扰、加强沟通，保证内部招聘工作的独立、客观、公正和公平，才能充分发挥内部招聘的重要作用，有效地利用和整合公司宝贵的人力资源。

4.1.3 外部招聘

外部招聘是根据企业制定的标准和程序，从企业外部的众多候选人中选拔符合空缺职位要求的人员。外部招聘是解决企业人力资源短缺问题最常用的方法。当人力资源总量不足时，采用此法最为有效，但最好在内部招聘之后使用。企业往往是在内部招聘不能满足企业需要，特别是在处于初创期、快速成长期，或者因产业结构调整而需要大批中高层技术或管理人员，或者想获得能够提供新思想且具有不同背景的员工时，才将视线转向外部人力资源市场，选用外部招聘渠道来获得企业所需人员。

一、外部招聘应遵循的原则

1. 公正与公平原则

外部招聘的对象是广大招聘信息的接收者，面对众多的求职者，公正与公平是首要的原则。应该给每一位求职者平等展示自己的机会，实现公平竞争，使真正有能力的候选人不因一些外界人为因素的影响而失去获得该职位的机会。这就对招聘人员提出了较高的要求，他们必须排除一些世俗偏见、个人成见、性别歧视等因素的影响，在招聘过程中真正做到公正与公平。

2. 适用原则

招聘人员应熟悉所招聘职位的工作性质、工作职责、能力要求等，并根据这些具体条件，认真选择合适的工作人选，使所招聘的人员真正适合并胜任这项工作。在外部招聘的过程中，以下几种情况经常发生：（1）所录用的人员并不具备担任该职位的能力；（2）许多企业在招聘过程中出现人才“高消费”现象，不少企业的招聘广告动辄提出仅招聘本科或研究生学历的应聘者，使许多有实际工作经验和能力但并不满足该学历要求的人才望而却步；（3）企业录用了能力超出职位要求很多的优秀人才，虽然在短期内企业是受益者，但该员工很快就感到该职位并不足以提供其个人发展的广阔空间，可能期望在该企业外部寻求更好的发展机会，从而产生人员流动速度过快、频率过高的情况。

这些情况的发生无疑会加大企业招聘的工作量和难度，并增加员工招聘、培训、录用的费用。

3. 真实与客观原则

企业在外部招聘的过程中，面对的是对本企业并不熟悉的外部求职者，招聘人员要客观地向求职者介绍企业的情况，这在国外称为真实工作预见（realistic job previews，RJP），即在招聘时向求职者提供全面的信息。这有助于求职者与组织达成正确的心理契约。一般来说，招聘人员倾向于把自己的企业说得非常好，以吸引更多的人来应聘，但这通常会使求职者期望过高，容易导致失望和产生不满情绪，甚至有受骗的感觉，使得新进人员的保留率较低。如果一开始就注重现实的工作目标，既向求职者介绍企业好的一面，也介绍可能存在的问题，就会使求职者对工作有全面的了解，从而在实际工作中产生满足感，这样人员流动率就会相对较小。

4. 沟通与服务原则

外部招聘是企业与外界互动的过程。通过信息的双向流动，企业在获取求职者个人信息的同时，也向求职者传递了企业的相关信息，实现企业内部与外界的双向沟通。此外，招聘过程也是招聘人员向求职者提供咨询服务的过程。招聘人员向外界传递的相关信息，组织的内部结构、部门设置、组织文化、经营理念、发展潜力等软硬件配置，都直接关系着企业的形象。招聘人员的形象、谈吐、待人接物等也反映出该组织对其成员素质的培养和人格的塑造，从而使求职者即使不能签约，也能够对组织产生深刻印象。

二、外部招聘的几种主要方式

1. 发布招聘广告

发布广告是企业常用的一种招聘方法，其形式是在报纸、电视、广播、杂志、网络和户外发布招聘广告，以吸引求职者。广告的内容一般包括招聘职位、招聘条件、招聘方式及其他说明。广告必须符合有关法律规定。美国的《平等就业机会法》就明确规定在招聘中不得有歧视。广告招聘的特点是信息面大、影响范围广、传播速度快，可吸引较多的求职者，又由于在广告中已简略介绍了企业的情况，可以使求职者事先对企业有所了解，减少应聘的盲目性。

招聘广告应力求吸引求职者，因此在广告设计上要遵循“注意—兴趣—愿望—行动”原则，即 AIDA 原则。

（1）A——attention，即广告要引起人们的注意；

（2）I——interest，即广告要引起求职者对职位的兴趣，这种兴趣既要来自广告语的生动，又要从职位本身挖掘，如工作的挑战性、收入、地理位置等；

（3）D——desire，即要激起求职者申请空缺职位的愿望，这需要与求职者的需求紧密联系在一起，如职位的满足感、发展机会、合作氛围等；

（4）A——action，即广告要有让求职者马上采取行动的力量。

不同的广告媒介各有其优缺点（见表 4-1）。

表4-1 不同广告媒介的优缺点

媒介	优点	缺点
报纸	时效性强，传播迅速 版面灵活，便于分类，方便求职者阅读，可保存 适用于在某个特定地区招聘短期内需要补充空缺职位的企业	有效时间短 吸引注意力的效果差 单调呆板 要求受众具备一定的文化水平
杂志	印刷精美 反复阅读，有效期长 广告效果容易测定 专业杂志可以将信息传递到特定的领域	周期长，灵活性差 篇幅较小，广告运用受到限制，难以在短期内达到招聘效果 制作复杂，成本较高
广播电视	迅速及时，覆盖面广 灵活性高，受众广泛 广播广告制作费用低，价格低 能够更好地让那些不太积极的求职者了解招聘信息	难以传播抽象信息 信息稍纵即逝，无法保留 广播广告有声无形，影响效果 电视广告制作复杂，费用高昂
网络	效果好 信息量大，传递速度快 能统计浏览人数 可单独也可集中发布招聘信息	信息过量，容易被忽略 普及性差，影响招聘效果

读一读

A公司春季2024届实习生招聘公告

一、招聘对象

2023年11月1日至2024年10月31日期间毕业的学生。

二、岗位方向

技术类、运营类、设计类、职能类、游戏类、产品类、物流类、数据类、营销类、风险管理类、客户体验类、市场拓展类等

三、简历投递通道

方式一：网申

(1) 通过官方网页投递：登录A公司集团校园招聘官网，点击【24届实习生招聘】下方的【立即申请】，即可在线投递简历。

(2) 通过【A公司集团招聘】微信公众号投递：关注“A公司集团招聘”微信公众号，点击【服务】—【加入我们】—【校园招聘】—【24届实习生招聘】，即可在线投递简历。

方式二：内部推荐

第一步：将你的简历发送给A公司的师兄/师姐，请他/她帮你完成内推或扫描他/她的内推二维码。

第二步：接受内推后，该意向会加入你的意向单并默认为你的第一意向；同时，你需要到官网选择其他意向加入意向单。

第三步：从意向单中选择另外两个意向，和内推意向一起投递。

【温馨提示】每位同学仅有一次投递机会，共可投递三个意向，可从以上方式中选择一种进行投递。投递成功后，不可修改意向职位及部门，请务必谨慎选择。

四、应聘流程

【温馨提示】

1. 在线笔试

（1）若投递多个方向的职类（工程研发类/算法类/数据研发类/游戏类），则在简历流转过程中需完成对应职类的笔试，即需参加多次在线笔试。

（2）每位同学在单个职类方向下只有一次笔试机会。

（3）涉及笔试的职类明细及笔试场次安排等信息请参考官网笔试公告。

2. 测评

测评将在简历评估通过后进行，测评链接30天内有效，收到后请尽快完成。

五、宣讲会

请关注“A公司集团招聘”微信公众号，了解最新招聘资讯。

六、咨询渠道

方式一：点击校招官网右下角“小招君”进行咨询

方式二：拨打校园招聘热线0571－81595900转2

服务时间：周一至周五9：30—12：00，13：30—17：30

资料来源：阿里巴巴春季2024届实习生招聘公告．（2023－03－08）．https：//talent-holding. alibaba. com/campus/home? lang=zh.

看一看

招聘广告引出的法律纠纷

有一天，小李突然看到某外资企业登出了一则招聘广告，广告中写道：“本企业录用的员工将送到国外培训半年至一年。”小李毅然辞去原来的工作，顺利应聘进入了这家外资企业。加入了外资企业的小李对工作充满希望，想通过积极的工作表现得到重视，及早得到出国培训的机会。但是一年过去了，出国培训的事情依然没有动静，也没有听说哪位同事出国培训了。小李找到企业负责人理论，企业应当履行在招聘广告中的承诺。企业负责人当面答应小李一定会考虑。几天过去后，企业还是没有动静，小李觉得明明写好的条件企业却没有兑现，严重侵犯了自己的合法利益。小李于是向某区劳动争议仲裁委员会申请仲裁。

某区劳动争议仲裁委员会受理了此案。企业在其应诉书中声称，企业与小李的劳动合同中并没有企业应该送小李出国培训的条款，因此企业没有此项义务，招聘广告中的条件并没有写进劳动合同，因此没有法律效力。

劳动争议仲裁委员会裁决：小李与某企业的劳动合同并没有规定企业应当承担送小李出国培训的义务，因此企业没有此项义务。招聘广告中的承诺由于没有写进劳动合同，因此不具备法律效力，驳回小李提出企业应当履行招聘广告中规定的义务的请求。

通常，招聘广告是单位招聘新员工的第一种工具，也是一种宣传招聘的手段，但它不仅仅是一纸广告，如果忽视了它的法律意义，企业可能会面临法律风险。上述“看一看”专栏中的企业虽然赢了官司，却输了管理，不仅使该员工因为争取培训而具有的工作积极性、工作热情受到打击，其他员工可能也会受挫。

现实生活中，不少用人单位通过各种方式发布招聘广告，并开出极具吸引力的优惠条件，而对于用人单位如何兑现招聘广告中的承诺，许多人心里并没有底。

那么，招聘广告的性质及效力如何确定？

在法律上，用人单位的招聘广告在性质上属于要约邀请。所谓要约邀请，是指希望他人向自己表达希望订立合同的意思。要约邀请是要求他人向自己发出的。根据《民法典》的规定，要约邀请本身对发出者并不具备法律约束力，因此用人单位发布的招聘广告发出后对其并不产生法律约束力，用人单位对于招聘广告中的内容并不承担必须履行的义务，这就是“看一看”专栏中小李的请求被驳回的根本原因。

用人单位应当如何设计招聘广告呢？

招聘广告在劳动争议中可能是一个有用的证据，用人单位在招聘有关人员时，可以通过招聘广告的形式对所需人员提出相关要求。一旦发生劳动争议，用人单位可以此为据，证明已经公开了相关信息。

例如，劳动者被用人单位录用的前提就是要符合或基本符合单位的录用条件。用人单位为了证明自己的判断，往往以试用期的方式来了解劳动者是否真正满足录用条件。不少劳动者在试用期被解除劳动合同，用人单位的理由便是不符合录用条件。根据最高人民法院关于民事诉讼证据的司法解释，用人单位做出解除合同决定的，由用人单位负举证责任。因此，用人单位必须证明已经将劳动者应当符合的条件明确告知了应聘者。“明确告知”要有证据，而招聘广告就是明确告知的最直接有效的证据。

因此，在招聘广告中写明该录用条件的，可以作为确定录用条件的依据；未写明或表述不清的，由仲裁机关或法院来做出判断。用人单位另行规定的“录用条件”很可能就失去了证据效力。由此可见，招聘广告在劳动争议中会成为有用的证据。用人单位在制作招聘广告时，应当对每个岗位所要求的劳动者应具备的学历、经验、能力、特殊技能或持有的证书等录用条件做出具体明确的说明。

如果单位有规章制度、岗位职责要求等有关规定，招聘广告的内容还应与规章制度、岗位职责相符合。这样一旦因在试用期内发生“是否符合录用条件”的争议时，招聘广告与相关证据一起形成证据链，就能起到有效证明的作用。

2. 利用就业服务机构

社会上有各种就业服务机构，如人事部门开办的人才交流中心、劳动部门开办的职业介绍机构等，以及一些民营的职业介绍机构。这些中介机构都是用人单位和求职者之间的桥梁，为用人单位推荐人才，为求职者推荐工作，同时举办各种形式的人才交流会、洽谈会等。

（1）何时利用就业服务机构进行招聘。一般地，企业在以下三种情况下会愿意利用就业服务机构来完成招聘工作：1）企业没有自己的人力资源部，不能较快地开展人员招聘活动；2）某些特定职位需要立即有人填补；3）企业发现自己直接招聘有困难，比如招聘目标人选目前仍在职，他们可能不太方便同所在企业的竞争对手接触，就可以通过就业服务机构来解决人员招聘问题。

（2）就业服务机构招聘的特点。利用就业服务机构招聘要支付一定的费用，但这种方法简单、快捷，企业可以马上找到所需的人才，与由企业自己组织招聘活动所投入的人、财、物相比，招聘成本相差不大，但效果更好。企业要选择信誉好、应聘者资料齐全且详细的就业服务机构，同时要对招聘到的人员做进一步的测试，确定是否录用。

（3）利用就业服务机构招聘要注意的问题。首先要选择一家好的机构，选择一家正规合法、声望好、有实力的机构是非常重要的；其次，必须向就业服务机构提供一份精确、完整的工作说明，这有利于它们找到合适的人员；最后，要监督就业服务机构的工作，比如限定它们使用的甄选技术和方法，定期检查那些被它们接受或拒绝的候选人资料，以及时地发现它们工作不合意的地方。

从美国的实践来看，通过就业服务机构获得的求职者主要是蓝领工人或低层次的管理者，很难获得专业技术人员和高层次人才。从我国的现实来看，也明显存在这样的问题。为了解决这个问题，一是可以举办高级人才洽谈会；二是可以借助猎头公司。

3. 借助猎头公司

猎头公司（head hunter）是指专门为企业招聘中高层管理人员或重要的专业技术人员的就业服务机构。由于这种中高级人才工作稳定，待遇较高，很少主动进入人才市场，因此运用公开的招聘方法难以吸引他们。而猎头公司拥有自己的人才数据库，并经常主动去寻找和发现人才，还能够在整个搜寻和甄选过程中为企业保守秘密。所以，如果企业要招聘核心员工，猎头公司的帮助是必不可少的。猎头公司服务费相对较高，一般是招聘职位年薪的25%～30%。

企业在与猎头公司合作时，应该注意以下几个问题：第一，选择猎头公司时要对其资质进行考查，要与背景和声望好的公司合作。第二，要在开始时约定好双方的权利和义务，并就一些容易发生争议的问题达成共识，如费用、支付方式、时限、保证期承诺、后续责任等。第三，要让猎头公司充分了解企业对候选人的要求并说明理由。第四，猎头公司推荐的人与其原来工作的公司应该已经解除劳动关系，特别是涉及企业的技术开发人员时必须小心。同时，美国猎头公司协会规定，猎头公司在向客户推荐人员后的两年内，不能再为另一个客户把这个人挖走。

看一看

部分知名猎头公司如表4-2所示。

表4-2 部分知名猎头公司

公司名称	网站	总部
海德思哲	www.heidrick.com.cn	北京
光辉国际	www.kornferry.com	北京
乾坤猎聘	www.bitjob.net	北京
万宝盛华	www.manpower.com	上海
展动力	www.zdl.cn	深圳
北京泰来猎头咨询事务所	www.headhunter.com.cn	北京
泛亚人力	www.fairhr.com	深圳
北京浩竹猎头	www.topjobway.com	北京

4. 员工推荐

员工推荐的一般做法是，人力资源管理人员或一线经理要求员工推荐合适的朋友或亲属，并向推荐了合格候选人的员工提供奖励。这既有利于降低招聘成本，又有利于鼓舞员工士气。员工推荐具有以下优点：

（1）与发布招聘广告、利用就业服务机构等招聘方式相比，招聘成本比较低。

（2）候选人可以通过员工了解公司的情况，并准备好转换工作，公司可以尽快组织面试，缩短招聘时间。

（3）员工由于对企业、职位及候选人的能力都比较了解，一般不会推荐不适合或不可靠的求职者。

（4）通过员工找到的求职者一般比通过广告吸引的求职者的素质高。

（5）员工推荐的候选人一般比通过其他方式招聘的人员表现更好，而且流动率更低。

5. 求职者自荐

求职者自荐指的是对企业工作感兴趣的人提出申请或向企业发送简历的一种求职方式。求职者中有前来企业的，也有打电话或者写信来的。这种方式通常在薪酬政策、工作条件、上下级关系、发展机会及参加社会活动等方面享有较好声誉的企业中盛行。自荐者中会有出色的员工，许多企业将这些主动提供的信息存入企业人才库，并在出现岗位空缺时从人才库里获取信息。这种招聘方式的优点是：（1）成本效益较高，企业基本上不需要付出高额的招聘费用；（2）自荐者对企业比较了解，因此更容易做出正确选择，并受到激励。缺点是：（1）自荐者提供的信息可能不符合企业所需岗位的需求或已过时，如知识更新较快的IT行业就常常出现这种情况；（2）自荐者有时为了寻找更多的机会而同时向不同的企业提出申请，导致招聘成功率较低；（3）自荐者提出申请时，企业没有相应的空缺岗位，自荐者不一定马上被录用，而当出现岗位空缺时，自荐者很可能已被其他企业录用。

另外，也有不少企业不认真对待这些求职者。前来企业应聘的自荐者往往在接待处就被告知没有空缺，即使让他填了申请表，也很快就束之高阁，不会有面试官与他们交谈。打电话来的往往被告知要亲自来求职，或者没有空缺。那些不请自来的简历，企业也只是粗略地看一下，有时会写封感谢信，但更多的时候是不予回复，从此不再有任何联系。

其实，为这些求职者建立一个简单的督导系统就会产生很好的效果。人力资源部的接待人员有最新的职位空缺信息和简单的职位说明书，只要有前来企业的，就告诉求职者这些信息。如果求职者对某一岗位有兴趣，就要告诉面试官；如果没有时间马上面谈，可安排求职者在以后的时间面谈。对打电话来的求职者也可同样处理，接待人员要核实职位空缺并告诉求职者。求职者往往即刻就会有一个简单的电话交谈，建立最初的印象，然后再约定后续安排。

三、外部招聘的优点

1. 选择范围广，选择余地大

面向外部进行招聘可以有更大的选择范围和选择余地，有利于企业经过考核与评价，在更多的候选人中发现更优秀、更适合本企业发展目标的人选。

2. 为企业注入新鲜血液

外部成员可以为企业注入新的活力。本企业内部的员工由于长期在同样的环境中工作，难免会产生厌倦感和乏味感，新鲜血液的注入会带给企业新的生机，对原有员工也能起到一定的激励和督促作用。

3. 更容易避免偏见，易于管理

在对从企业外部招聘的员工进行管理时，与内部招聘的员工相比，更容易避免由于原有工作绩效和人际关系等因素带来的偏见，做到一视同仁、平等对待，从而降低管理难度。

4. 为企业带来新技术和新思想

外部招聘的员工进入企业内部，必然将其在外部获取的新技术和新思想应用于新的工作环境，他们可能带来与企业原有员工完全不同的新颖见解，从而可以拓宽企业决策者的视野和思路，为企业的技术创新和思想创新带来新的灵感。

5. 树立企业形象，扩大企业影响

外部招聘是很好的对外界进行宣传的机会，可以借助各种媒体和与广大求职者直接接触的机会，积极扩大企业在公众中的影响范围，抓住机会树立企业的良好形象。在招聘过程中，企业在给外界和求职者留下美好印象方面往往会收到通过其他媒体所不能达到的效果，外部招聘所带来的影响是不可估量的。

四、外部招聘的缺点

1. 招聘成本高

外部招聘一般要借助各种广告媒体和宣传媒介，并且招聘工具的设计和制作通常需

要由专业的部门和人员来完成。招聘部门对企业外部的求职者没有太多的了解，只能通过其个人资料来获取相关信息。为了能够在众多求职者中选出满足招聘条件的候选人，必须进行认真的资格审查和评定，并经过严格的能力测试。这些都增加了外部招聘的费用支出。

2. 可能影响原有员工的积极性

从外部招聘某个空缺职位的候选人，有可能使企业内部能胜任此职的员工产生挫折感，从而使其工作积极性受到影响。尤其是当外部招聘不能真正遵循公平与公正原则，不能本着为企业招聘人才的宗旨去录用有真才实学的人时，企业内部的员工就会产生不满和消极情绪。

3. 有时很难全面评价求职者的能力和潜力

企业在进行外部招聘时，面对的是大量陌生的求职者，通过有限的资料、考核及测试对他们的才学、能力、潜力等方面做出全面评价，这样的评价难免带有片面性。同时，不可否认的是，任何一种外部招聘方法的信息覆盖面都是有限的，特别是大多数企业的外部招聘都有较严格的时间限制，更加难以让更多的优秀人才接触到有效的招聘信息。

4. 外部招聘的员工需要较长时间的培训和适应

从企业外部招聘的员工对企业的了解和认识一般仅限于从招聘广告和招聘人员那里获取的有限信息，对职位的了解也十分有限，因此需要对他们进行一段时间的培训，使其熟悉工作要求和企业情况。

五、对外部招聘的几点补充

对于外部招聘来说，不同的渠道能招到不同的人才。常用的渠道有：

（1）对于基层人员的招聘，一般可以选择当地的电视和报纸。这些岗位往往需要的人数较多，素质要求也不是太高。这些渠道影响面广，招聘效果会更好。

（2）对于知识型员工和中层管理人员，可以选择就业服务机构。现在各地人才市场都会举办定期招聘会，尤其一些专场招聘会，效果会很好。通过网络进行招聘也成为很多企业的主要招聘渠道，网络招聘不仅影响面广，而且网络上的人才储备量非常大。

（3）对于企业需要的高级管理人才和专业技术人才，可以选择一些资质和信誉较好的猎头公司。猎头公司往往收费较高，一般为聘用人年薪的25%～30%，但它们针对性强、有保障，每个职位都会提供四五个候选人，不仅会提供候选人的详细简历，而且可以协助企业对候选人进行素质测评和背景调查等。

（4）员工推荐也是一个很好的途径，往往更可靠。

4.1.4 招聘方式选择

内部招聘与外部招聘各有优劣势，不可一概而论。那么，应如何选择招聘方式？企业选择招聘方式时应遵循如下几个原则。

一、高级管理人才选拔应遵循内部招聘优先原则

如今，人力资本已成为企业核心竞争力的重要组成部分。高级管理人才对于任何企业的发展都是不可或缺的。企业在高级管理人才的选拔过程中应当遵循内部招聘优先的原则。高级管理人才要实现很好地为企业服务，一方面是依靠自身的专业技能、素质和经验；另一方面，更重要的是对企业文化和价值观念的认同，愿意为企业贡献自己全部的能力和知识，而后者是无法在短期内实现的。

企业内部培养的人才更能深刻理解和领会企业的核心价值观。由于长期受企业文化的熏陶，内部培养的人才已经认同并成为企业文化的忠实拥护者，因此也更能坚持企业的核心价值观，而核心价值观的延续对企业是至关重要的。同时，企业的高层管理团队和技术骨干都是以团队的方式进行分工协作、密切配合的，而核心价值观相同的人一起工作更容易达成目标，如果观念上存在较大的差异，将直接影响合力的发挥。所以，选拔高级管理人才时，应首先采用内部招聘的方式。

二、外部环境剧烈变化时，企业必须采取内外结合的招聘方式

当外部环境发生剧烈变化时，行业的经济技术基础、竞争态势和整体游戏规则都会发生根本性变化，知识老化周期缩短，原有的特长、经验成为学习新事物、新知识的一种障碍，企业也会受到直接的影响。在这种情况下，从企业外部、行业外部吸纳人才和寻求新的资源，成为企业生存的必要条件之一。

三、快速成长期的企业应当广开外部招聘渠道

对于处于成长期的企业，由于发展速度较快，仅仅依靠内部选拔与培养无法跟上企业的发展。同时由于企业人员规模的限制，选择余地相对较小，无法获得最佳人选。在这种情况下，企业应当采取更为灵活的措施，广开渠道，通过外部招聘吸引和接纳所需要的各类人才。

四、企业文化的变化决定了招聘方式

如果要维持现有的企业文化，企业不妨采取内部招聘的方式，因为内部员工在思想、核心价值观、行为方式等方面对于企业有更多的认同，而外部人员要接受这些需要较长的时间，而且可能存在风险；相反，如果企业想改善或重塑现有的企业文化，可以尝试外部招聘，外部人员带来的新思想、新观念可以对企业原有的文化造成冲击，促进企业文化的变革。

内部招聘优先还是外部招聘优先，处于不同环境和不同发展阶段的企业应采取不同的选择，视企业实际情况确定。这就需要企业在既定的战略规划的前提下，在对企业现有的人力资源状况进行分析和对未来情况进行预测的基础上，制定详细的人力资源规划，明确企业的用人策略，建立内部的培养和选拔体系，同时有目的、有计划、分步骤地开展招聘工作，给予企业内外部人才公平合理的竞争机会，形成合理的人才梯队，助力企业未来的发展。

4.2　网络招聘

4.2.1　网络招聘概述

随着互联网的迅猛发展，网民人数不断增加，网络招聘作为一种新兴的招聘途径，逐渐成为招聘方式的主体，它带来的种种便利也使其备受企业和求职者的青睐。

现代企业的人员招聘、员工培训、薪酬管理、绩效考核等人力资源管理工作都在逐渐转向互联网为平台。尤其是借助互联网传递信息快捷和方便，大多数企业都开始利用互联网发布招聘信息，甚至利用互联网和计算机进行相应的素质测量和评价，以初步筛选求职者。

一、网络招聘的定义

网络招聘也称在线招聘或电子招聘（e-recruiting），是指人力资源管理部门在公司自己的网站、第三方招聘网站等，通过电子邮件或简历数据库收集并处理求职信息，初步确定空缺岗位人选的过程。

网络招聘利用互联网技术进行招聘活动，包括信息的发布、简历的收集整理、电子面试以及在线测评等。它并不仅仅是将传统的招聘业务搬到网上，而是一种互动的、没有地域限制的、具备远程服务功能的、全新的招聘方式。

读一读

高校、企业、商业网站与大学生网络求职

随着网络在毕业生求职方面的作用越来越大，高等院校、社会各界以及企业中针对大学毕业生网络求职的相关设备和条件也都在系统化建设之中。

现在几乎任何一所高等院校都有自己的校园主页，主页上都有关于本校就业网的超级链接。每年大学毕业生就业工作开始之后，与之相关的大学毕业生就业信息、就业政策、面试技巧、求职引导等信息陆续在上面发布。事实上，这部分内容在很大程度上引导了学生的就业工作。可以说，高等院校本身在大学毕业生网络求职过程中扮演着举足轻重的角色。但同样值得注意的是，在整个大学毕业生网络求职过程中，高等院校所做的相关工作可能存在这样或者那样的不足和漏洞，这都是在以后的工作中需要注意和改进的地方。

同时，现在社会上存在很多专注于网络招聘的网站。有前程无忧、智联招聘、中华英才网等专业性质的商业招聘网站；有新浪、搜狐、网易等大型综合网站的招聘频道；有各种地方性质的人才市场，比如北京人才网、浦东新区人才市场、成都人才市场；还有各种性质和规模的企事业单位在需要进行员工招聘时，一般都会在单位主页上放置关于招聘信息的链接，比如中国人民大学主页、外语教学与研究出版社主页等。所有这些互联网上的招聘信息是否真正能吸引求职者的注意，以及在信息发布过程中存在哪些问题，对于专业性质的招聘网站和大型的综合网站的具体利用情况如何，都是值得在大学毕业生网络求职中研究的。

专业的商业招聘网站现在已经成为企业网络招聘与求职者网络求职的重要媒介和途径。如今，很多企业都在使用商业招聘网站扩大企业招聘信息的覆盖范围，以吸引更多合格的求职者，以便筛选和录用。

二、网络招聘的优势

与传统的招聘方式相比，网络招聘具有如下优势。

1. 加快了招聘速度

利用搜索引擎和自动配比分类装置，招聘单位可以迅速找到符合其要求的潜在人选；自动反馈功能可以使求职者立即得到确认提示，从而更有效地识别、发掘优秀人才。整个招聘过程缩减到几天，而采用招聘广告、猎头公司等方式的招聘常常耗时数周或数月。

2. 降低了招聘成本与费用

采取传统的招聘方式，招聘单位的招聘成本相当高。而网络招聘没有时间、空间、地域限制，供求双方足不出户便可直接交流，大大节约了招聘单位人力资源管理部门的精力、时间和费用，求职者也可以降低求职成本。

3. 提高了招聘信息的时效性

网络招聘没有时间限制，24 小时开放，供求双方可以在约定的时间随时进行线上交流。招聘单位可以根据需要及时更新招聘岗位，向求职者发布最新的信息。

4. 扩大了招聘覆盖面

传统招聘方式受地域及时间的制约，而网络招聘不受时空限制，使异地求职成为可能，促成了人才的合理流动。另外，网络人才市场信息保留时间长、影响大，有些职位是企业常年招聘的，可满足企业招聘人才的各种需要。网络人才市场也提供了庞大的中高级人才数据库，方便企业主动出击，联系自己所需的人才。

5. 能够提供增值服务

一般的人才网站同时为企业和求职者提供招聘服务，有些人才网站还向企业的人力资源管理部门提供专业的人员测评、在线电子面试、在线薪酬顾问、在线评估、在线培训等增值服务，同时承担专业人力资源管理咨询网站的功能。

三、网络招聘的劣势

网络招聘存在优势，但也存在一些劣势。

首先是信息处理的复杂性。招聘信息发布后，往往吸引来大量的应聘者，其中有些求职者是不符合要求的，但他们也抱着侥幸的心理填写简历应聘。这样，不仅影响了正常的招聘工作，而且大大增加了简历筛选的难度和强度。

其次，虚假信息大量存在。从求职者的角度来说，求职者在浏览招聘单位的信息后，有足够的时间和机会对自身进行包装，甚至可能会针对招聘单位的需求编造个人经历。

4.2.2 网络招聘的流程

一、发布招聘信息

网络招聘信息的发布直接关系到企业招聘的效果。如何根据企业的实际情况，选择适当的信息发布渠道显得尤为重要。目前主要的信息发布渠道如下。

1. 利用招聘网站发布招聘信息

通过这种形式，企业可以在招聘网站上发布招聘信息，利用招聘网站提供的在线系统收集求职者简历。由于招聘网站上资料库大，日访问量高，加之收费相对较低，因此很多企业往往会同时在几家网站注册。这是企业最常采用的一种信息发布渠道。

2. 发布招聘广告

出于吸引求职者和宣传企业雇主品牌的双重目的，企业往往选择在大型网站上发布招聘广告，既可以选择招聘网站（例如前程无忧、中华英才网、智联招聘等），也可以选择行业性的专业网站（例如CSDN、存储在线等），甚至是大型的综合门户网站（例如新浪、搜狐等）。相比较而言，招聘网站在求职者中具备一定的知名度，但是信息发布面局限于近期主动求职的人群，对在职的中高端专业人群吸引力有限；专业网站对吸引某一特定专业的人才效果良好，但是专业网站鱼龙混杂，需要花费大量精力予以鉴别求职者，而且信息传递方向较为单一，广告成本相对较高；大型门户网站的浏览量很大，受众面最广，但是成本最高，品牌推广的效果往往优于招聘网站。

3. 利用BBS发布招聘信息

BBS是bulletin board system的缩写，中文译为电子布告栏。BBS是网络热门的服务项目之一，只要通过远端登录的方式，就可享有在远端主机上发布布告、进行网上交谈、传送信息等功能。这种方式发布信息的成本几乎为零，但影响力有限，也不利于展示企业的形象。

4. 在企业主页上发布招聘信息

如果有实力，可以依托企业的网站建立自己的招聘主页，这样就可以在自己的网站上发布招聘信息，同时将企业文化、人力资源政策以及更多需要让求职者了解的信息发布在主页上，既可达到宣传企业的目的，又能使求职者在了解企业的实际状况后，有针对性地选择应聘岗位。企业还可以将在线投递简历应用其中，这样就可以很方便地建立自己的人才储备库，方便查询。此外，企业不仅可以利用互联网向外发布招聘信息，还可以利用企业内部的局域网对内发布空缺的职位信息，从企业内部选拔人才。这样不仅最大限度地节约了成本，还有利于提高员工的满意度、工作积极性。这种利用局域网发布招聘信息的方式对一些跨地区的企业更为有利，通过内部网络可以在第一时间知道企业的人力资源状况，合理配置人力资源，促进企业更好地发展。

二、收集信息与安排面试

招聘信息发布以后，要注意及时反馈，从众多的求职者中挑选出符合条件的人员安排面试。

首先，收集、整理信息。企业在招聘网站注册后可以利用这些招聘网站的在线系统收集求职者投递的简历，同样可以对招聘网站的人才简历库进行搜索，即通过定制查询条件，搜索符合要求的应聘者的联系方式，主动与之联系。然而，企业接收的简历往往良莠不齐，重复投递的现象非常严重，导致招聘人员的精力大量浪费在简历的筛选上。另外，企业主动从数据库中搜索出来的求职者往往对企业的兴趣不高，导致成功率较低。所以在简历的收集和整理方面，有必要借助招聘系统，比如屏蔽掉不符合企业要求的求职者，并用电子邮件的方式礼貌地拒绝，然后分类存储那些符合企业要求的求职者的简历，保持一定频率的沟通。这样才能节约企业招聘人员的时间，提高招聘效率。

其次，安排面试。挑选出符合条件的求职者后，接下来就可以安排面试。最常规的方式是利用网络便捷地通知候选人相关的面试信息。由于网络招聘无地域限制，在不同地理位置的招聘人员、求职者都可以利用互联网完成异地面试，也可以通过互联网合作，利用网络会议软件一起对求职者进行考查。安排好面试人员后就可以通知求职者进行线上面试，互联网的发展使企业可以通过多种方式来进行线上面试。

三、网络沟通

信息的发布、收集与整理仅仅是网络招聘的开始，网络沟通更能体现网络招聘的互动性、无地域限制性，它的应用是网络招聘中重要的组成部分。但目前由于网络技术等各种原因，网络沟通在企业中的实用案例较少。目前主要的网络沟通有以下几种形式。

1. 利用电子邮件

电子邮件具有方便、快捷、低成本等优点，越来越多的人远离了传统的沟通方式，开始通过电子邮件交流。招聘者与求职者利用电子邮件交流，可以节约大量的时间，进而提高招聘的效率。招聘者还可以通过求职者的电子邮件内容来了解他们的文字表达能力，为是否录用提供依据。电子邮件一般只能运用于面试前后的信息联络和沟通。

2. 利用聊天工具

企业可以利用聊天软件或者招聘网站提供的聊天室与求职者交流，招聘企业可以占用一个聊天室，在聊天室里进行面试。就像现实中一样，企业可以借此全面了解求职者，也可以顺便考察求职者的一些技能，比如电脑常识、打字速度、网络知识等。求职者也可以向企业就职业问题提问，实现真正的互动交流。但这种交流方式还是有一定的局限性。一方面，它反映不出求职者的反应速度、思维的灵敏程度；另一方面，求职者也可能请人代替他进行面试，在虚拟的网络世界里，企业无法辨别求职者的真伪。因此，为了能够在第一时间得到求职者的回复，企业还可以在语音聊天室利用语音聊天与求职者交流，这样既可以见到求职者的文字表述，又可以听到求职者的声音。

3. 利用视频面试

声音的传送已经无法满足现代人沟通的需求，即时、互动的影像更能真实地传送信息。视频会议（video-conferencing）系统又称电视会议系统，是指两个或两个以上不同地方的个人或群体，通过传输线路及多媒体设备，将声音、影像及文件资料互传，实现即时互动。与在聊天室进行面试相比，视频面试不仅能够听见声音，还可以看到求职者的容貌，避免了聊天面试的缺点，具有直观性强、信息量大等特点，从而使网络招聘比传统招聘方式更具优势。很多求职者都通过视频面试的方式与招聘者进行远程交流，并最终与公司确定录用意向。

4. 进行素质测评

随着素质测评日益受到企业的重视，一些网站开始将素质测评作为自己的服务项目之一。网络招聘是一种虚拟的招聘方式，在面试之前招聘者只能从简历中了解求职者的情况。事实上，很少有简历能够直接告诉招聘者所关心的求职者的素质，特别是那些从网上下载的简历，因为求职者只能按照招聘网站提供的统一格式填写，信息量有限。所以，在招聘者决定约见一个求职者进行面试之前，简历往往不能提供所需要的所有信息。而素质测评可以为企业解决这一难题。求职者可以通过测评软件进行测试，自动生成一份测评报告，它可以在面试之前，就让招聘者洞悉每一个求职者的整体素质，从而节约大量的时间，进一步提高招聘的效率。

4.2.3 网络招聘存在的问题与对策

一、网络招聘存在的问题

网络招聘无论是对用人单位还是对求职者来说，都有很多优点，但由于网络招聘在我国刚刚兴起，在技术方面和观念方面还存在一些问题。

1. 技术方面

（1）我国的网络技术环境有待进一步完善，截至2023年6月，我国互联网普及率达76.4%，但在普通百姓中并没有完全得到普及，而且使用网络的多是年轻人或者从事高新技术产业的人，这就使网络招聘的作用没有完全发挥出来。

（2）企业往往利用人才网站进行招聘，人才网站已经成为企业能否招聘到所需人才的关键。但就目前人才网站发展的状况来看，很多网站缺乏对人力资源管理较深层次的理解，对人才市场的分析和相关的人事制度变化等方面的咨询服务缺乏深刻的认识，也就是说网络招聘的技术服务体系还处于初步发展阶段，需要进一步的深入发展。

（3）软件版本的不同及互联网上广泛传播的病毒限制了网络招聘的发展。目前网络招聘市场有待进一步规范，网络招聘中的个人求职信息存在被他人盗用的可能，这对求职者来说会造成名誉或经济上的损失。此外，求职者在点击所要应聘的职位后，可能会出现该职位已招满之类的信息，这些都是需要进一步改进和完善的地方。

2. 观念方面

（1）我国的网络招聘一般为广告招聘的方式，尽管网络招聘正处于向上发展的良好态势，但还只是传统的专业招聘报纸的延伸。而且受传统观念的影响，很多企业或组织比较习惯于传统的招聘方式，对网络招聘的认识处于一种萌芽状态，还没有转变传统的观念，尚不能科学地运用网络招聘为企业招揽各种优秀人才。

（2）网络招聘中信息的真实性问题。网络招聘中的不真实信息来源于用人单位、招聘网站和求职者。有些企业为了吸引优秀的人才，通常会极力向求职者承诺一些无法实现的诺言，或者向其描绘一幅美好生动的未来图景，而对于与职位和企业有关的消极面则避而不谈，如频繁的出差与加班、较少的晋升空间等。当员工进入企业工作一段时间后，发现实际与自己的期望相差很大时，必然会产生心理上的落差。有些招聘网站由于没有充足的信息源，就采用“移植”知名网站信息的做法。有时，明明一个企业的招聘已经结束，但过期的招聘信息依然挂在企业没有正式委托的网站上，误导了求职者。同时，国内大多数招聘网站无法甄别每条信息的真伪，求职者可以填写虚假简历和信息。这些现象都阻碍了网络招聘的普及。

（3）人才招聘网站对网络招聘的认识不足，缺乏专业性的知识。人才招聘网站常常会出现一些与企业要求不相符的招聘信息，而网站的工作人员并未认识到这一点，导致这些招聘信息未被及时更正，误导了很多求职者。

二、网络招聘问题的对策分析

首先，更新网络招聘观念。在信息化迅速发展的今天，应大力提倡网络技术的应用，无论是企业还是个人都要普及网络技术，尤其是企业更应该重视网络招聘手段，提高认识和信息化水平，重视人才网站的招聘工作，积极解决网络中遇到的各种问题，促进网络招聘健康发展。

其次，提高人才网站的专业化水平。人才网站应该对人力资源管理知识有系统的了解。因此，企业在利用人才网站招聘人才之前，应对人才网站在该业务方面进行较为深入的了解，凡是未具备一定专业知识的人才网站应逐渐淘汰。而人才网站要想长远发展，应选用专业人员或通过加大培训力度，尽快提高人才网站的专业化水平，保证人才网站的服务质量。

再次，提高网络技术水平。我国的整体网络环境还不成熟，网络普及率有待进一步提升。当下应大力加大电脑的普及和使用力度，尤其是农村地区电脑的普及。对不太熟悉电脑业务的人员，企业应进行专门培训。同时，要加大企业的上网力度，提高上网速度，使企业不但可以顺利完成人才招聘信息的收集和整理，而且能成功地进行网络面试，从技术层面为网络招聘提供全面支持。

最后，强化招聘网络管理。目前，我国的网络化制度还不健全，政策体系还不够完善，需要我国网络管理机构加大对网络的制度化管理，不断完善我国的网络法规，制定具体的政策措施，对违反这些网络法规的行为要坚决制止、打击，绝不姑息。只有从根本上强化对网络的管理，才能健全网络市场，网络招聘才会以其独特的优势在众多招聘方式中脱颖而出。

4.2.4　社交网络——网络招聘新渠道

在数字时代，企业获取、连接以及吸引求职者的方式时刻都在变化，社交网络以较低的支出、快速的反应能力、高度的灵活性、缩短未来的招聘时间等优点受到越来越多的企业欢迎。调查显示，70%的企业开始利用社交网络进行招聘，近 60%的被调查者表示已经具有通过社交网络成功应聘的经验。社交网络为求职者提供了一个很好的展示自我的平台，让很多人脱颖而出。

一、什么是社交网络

社交网络即社交网络服务，源自英文 social network service（SNS），中文直译为社会性网络服务或社会化网络服务，意译为社交网络服务。社交网络包括硬件、软件、服务及应用，由于四字构成的词组更符合中国人的构词习惯，因此人们习惯上用社交网络来代指 SNS。

随着互联网的大规模发展，SNS 社区成为当前网络发展的主流。研究表明，社交媒体利用移动和基于网络的技术来创建高度互动的平台，使得人们利用它来创建和分享内容成为可能。高度互动的平台使人们在社交网站上更容易建立、维系人际关系，因而 SNS 社区备受广大用户的青睐。通过对用户信息的整理和细分，在 SNS 网站上打造招聘（求职）平台具有很大的发展前景。

二、社交网络的特性——以脉脉为例

社交网络对招聘来说是一种渠道，在使用社交网络进行招聘之前，我们需要先分析一下社交网络这个渠道的特性，这样才能发挥这个渠道的作用。下面以脉脉为例，介绍社交网络是如何助力网络招聘的。

作为中国领先的职场社区和求职平台，脉脉自 2013 年创立之初，就致力于通过人脉帮助职场人连接新的机遇，实现职业成长。多年来，脉脉注册用户已超过 1.2 亿人，汇聚包括 IT 互联网、汽车、芯片、人工智能、生物制药、新能源等各行各业的中高端人才。作为基于人脉的职场交流平台，脉脉具备以下优势。

1. 拓展人脉机遇

首先，脉脉提倡“五同关系”，即通过同事、同校、同乡和同行这四个维度的链接，充分挖掘二度、三度人脉，最后成为共同的朋友。当用户之间相互关注、添加好友以后，就建立了关系，形成了人脉。在“人脉”版块可以进行人脉探索、好友管理并查看朋友动态。其次，脉脉也提供群聊、发送文件、加入黑名单等功能。匿名社区、群聊服务等满足了用户多样化的交流需求，帮助用户在社区找到自己感兴趣的话题，和感兴趣的朋友建立关系。

2. 加速职场信息的流动

脉脉作为一款职场社交产品，为用户提供了一个内容丰富的社区，包含了“职言”“职业圈”“行业圈”“同事圈”“工种圈”等内容版块，采用 UGC（用户生成内容）模式实现用户共创内容，致力于打破存在于企业内、企业间、工种间、行业间的信息差。

随着越来越多职场人加入，脉脉“同事圈”已成为职场人获取薪酬绩效、人事调整、业务规划等企业一手信息的第一渠道。“广场”和“热榜”能让职场人快速获取更多职场新鲜事，通过聚合热门话题和热帖，帮助职场人把握职场热点风向标。脉脉 App 同时推出了企业点评功能，希望帮助用户更加客观、真实和全面地了解企业，当用户再去做自己职业选择时会更加有效和准确，此外还升级了对企业用户提供的“人才银行”服务，为企业提供全生命周期的人才管理服务。

截至2023年3月，已开通“同事圈”的大中型企业近30 000家，覆盖各大行业的头部企业。可以说，每3个大厂人就有2个在脉脉“同事圈”，几乎90%的职场热点出自脉脉社区。

3. 提升招聘效率

作为一个链接双端用户的平台型产品，脉脉汇集了大量高端人才和企业数据。据统计，截至2023年3月，脉脉的活跃用户涵盖23万余人，有320万CEO/CXO级高管用户，1 500万总监及以上管理者用户。脉脉的“企业空间”吸引了众多行业的企业入驻，比如字节跳动、阿里巴巴等。企业用户通过脉脉建立企业脉脉主页，提高企业知名度和形象，通过脉脉平台的“人才银行”获取并储备中高端人才。

脉脉一方面为招聘者推荐人才，一方面为求职者推荐职位，帮助用户和招聘方建立更高效的沟通。用户可以根据偏好寻找自己青睐的企业，企业可以搜索自己需要的人才。招聘双方可以直接在脉脉的平台上交流，这样求职者和企业丰富了信息的传播方式和传播内容，也提高了招聘效率。

读一读

网络招聘哪家强？

——前程无忧和BOSS直聘商业模式比较

前程无忧由前锦网络信息技术（上海）有限公司于1999年创立，是集多种渠道资源于一体的综合类人力资源服务机构，提供包括招聘猎头、培训测评、校园招聘和人事外包在内的全方位的人力资源服务，拥有过亿的个人用户和全国最大的职位信息库，在《互联网周刊》发布的2019年度招聘类App榜单上排名第一。

BOSS直聘由北京华品博睿网络技术有限公司于2014年7月创立，致力于为求职者和招聘方搭建高效沟通、信息对等的平台。BOSS直聘将直聊模式引入招聘场景，并运用大数据分析技术，追求人才与岗位的精准匹配，提高了招聘效率，一定程度上改变了根据简历预先筛选应聘者的传统招聘方式，在《互联网周刊》发布的2019年度招聘类App榜单上排名第四。

一位是行业龙头，一位是后起之秀，二者有哪些区别？

一、用户细分

前程无忧采用通用定位模式，兼顾各种行业用户，打造规模优势。它早期通过出版物开展招聘服务，先后在全国25个城市设立服务机构。随着互联网应用的普及，前程无忧设立招聘网站、开发招聘软件，将线下用户转移到线上，进一步扩大了用户群体。艾媒咨询统计数据显示，2019年1月，前程无忧活跃用户数量超过1 000万，位居招聘类平台第一。

BOSS直聘采用精准定位模式，专注特定行业用户，深耕细分领域。BOSS直聘团队成员大多来自百度、阿里巴巴、腾讯等互联网公司，创建初期BOSS端用户主要通过创始人朋友圈引流而来，牛人端用户增长则得益于大数据技术的应用，创建3个月即积累了1万多用户，上线一年用户数达到300万。

二、渠道通路

前程无忧以“传统媒体＋网络媒体＋猎头＋校园招聘”的全通道招聘模式，集合多种渠道资源，形成跨渠道联动的互补效应。前程无忧通过创设招聘网站“无忧工作网”和开发招聘软件“网才”，进一步拓宽招聘服务渠道，覆盖人力资源服务的高、中、低各个层次。

BOSS直聘以线上线下渠道相融合的方式，辅以精准营销活动，深化用户服务体验。在线上，BOSS直聘于2016年7月推出品牌战略IP形象“直直”，依托内容营销构建完整IP生态链，并通过微博、微信账号与用户互动，与用户建立长期的情感连接。在线下，BOSS直聘举办“马桶招聘节”“创业BOSS节”“码农节”“传媒招聘周”等一系列定位精准的营销活动，让招聘双方都能在活动中获得全新体验。

三、关键业务

前程无忧业务多元化特征明显，致力于服务产品的体系化与多样化。相比于大多数招聘平台的横向发展模式，前程无忧积极向招聘价值链上下游拓展，实行招聘服务的纵向价值链整合，开发出一系列相互支持的优势业务。人事外包是前程无忧的特色服务之一，服务包括员工入职、社保缴纳、人事政策、法律咨询等方面，提供员工从招聘到离职的一站式外包服务；培训测评旨在为企业量身定制各类课程、内部培训、实战模拟及体验式培训，帮助员工迅速提升职业技能、专业知识水平和综合素质。

BOSS直聘业务相对单一，深耕网络招聘服务。传统招聘平台大多采取阻断求职者联系信息等方式，向招聘方收取费用。BOSS直聘切中“信息对等”这一行业痛点，一方面，通过“直聊＋精准匹配”方式，将即时通信引入招聘场景，搭建即时沟通、信息对等的招聘平台，从源头上加强招聘双方的互动，提升了求职者的被尊重感。另一方面，直聊模式消除了招聘过程中大量的冗余环节，降低了招聘双方的时间、精力成本，提升了招聘效率。BOSS直聘的招聘流程体验也较为顺畅，总体交互体验感强于同类招聘平台。

四、核心资源

前程无忧核心资源包括多种渠道、规模优势以及全方位的业务范围。为了满足细分用户的需求，前程无忧通过传统媒体、网络媒体、猎头、校园招聘等多渠道联动，推动包括招聘猎头、培训测评、校园招聘和人事外包在内的关键业务的顺利开展。多渠道联动不仅能够形成规模效应，扩大市场占有率，还能实现不同渠道间的优势互补，提高招聘信息利用率，降低招聘成本。前程无忧服务范围的全面性与服务方式的针对性，可以为用户提供“一揽子”解决方案，也大大节约了招聘企业的精力。

BOSS直聘的核心资源主要体现在机制与技术创新方面。据艾媒咨询发布的互联网招聘行业研究报告，近八成求职者会同时选择多个招聘平台投递简历，招聘平台之间的竞争在一定程度上就是人岗匹配机制之间的竞争。BOSS直聘依托其先进的数据分析与匹配技术，运用大数据与人工智能技术，致力于数据开发、匹配算法以及用户行为预测，提高人岗匹配效率。BOSS 直聘员工平均年龄不足 30 岁，为充分调动年轻员工的自主性和自驱力，公司秉持“把员工当客户”的管理理念，采取小单元的组织体系，还独创了 link leader 岗位，打造内部“创客”，营造浓厚的创新氛围。

资料来源：袁晓丽，湛军．网络招聘哪家强?：前程无忧和 BOSS 直聘商业模式比较．企业管理，2020，(8)：78－80. 有改动。

三、社交网络助力企业招聘

在信息时代，社交网络的功能从本质上讲是降低管理和传递信息的成本，即减少信息的流动成本。据英特尔的一位招聘人员估计，企业因使用领英而不是猎头来招聘高级经理，每年能节省数百万美元。相对于传统的招聘网站，商务社交网站用于招聘的主要特点是能够传递信任和细分用户群。由于可以部分传递信任，招聘方和被招聘方都更容易检验核实一些信息。用户群相对细分，对于招聘方来讲可以提高成功率。

1. 多方出击

通过了解一些内置的工具，人力资源管理专家可以根据自己的需要使用不同的社交网络频道来帮助他们实现自己的目标。例如，脸书是一个将企业的招聘行为“品牌化”的最佳工具，也是为大型企业提供中低端人才的工具。而国内的金融圈与领英较为类似，吸引了大量的金融用户。此外，国内的人人网、开心网吸引了广大年轻人。目前招聘平台已经被嵌入社交网络，在公告中能够显示招聘需求的企业情况，提供免费信息。

领英一直被誉为可靠的获得高品质求职者，尤其是对那些被动求职者的重要渠道，领英不仅有良好的将求职者与职位进行匹配的功能，而且提供了良好的人才搜索渠道。在中国与领英相当接近的是专注于金融行业的 SNS 社交网站金融圈（http：//www.jrq.cn)，金融圈网站为企业及个人提供招聘、人脉搜索功能，同时还可以进行商务探讨以及企业相关动态披露等。目前其用户结构分为三部分：企业高管、行业专家及普通人才。

推特则适合用来粘贴招聘广告链接和了解不同行业的人力资源动态。在国内，新浪微博的用户最多，也承担着类似的功能。此外，还有网易微博、搜狐微博、腾讯微博等。

看一看

微 博

微博是人们在线创作、分享和发现内容的领先社交媒体平台。微博将公开、实时的自我表达方式与平台强大的社交互动、内容整合与分发功能相结合。任何用户都可以创作并发布微博，并附加多媒体或长博文内容。微博上用户之间的关系可能是不对称的，每个用户都可以关注其他用户，对任何一条微博发表评论并转发。简单、不对称和分发式的特点使原创微博能演化为快速传播、多方参与并实时更新的话题流。

微博能帮助其广告和营销客户向用户推销品牌、产品和服务。微博为各种规模的客户提供了一系列广泛的广告和营销解决方案。微博绝大部分的营业收入来自广告和营销服务，其中包括社交展示类广告和推广类营销广告。微博基于"移动为先"的理念设计，以简单的信息流形式展示内容，并提供与客户平台上的信息流相融合的原生广告。为更好地支持移动格式，微博已经开发出并在持续精细化其社交兴趣图谱推荐引擎，使得客户能基于用户的人口统计学特征、社交关系、兴趣和行为进行针对个人的营销和锁定目标受众，从而使得客户在微博平台上的营销活动具有更高的精准度、活跃度和推广效率。

资料来源：http：//zh. ir. weibo. com/#/CorPoratefomation.

读一读

领英——社交招聘排头兵

LinkedIn（领英）于2002年成立，是一个面向职场的社交平台，总部位于美国硅谷。

领英专注于职业细分市场，是全球最大的职业社交网站，共拥有6.45亿个人用户以及包含全球500强在内的众多企业用户。如果把领英看作一个国家，那它已经超越美国成为世界第三人口大国。2016年领英被微软以262亿美元收购。这个价值与领英的两项核心资源有关：利用网络资源建立的全球人才数据库和基于用户弱互动性形成的职业中介角色。在弱关系型社交媒体（领英、微博、陌陌等），用户的互动多以外部连接为主，往往采用公开交流的方式。弱关系型用户通常也是社交网络的活跃参与者，并且愿意与陌生人在线上建立社会关系，生产和传播新信息。在职位信息共享方面，弱关系型交互模式还可以减少用户私有信息冗余、持续提供新信息并维系用户信息的多样性。领英正是采用这种弱关系来充当信息中介，并利用自身在连接用户方面的代理作用实现盈利。

第一，对求职者与企业双向赋能。从求职者的角度来看，领英为其获得职业机会建立职业档案，并通过对一、二以及三度人脉的扩展使用户接触更多的工作机会，大大提高了获取工作机会的概率。从企业角度看，首先，领英为企业雇主品牌建设提供了全套的方案以提高企业竞争力；其次，企业通过领英的大数据洞察与分析获取人才需求和趋势，从而能够快速定位目标人才。

第二，打造全球化高端人才蓄水池。作为一个覆盖200多个国家和地区的全球性社交网络平台，领英汇集了大量的全球高端人才与企业数据。该平台同时满足了各大企业对国内外人才的需求。同时，领英平台上有大量的全球求职者与企业，为所有用户提供了一个开放的交流招聘平台。

第三，基于大数据挖掘系统进行人才精准定位。领英相比其他社交网络平台在大数据算法上相对成熟，具有不可比拟的优势。一方面，领英利用海量的信息数据形成报告，为企业的雇主品牌建设、人才规划以及企业选址等提供建议。另一方面，就是人岗的精准匹配。领英通过大数据形成用户画像，然后将企业与求职者进行匹配，将人才信息推送给企业、将职位信息推送给求职者。国内外与领英合作的许多企业都基于大数据洞察做出了正确的人才决策。

第四，为全方位学习方案提供保障。领英以付费的形式全面开启基于双方的学习解决方案。从求职者的角度来看，领英会根据其职位、技能以及相似职位人士正在学习的课程，个性化地提供学习方案，其学习成果可在职业档案中显示，有助于求职者获得更好的职业选择、更容易实现职业目标。领英学习同样适用于企业，可为整个团队提供学习方案，以提升员工的工作技能。对于人力资源工作者，领英会定期在平台上发布针对 HR 的在线学习，使 HR 能够充分了解人才市场的状况以及趋势并提供人才获取的新思路。领英学习虽然不对招聘模式产生直接影响，但是会为招聘效果的提升提供保障，有助于求职者提升技能，有助于企业吸引优秀人才。

资料来源：曾雪云，李雪培．LinkedIn：全球化人才解决方案与盈利实现．新理财，2021（8）：70－71；付鹏．社交网络平台招聘模式研究：以领英为例．企业改革与管理，2021（22）：63－64．有改动。

2. 雇主品牌展示

大大小小的企业正在涌向社交网络，星巴克、维珍和李维斯这样的知名品牌已经加入社交网络很长一段时间了，而小企业中使用社交网络的比例同样在增长。

通过社交网络与求职者互动，有助于企业把自己打造成更符合求职者需求的雇主。美国联合健康集团的人力资源总监波利夫卡最喜欢讲的是一个她亲身经历的案例，一个求职者在脸书上给她发了一条信息，询问自己的技能是不是可以获得一个工作机会。虽然最后这位求职者被告知并不适合这份工作，但是对于这个求职者而言，这次联系并没什么损失，因为他从波利夫卡那里获得了如何提升自身技能的建议，而他本人也对这条“独家消息”感到非常满意。“这位求职者知道了我们企业的核心价值观——完整性与技术性。”波利夫卡认为，通过社交网络与求职者互动也可以成为强化和提升企业雇主形象的助推力。企业的招聘信息在社交网络上一经公开，招聘团队就已经获得了很多与求职者直接接触的机会。

3. 圈地运动

物以类聚，人以群分。每个人都有自己的能力和经验，但在当今职场上尤为重要的是懂得如何善于借助人际网络中他人的能力、经验及智慧。人们总是致力于拓宽自己的交际圈，并与优秀的人建立联系。对应到网络世界，这一规律依然存在。领英的发言人说：“人们倾向于邀请职位高于自己的人加入圈子。”

社交网络是将线下的社会信息（人际关系、娱乐等）逐步转移到线上，使人们能够很容易维持这些现有关系并建立新的关系。例如，领英已经拥有超过 50 万个有专门主题的团体，人们可以加入这些团体分享观点并建立新的联系。在社交网络上建立一个属于你公司的圈子、积极地发言或参与不同的圈子社区，建立并不断扩大与潜在候选者之间的社区关系，不失为吸引“职业潜水艇”的良方。安永会计师事务所通过脸书上的职业群，每年招聘的大学毕业生多达 3 500 名。

4. 精准筛选

企业人力资源管理部门的工作人员可以使用社交网络提供的搜索功能，进行精准搜索和筛选。以领英的高级搜索功能为例，可以根据以下几个方面进行高级筛选：地点、工作经验、发布日期、职务、企业、工作职能或行业。

进行高级搜索后，搜索结果在两个区域显示：

LinkedIn Jobs：显示的是领英用户在领英上发布的工作和空缺职位。

The Web：显示的内容包含整个互联网上同领英具有合作关系的求职网站的相关求职信息。

无论搜索到的结果是什么，如果你的联系人中的某个人同这条求职信息有任何关系（比如某个人目前就职于这家公司，某个人过去就职于这家公司，某个人的联系人中有人就职于这家公司等），这些信息都将显示出来，提升找到合适人选的精准度。

5. 背景调查

社交网络使劳动力市场更为公开透明。CareerBuilder. com 的调查显示，大约 2 700 位美国高层管理者中，有 45%的人会将职位候选人的社交网页作为考察对象，并且超过 1/3 的人使用从社交网络上得到的信息决定是否录用某人。

由候选人自己提供的证明人一般会夸大候选人的优点，通过社交网络进行背景调查将是获得更加客观的数据的好办法。个人的毕业院校和工作经历因为有着同学和同事的关联信息可用于参考，因而很难造假。企业可以根据候选人在社交网络上的足迹对其个人情况进行纵向考查，如通过搜索该候选人工作过的企业名称以及服务时间，可以搜索到与之相关的联系人，通过这些联系人可能得知关于候选人的真实表现。

6. 员工参与，整合资源

越来越多的企业采用网络招聘，但在这个过程中，失败的情况屡见不鲜。“它们仅仅依赖于自己招聘团队的有限资源，在社交网络上刊登招聘信息，然后尽可能多地聚集有潜力的候选人，进而对已建立起的人脉网络不断进行后续跟踪和联络，并重复着这样的循环。在这个过程中，它们感到压力重重的原因有很多，如内部招聘人员在有限的时间里难以管理这么多的人，并且缺乏职位相关的知识、猎头技巧，以及持续的动力（源于奖励和激励）、有效的竞争情报等。”企业管理者可以鼓励员工参与社交网络，因为企业需要通过全员参与来提高社交网络的投资回报。如果所有员工都能参与帮助企业识别有潜力的候选人、建立关系、优化雇主品牌，将大大提升招聘的有效性。

四、传统招聘网站如何应对社交网络

传统招聘网站面对社交网络带来的挑战，未来有三个可能的发展方向。趋势一，招聘网站逐渐向人才职业发展平台转型，未来网站可以提供的人力资源专业服务涵盖从求职、就业到学习的全周期，如求职技巧的培训、简历修改、职场知识学习、劳务外包等。趋势二，招聘网站的产品逐渐社区化，与其他移动互联的社交平台、金融平台、电商平台进行互联互通，打造类似社区化的泛人力资源服务。趋势三，AI 应用的普及化，招聘网站的产品和服务内容逐渐形成 AI 智能化，包括 AI 视频面试、AI 人员测评、AI 智能简历都将形成主流服务。

4.3　校园招聘

4.3.1　校园招聘概述

每年 10 月，企业开始进入校园进行招聘，所以每年的第四季度就成为各大院校中招聘最火热的时期。企业希望将最合适的优秀人才吸引到本企业，这几个月成为企业人力资源部异常忙碌的时节，规模越来越大的校园招聘为企业输送了大批人才。

一、校园招聘的定义及形式

校园招聘是指企业直接从学校招聘各类各层次应届毕业生的一种招聘形式。校园招聘是一种两点式招聘，即在学校和企业两点之间进行。

校园招聘的形式主要有三种：第一种是企业直接到校园招聘，如在校园张贴招聘启事、举办招聘宣讲会等；第二种是吸引学生提前到企业实习，这是企业现在比较重视的一种招聘方法，本章 4.4 节将详细介绍实习生计划；第三种是企业和学校联合培养，主要是企业支付学生的培养费用，学校负责学生在校所学课程的设置及授课工作，学生在毕业后进入这家企业工作。

读一读

校园招聘：中粮信托的“粮芯计划”

据教育部统计数据，近年来高校毕业生人数屡创新高。为践行央企的社会责任，中粮信托于 2021 年底重启校园招聘，命名为“粮芯计划”。

“粮芯计划”是中粮信托为持续选拔和储备一批综合素质好、专业能力强、发展潜力大的年轻人才，实现打造有产业特色、有行业美誉的一流资产管理和财富管理平台的愿景，源源不断培养优秀接班人，而每年面向国内外优秀应届毕业生开展的一个人才培养品牌项目。

该计划于每年的 9、10 月开始，面向多所高校招聘：先开展线下双选会进行宣传，再经过重重选拔，最终确定部分优秀应届生成为“芯”动力。

入职后，针对校园招聘的新员工，公司制订了三阶段的培养方案：

第一，在岗实习。入选计划后，新员工将参加在岗实习，参与专项任务和重点项目，其间穿插专业培训、主题班会、恳谈交流等活动，帮助新员工进一步融入职场。

第二，深度培养。正式入职后，员工将进行深度培养，参加“芯”生培训计划，由点到面全方位覆盖通识、业务、素拓、心理等提升点。

第三，持续跟踪。未来，“粮芯计划”员工都将纳入公司人才库，公司会持续跟踪这些员工的职业发展情况，评估其发展空间，为他们提供更多的锻炼机会。

作为中粮资本的成员企业，公司实施该计划践行了“五湖四海、精兵强将”的人才理念。其中，“粮芯”取自公司服务理念“粮芯之选，良心致远”，“粮”代表中粮集团和公司，“芯”代表“核心”“灯芯”，寓意粮芯计划培养的青年人才与公司诚信相托、同行以诺，立志成为引领公司长期高质量发展的核心力量。

资料来源：粮芯一期｜中粮信托2022年校招“萌新”报到！（2022-04-11）. https：//www. mp. weixin. qq. com/s/7O6A2IHJPNQGgtGLJB_tjA.

二、校园招聘的优势

对于企业而言，校园招聘的优势主要可以从招聘过程和招聘结果两个方面来讨论。

从招聘过程来看，校园招聘有如下几个明显优势：其一，具有较高的应聘率，降低宣传成本；其二，可以控制薪酬总额，降低运营成本；其三，推广企业品牌，提高社会效应；其四，扩大人才储备，树立雇主形象；其五，供求双方直接见面，可迅速地相互了解。如果企业与毕业生能进行深入沟通，做到取舍有据，每次都能招到一定数量的高质量毕业生。

从招聘结果来看，在实际的工作中，校园招聘引进的员工相比其他途径引进的员工在一些素质方面也具有显著的比较优势：其一，快速实现文化认同；其二，具有强烈的进取意识；其三，具有较强的学习能力；其四，思维活跃，有创造力，不怕挑战，善于接受新事物，敢想、敢闯、敢干，给企业带来活力。

三、校园招聘的劣势

对企业而言，校园招聘客观上还存在一些不足：其一，一部分刚招聘来的应届毕业生缺少工作经验和社会经验，需要长时间的培训才能上岗，培训费用高；其二，应届毕业生可能对工作有不切实际的估计，对自己的能力也缺乏准确的评价；其三，有些应届毕业生专业能力较弱，实际的操作能力较弱。

4.3.2 校园招聘的流程

校园招聘的流程通常如下：招聘宣传→举办或参加招聘会→筛选简历→笔试和面试→录用签约→毕业设计和实习→派遣。

一、招聘宣传

企业确定举行校园招聘后，应通过各种形式进行宣传，以吸引更多的应届毕业生投递简历，为企业招聘积累庞大的人才库。形式包括通过招聘网站宣传、通过学校就业中心网站宣传、定向投递招聘手册等，最终目的是覆盖更多的应届毕业生，使更多的应届毕业生知晓招聘信息，以期更多符合企业文化、符合岗位要求的应届毕业生加盟企业。

另外，如果希望招聘到优秀的毕业生，事先要提供合理的待遇。如果待遇难以确定，可多了解相关的市场行情。如果待遇过低，很难招到优秀的人才。

二、举办或参加招聘会

举办企业专场招聘会主要有两个目的：一是宣传企业，吸引更多的学生投递简历，参加校园招聘活动；二是通过招聘会，展示企业的形象和实力，为符合岗位要求的应届毕业生最终与企业签约奠定基础。校园招聘会程序一般如下：校领导致辞、企业情况介绍、招聘职位介绍、校友分享感受、互动问答等。为了表示对校园招聘的重视，一般企业都会请高层来参加校园招聘会。通过面对面的直接沟通和介绍，展示企业的发展情况及其独特的企业文化、良好的薪酬及福利待遇，勾画职业发展前景。而具有校友身份的企业员工亲自分享自己在企业工作、生活的感受，更具有感召力，使应聘毕业生对拟加盟企业有较为深入的了解和更多的信心。

企业也可以参加校园举办的招聘会。其中，展位的布置关乎企业的形象。参加招聘会的企业很多，有些可能就是企业的竞争对手，如果形象上逊于对方，优秀的人才可能会被对手吸引过去。优秀的形象会使求职者产生好感，使求职者产生进一步了解企业的愿望。

三、筛选简历

目前，大部分企业都通过网络接收求职者的简历，这样便于不同地区的学生投递简历，也便于筛选和保存简历。毕业生通过访问校园招聘的网站，按照企业的要求投递简历。企业安排人力资源管理部门和业务部门按照职位要求，在网上进行简历筛选。通过简历筛选后则可以进入下一个环节。

四、笔试和面试

通过简历筛选的应届毕业生可以接受企业的招聘选拔。招聘选拔一般包括两个环节：笔试、面试。

1. 笔试

笔试主要包括三部分：通用能力测试、英文水平测试、专业技能测试。能力是做好工作的基础。通用能力测试主要考查求职者的阅读理解能力、分析判断能力、逻辑思维能力等，是人才素质考查最基本的一关。英文水平测试主要用于考核母语不是英语的求职者的英文能力，考试内容包括听力、阅读、写作、口语等。与以上两项能力测试不同，专业技能测试并不是任何职位的申请者都要参加的。它主要是对一些专业知识要求比较高的职位设定的，如研究开发部、信息技术部和财务部等。专业技能测试一般由业务部门进行考查和评价。

2. 面试

面试一般分两轮。第一轮为初试，一般采用小组面试的形式，一对多或者多对多，在人际互动的环境下考查求职者的基本素质。第二轮为业务面试，一对一面试，面试官通常是具有一定经验并受过专门面试技能培训的业务部门经理，主要对求职者是否符合职位的专业素质要求进行评价。

笔试和面试的时间，各企业可根据招聘情况以及应聘情况进行调整。

五、录用签约

通过企业的笔试、面试后，企业向求职者发出录用通知，内容包括岗位信息、薪酬信息等。求职者接受后，和用人单位签订双方协议（企业、求职者）或者三方协议（企业、学校、求职者）。

六、毕业设计和实习

有些企业会安排录用者提前到企业实习。应届生的实习一般从 3 月开始到 6 月结束。有条件的企业可以向学校申请将学生的毕业设计安排到企业进行，使学生对企业有一段适应期，这样在 7 月正式毕业之后，可以更快地适应工作。

这里应该注意的是，在企业实习，一定要保证学生毕业设计或毕业论文的写作顺利完成，尽量少安排工作或不安排工作，在考勤上也要适度放松处理，最好能安排技术人员辅助实习生完成毕业设计。

七、派遣

学校一般在 7 月上旬为学生办理离校手续。由于接收手续繁杂，人力资源部应协助学生办理手续。手续办理完毕后，毕业生正式成为企业的员工，同时脱离了学生的身份，企业应及时为其办理各种社会保险。

4.3.3 企业做好校园招聘的建议与策略

招聘是一个双向选择的过程，特别是应届毕业生，企业招聘他们的过程也是他们选择企业的过程。因此，招聘过程不单单是应聘人员对求职者的筛选过程，还应该是企业与外界交往的一个重要窗口。企业可以从以下几个方面着手做好校园招聘工作。

一、正确对待校园招聘

首先，企业应树立正确的招聘观念。企业的招聘活动是求职者了解企业的第一步，在招聘过程中，招聘人员的态度无疑会给求职者造成影响。招聘人员是否有礼貌、是否尊重求职者、是否表现得体，都将影响求职者对企业的印象。招聘是为了让合适的人来企业工作。企业的人力资源部经理在向求职者介绍公司时，应做到有礼貌、尊重求职者，而且要表现出热情、诚恳的态度。这些都会影响求职者是否接受企业提供的工作。

其次，突出特色，淡化宣传色彩。不可否认，校园宣讲在整个招聘过程中的作用是不可忽视的。企业在宣讲会上，如果主次不分，根本没有从求职者的角度来考虑、设计一个合理的宣讲计划，会导致宣讲会失败。举一个简单的例子，毕业生最关心的问题就是企业的用人理念以及自己今后在企业中的发展前景如何，但是企业在宣讲中把过多的精力放在了对产品的介绍上，会使学生反感。这种“醉翁之意不在酒”的招聘活动会让求职者有受骗的感觉。有的企业在宣讲中一心想推销自己，不惜弄虚作假，过分夸大企业的成就，对求职者做出虚幻的承诺，而等到签约的时候却又是一种说法，承诺得不到兑现，使求职者心理上形成很大的反差，这样不仅企业招不到合适的人才，从长远看也是对企业形象的极大损害。

二、建立及时畅通的信息渠道

目前用人单位运用最多的校园招聘方式有两种：一是直接到相关学校开专场招聘会；二是参加学校举办的大型招聘会。开专场招聘会适合于用人单位对毕业生数量需求相对较小、专业要求对口、第一次到一所学校招聘或几年未到该校招聘、学生对用人单位不了解的情况，一般需要用人单位领导者参加，以显示用人单位对招聘工作的重视和扩大用人单位在该校学生中的影响力，人力资源部门应提前和学校的就业主管部门取得联系，时间安排不要和校内其他大型活动及其他名企的招聘会冲突。

参加学校举办的大型招聘会适合用人单位在几个大类专业中挑选综合素质高的大学生。这种方式能够极大地提高企业在高校圈的知名度，为企业建立人才库储备人才，为建立良好的校企合作关系奠定基础，而且校园招聘的费用低廉，知名企业有时甚至可以免费入场。

三、制定明确合理的招聘标准，选择合适的招聘渠道

招聘人员在招聘前应对空缺岗位进行职位分析，明确职位的责任、内容、操作规程及职位对胜任人员的素质要求，以形成职位说明书和职位描述，并以此为标准开展招聘工作。同时，招聘标准要灵活变通。要明确选聘标准，最重要的是有准确的职位描述，缩小筛选范围，确定关键的考核点，鉴别主要的才能。在发布招聘信息时，企业需要考虑对不同的职位采取不同的渠道，并不是所有的职位都适合校园招聘。例如，高级管理人才的招聘不适合使用校园招聘，而应该通过有国际声誉的人才顾问公司（猎头公司），或者请几家猎头公司分头推荐，从中进行筛选。技术开发、销售、市场分析、财务等专业人才的招聘则可以面向大学的本科毕业生、研究生，采用校园招聘的方式。

四、科学规范校园招聘的实施过程

1. 合理组建招聘团队

（1）通过培训提高招聘人员的素质。招聘人员应熟悉和热爱他们所代表的企业，经过相应的培训，能向求职者传达良好的企业形象，展现企业员工积极向上的精神面貌。此外，招聘人员还要对校园招聘有深入的了解，能与高校的就业指导中心进行良好的沟通与合作，如果是该高校的毕业生则更佳。例如，宝洁的校园招聘团队中有一位成员是招聘所在高校的毕业生，也就是说，他是求职者的师兄，他将介绍在公司的成长过程及亲身经历，在轻松愉快的气氛中，使求职学生对该企业有更直接、更深刻的了解。

（2）用人部门经理参与招聘。用人部门经理是未来员工的直接上级，所以在招聘过程中，应该让用人部门经理参与进来，由他来决定最终的人员录用，而不是完全由人力资源部门包办。用人部门经理更加了解该岗位的技能要求，在技能考核中能够发挥不可替代的作用。由用人部门亲自挑选员工，也有助于日后的管理。

2. 科学筛选简历

（1）企业在招聘之前一定要根据实际要求，制订详细的招聘计划，尤其要根据职位说明书，细化对岗位的具体要求。根据岗位要求接收和筛选简历，可以大大提高招聘工作的效率。招聘人员还要学会拒绝不符合条件的求职者，并且不能仅根据简历判断该毕业生是否符合招聘条件。

（2）不能过分看重专业、分数及学历。该毕业生学了什么专业，他在这一领域并不一定会做得比非本专业的人出色。要做好一份工作，最重要的是他对工作的兴趣及其基本素质。

（3）不歧视，尽量发现更多优秀的应届毕业生。

3. 灵活运用笔试考核方法

（1）把笔试成绩作为录用依据之一。企业不应单独依据笔试成绩决定是否录用，而应在笔试之后马上进行面试，然后再根据综合成绩来确定最后一轮面试的人选。

（2）准确把握笔试试题难度。笔试的题目是根据职位需要设计的，不必过难，因为没有几个职位需要超凡的记忆力。笔试应考一些常识性的题目，以及和应聘职位相关的专业问题，让太差的求职者过不了关，但基本合格者都能顺利闯关。

4. 正确组织面试

（1）在面试过程中，一定要注重技巧。面试是双向的，不仅主试人在面试求职者，求职者也在面试企业，有时即使是企业看中了求职者，也不见得求职者一定能看中企业。求职者在参加企业组织的面试过程的同时，也在对企业进行较深入的了解。面试安排的程序、面试的环境、面试官的素养等都会使求职者对企业产生一个整体印象，这些印象直接影响求职者对企业的看法。因此，主试人代表的是整个企业，进行如何代表企业的训练有助于使高素质人才对企业及应聘职位形成认同。

（2）招聘面试者应根据职位的资格要求多提问一些行为描述性的问题，例如请举例说明你曾经发起并成功组织的一项活动。招聘人员可问及每个细节，让求职者无法编造。此外，招聘人员也可虚拟一些场景，来考查求职者的分析判断能力。在招聘大学毕业生时，最好使用非压力式面谈，使其能正常发挥，展现真实能力。

5. 注重招聘后的信息反馈

面试结束之后的沟通对于企业形象的树立也具有十分重要的意义。

（1）对于企业相中的求职者，一旦决定录用，就需要及时与之签订合同，这不仅是效率的体现，也可以防止其他企业抢走企业相中的人才。对于未被录用的求职者，企业可以通过电子邮件的方式委婉地回绝，这一点是很重要的，它代表企业是否尊重求职者，虽然求职者不能来企业工作，但他很有可能是企业的潜在客户，委婉的回绝不需要花费太高的成本，却在无形中提升了企业的形象。

（2）对于成功进入企业的新员工，人力资源部门应该进行必要的建档跟踪调查，了解他们的绩效表现、离职情况、晋升情况，这些都是评价招聘效果的依据。因为招聘的目的就是为企业寻求能够为企业带来利益的员工，新员工的绩效表现与离职率直接反映了招聘工作的成功与否。

五、完善招聘评估工作

管理学中有条定律：员工只会做你考核的事。即便是委派了最优秀的招聘团队，企业也不能放松对他们的考核。因此招聘团队完成招聘工作并不代表招聘人员的任务就圆满完成了。对于校园招聘，企业可以设立五项指标来衡量招聘团队以及招聘人员个人的工作质量。

（1）招聘持续时间与招聘成本。实践中，一般一所学校需要花费 3 天的时间，除去大约 7 天的准备和路途时间，就可以大致推测出一个时间标准。招聘成本指标的确定可以参考校园招聘中介的报价以及企业往年的招聘成本。

（2）招聘团队提供的简历被业务部门选中的比例。这个标准一般设为从 3～5 份中选 1 份。

（3）用人部门对招聘团队提供的人才的满意度。一般需要对业务部门进行随机的满意度调查，可以依据往年的标准设定。

（4）新进大学毕业生的业绩表现。看有多少大学毕业生在一年后、两年后或者三年后成为企业中的业务骨干或者被提拔到管理岗位，这个指标也可以依据往年的统计数据设定。

（5）新进大学毕业生的离职率。不管是主动辞职还是被动离职，离职率的高低都在某种程度上体现了招聘质量，统计每次校园招聘来的大学毕业生在半年之内、一年之内或者三年之内的离职率，标准可以参考同类型企业或者企业往年的统计数据。前三个指标用来考核招聘团队，后两个指标既可以用来考核招聘团队，也可以用来考核招聘人员个人。

总之，企业为了提高校园招聘的有效性，应该认真研究企业在校园招聘中存在的问题，并采取有效的改进措施，使企业在校园招聘中获得尽可能多的收益。

想一想

双向选择，志同道合：L 集团的校园招聘

L 集团成立于 1953 年，地处西部某省 G 市，前身为 G 市国营大米厂，最初从事米、油等业务，后来发展了饲料业务和养殖业务。赶上国企改革的机会，L 集团在 2000 年前后实施了多次企业改制，员工出钱从政府手里购买企业股份，改制后的 L 集团变成了员工人人持股的民营企业。企业自成立以来，持续盈利，无一年亏损。

2018 年 L 集团年产值近 200 亿元，其愿景是“成为一家快乐的、持续生存和发展的、受人尊敬的百年老店”，核心价值观为“合作、创造、共赢”。

为践行使命愿景，适应市场需求变化，L 集团非常注重人才引进，大力推出校园招聘计划，向优秀的青年学子抛出橄榄枝。

L 集团的校园招聘，把应届大学生的招聘分成了三类，分别是青年领袖、绿色合伙人和农牧之星，三类人才呈金字塔分布。顶端是青年领袖，定位是在三到五年之

内，成为L集团乃至农牧行业的经营、技术、管理方面的领袖人物。底端是农牧之星，聚焦在农牧技术领域公司亟须的养猪、种禽、技术服务、实验员等技术专业人才。中间则是绿色合伙人，定位在专业管理例如生产管理、营销管理、质量管理等领域，希望未来成长为公司的中高层管理人员。

L集团的校园招聘从秋天开始，包括信息发布、举办校园宣讲会、选拔与交流及录用与总结几个阶段。秉持双向选择的原则，公司在各阶段做足了准备。

一、信息发布

L集团的校园招聘信息发布路径非常多样，包括学校、学院就业管理部门，各大招聘网站，集团官网，还有公司员工的社交媒体账号等。

为更好地招聘人才，L集团常年与高校保持联系，多次捐款，引导和关注大学生的读书行动。因此，当集团发布招聘信息时，不少学生慕名而来。

二、举办校园宣讲会

L集团的校园宣讲会由年轻的招聘经理主持，旨在增进同学们对集团的了解。首先是介绍L集团的发展历程，以此来说明选择农牧行业这个赛道是明智的。其次是介绍公司内部管理和外部客户经营理念，以此展示公司开放包容和真诚相待的原则。再次是介绍招聘岗位。而对于学生关心的薪酬回报和培养发展问题，L集团采用新人自己定薪的制度，让大家在没有经济顾虑的情况下全身心投入工作。L集团认为，真正的成长，一定是在战争中学习战争，领导力要在领导的位置上历练，没有决策压力，就不可能快速成长。所以L集团敢于给学生提供发展空间。

另外，为更加贴近学生，负责主持的经理多次引用网络新梗，让会场氛围轻松有趣，并以自己的亲身体验来宣传公司文化，反响热烈。

三、选拔与交流

经过简历筛选，L集团的面试于校内咖啡厅进行。人力资源部总监与应届毕业生们平等交流，面试问题包括学生实习的行为性问题、未来工作表现的情境性问题以及薪酬期待的意愿性问题等。

最后，为寻找真正志同道合的伙伴，L集团邀请同学们到G市的总部参观，并全程承担考察交流的费用。

四、录用与总结

在交流之后，人力资源部进一步与学生沟通感受和签约事项。秉持双向选择的原则，双方在充分了解之后做出选择，完成录用工作。

资料来源：志同道合，同舟共济：L集团基于价值观的校园招聘．（2020－10－07）．http：//www.cmcc-dlut.cn. 有改动。

请思考：

1. 结合案例，思考企业在校园招聘的宣讲环节应该注意什么。
2. 你认为该集团校园招聘中还存在哪些不足，应该如何改进？

4.4　实习生计划

对优秀大学生资源争夺的日趋激烈。近年来，一些知名跨国公司纷纷推出一系列各具特色的实习生计划，每年都吸引了大批学生的注意。比如，IBM 的“蓝色之路”“青出于蓝”计划，西门子的“西门子学生圈”计划，通用电气的“早期人才发现”计划，微软的“领跑之旅”计划等，这些计划将大学生的实习活动作为校园招聘的前站，并且都取得了较好的效果，甚至还有一些企业用实习生计划取代了传统的校园招聘。

4.4.1　实习生计划的含义及形式

实习生计划与校园招聘的不同之处首先在于招聘的对象。校园招聘只针对应届毕业生，而实习生计划主要针对大二、大三以及研一、研二的在校生，广义上也可以包括应届毕业生。

实习生计划主要分为三种：（1）夏季实习生计划。它独立于校园招聘项目，时间安排在校园招聘之前。（2）春季实习生计划。它与校园招聘密切相关，是校园招聘项目的延续，对象是校园招聘中收到录用通知的应届毕业生。一般来说，企业会同时举办夏季与春季实习项目，或者只举办春季实习项目。（3）全年滚动式实习生计划。有的跨国公司招聘实习生的大门甚至是全年敞开的，它们把实习生招聘与培养作为一项着眼于中长期的日常管理工作，每月都有滚动的实习生计划。

4.4.2　企业实施实习生计划的原因

企业为何越来越热衷于实施实习生计划？主要原因有以下几点。

一、提前发现与储备人才

从大学生的角度来看，企业实施实习生计划可以为他们提供实习的机会，让他们提前体验企业生活，接触企业文化，熟悉企业工作流程，接受职业化培训，进而实现从学生到职场人的角色转变，同时还可以获得可观的收入。从企业的角度来看，这是避开校园招聘高峰、提前选拔和储备人才的大好机会。在整个实习过程中，企业可以更好地考查学生的素质与能力，相互了解能使企业更容易选择到适合企业文化的人才，消除了因为招聘的盲目性而造成的选人不当以及人员流失的风险。比如，企业可以建立实习生档案，记录实习生在实习期间的工作表现、能力特质等，作为以后校园招聘时优先考虑的依据，并将表现优秀的实习生列入企业后备人才库，战略性地储备未来的“新鲜血液”。

二、提升雇主品牌形象

实习生计划是企业履行社会责任的表现之一。企业作为社会发展的重要主体之一，也担负着提升大学生实践经验的社会义务，这也是企业回报社会的方式之一。一个实施了实习生计划的企业，在大学生乃至其他潜在员工的心目中，必然是一个愿意承担社会责任，愿意为社会培养人才的良好雇主。而企业对实习生计划的精心设计与落实，也将给实习生留下深刻而美好的印象，为企业日后的校园招聘打下扎实的基础。

不少世界500强企业在实习生管理方面已经做出了表率。西门子学生圈是西门子的一个全球性人才培养项目，学生圈中的学生有机会被选拔参加其他全球人才培养计划。在通用电气，表现突出的实习生将优先加入该公司为期两年的管理培训生计划。IBM针对暑期实习生开设暑期学校，将IBM职业培训中的特色课程搬到了课堂上，传授学生商业领域的相关知识。这些世界500强企业还达成了一个共识：实习生项目并非单纯为企业培养人才，也是出于一种社会责任，希望为高校毕业生提供一个从学校过渡到社会的桥梁，帮助他们提高就业竞争力。这一人才观和远见无疑值得很多企业借鉴和学习。

三、满足对阶段性人才的需要

企业对人力资源的需求不是固定的，很难完全控制在人力资源需求计划之内，企业在开展某些临时性项目的时候，人手紧缺成为制约项目完成的重要障碍。比如，企业需要针对一些特殊情况开展相关营销策划活动，或某一个科研攻关项目临时需要一些助理来帮助处理基础数据和资料等，这时企业如果有完善的实习生制度，便可以立即从储备的实习生中挑选到合适的人员迅速投入到相应的工作中。

四、完善人力资源管理制度

企业如果建立了一套健全有效的实习生制度，实习生的招聘和培养就可以成为企业整体人力资源战略的重要组成部分。企业通过与实习生的密切接触，可以更多地了解新生代人才的特性，从而促使企业更有效地制定相应的人力资源制度，更大限度地发挥年轻员工的潜力。

五、降低企业成本，提高企业经营效益

2007年国家税务总局发布了《企业支付实习生报酬税前扣除管理办法》，规定企业支付给在本企业实习学生的报酬，可以在计算、缴纳企业所得税时扣除，从财政上予以支持；现在，许多行业主管部门又陆续推出了各种实习补贴政策，加大支持力度。这些政策对一些创业初期的企业或者中小企业而言，尤其具有吸引力，因为降低了企业的成本。另外，从企业自身来说，一些短期内空缺的岗位或者不需要招聘固定员工的岗位，也可以由实习生来填补，节约企业的开支。

4.4.3 实习生管理

在求职竞争越来越激烈、人才要求水涨船高的今天，拥有丰富或相关领域的实习经

历已经成为应届毕业生成功求职的一项重要甚至是必备的条件。实习成为大学生最重要的一门必修课，越来越多实习生的到来也给企业人力资源管理提出了挑战。

读一读

LH 集团的实习生管理优化

在酒店业人力资源缺口逐步加大的背景下，由于来源广泛、实习期长、用工成本低、素质高及相对稳定的特点，实习生正在成为酒店业人力资源中不可替代且日益重要的组成部分。

LH 集团创立于 1994 年，多年来，集团以创建民族品牌为使命，不断开拓进取，目前已成为一家以经营中高档综合性酒店为主的企业集团，综合实力在山东省同行业位居第一，在全国本土酒店集团中名列前茅。并且，和大多数酒店一样，集团的发展离不开实习生招聘与管理。

为了适应快速成长的需要，LH 集团于 2006 年采用整体招聘混合管理模式。但是随着内外部环境的变化，该模式面临新的挑战。一是实习生的分配问题，学生的实习意愿相对地集中于北京、上海、济南、青岛等一二线城市，对三四线城市的关注度和选择率较低，但这些地区对实习生的需求更强烈；二是分店开发院校的能动性问题，在整体招聘模式下，分店对总部的依赖程度逐步增加，抑制了部分分店进行院校开发与维护的积极性和主动性；三是由于分店数量激增，招聘人员无法保证与各分店实习生及时沟通。

对此，招聘部门没有墨守成规，而是顺势推出混合招聘的模式。随着分店数量的增加和经营区域的扩大，集团允许并鼓励部分综合实力强的分店独自招聘，但要执行集团统一的薪酬政策。在分店招聘能力无法满足自身需求时，可将集团招聘作为补充。当分店招聘的实习生超过自身需求时，可在征得院校和实习生同意的基础上，由集团招聘部统一分配。

关于实习生招聘和管理，人力资源部招聘负责人说："我们一直倡导要像对待家人一般对待合作院校，要像对待顾客一样对待我们的员工。"

资料来源：随机应变：蓝海酒店集团的实习生招聘与管理．(2020－04－02)．http：//www.cmcc-dlut.cn. 有改动。

一、计划期管理

1. 明确目的，视实习生为潜在合作伙伴

实习生到底是企业的廉价劳动力还是潜在合作伙伴？对这个问题的回答，代表了两种完全不同的用人观。

将实习生视为廉价劳动力的企业只是将实习生看作"人力"，是初级的、临时的、可随时被替换的劳动力，实行的是粗放式的招聘和只使用不开发的管理。这种注重短期效益的用人观忽略了实习生独有的人才价值，对人才的不尊重必然难以激励人才发挥价值，还会陷入"招聘—流失—再招聘—再流失"的恶性循环。这样不仅没有达到降低人工成

本的目的，反而在无形中增加了员工的管理成本，还可能给企业日常工作的顺利开展造成不必要的麻烦和损失。

若将实习生视为潜在合作伙伴，则更强调实习生也是一类人力资源，将其放入企业的人力资源战略中进行规划，把实习生管理融入整个企业的人力资源管理过程中，视“实习生与企业的共同成长”为目标，追求个人价值和企业价值之间的平衡。这一用人观显然更容易实现实习生与企业的双赢：一方面，实习生能在成长中为企业创造价值，并可能实现就业；另一方面，企业有可能甄选到契合度非常高的人才，通过实习生口碑相传，还能在校园中树立起有影响力的雇主品牌形象。

2. 进行职位分析，确定哪些职位需要招聘实习生

对于实习生计划来说，进行职位分析可以确定哪些岗位需要招聘实习生、招聘什么样的实习生，而哪些岗位招聘正式员工更为适宜，还可以确定通过何种渠道、何种方法更容易招聘到具有某种素质的人才。

由于大学生工作经验欠缺，所学的知识也未必符合企业的岗位要求，他们对企业的具体情况也不够了解，而且往往很难提供一个较长期限的固定的工作时间，因此企业一般不会安排非常关键的工作给他们，适用于实习生计划的岗位也大多集中在基层的职位（如基础技术支持、职能管理助理、业务助理等），并逐渐趋向多样化，具体因企业人才需求而定。比如IBM 2011年实习生计划开放的职位数量超过600个，涵盖了几乎所有的业务部门，招聘岗位涉及销售、商业咨询、技术咨询、软硬件研发、销售支持、技术支持、市场、财务、采购等多个不同的领域。IBM招收的实习生也来自众多专业背景，除了理科，文科及商科人才在这里同样有广阔的用武之地，从学历上也包括本科、硕士、博士。再如百度的实习生计划设立了常年实习的职位，如技术类职位（工程师）、市场销售类职位（专员与助理）、管理类职位（公关部与人力资源部助理）等。

另外，通过职位分析所获得的信息还可以为实习生薪酬、绩效考核、培训等多项人力资源管理活动奠定基础。

二、招聘期管理

1. 及早行动，以获得先机

较早开始实习生计划的多为知名跨国企业。一般情况下，壳牌石油在每年3月就启动实习生计划，安排人力资源部前往各大高校开展宣讲，并且提供常规的暑期实习、海外商业竞赛等，以满足学生不同的时间要求、适合学生不同的特长。微软在每年的4—5月前往北京、合肥、广州等多个城市展开实习生招聘。许多知名企业也都在暑期之前开展相关的计划，以避开过于集中的第四季度校园招聘，抢先一步吸引人才，因此及早开始实习生计划是成功的关键一步。

也有许多企业采用机动的实习生计划，例如新浪等设立了专门的实习生招聘网页，常年接收学生的申请，一旦有适合的岗位空缺，便会安排学生前来实习。微软等企业既有根据业务需求随时开放的实习机会，也有在每年春季集中招聘的常规实习生计划。

2. 确定选拔标准，包括硬性指标和软性指标

由于企业往往会把实习生作为未来的员工来培养，或者是需要满足阶段性的用人需求，因此，对于实习生的选拔不会草率而为，往往有比较严格的选拔标准。从硬性标准来看，学历、专业、成绩与相关历练等是必需的。比如，某跨国公司招聘实习生的基本要求是：通过大学英语六级或英语专业四级考试、平均分（grade point average，GPA）排名在班级或专业前 50%，优先考虑那些在校期间有跨国公司实习、奥运志愿服务、市级以上商业竞赛获奖、海外交流项目、学生会或社团领导者等经历的优秀学生。

从软性标准来看，学生的综合素质也很重要，比如那些乐观自信，协作性好，逻辑思维能力、人际沟通能力和学习能力强的学生往往更会得到企业的青睐。另外，企业需要找到和企业价值观契合的人才。

读一读

海信集团“信动力计划”实习要求

“信动力计划”是海信集团 2021 年全新打造的高端校园招聘项目，旨在招募全球高校有理想、有斗志的优秀青年。对项目参与者的要求体现为以下“四力”：

创造力∞：希望你打破边界，去探索科技无限可能。

内驱力 PLUS：用脚步丈量未来，让想象成为真相。

领导力 MAX：引领世界的第一步，从引领团队开始。

协作力 100%：铭记每一次惊艳都不离团队的通力协作。

资料来源：海信集团2024 届信动力计划招聘全面启动．（2023－07－14）．https：//www.mp.weixin.qq.com/s/mW4fdL03bO-mnkePpVkTwA.

3. 广开招聘渠道，扩大宣传面

企业可以通过以下渠道将实习生需求传递给有需要的大学生。

（1）在企业的网站上发布招聘信息，实习生可以在线提交简历。

（2）高校的 BBS。清华大学的水木清华 BBS、北京大学的北大未名 BBS、中国人民大学的天地人大 BBS 以及中山大学的逸仙时空 BBS 等都是人气很旺的学生论坛。

（3）与招聘网站和媒体合作。如通过智联招聘、应届生网、大街网、前程无忧等学生常用的专业招聘网站，企业可以将正式员工和实习生的招聘信息一起发布出去。

（4）内部推荐。因为优秀的学生可能会结识其他优秀的学生，更重要的是，与在职人员不同，在校学生之间彼此了解的程度更深，这更能有力地保证招聘结果的准确性和可靠性。

（5）直接联系学校就业指导中心、院系与协会组织。比如新浪招聘实习生的主要途径之一就是主动和学校联系，由高校的就业指导中心或者相关院系推荐专业课成绩及综合素质较为优秀的学生，这些学生经过新浪筛选、面试和评估后，到与个人就业方向相关的专业岗位上实习。

4. 创新招聘流程，提高营销推广的效果

一般实习生的招聘流程与校园招聘流程有相同之处，比如包括现场宣讲、素质测试或笔试、首轮面试、复试、最终甄选以及录用等环节。此外，企业还可开展沙龙交流活动、挑战赛、学生相互推荐活动等，提高营销推广的效果。

比如，玛氏公司在实习生招聘中为了扩大影响力，并让申请人在应聘过程中更好地体验互助的力量和团队的温暖，提升协作的意识和能力，要求申请人以三人组队的方式参加，这些小组将参与制作商业策划书、商业答辩竞赛、商业策划项目等招聘环节。

5. 预防“镀金式实习”，探寻学生的实习动机

在实习生招聘阶段必须意识到一个潜在的问题：部分学生进入企业实习的目的并不在于真正加入该企业，尤其对于知名企业而言，部分学生将实习经历作为去其他知名企业的跳板。然而，知名企业聘用实习生的目的往往不在于降低用人成本，而是真心诚意地希望发掘和保留一批有潜质的人才。因此，企业不能因为是招聘实习生，就放松甄选标准，而必须在招聘阶段就严肃考虑未来的人才储备问题，即甄选出不仅有潜质更有意愿加入企业的学生。

为此，企业在招聘实习生的过程中，同样需要关注人岗匹配问题，没有必要盲目接收过于拔尖的学生，这类实习生不一定愿意长期留在企业工作，而且一旦他们在中途离开，不仅会影响日常工作的进度，还会使企业的整个实习生计划失去了预期的意义。在甄选阶段需要关注学生过往的实习经历、实习时间，也需要通过面对面沟通的方式了解其兴趣爱好、对未来职业发展的预期，综合各种信息推断学生的实习动机，从而甄选出不仅有能力，更有意愿加入企业的学生。

6. 签订实习协议

在劳动关系方面，一方面，实习生与实习单位是否建立劳动关系还没有统一的说法，目前司法实践中的主流意见基本上倾向于实习生与实习单位不建立劳动关系；另一方面，教育部、财政部在《中等职业学校学生实习管理办法》中对实习生的权利与义务也做了规定，如“不得安排学生每天顶岗实习超过 8 小时”“实习单位应向实习生支付合理的实习报酬”。这样就造成很多时候实习生与企业之间的劳动关系难以处理。因此，从企业作为实习单位的角度出发，与实习生签订一份实习协议很必要，可在协议中明确实习报酬的标准、实习纪律、实习生过错造成单位经济损失的处理、实习生人身意外保险、学校在实习过程中的职责要求及法律责任等。

读一读

职业学校学生岗位实习三方协议

（示范文本）节选

甲方（学校）：

通讯地址：

联系人：

联系电话：

乙方（实习单位）：

通讯地址：

联系人：

联系电话：

丙方（学生）：
身份证号：
家庭住址：
联系电话：
丙方法定监护人（或家长）：
身份证号：
家庭住址：
联系电话：

为规范和加强职业学校学生岗位实习工作，提升技术技能人才培养质量，维护学生、学校和实习单位的合法权益，根据国家相关法律法规及《职业学校学生实习管理规定》（2021 年修订），甲方拟安排______级________学院（系、部）______专业学生________（丙方）赴乙方进行岗位实习。为明确甲、乙、丙三方权利和义务，经三方协商一致，签订本协议。

一、基本信息

1. 实习项目（甲方填写）：________________________________

2. 实习岗位（乙方填写）：________________________________

3. 实习地点：____

4. 实习时间：____年____月____日至____年____月____日

5. 工作时间：____

6. 实习报酬

报酬金额：____

支付方式：____

支付时间：____

7. 食宿条件

就餐条件：____

住宿条件：____

8. 甲方实习指导教师：____________　　联系电话：________________

9. 乙方实习指导人员：____________　　联系电话：________________

二、甲方权利与义务（略）

三、乙方权利与义务

1. 向甲方提供真实有效的单位资质、诚信状况、管理水平、实习岗位性质和内容、工作时间、工作环境、生活环境，以及健康保障、安全防护等方面的材料。

2. 严格执行国家及地方安全生产和职业卫生有关规定，会同甲方制定安全生产事故应急预案，保障丙方实习期间的人身安全和身体健康。协助甲方制订丙方岗位实习方案，保障丙方的实习质量。

3. 定期向甲方通报丙方实习情况，遇重大问题或突发事件应立即通报甲方，并按照应急预案及时处置。

4. 甲乙双方经协商，可以由乙方为丙方投保实习责任保险。责任保险范围应覆盖实习活动的全过程，包括丙方实习期间遭受意外事故及由于被保险人疏忽或过失导致的丙方人身伤亡，被保险人依法应当承担的赔偿责任以及相关法律费用等。丙方在实习期间受到人身伤害，属于保险赔付范围的，由承保保险公司按保险合同赔付标准进行赔付；不属于保险赔付范围或者超出保险赔付额度的部分，由乙方、甲方、丙方依法承担相应责任。乙方会同甲方做好丙方及其法定监护人（或家长）等善后工作。乙方有义务协助丙方向侵权人主张权利。投保费用不得向丙方另行收取或从丙方实习报酬中抵扣。

5. 按照本协议规定的时间和岗位为丙方提供实习机会，所安排的工作要符合法律规定且不损害丙方身心健康；不得仅安排丙方从事简单重复劳动。为丙方提供劳动保护和劳动安全、卫生、职业病危害防护条件。落实法律规定的反性骚扰制度，不得体罚、侮辱、骚扰丙方，保护丙方的人格权等合法权益。

6. 依法保障实习学生的基本权利，不得有以下情形：

（1）接收一年级在校丙方进行岗位实习；

（2）接收未满16周岁的丙方进行岗位实习；

（3）安排未成年丙方从事《未成年工特殊保护规定》中禁忌从事的劳动；

（4）安排实习的女学生从事《女职工劳动保护特别规定》中禁忌从事的劳动；

（5）安排丙方到酒吧、夜总会、歌厅、洗浴中心、电子游戏厅、网吧等营业性娱乐场所实习；

（6）通过中介机构或有偿代理组织、安排和管理学生实习工作；

（7）安排丙方从事Ⅲ级强度以上体力劳动或其他有害身心健康的实习；

（8）安排丙方从事法律法规禁止的其他活动。

7. 除相关专业和实习岗位有特殊要求，并事先报上级主管部门备案的实习安排外，应当保障丙方在岗位实习期间按规定享有休息休假、获得劳动卫生安全保护、接受职业技能指导等权利，并不得有以下情形：

（1）安排丙方从事高空、井下、放射性、有毒、易燃易爆，以及其他具有较高安全风险的实习；

（2）安排丙方在休息日、法定节假日实习；

（3）安排丙方加班和上夜班。

8. 实习期间，如为丙方提供统一住宿，应为其建立住宿管理制度和请销假制度。如不为丙方提供统一住宿，应知会甲方并督促丙方办理相应手续。

9. 不得向丙方收取实习押金、培训费、实习报酬提成、管理费、实习材料费、就业服务费或者其他形式的实习费用，不得扣押丙方的学生证、居民身份证或其他证件，不得要求丙方提供担保或者以其他名义收取丙方财物。

10. 会同甲方对丙方加强思想政治、安全生产、道德法纪、工匠精神、心理健康等方面的教育。对丙方进行安全防护知识、岗位操作规程等教育培训并进行考核，如实记录教育培训情况。不得安排未经教育培训和未通过岗前培训考核的丙方参加实习。

11. 乙方安排合格的专业人员对丙方实习进行指导，并对丙方在实习期间进行管理。

12. 乙方根据本单位相同岗位的报酬标准和丙方的工作量、工作强度、工作时间等因素，给予丙方适当的实习报酬。丙方在实习岗位相对独立参与实际工作、初步具备实践岗位独立工作能力的，合理确定实习期间的报酬，并以货币形式按月及时、足额、直接支付给丙方，支付周期不得超过 1 个月，不得以物品或代金券等代替货币支付或经过其他方转发。不满 1 个月的按实际岗位实习天数乘以日均报酬标准计发。

13. 在实习结束时根据实习情况对丙方做出实习考核鉴定。

四、丙方权利与义务（略）

五、协议解除（略）

六、附则

1. 本协议一式　份，甲、乙、丙三方各执　份，具有同等法律效力。

2. 任何一方未经其他两方同意不可随意终止本协议，任何一方有违约行为，均须承担违约责任。

3. 有关本协议的其他未尽事宜，由甲、乙、丙三方协商解决并签署书面文件予以确认。协商不成的，任何一方当事人有权向所在地人民法院提起诉讼。

4. 本协议自签字（盖章）之日起生效，至约定实习期届满或丙方实习结束时终止。

5. 甲、乙、丙任何一方通讯地址（联系方式）等与丙方实习相关的重大信息发生变更的应及时通知其他两方，否则，由此产生的一切不利后果自行承担；给其他两方造成损失的，应承担相应的法律责任。

6. 本协议条款中涉及《职业学校学生实习管理规定》（教职成〔2021〕4 号）中规定的原则上“不得”的，如实习因特殊要求存在不履行的可能，甲、乙、丙三方需事先协商一致、签订同意书，并报上级主管部门备案同意后，在不违反法律规定的条件下，方可实施，不视为违约。

7. 如丙方集体签订协议，需由丙方代表签字，其他所有丙方需签订相应委托书，并作为本协议的附件。丙方代表在签字前，应将协议文本内容提前告知每一位参加岗位实习的学生（丙方）及其法定监护人（或家长），并在签署后将协议副本交每一位参加岗位实习的学生（丙方）。

8. 其他事项：

甲方：（学校盖章）　　　　　　　　乙方：（实习单位盖章）

法定代表人（签字）：　　　　　　　法定代表人（签字）：

年　月　日　　　　　　　　　　　　年　月　日

丙方：（签字）

年　月　日

资料来源：教育部等八部门关于印发《职业学校学生实习管理规定》的通知．（2022－01－17）．http：//www.moe.gov.cn/srcsite/A07/moe_737/s3876_qt/202201/t20220121_595529.html.

三、正式实习期管理

1. 提供内部资源支持，为实习生提供保障

企业实施实习生计划还需要内部资源的支持。一方面，自身良好的管理机制与文化是必不可少的，否则实习生发现企业内部管理有诸多问题，是不可能真正愿意加盟企业的。另一方面，企业应为实习生提供一定的物质条件，包括实习补贴、住宿条件、工作指导以及办公资源，这对人、财、物等资源都提出了一定的要求。如果企业缺乏内部支持的环境，不能很好地给实习生提供实习保障，实习生计划可能会收效甚微。

2. 确定“辅导员”和“伙伴”，使实习生尽快融入

实习生制度中必不可少的一个部分就是辅导员制度，有的企业称为“工作指导人”或“导师”。不论头衔如何，只要引进实习生，企业就应当安排相应的资深员工对其进行帮助和指导。一方面在具体工作上协助学生掌握技能，解决遇到的疑难问题，尽快开展工作；另一方面也能够为实习生提供一种心理上的归属感，协助其尽快在组织内部建立人际关系，这种人际安全感和社会归属感对于实习期结束后学生留在组织中的意愿起着非常关键的作用。

除了辅导员，还有一个重要角色尚未被许多企业意识到，即实习生工作中的伙伴。通常辅导员在公司资历较深，与实习生有一定的年龄差距，而实习生在具体工作中接触最多的其实是与其年龄相仿的新员工，新员工能否给予实习生足够的帮助和指导，并从正面影响实习生在组织中的心态，对实习的成败同样重要。企业除了要为实习生指定一名资深员工作为辅导员，还应当指定一名合适的新员工作为工作伙伴。这名新员工应当在业绩上有良好的表现，组织认同感强，最好与实习生有相似的背景。

3. 进行系统的培训，渗透企业理念

从学校到工作岗位，实习生的角色转变需要一个过程，企业需要进行“入门”培训，让实习生充分认识企业文化和工作环境，系统了解产品与业务流程。同时，企业还可以安排实习生参与内部的项目，由资深的员工做项目经理对其予以指导。

IBM在培训过程中非常注重企业理念的渗透，比如其价值观是创新为要、分享传承、团队合作，在这些理念的渗透中，采取了虚拟的3D平台蓝色之路展览馆、师父带徒弟、夏令营营地建设、小组设计电子杂志等多种方式。

培训同时还是企业规避风险的一个手段，实习生从校园进入企业，许多时候尚未完全理解商业环境中职业操守、文件保密和工作安全的重要性，通过培训，企业能够在很大程度上避免实习生在企业中因行为不当而带来损失。

4. 工作内容一视同仁，积极培养实习生

许多企业在实习生管理上存在一个误区，即专门指派实习生进行打印、发传真、预订酒店和机票等工作，这一方面浪费了企业的人力资源，另一方面也无益于培养和保留人才。更好的做法应当是让实习生从事正式员工入职初期的真实业务工作，或与正式员工一同处理当前的项目。比如，现在很多知名企业不仅要求实习生在所学专业的基础上从事技术性工作，而且为实习生提供与正式员工一样的笔记本电脑、工位和账号等。只有让实习生和正式员工一样接触企业的方方面面，理解未来从事的真实工作，才能够在最大限度上发挥实习生计划的价值。而在百度，实习生和正式员工不仅工作内容相同，工资标准也与同岗位正式员工相同。

5. 全面评估，有效甄选

实习生计划的重要目的是更深入全面地评估人才，并甄选出适合企业自身的人才。因此，评估与考核工作必不可少，它们是检验实习生计划效果的重要部分，要最终确保有相当一部分校园招聘中录用的毕业生是从前期的实习生计划中挑选出来的。比如在 IBM 的暑期实习生计划中，近 80%的学生会留在 IBM。因此，企业应保证对实习安排进行精细化管理，提高对实习生的关注度，重点跟进一些表现优秀的实习生，建立实习生档案，通过多方面的考核评估有效甄选出适合本企业的人才。

实习生的考核评估工作由三方面构成：一是培训成绩考核，通过对实习生进行系统的职业知识与技能培训，看其是否具备实习岗位应该具备的业务知识与技能；二是基础工作完成情况评估，看其是否具有相应的岗位胜任素质，是否积累了相关行业的经验；三是参与情况评估，看其工作态度如何，以及激情、责任心、工作适应性、团队协作性等。

四、实习后期

1. 双向选择，留用优秀实习生

实习期结束后，企业应当尽可能留下一批在实习期间表现良好、学习能力强、能够融入企业和团队的学生，这批人是企业的财富；同时应当放弃一部分不能胜任工作或不能得到管理者和同事认可的实习生。

对实习生而言，一部分人经过较长时间的实习工作，掌握了基本的工作技能，熟悉了周遭环境，对企业和团队有较强的认同感，希望继续留在企业工作；也有一些实习生不认同企业的人际氛围或工作内容，而选择离开。一般而言，50%的保留率是比较适中的。

事实上，经过长时间的充分了解，企业和实习生双方都能够做出相对准确的判断，这种平等的双向选择正是实习生制度的优势之一。

2. 收集反馈，做好分析

实习期结束并不意味着实习生计划的结束，最后非常重要的一步在于对整个实习生计划的效果进行分析和总结，这是成熟的实习生制度必不可少的一个环节。

作为从学校向企业过渡、从学生向员工转变的一个桥梁，实习生计划完全能够成为企业在传统校园招聘之外的第二种人才甄选方式，并且部分实现培训开发与人员储备的功能。对于新兴行业、雇主品牌不够强大的企业、兼具专业性与操作性的岗位，实习生计划更是一种优于校园招聘的绝佳选择。众多跨国企业与业界巨头已经启动了各具特色的实习生计划，相信更多的企业也将逐步认识并利用好这一工具，为提升人力资源质量抢得先机。

3. 维护关系，细水长流

实习生计划要注重实效性，实习过程中要关注学生的阶段性反应和感受，要有定期的座谈会；在实习生回到学校继续完成学业的过程中，要与他们保持持续的交流，提高其对企业的认同度。有的企业还设立了实习生俱乐部、实习生网络论坛等，不定期举办实习生感兴趣的主题活动，持续打造企业在校园中的雇主品牌。

同时，企业要与高校建立长期的互动关系，开展多种形式的合作，加强供求双方的信息交流。这样，学校在培养人才以及后期推荐、挑选实习生时，会更加有针对性。

目前，实习生计划除了与校园招聘相互衔接，或在一定程度上取代校园招聘，更有一种往高端化项目发展的趋势——管理培训生计划。企业越来越倾向于自主培养符合自身需要的具有领导力的管理人才，因此，部分企业在实习生计划中增加了面试中对潜在领导力的考查以及轮岗的机会。从这个意义上讲，实习生计划已经成为企业领导人才的战略储备计划，实习生也将成为支撑企业未来发展的中坚力量。

读一读

“宅家”的云招聘

俗话说“金三银四”，每年的三四月份都是求职旺季，应届生忙着参加春招，还有些“职场老人”计划着换工作。不过，随着科技的发展，求职不再需要奔走，“宅家”也可以收到录用通知。

随着信息网络、社交媒体的发展，人与人的交流逐渐走向“云端”，而2020年的新冠疫情更使得线下消费活动受限，“宅经济”应运而生，势不可挡。

万博新经济研究院副院长刘哲在接受《证券日报》记者采访时表示，互联网平台等新业态平台具有较高的需求敏锐度，在解决消费需求痛点的同时，也创造出新的就业机会，成为就业的“扩容器”；在就业方式上，这些新的就业岗位具有就业方式更为灵活、上岗更为便捷的特点，打破了固定时间、固定场所、单一就业岗位等工作限制，形成了一种新的就业模式；在就业渠道方面，“互联网＋求职”可以促进用工单位和求职人员的信息交流，减少信息的不对称。

中南财经政法大学数字经济研究院执行院长盘和林表示，“宅经济”倒逼求职和招聘活动搬至线上，一方面，求职者的求职流程更简便，面试、签约在“云”上，求职成本更低；另一方面，企业招聘用工方式也发生了一定的变化，如共享员工等灵活用工服务兴起，这是通过数字化、信息化来优化人才结构的方式，能够在一定程度上帮助企业解决用工弹性和用工风险的问题。

以校园招聘为例，“空中宣讲会”不再受限于时间、地点的约束，求职者随时可以点击进入自己感兴趣的专场，通过扫描二维码或进入平台通道即可直接投递简历。这些宣讲会都有回放功能，求职者随时可以获得企业信息。另外，后续的面试、签约也都可以“云”上进行，高效又方便。

除了企业改变招聘渠道，各类平台和相关部门也在尝试多种新花样。例如，2020年5月，央视新闻联合BOSS直聘发起“‘职’为你来”媒体公益活动。公开信息显示，直播期间累计收到超10万份应届生简历，各平台累计观看量超1 200万人次，综合所有岗位年薪，此次直播“带货”价值超过82亿元。

长远来看，云招聘仍有很大发展空间。它能够有效降低时间成本、管理成本，未来将有更多数据资源呈现在云端，方便企业对信息进行集中整理、处理以及鉴别，便利求职者做出职业选择。而随着人工智能和大数据的发展，"宅家"的云招聘在未来会更加常见。

资料来源：宅经济"宅"出就业新特点：求职者"宅家"参与云招聘．（2020－05－25）．http：//capital.people. com. cn/n1/2020/0525/c405954－31722177. html.

拓展阅读

数字经济时代网络招聘现状

2022 年 1 月，国务院印发《"十四五"数字经济发展规划》，明确对数字技术赋能经济转型升级进行了部署。数字经济在降低职位搜寻成本、增加收入方面外溢效应显著。

网络招聘是互联网技术与人力资源服务业融合发展的产物。进入 21 世纪，随着以互联网、大数据等为代表的信息技术的深入发展以及我国"互联网＋"、大数据等信息技术发展政策的实施，信息技术与人力资源服务业加速融合，"互联网＋招聘"等交叉跨界创新蓬勃发展，网络招聘从简单的信息提供和工作撮合发展成为包括信息提供、人员测评、大数据分析等在内的劳动力供需匹配服务体系。人力资源社会保障部的相关统计数据（见表 4－3）也显示，近年来网络招聘发展很快，远远超过传统的现场招聘服务。

表 4－3　2012—2019 年我国人力资源市场招聘服务统计

年份	现场招聘会（万场次）	现场招聘会提供岗位招聘信息（亿条）	通过网络发布岗位招聘信息（亿条）	通过网络发布求职信息（亿条）	网络招聘行业市场规模（亿元）
2012	20.80		2.19	1.38	26.70
2013	20.70		1.78	3.38	30.80
2014	23.60	1.11	2.06	4.15	36.90
2015	22.50	1.04	2.46	4.90	42.80
2016	20.00	1.01	2.85	5.92	47.90
2017	22.30	1.04	3.08	6.27	69.60
2018	23.48	1.14	3.60	7.29	91.20
2019	30.26	1.19	4.04	8.23	107.00
年均增速（%）	5.99	1.40	15.68	28.90	22.00

资料来源：田永坡，王琦．数字经济时代网络招聘政策与搜寻渠道选择．北京工商大学学报（社会科学版），2022，37（2）：1－12. 有改动。

□小　结

本章主要介绍人力资源的获取方式：内部招聘和外部招聘。

内部招聘是指当企业出现了职位空缺的时候，优先考虑将企业内部员工调到该岗位的方法。内部招聘的优点是：招聘的风险低，成功率高；可以激励员工；提高员工忠诚度；成本低，效率高以及适应性强。内部招聘的缺点是：使企业失去活力，缺乏创新性；可能造成内部矛盾；不利于新主管建立声望；可能会出现不公正的现象；容易造成“近亲繁殖”；出现“涟漪效应”；失去选用外部优秀人才的机会。主要的内部招聘方式有提拔晋升、工作调换、工作轮换、人员重聘、竞聘上岗、利用人才信息库档案等。

外部招聘是根据企业制定的标准和程序，从企业外部的众多候选人中选拔符合空缺职位要求的人员。外部招聘的优点是：选择范围广，选择余地大；为企业注入新鲜血液；更容易避免偏见，易于管理；为企业带来新技术和新思想；树立企业形象，扩大企业影响。外部招聘的缺点是：招聘成本高；可能影响原有员工的积极性；有时很难全面评价求职者的能力和潜力；外部招聘的员工需要较长时间的培训和适应。

企业在选择招聘方式时应遵循以下原则：高级管理人才选拔应遵循内部招聘优先原则；外部环境剧烈变化时，企业必须采取内外结合的人才选拔方式；快速成长期的企业应当广开外部渠道；企业文化的变化决定了选拔方式。

内部招聘优先还是外部招聘优先，处于不同环境和不同发展阶段的企业应采取不同的选择，视企业的实际情况而定。这就需要企业在既定的战略规划的前提下，在分析企业现有人力资源状况和预测未来情况的基础上，制定详细的人力资源规划，明确企业的用人策略，建立内部的培养和选拔体系，同时有目的、有计划、分步骤地开展招聘工作，给予企业内外部人才公平合理的竞争机会，形成合理的人才梯队，助力企业未来的发展。

外部招聘的方式是多种多样的，有发布招聘广告、利用就业服务机构、借助猎头公司、员工推荐、求职者自荐等。

企业能够在校园招聘中找到数量众多的具有较高素质的合格申请者；招聘与录用手续也相对比较简便；毕业生充满活力，富有工作热情，可塑性强，对自己的第一份工作具有较强的敬业精神。然而，许多优秀毕业生在校园招聘中常常有多手准备；他们容易对工作和职位产生一种不现实的期望；招聘来的毕业生缺乏解决具体问题的经验，相对成本比较高，花费的时间也较长。招聘应届毕业生应该遵循下列步骤：招聘宣传、举办或参加招聘会、筛选简历、笔试和面试、录用签约、毕业设计和实习、派遣等。

网络招聘已经成为企业普遍使用的一种招聘手段。网络招聘的优势有：加快了招聘速度，降低了招聘成本与费用，提高了招聘的实效性，扩大了招聘覆盖面，提供增值服务。网络招聘的劣势是存在信息处理的复杂性，虚假信息大量存在。

社交网络是网络招聘的拓展，是以实名用户与真实商务社交关系为基础，以职业发展、商业拓展、行业交流为驱动的社交人脉网络平台。

□思考题

1. 谈谈外部招聘的几种主要方式。
2. 简述网络招聘的优劣势。
3. 简述校园招聘的流程。
4. 谈谈为什么有些企业实行实习生计划。

□ 参考文献

1. 彼得・德鲁克．卓有成效的管理者．北京：机械工业出版社，2023.

2. 顾海东．德国西门子在华企业人力资源的获取与再配置问题研究．成都：西南交通大学，2013.

3. 黄颖雯．SNS 招聘的影响因素探析：以微招聘为例．南昌：江西师范大学，2012.

4. 黄渊明．实习生计划，提前一步抢人才．人力资源，2009（18）：38－41.

5. 霍治平．校园招聘中存在的问题及对策分析．网络财富，2010（22）：21－22.

6. 刘冬蕾．人力资源管理概论．成都：西南财经大学出版社，2008.

7. 裴银井．互联网＋背景下 HX 公司实施社会化网络招聘对策研究．合肥：安徽大学，2016.

8. 区乐廷，王丹．实习生计划：寻找校园招聘的蓝海．人力资源，2008（8）：50－54.

9. 斯蒂芬・罗宾斯，蒂莫西・贾奇．组织行为学：第 18 版．北京：中国人民大学出版社，2021.

10. 王垒．实用人事测量．简明版．北京：经济科学出版社，2002.

11. 贾昌荣．拓宽社交招聘直效路径．人力资源，2023（1）：30－34.

12. 景天．脉脉："职"引向未来，照亮逐梦路．中关村，2023（3）：56－57.

13. 廖庆．脉脉产品拆解，1.1 亿职场人士为什么使用脉脉？．（2022－09－05）．https：//www. woshipm. com/pd/5590012. html.

14. Caers R，Castelyns V. LinkedIn and Facebook in Belgium. Social Science Computer Review，2010，29（4）：437－448.

15. Jan H K，Kristopher H，Ian P M，et al. Social media? get serious！understanding the functional building blocks of social media. Business Horizons，2011，54（3）：241－251.

第5章

人员测评与选拔的主要方法

| 学习目标 |

- 掌握笔试的实施程序和试题编制特点
- 掌握智力测验、职业兴趣测验、能力倾向测验和人格测验的实施方法
- 掌握评价中心测评技术
- 熟悉工作取样法、履历分析、事实搜寻和演讲

引例

中国古代选贤任能的智慧

中国古代在官吏的选拔、任免、考课、监察、奖惩等环节形成了完备的制度体系。古代的人才铨选机制及其体现的智慧尤其值得总结。

一、古代的人才铨选机制

1. “选贤”：选拔制度演变

中国历代一直在探索有效的人才选拔机制。尧舜禹时期实行禅让制，即军事民主制，互相推举部落联盟首领。进入夏商周三代，实行世袭制。为了打破世袭制，战国以来实行过军功爵制和客卿制，靠个人军功累积可以升到政治地位的顶端，秦朝和汉初甚至形成了军功贵族集团。

秦汉时期实行荐举制。荐举制包括两种：一是征辟，自上而下，层层召用，皇帝征召高级官员；二是察举，自下而上，层层推举。荐举制在魏晋南北朝时期演变为九品中正制。其办法是，在各州郡设立专门鉴别人才的职官，叫作“中正”。根据被考察者的德行和才能，中正官将其品行和才能分为九个等级。从隋唐到晚清，主要实行科举制，即通过公开考试来选拔官吏。

2. “任能”：铨选程序设计

通过了礼部主持的科举考试，只是意味着取得了做官的身份，即“释褐”（脱去平民

服装，换上官服），并不能马上做官。必须经过吏部考试，合格者才能正式授予官职，这就是铨选任用的过程。

古代的官吏任用有严密的程序。例如在唐代，任用五品以上的高级官员，大致要经过宰相议定、皇帝批准、中书省草制、门下省封驳、皇帝册命等几道程序。朝廷为五品以上官员建立专门的人事档案，称为“具员”。而对五品以下官员，由吏部“量资裁定”。直到清代，中级以上官员赴任前，皇帝还要亲自接见，称为“按例引见”。整个铨选过程，层级有序，礼、吏、后各部各司其职，很难舞弊。一旦发现选人不实，相关人员会受到严厉惩罚。

3.“审官”：考课和奖惩措施

进入官僚队伍后，随之而来的另一大难题，是如何让官吏们勤政爱民，高效为政。若无得力的措施，他们轻则流于疲怠庸惰，重则堕入贪腐逆恶。在这方面，历代都制定了系统的考课和奖惩措施。考课统指对官员政绩进行定期考察，据其政绩实行赏罚、黜陟（陟即升，黜即降）。

周代有“大比”，战国以后地方官员都要“上计”，汉初以“六条问事”考察官员，曹魏时有考课七十二条。这些都是考核官员的措施。隋唐时考课制度更加程序化和法制化。唐代对官员每年一小考、四年一大考。宋代创造了磨勘制度，把官员的出身、年劳，以及在该职位任上的考绩、功过，转换成积分，定期升阶、转官。明代的考课分为“考满”和“考察”两种。“满”指任职期满，满三年初考、满六年再考、满九年通考。而“考察”则类似于纠察和巡察，不论任期年限，对京官称“京察”，对外官称“外察”。

二、古代选贤任能中体现的智慧

中国古代的选贤任能体系对西方近代文官制度的形成产生了重大影响，对当代中国的人事任免制度和干部管理制度也有历史借鉴意义。

1. 选任官吏注重以德为主，德才兼备

为了政权的稳固和长久，历代统治者都认识到德行在政治生活中的重要性。唐太宗李世民说，用人“必须以德行、学识为本”；明太祖朱元璋命有司察举贤才，“以德行为本，文艺次之”；清朝康熙皇帝曾说：“朕观人必先心术，次才学。心术不善，纵有才学何用?”唐代以德行、才用、劳绩“三实”考绩官员，首先考察的是德行，其次才是才用和劳绩，“德均以才，才均以劳”。为了加强官员的道德修养，历代都有所谓的“官箴”，例如云梦秦墓出土的竹简就有《为吏之道》，提出为吏之“五善”：“一曰忠信敬上，二曰清廉毋谤，三曰举事审当，四曰喜为善行，五曰恭敬多让。”通过这些道德信条，强化政治规矩，净化官场生态。

2. 重视制度建设，严格执行

朝代新立，无不首先创制设轨，按例选官，以法治吏，从而形成稳定正常的官场秩序。例如，唐初贞观年间立下规矩，五品以上高官必须建立人事档案（“中书门下皆立簿书”），作为皇帝选任官员的依据。此制度在“安史之乱”后一度中断，但天下平定后，又得以恢复。唐宣宗甚至命令宰相编成《具员览》五卷，置于案头，随时翻阅。制度如果得不到严格执行，往往带来极大的恶果。唐代后期，有些官员的任命不再经过宰相议定，而由宦官直接指令中书省宣制而行，称为“宣授”。这些宣授，最初显然也是皇帝的旨意，后来宦官专权，不仅绕过宰相，干脆连皇帝也不奏闻了。

3. 选拔人才，不拘一格

出身、年资、地域等要素有时会成为人才脱颖而出的障碍，为政者和选拔者若慧眼识才，必须打破常规。唐太宗曾说："吾为官择人，惟才是与。苟或不才，虽亲不用；如其有才，虽仇不弃。"汉武帝时人才选拔最为成功，"卜式拔于刍牧，弘羊擢于贾竖，卫青奋于奴仆，（金）日磾出于降虏"，文臣武将，济济一堂，史称"异人并出，后世莫及"。康熙用人，也不分满汉、南北、老少，"自古用将，何分南北，惟在得人耳"。

资料来源：杨华. 中国古代选贤任能的历史智慧. 人民论坛，2017（17）：140－142. 有改动。

5.1 笔 试

篇中案例 | 猿圈测评：程序员的笔试测评系统

"给我几个程序员，我就能改变世界"的说法在互联网公司广泛流行。然而，传统的程序员招聘与甄选方式效率低下，耗费大量的时间和精力，却难以保证入围者的真实水平。

2014 年，郑萌与两位合伙人经营一家软件外包公司，并担任技术总监。他至今难忘求职者在回答他的专业问题时，吞吞吐吐、语无伦次的窘态，与简历上那位履历辉煌、项目经验丰富的高端技术人才判若两人。面对郑萌"不严格把控简历筛选"的指责，人力资源部门表示："该问的我们都问了，但我们根本没有能力判断他的技术水平。"彼时，郑萌意识到技术人才招聘难是互联网公司迫切需要解决的难题。

失败的招聘经历在郑萌脑海里烙下一个问号：在技术人才的招聘过程中，怎样帮助雇主和 HR 分辨求职者主观说辞与客观水平之间的差距？他迫切地想利用自己的经验和技术手段解决这个问题。和团队讨论后，他们共同编写了一个在线测评页面，利用的原理简单来说就是"用编程操作测评编程能力"。在面试前，HR 将测评页面的链接发送至求职者的邮箱，求职者需要将页面中的编程题目补充完整，否则将直接被淘汰。这种在线笔试兼具经济性与广博性：对大批求职者在不同空间、不同时间内实施，测评效率高。此外，编程操作的考察涵盖面广、容量大，可以测出求职者的基本知识、技能和能力的深度与广度。通过远程操作在线编程，在面试环节前对求职者的技术水平进行初步的评估，能够在一定程度上填补专业领域的鸿沟，为招聘团队提供 IT 行业技术层面的参考。

就这样，在线测评成了郑萌公司程序员面试前的必要环节。这个创新的招聘方法效果显著，招聘来的程序员的水准明显提升。然而，让郑萌想不到的是，一段时间之后，这个办法在 HR 的圈子里口口相传，竟然受到越来越多人的追捧。陆续开始有一些公司前来接洽，希望借用或者付费使用这项测评技术，再创业的想法开始在郑萌头脑中涌现。机缘巧合之下，郑萌在一次活动中结识了华创资本的合伙人，聊起技术测评的话题，两人一拍即合。这次谈话让郑萌坚定了技术测评的创业方向，下定决心开始再创业。在郑萌和伙伴的努力下，2014 年 11 月猿圈科技正式成立，并在一个月后顺利拿到了华创资本 200 万元的种子轮投资。

猿圈，顾名思义，是一个程序员之间相互交流和切磋的“圈儿”，也是帮助用人单位和求职者建立连接的平台。猿圈开发的以代码挑战的形式测评程序员专业能力的测试系统，既帮助企业精准定位求职者，提高了匹配职位的效率，又节约了求职者的精力，快速展示其真实的技术水平。起初，郑萌心里也只有一个大概的思路，想要通过在线编程帮助企业测试程序员的水平，提高招聘效率。而随着系统开发的深入，从前没有设想过的问题纷纷涌现：如何保证题目的权威性？怎样维持题库的不断更新？怎样快速拓展考察的能力范围？

2015 年，猿圈组织建立了“卓越工程师联盟”，并成功邀请百度、新浪、搜狗等知名企业的 CTO 和高级软件工程师加入。他们利用业余时间帮助猿圈出题，这样，题库不再全部由猿圈自己搭建而是采用众包的形式，题目大多为一线企业真实的项目案例。这样既能降低题库开发的成本，提升系统建设的效率，又使得题库的内容品质大大提升，实用性和科学性得到业界专家背书。

随着客户数量的增加和客户需求的多样化，猿圈的产品随之更新。从原来的提供标准化测评产品，到后来为各种企业提供定制化的人员测评解决方案，猿圈的题库内容不断丰富，测评技术也不断提升。渐渐地，猿圈建立起一个基于 SaaS① 模式、囊括几乎所有主流技术语言的程序员能力测评系统。

猿圈的诞生始于一个简单的愿望和一项实用的技术，而随着创业的深入，猿圈团队察觉到：不仅 IT 行业的编程人才招聘困难、测评困难，其他行业的 IT 人才乃至其他岗位的招聘也面临着类似的问题。同时，招聘过程不仅要测量求职者的技术能力，性格特征、心理素质等方面也不容忽视。基于此，猿圈将系统覆盖的岗位拓展到研发类、产品类、运维类和测试类等，将适用的行业拓展到金融、财务等行业，并丰富了包括通用类、金融类、性格类、比赛活动和内部考核等在内的笔试系统。

资料来源：猿圈测评：基于效果的创业之路．(2018－11－29)．http：//www.cmcc-dlut.cn．有改动。

笔试是一种与面试对应的测试，是考查应聘者学识水平的重要工具。这种方法可以有效地测量应聘者的基本知识、专业知识、管理知识、综合分析能力和文字表达能力等。笔试广泛运用于人员招聘的初级筛选阶段。大型的笔试在员工招聘中有相当大的作用，可以一下子把应聘者的基本情况了解清楚，然后划分出一个基本符合需要的界限，帮助组织高效筛选人才。

5.1.1 笔试的实施程序

笔试的实施程序大致可以分为六个步骤，从成立一个笔试测评委员会到组织笔试再到最后公布笔试成绩，是一个系统的过程。笔试的实施程序如图 5－1 所示。

---

① SaaS 是 Software-as-a-Service（软件即服务）的简称。它是一种通过互联网提供软件的模式，厂商将应用软件统一部署在自己的服务器上，客户可以根据自己的实际需求，通过互联网向厂商定购所需的应用软件服务，按定购的服务多少和时间长短向厂商支付费用，并通过互联网获得厂商提供的服务。

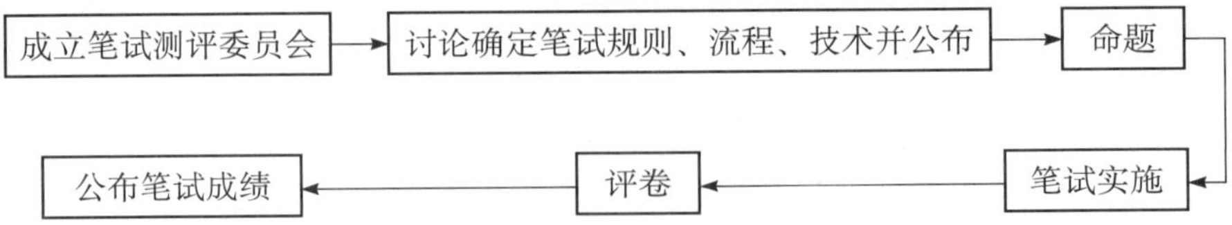

图5-1　笔试实施程序的流程图

（1）成立笔试测评委员会。为了体现整个笔试测评过程的科学有效，企业应成立专门的笔试测评委员会，负责整个笔试过程的组织和实施。委员会应该根据企业的实际情况，确定委员会成员的组成，并通过讨论和研究，制定笔试规则、计划和操作流程，确保笔试的有效进行。

（2）讨论确定笔试规则、流程、技术并公布。笔试测评委员会成立以后，应该根据企业需要，确定笔试的一些规则、流程以及技术，如确定考试性质、考试要求、测评内容、测试题型、笔试具体实施程序、测评形式、计分标准等。确定之后，要把这些基本信息向应聘者公布，使其对整个笔试过程有一个全面、直观的了解。

（3）命题。命题环节是十分重要的，关系到笔试的有效性，决定了企业是否能够利用这个测评达到人员初步筛选的目的。命题应遵循5.1.2小节提到的四个原则，以提高笔试试题的信度和效度。笔试测评委员会应该根据要测评的知识和能力，编制笔试试题以及参考答案。笔试试题应该进行试测并反复修改。

（4）笔试实施。设计好题目并通知应聘者来参加考试之后，就要进行笔试的实施了。这一阶段主要包括考场的安排和布置、考场规则和监考规则的制定、考务人员的培训、应聘者的组织引导、试卷保管等。

（5）评卷。笔试测评委员会应该组织有关专家对笔试的试卷进行评阅，在评阅之前要对专家进行必要的培训，使其全面深刻地了解企业的需要，合理有效利用参考答案，做到评卷的客观公正、标准统一。

（6）公布笔试成绩。企业应在笔试完成后一定的时间内组织好评卷工作，并按照规定的时间及时向社会公布笔试成绩。一方面可以使应聘者及早知道笔试结果，降低其时间成本；另一方面也是一个企业高效率和重视招聘工作的体现，企业应该抓住这一机会向应聘者展示良好的企业形象。

看一看

教师招聘的笔试模式

教师招聘的核心是对报考者的教师素质的考核，包括笔试和面试两个环节，笔试常在面试前，且占总成绩的比重往往高于面试。这意味着要招录到高素质、最合适的教师，就要严把笔试关。首先要在笔试的内容上做出与招聘目的相一致的界定，即招聘目的的价值取向不同，笔试内容亦有所不同。其次是做好笔试实施工作。

笔试内容与教师职业必备素质密切相关，笔试模式建构的前提是划分教师素质所对应的内容，对教师素质对应内容的选择不同就形成了不同的笔试模式。由于每种模式的最佳适切性不一致，就必须对不同的模式进行比较和反思。

按照教师职业对教师素质要求的全面性，依据素质形成的学科基础差异性，结合学科分类标准，把可作为笔试的课程或内容整合归类，得出教师招聘笔试的内容共三大类：通识性知识、学科专业知识、教育类知识。通识性知识涵盖文化素养的全部内容、思想道德和能力素养的部分内容，侧重于“博”；学科专业知识与专业素养相对应，侧重于“专”；教育类知识涵盖心理素质、理念素养、教育科学及能力素养的部分内容，侧重于“教”。招聘教师时，可有针对性地选考其中一类知识，也可选考两类或三类知识，由此就形成了地方政府公开招聘教师笔试的Ⅰ型模式、U型模式、Ⅲ型模式。

Ⅰ型模式指笔试时仅考一类知识，该类知识在笔试成绩量化上有唯一性、排他性、决定性。由于教师素质中可考性知识有三类，Ⅰ型模式就分化为三种，即通识性知识取向的Ⅰ型模式、学科专业知识取向的Ⅰ型模式、教育类知识取向的Ⅰ型模式。

U型模式是指有针对性地从三类知识中任选两类作为笔试内容，采用两类知识合为一套试卷或分开单独进行笔试。命题对两类知识关系的处理既可相互贯通，亦可貌合神离，又可互相对立。模式建构的基本假设是选中的两类知识最能反映教师素质，二者的组合能选拔出最适合岗位的教师人选。依据排列组合原理，U型模式分为三种：通识性知识＋学科专业知识的博专U型模式、教育类知识＋学科专业知识的教专U型模式、通识性知识＋教育类知识的博教U型模式。

Ⅲ型模式的假设是教师要胜任教育教学工作，必须博学多才、多才多艺，必备的三类知识均需考查，考题内容要面面俱到。该模式主张笔试内容与形成教师素质的知识间的精准对接。从所对应知识的整体性看，这是最理想、最可靠的笔试模式。但因对三类知识在教师素质形成中的作用大小无权威性的研究结论，导致方案设计缺乏共识。

教师招聘笔试模式多样化是基于理论、制度、操作层面多方考虑共同交织而形成的。选择特定的笔试模式是对教师素质认识的分歧、可笔试内容与相应教师素质及教学岗位或教师职业对接的紧密程度、操作的难易度等复杂状况整体考量后的政策抉择。地方政府要招录“招得来、用得上、留得下、教得好”的最合适的教师，就要依地方及学校办学实际及对师资的相对差异性优势需求来选择最佳笔试模式，并且客观、理性地认识到三种笔试模式的分歧（见图5-2）。

笔试模式		Ⅰ型模式			U型模式			Ⅲ型模式
		通识性知识取向	学科专业知识取向	教育类知识取向	教专U型模式	博专U型模式	博教U型模式	博+教+专
价值取向		博雅通识化	学科专业化	教育专业化	偏学科专业化	偏学科专业化	偏教育专业化	通识专才化
考查重点		知多少	知之深	如何教	专体教用	博为专用	教体博用	学用结合
职责范畴		学校职能	教学岗位	教师职业	学科教师	一专多岗	教育者	全能教师
最佳适用	学科岗位	—	音体美英等	—	音体美英等	音体美英等	—	—
	学段	小学	中学及以上	幼儿园、中小学	中小学	中学及以上	幼儿园、小学	中学及以上
	地域	农村	—	城乡一体	城乡一体	城乡一体	城乡一体	—
操作性	标准	统一	多元	统一	多元	多元	统一	多元
	难易程度	最容易	较繁杂	容易	繁杂	繁杂	较容易	最繁杂
成绩区分		易趋中	易趋中	较明显	明显	较明显	明显	—

注：“—”表示不明显或不确定。

图5-2 三种笔试模式的分歧

资料来源：李俊义.地方政府公开招聘教师笔试模式类型及反思.教师教育研究，2018（1）：33-40.有改动。

5.1.2 笔试试题编制原则

在编制笔试试题时，应遵循一定的原则，这样才能确保笔试试题达到预期的选拔效果。

（1）符合目标原则。即明确知识考试的目标是什么，并且在设计试卷时要从头到尾贯彻执行，这样才能确保所设计的题目不会偏离所要测试的目标，并且契合测评目标的关键点，保证试题的针对性和有效性。

（2）综合运用原则。也就是各种知识考试类型可以结合起来运用。比如，在一张试卷上既可以有百科知识的内容，又可以有专业知识的内容，还可以有与工作相关的内容。这样可以节约时间，在较短的时间内全面了解应聘者各方面的水平。

（3）重视运用原则。要与所招聘的岗位职责的要求相结合，体现空缺职位的工作特点和特殊要求，充分重视在工作中实际运用知识的能力，尽量多用案例以及讨论等方式。

（4）难易适中原则。招聘的选拔不同于一般的水平测试，它是一种关于择优的工作，具有排斥性，命题过难或者过易都不利于择优。过易的题目设计不利于拉开优秀者和一般人员的差距，从而出现普遍分高的现象；过难的题容易出现普遍低分的现象，也不利于识别出应聘者的差异。

5.1.3 笔试试题的编制

试题的编制是笔试的核心环节，试题质量的好坏关系到能否有效地利用笔试进行人员筛选，真正地把合格优秀的人员引入组织。招聘到适合组织的人员是组织能够不断前进的根本动力。因此，必须充分重视笔试试题的编制，在有关原则的指导下，科学有效地开展编制工作。笔试试题的编制过程如图 5－3 所示。

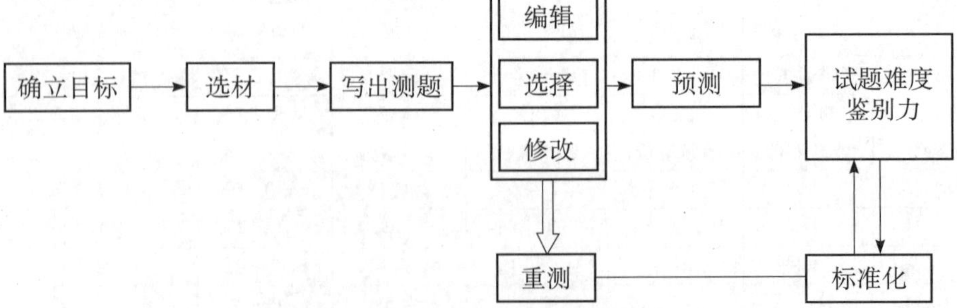

图 5－3 笔试试题的编制过程

资料来源：招聘面试常用工具箱.（2017－05－10）. https：//www. zl. hrloo. com/file/462410.

根据不同的划分标准，笔试试题可以分为不同的类型。按照试题内容可以分为主观性试题和客观性试题。

一、主观性试题

主观性试题是指应聘者在作答时不受范围的限制，可以根据自己对题目的理解创造性地回答。主观性试题更多的是考查应聘者的思维能力、综合分析能力以及知识广度。在评阅的过程中，主观性试题一般容易受到评卷人的影响，因此，对于主观性试题评阅人的挑选和培训也是十分必要的。

1. 主观性试题的特点

（1）题目的开放性。主观性试题一般选择开放性的题目并采用直接询问的方式，以使应聘者明确题目内容，激发应聘者的思考，让应聘者能够深入作答。

（2）能力的综合性。主观性试题一般用于测评分析、综合、思维、评价等高层次的目标，试题的综合性比较强，能够同时测试应聘者的多种知识或者能力。如设置一个案例同时考查其分析问题、解决问题、思维开阔性以及文字表达等多种能力。

（3）命题的直接性。主观性试题可以根据某个想知道或者想考查的问题直接命题，如让应聘者表达对某一事物的看法及原因，或者直接问应聘者对某一问题的建议等，不像客观性试题那样需要有较高的技术要求，题目的命题过程比较直接和简便。

（4）测评的相对有效性。主观性试题不像客观性试题那样带有运气和随机的成分，它的作答完全依赖于应聘者的知识储备和思维能力水平，答案对个人来说具有创造性，而且可以同时测评应聘者的多项知识和能力。因此，主观性试题相比客观性试题而言，测试的有效性更高。

（5）答案的多样性。客观性试题的答案已经在预先设定的范围内了，而主观性试题的答案具有多样性，对于同一道题，每个人的答案都不一样，即使是同样的观点，每个人的表述也会不同，这就造成主观性试题答案的多样性，这也是主观性试题和客观性试题的主要区别之一。

综上所述，主观性试题因具有独特的优点而广泛运用于笔试之中，如考查的综合能力强、命题直接而简便、测评效度高、答案丰富多元。但同时主观性试题也存在一定的局限性，如题量小，覆盖面窄，结果难以进行量化分析，受评卷人主观误差影响，答案处理比较复杂、耗时耗力等。在进行笔试试题编制的时候，要根据实际情况，充分利用主观性试题的优点，避免它的不足，将其与客观性试题有机结合，以发挥主观性试题最大的作用。

2. 主观性试题的编制

主观性试题主要包括简答题、论述题、名词解释、证明题、作文题、案例分析题等，要求应聘者用文字以书面的形式回答现实或理论问题。在编制主观性试题的过程中，题意应当明确，用语要规范简明，让应聘者能够清楚地明白题目的含义，以确保正确作答。

（1）简答题的编制。简答题广泛运用于笔试当中，它简单扼要，直接明了，通过一个简单的题目让应聘者去总结并组织语言，适用于考查基本事实、基本原理、概念等。例如简要说明你对企业文化的理解，这道试题十分简单，考官通过应聘者的回答，可以了解其对这一概念的认识、对概念延伸的把握，以及对此概念在现实中作用的认识等。应聘者只需要把自己对于企业文化的了解简单罗列出来，不必进行相关的延伸和讨论。

虽然简答题设计起来比较简单，但是在设计的过程中也必须采取一定的策略。题目编制上，要具体明确、不能有歧义，一般可以将考点具体化；用语上，应使用“简述”“简要回答”等，以与论述题相区分；内容上，简答题考查的内容要比名词解释和选择题重要，并且综合性稍强，但是比论述题要基础；评分上，简答题给分相对灵活，不像客观性试题对错分明，也不像论述题必须分析和阐述恰当，只要是和题目有关的答案都可以酌情给分。

（2）论述题的编制。论述题是比较常见的主观性试题，应聘者需要对题目做进一步的分析和阐述，有较大的发挥空间，对应聘者的思维能力、书面表达能力、分析能力和解决问题的能力等都有较高的要求。论述题主要考查应聘者回答某个问题的思路，能够考查较高层次的能力。还是以企业文化相关内容为例，围绕这一主题，论述题可以这样编制：谈谈你对企业文化的认识。如果是论述题就不仅要谈对企业文化概念的理解，而且要延伸到企业文化的作用、特点、运用以及自身的体会和认识等多个方面。在编制论述题时，需要注意以下几个方面。

1）题目选择上，要与工作相关度高，让应聘者有发挥的空间，同时考查知识能力中的重点。因为论述题综合性强，能够考查应聘者是否具有较强的能力和较高的素质，因此针对考核的重点出题，才能考查应聘者在考核关键点上的表现，达到预期的考查目标。另外，选题上要留有足够的发挥空间，如果像判断题或者简答题一样，答完基本概念后就无话可说，话题不具有延伸性，那么考核必然是无效的。

2）内容上，应该综合性强且难度相对大。论述题要对应聘者知识运用、解决问题的能力甚至创新能力进行考查，那么在题目的设计上也要具有综合性和深度，这样才能在不同的层次上对应聘者进行全面的考核，挑选出真正出色的候选人。

3）用语上，准确明了，确保应聘者能够明白题目的要求。论述题涉及的知识面更广，深度更深，综合性也更强，题目本身就具有一定的难度，如果不够准确明了，会影响应聘者的发挥，从而无法达到区分和选拔的真正目的。

4）评分上，在编制试题的同时也要制定好相应的评分标准，尽可能具体、详细地给出得分点和给分标准，这样既能使评阅者有一个基本的评分框架，也能使应聘者大体把握得分点和答题脉络，发挥自己真实的水平。

看一看

N集团校园招聘考察要素

在2020年校园招聘的甄选环节中，N集团以核心价值观为前提，通过观察求职者网申、测评结果以及以往入职学生的绩效等为找寻的同路人给出了“文字画像”。具体来说，甄选过程中主要考察的素质包括求职者的职业规划能力、抗压能力、创新精神、团队合作意识、专业知识、办公软件操作、价值观、逻辑能力、沟通协调能力、勇于挑战自我等。这些考察要素在实际人员甄选过程中的权重是不同的，相对应的甄选标准的重要程度也是不同的。2020年N集团校园招聘考察要素见图5-4。

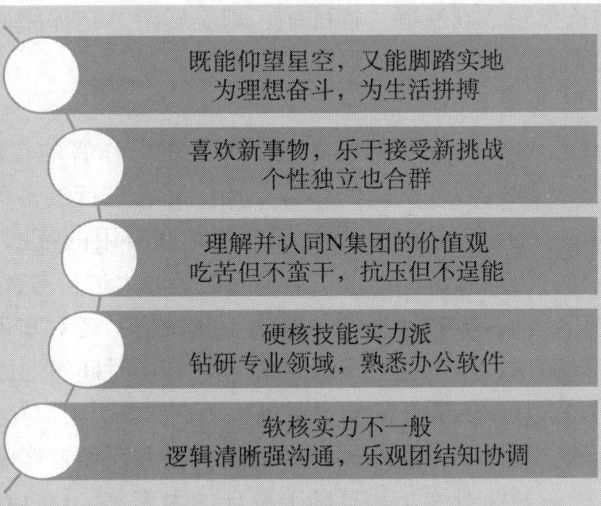

图 5－4　2020 年 N 集团校园招聘考察要素

资料来源：自燃力量，Fun 享青春：蒙牛集团的校园招聘究竟“牛”在何处？.（2021－03－04）. http：//www. cmcc-dlut. cn. 有改动。

（3）案例分析题的编制。案例分析题是由一段背景材料和一些问题组合而成的分析性试题，一般侧重于知识和原理在具体情境中的运用，注重考查应聘者分析和解决具体问题的能力。案例分析题的综合性更强，考查的能力的层次性更高，其来源可以是假设的情境，也可以是公司曾经或者现在面临的问题。案例分析题一般比较灵活，要求掌握相关的知识，更看重应聘者怎样用知识和原理去分析现实中的问题。

在编制案例分析题时要注意以下几点。

1）选择的案例要与工作相关并有代表性。案例分析中需要讨论的问题最好是与工作高度相关的，这样才能测出应聘者在具体工作中的能力水平，甚至可以把工作中遇到的问题原封不动地呈现在试题中。同时，案例也要具有代表性，要选择那些最能反映所考查能力的案例，如一个销售经理需要具有沟通能力、销售规划能力、执行力、处理冲突的能力等，要选择能够体现这些能力的案例。

2）问题应该紧扣案例，用语简洁明了。问题的措辞能让应聘者迅速明白考查的是什么，而不应当有歧义或者模糊不清。避免让应试者在审题上消耗过多时间，从而不利于发挥最佳水平。

3）内容上要具有延伸性。案例分析题不仅是要就具体的案例得出一定的分析结果，而且可以就具体的案例展开来考查更深层次的东西，如对案例中遇到的问题换一个情境进行分析，或者将案例发生的范围扩大等。

4）评分上与其他类型的题目一样，应当制定明确的评分标准，确定评分的档次以及重要的得分点，使评阅工作更加客观公正。

二、客观性试题

客观性试题是指应聘者作答时受题目本身条件和范围的制约，只能在题目规定的范围内作答的试题，如选择题、判断题、搭配题、填空题等。在评阅的过程中，客观性试题不受评卷人的主观影响，因此评阅结果具有客观性。

1. 客观性试题的特点

（1）题目的封闭性。客观性试题的内容是封闭性的，作答的范围就包含在试题中，应聘者不能自由发挥。一般客观性试题的作答不用应聘者进行过多深入的思考，而是在现有知识储备的基础上，对题目进行充分的理解后，在有限的范围内迅速作答。因此，客观性试题不能对应聘者诸如分析、思考、解决问题等能力进行考查。

（2）知识涵盖的广泛性。客观性试题一般用于测试应聘者对知识的识记、理解和应用等，答题的方式比较简单，不用进行深入的思考，答题时间短，因此试卷的容量比较大，可以涵盖更多的知识点，所测评的知识范围也更广。

（3）命题的困难性。相对于主观性试题命题的直接和简便，客观性试题的命题相对比较困难。因为客观性试题题量大，并且题干设计的内容多，对试题的结构化和科学性要求高，需要遵循一定的原则和方法、掌握较高的命题技巧，如必须考虑试题结构上的一致性、选择题选项设计的全面性、干扰项设计的技巧等，这些都使客观性试题命题的过程变得复杂。

（4）测评的相对可信性。客观性试题作答简单，涵盖的知识面广，题量大而全，有利于提高测试的信度。另外，客观性试题的答案是确定性的，可以利用科学的手段评阅试卷，试题的评阅不受评阅人主观偏差的影响，测试的信度相对较高。

（5）答案的有限性。客观性试题的答案已经被限制在题目设计的有限范围内，应聘者没有自由发挥的空间，答案比较简单，便于进行量化的统计和分析。

2. 客观性试题的编制

客观性试题在编制过程中也有需要注意的地方。下面按照题型介绍客观性试题的编制。

（1）选择题的编制。选择题是一种应用十分广泛的客观性试题，一般要求应聘者从多个备选答案中选择一个或者多个，按照答案需要选择的个数以及个数是否确定可以将选择题分为多项选择题、单项选择题和非定项选择题。

1）选择题的优点。选择题适用于对不同层次学习结果的测评；可避免简答题常出现的题意不清的现象；测试的信度高；可以避免应聘者依照习惯性的反应心态来作答。

2）选择题的缺点。选择题不适合对观念、能力的测评；干扰项的编制有一定的难度。

看一看

选择题示例

示例一：

1. 经济学主要研究（　　）。

A. 与稀缺性和选择有关的问题　　B. 如何在证券市场上获利

C. 何时无法做出选择　　D. 用数学方法建立模型

示例二：

2. 被经济学界称为具有划时代意义的、经济学说史上的第一部革命性的著作是（　）。

A.《国富论》　　B.《赋税论》

C.《政治经济学及赋税原理》　　D.《政治经济学新原理》

3）选择题的编制思路。

首先，通过一句话进行考查。可以将该句话的重点内容设置为空，并设置若干干扰项，考查应聘者对于这句话中重点内容的理解。

其次，用一段重要的文字引出一道选择题。可以是一道多选题，将一段话的每一句作为一个选项，同时可设置干扰项对重点段落进行考查。

最后，设置一些情境和选项，考查应聘者的能力、素质和个人特质。

4）选择题的编制注意事项。

首先是内容的选择。内容的选择要注意三个原则。

第一，重要性原则。考查的内容应当是重要的，体现考查的价值性。笔试是进行人员筛选的初级阶段，目的就是要在应聘者中挑选知识、能力或者个人特质符合岗位要求的人员，因此选择题的编制也要体现这一原则。

第二，知识、能力、技能、素质相关性原则。所考查的题目应当是与工作相关的知识、能力、技能、素质等，这样才能真正达到考查的目的。

第三，与考查内容相适应的原则。如果考查的内容信息比较少，考查的是单一的概念或者知识，那么就可以选择单项选择题；如果考查的内容比较综合，信息量大，就可以选择多项选择题；如果想要考查的是应聘者深刻理解和正确辨析的能力，则可以选择不定项选择题。

其次是题干编制。

第一，试题最好只问一个问题，避免同时包含太多的概念。包含的概念太多容易造成混乱和理解困难。题干慎用否定结构，如使用否定结构应在否定词下加着重号，将否定词标示清楚，以免应聘者在紧张的情况下忽视。

第二，题干要把问题交代清楚，表述准确、简洁。只有在正确表述的基础上，才能让应聘者明确考试考查的内容，这是应聘者正确答题的基础。

第三，题干不能出现与答案无关的线索。题干或选项中应避免出现关于正确答案的线索。

最后是选项编制。

第一，每个试题的选项数目应一致，以 3～5 个为宜。单项选择题的选项一般是 3～4 个，多项选择题的选项一般是 5 个，这样可以使试题看起来比较规范和工整。

第二，正确答案出现的位置要随机，而且正确答案在题号上的分布要相对平衡，避免有些应聘者猜答案。

第三，题干与选项内容属于同一范畴。正确选项和错误选项都应当在逻辑上与题干一致。正确选项与错误选项长度、结构等尽量相近。

第四，干扰项具有迷惑性，这样才能考查应聘者对于一个概念的深刻理解，达到能够区分正误的目的。但干扰项（错误项）又不要错得太明显。

第五，应尽量避免以上皆是或以上皆非的选项。这是编制选择题最基本的要求，如果出现上述情况，该选择题的编制就是无效的。

第六，选项应相互独立，彼此之间没有逻辑上的关联，相同的部分应该放在题干中以避免重复累赘。

（2）填空题的编制。填空题是客观性试题另外一种重要的形式。填空题一般采用将一句话或者一个段落的重要内容省略，要求应聘者填写出正确的形式。填空题考查的是应聘者的直接记忆性，主要考查需要记忆的内容，或者在个性测试中通过应聘者的不同回答考查应聘者的人格特征等。

填空题具有答案明确、评分客观、编制容易、考查直接的优点，同时存在考查范围比较窄、考查的能力层次有限的缺点，如有的试题可能大部分内容只需要应聘者进行理解、不需要完全准确地记忆，此时不适合采用填空题，而选择题在这一点上具有相对的优越性。

填空题编制的注意事项如下。

1）应保证题目的严谨性。填空题的题干与空格之间具有密切的关系，所组成的句子应逻辑严密。在一个题内不要留有过多的空白，否则，会失去意义上的连贯性，使应聘者无法理解题意，一般留有一个或两个空白为宜；各题留出的空白的长度应相等，而不要有长有短，以免空白的长度对正确答案的字数产生暗示作用；需填充的内容尽可能放在试题的后面；避免题干为答案提供线索。

2）应保证答案尽可能唯一。一道填空题不能有太多的空白，特别是同类型知识的空白不要太多，要避免出现前后空格的答案可以互换的现象。答案必须确定无疑，不能同时有几种正确答案出现。

3）开放性的填空题，如个性测试中，通过不同文字进行投射测试、具体情境下按实际想法作答等，应保证所填内容与前后都能保持逻辑上的一致性。

4）应保证围绕关键或重要的知识命题。题干所空出的部分应为重要知识，并且和上下文有密切联系，不能空出无关紧要的内容。

5）应创设新情境，尽量避免直接引用书中的原句，这样既能考查应聘者对知识的掌握程度，又能将知识与具体情境结合起来，考查应聘者面对实际情况时对知识的运用能力和解决实际问题的能力。

6）使用要适量。一般很少采用整套测试题全是填空题的形式，因为这样不利于考查应聘者更深层次的能力，而且不同的知识适合采用不同的考查方式。一般应将选择题、填空题、判断题、简答题和论述题等结合起来，这样既能全面考查知识，又能全面考查能力，还能在形式上保持多样，让应聘者保持对试题的新鲜感。不过，有些结果如果需要量化，还是采用单一形式有利于统计。

（3）判断题的编制。判断题是一种以对或错来作答的试题，一般表现为给出一句话，然后在后面的括号内打上“√”或“×”。判断题只有两种答案，对或者错，似乎很容易。但很多判断题看上去似是而非，让人捉摸不定。判断题的命题通常是一些比较重要的或有意义的概念、事实、原理或结论。判断题不用像选择题一样花大力气去编制干扰项，因此编制起来相对比较容易。

在编制判断题的过程中，必须注意以下事项。

1）句意明确。语句的意思明确，避免使用模糊的限定词，如可能、大概、也许，避免歧义，不能模棱两可，答案必须确定无疑。

2）措辞严谨。不能让应聘者一眼就看出正确答案，应避免含有暗示作答的线索。

3）对错似真。错误内容与正确答案应有似真性，但不要出现明显的语法或逻辑上的错误，以及其他非关键知识方面的错误。

4）信息充分。应提供足够而充分的信息以便应聘者能够做出正确判断。

5）考查关键内容。要对重点内容，而不是一些无关紧要的细枝末节进行考查，这样才可以真正起到考查的作用。考查也要有一定的深度，不要单纯是一些知识、概念的记忆和重复，而要侧重于考查应聘者对知识的理解和运用。

6）考查单一。避免在同一个陈述主题中考查两个或两个以上的概念，一般一道判断题最好考查一个知识点。

7）少用否定句，尤其是双重否定句。在逻辑上绕圈子不利于应聘者发挥自己应有的水平，判断题要考查的是对知识的理解和应用，而不是语句理解能力，除非所设计的试题考查的就是应聘者的语句理解能力。

8）正确答案种类的平衡。不要一组题都错或者都对，应该对错相对平衡，这样可以避免猜题，也能够使结果更加合理和科学。

主观性试题和客观性试题考查应聘者的能力各有侧重。一般而言，高层次职位的选拔多采用主观性试题，低层次职位的选拔多采用客观性试题。因此，在实际选拔时，往往要根据实际情况选择合适的试题，可以只选用一种形式，也可以两种都用，甚至可以将两者加以融合，以便更好地为选拔人才服务。

三、试题的审查、试测、修改和编排

在原始试题编制好以后，还要对试题进行审查、试测、修改和编排，以保证试题的科学性、正确性、规范性、高信度和高效度，这样才能最大限度地发挥试题的测试作用。

1. 试题的审查

试题的审查工作应由专门的审题小组负责，审题小组应由专业命题人员和熟悉测试岗位的人员组成，因为专业命题人员对于命题的相关情况比较了解，而需要熟悉测试岗位的人员是因为只有他们才了解岗位的工作内容、能力技能需要、所需知识水平等信息。

试题的审查工作应分阶段进行。第一阶段主要从宏观上对试题的以下几项内容进行审查，如是否遵循了试题编制原则，试题的总体难度以及区分度分析，试题是否对需要考查的内容进行了全面考查，是否有考查度不高的题可以删除，是否有重复试题，试题测试的目标层次、题量、题型组合是否合理。这一阶段涉及的内容比较广，需要一定的技术。第二阶段主要从微观上对试题内容的措辞、准确性，试题是否有逻辑、语法上的错误等进行审查。

2. 试题的试测

对编制好的试题进行试测，如找人员进行试做，这个过程可以发现很多细节上的问题，如试题是否存在歧义，题目是否明确、易于理解，试题的信度如何，效度怎么样，是否能够测出不同人员知识能力水平的差异。试测比较耗费人力、物力，只有在大型、重要的笔试中才会进行。

3. 试题的修改

修改是指在前期试题审查和试测的基础上，对试题中存在的问题一一修改的过程。这个过程十分细致，首先需要对问题进行正确的把握，找出要修改的内容，所以在审查和试测的过程中要对问题进行总结和记录。修改和审查、试测的过程可以不断循环，重复进行多轮，只有通过反复的修改，才能确保试题的科学性、规范性、严谨性和可用性。

4. 试题的编排

在对试题进行反复修改最终确定了最后用来考查的题目构成后，接下来就要对试题进行编排。编排的主要原则是先易后难、规范工整、形式美观，先客观后主观、先知识题后能力题、先考查基本概念后考查知识运用等，因为这样编排符合人们答题的思维过程，如先易后难能够让应聘者循序渐进地进入答题状态，不至于在一开始就碰到难题被卡住，影响答题速度。

编制主观性试题时可以按照目标层次由低到高的顺序进行，答题量小的放在前面，答题量大的放在后面，如简答题一般放在论述题前面，这样先易后难，有利于调动应聘者的答题情绪，更好地发挥应聘者的水平。

编制客观性试题，如选择题时，要避免试题的答案存在某种规律，正确答案要随机分布。判断题的对错结果也要随机分布，而不要给应聘者留下猜答案的线索。

5.1.4 笔试的组织和实施

在试题编排等工作完成之后，就要进行笔试的组织和实施了，在实际工作中这两个程序也可以同时进行。笔试的组织和实施一般需要成立专门的笔试工作小组，有计划、有步骤地开展。

一、做好试卷的保密工作

为了确保选拔的公平性，试题编制完毕并且印刷好后要密封，并由专人负责试卷保管工作。虽然企业中的人员招聘不如国家的选拔性考试如高考、硕士研究生入学考试那么严格，但是试题的保密工作也应该做好。企业要用这套试题进行人员招聘的初步筛选，如果保密工作没有做好，那么考试就失去了意义，试题的编制工作也就成了浪费人力、物力的工作。

二、制订笔试实施方案

笔试实施方案包括笔试目标、参加人员资格要求、笔试成绩使用、考试科目和内容、笔试时间和地点的安排、考试注意事项、考试违纪处理、考场监考条例等。

笔试实施方案是应聘者参加笔试的依据，应制订得相对详细和具体，让应聘者对整个笔试的流程和内容都有大致的了解，从而有针对性地进行准备。

读一读

事业单位自然科学专技类笔试大纲

基于事业单位不同招聘岗位对人的能力素质有不同的要求，事业单位公开招聘分类考试公共科目笔试分为综合管理类（A 类）、社会科学专技类（B 类）、自然科学专技类（C 类）、中小学教师类（D 类）和医疗卫生类（E 类）五个类别。其中，自然科学专技类（C 类）主要适用于事业单位自然科学类专业技术岗位，进一步分为职业能力倾向测验和综合应用能力测试。

一、职业能力倾向测验（C 类）

1. 考试性质和目标

《职业能力倾向测验（C 类）》是针对事业单位自然科学类专业技术岗位公开招聘工作人员而设置的考试科目，主要测查与事业单位自然科学类专业技术岗位密切相关的、适合通过客观化纸笔测验方式进行考查的基本素质和能力要素，包括常识判断、言语理解与表达、数量分析、判断推理等部分。

2. 考试内容和题型介绍

（1）常识判断。主要测查应试人员应知应会的基本知识以及运用这些知识进行分析判断的能力，主要涉及科学、技术、社会、文化等方面。

（2）言语理解与表达。主要测查应试人员准确理解和把握语言文字内涵、进行思考和交流的能力，包括理解语句之间的逻辑关系，把握主要信息及重要细节；概括归纳主题、主旨；根据阅读内容合理推断隐含信息等。

（3）数量分析。主要测查应试人员理解、把握事物间量化关系和解决数量关系问题的能力，以及对各种形式的文字、图表等资料进行综合理解与分析的能力，主要涉及数据关系的分析、运算和推断等。常见题型有资料分析等。

（4）判断推理。主要测查应试人员对各种事物关系的分析推理能力，涉及对图形、语词概念、事物关系和文字材料的理解、比较、组合、演绎和归纳等。常见题型有图形推理、定义判断、类比推理、逻辑判断、综合判断推理等。

题型一：图形推理

每道题给出一套或两套图形，要求应试人员通过观察分析，找出图形排列的规律，选出符合规律的一项。

题型二：定义判断

每道题先给出定义（这个定义被假设是正确的，不容置疑的），然后列出四种情况，要求应试人员严格依据定义，从中选出一个最符合或最不符合该定义的情况。

题型三：类比推理

每道题给出一组相关的词或一段陈述，要求应试人员通过观察分析，找出与题目要求的逻辑关系最为贴近或相似的一项。

题型四：逻辑判断

每道题给出一段陈述，这段陈述被假设是正确的，不容置疑的。要求应试人员根据这段陈述，基于一定的逻辑推理，选择一个最恰当的答案。

题型五：综合判断推理

每道题给出若干材料，要求应试人员综合运用各种推理能力，选择一个最恰当的答案。

（5）综合分析。主要测查应试人员运用自然科学的基本思想和方法分析与解决问题的能力。主要包括对事物的性质、关系、规律的量化、分析、归纳，找出解决问题的思路与方法，选择解决问题的最优途径等。

二、综合应用能力（C类）测试

1. 考试性质和目标

《综合应用能力（C类）》是针对事业单位自然科学类专业技术岗位公开招聘工作人员而设置的考试科目，旨在测查应试人员综合运用相关知识和技能发现问题、分析问题、解决问题的能力。

2. 考试内容和测评要素

《综合应用能力（C类）》主要测查应试人员的阅读理解能力、逻辑思维能力、数据加工能力、文字表达能力。

阅读理解能力：能够把握自然科学文献中的数据、事实和观点，全面准确地领会材料的含义。

逻辑思维能力：能够运用逻辑方法，对自然科学领域的现象、数据、问题和观点等进行分析、判断、推理和论证。

数据加工能力：能够运用科学的方法，对信息和数据进行识别、收集、分析和评价，并将数据处理结果用于解决实际问题。

文字表达能力：能够运用文字、数据、图表等准确清晰地陈述意见、论证观点、表达思想。

3. 试卷结构

试卷以主观性试题为主，主要题型包括科技文献阅读题、论证评价题、科技实务题、材料作文题等。

资料来源：人力资源和社会保障部人事考试中心.事业单位公开招聘分类考试公共科目笔试考试大纲（2020年版）.北京：中国人事出版社，2020.有改动。

5.2 心理测验技术

篇中案例 心理测评技术在大型炼化行业某公司人才选拔中的运用

某公司是一家石油炼化行业的集团公司，有员工数千人，之前有近8年时间，在不间断地开展多个炼化项目。为此，人员招聘频次较高、数量较大。为了提高对人才、历届毕业生的甄选精度，找到最适合公司的新人，公司不断优化自身招聘体系，并引入心理测评系统。

一、开发员工岗位素质模型

2008年，该公司请中华咨询公司开展为期九个月的人力资源规划项目和岗位价值评估工作，分析部分岗位权责利不清晰的问题。2010年，其上级单位围绕员工培训课程开发体系，开始了“岗位素质模型”设计。同年，公司在之前人力资源规划项目成果的基础上，结合上级单位的经验，开展了内部核心岗位员工素质模型的设计。炼化行业属于“三高”行业，即高投入、高风险、高技术，对于员工吃苦耐劳、职业忠诚等综合素质的要求较高，对专业、经验等也有较高要求。对每一个具体的岗位，则明确列出了其岗位责任、任职条件等，最终形成了公司级的岗位素质模型。

二、开发岗位素质测评指标及标准

依据各岗位员工素质模型开发岗位素质测评指标，并提炼测评常模。根据心理测评内容，测评常模细分为职业性格测评常模和能力素质测评常模。测评指标方面，紧扣员工素质模型进行提炼。比如，对销售主管、采办经理等综合管理人员，侧重于职业忠诚、社会称许性、应变能力、抗压能力、逻辑分析能力等指标及标准的设定。借助第三方心理测评技术，给员工素质模型测评指标和常模参数赋予符合行业和企业现状的参数值（标准）。比如，针对某炼化装置倒班操作员工，在相容性指标上的标准是8～10分，在人际敏感性指标上的标准是6～8分。但针对某销售岗位，则两个指标的常模参数可能完全不同。

三、引入心理测评工具

通过多方比较、询价及招投标环节，该公司最终引入了北森作为人才测评系统服务商。北森成立于2002年，是中国起步最早的人才管理企业，多年来，一直专注于人才管理技术的研究。2010年9月，北森推出了国内第一个人才管理云计算平台ITalent，在这个平台上，人才测评系统、招聘管理系统、绩效管理系统、继任与发展系统、360度评估系统、员工调查系统等六大产品得以无缝整合。北森总部设在北京，并在上海、广州等城市设有分支机构。该公司引入了北森的奕衡人才测评工具，侧重于从职业倾向、性格特点、素质匹配等角度，对备选人才进行甄别。

四、实施人员甄选心理测评

该公司主要采取在线测评手段实施人员甄选心理测评，包括性格测评和能力测评。

1. 实施人才测评程序

（1）根据不同的岗位设定不同的测评指标及常模参数。（2）发布空缺岗位素质测评试题。（3）生成测评序列号。（4）被试者在线完成测评。（5）导出测评报告。

2. 采取措施提高人才测评信度

（1）限定被试者在规定时间、规定地点完成测评。

（2）保证测评的题量，通过多个自相矛盾且分散的题目，确定被试者的“答题一致性”分值，作为判断测评信度的一个主要依据。

（3）参照而不是全盘接受《测评报告》，为后续启动面试进行核查提供依据。

（4）采取奕衡人才测评工具作为初筛工具，如有必要，可再引入奕择人才测评工具作为复筛工具，后者侧重于专业岗位匹配度测试。

五、分析与利用测评报告

测评报告中，最需要关注的是测评结果的信度、效度，以及针对被试者个人的“岗位匹配度”及各项能力素质的自匹配情况。在此基础上，可以参照报告中对人员录取、使用等方面的建议，进行详细的面试，以便进一步甄别被试者的性格特点、职业倾向、长处短处等。以对一名应聘销售主管的薛小姐的分析报告为例。测评结果显示：薛小姐的社会称许性得分处于中等水平，表明其作答时没有刻意伪装。薛小姐的作答一致性得分中等，对于一些出现在不同位置的相同题目存在作答不一致的情况，应结合其他表现综合判断出现这种情况的原因。其他相关内容如下：

（1）测评模板名称：销售类社会招聘模板。

（2）测评指标：自我激励、积极主动、结果导向、人际关系经营、抗压能力、自信心、沟通能力、影响说服、灵活应变等。

（3）测评报告内容：测评结果分析（包括测评结果汇总、作答有效性分析、显著特点）；综合评价（包括工作中的优劣势、担任该职位的优势、担任该职位的劣势及建议）；管理建议（包括如何吸引其接受该职位、如何与其高效沟通、如何发挥其价值）。

（4）测评结果分析示例以其沟通能力为例，测评结果如图5-5所示。

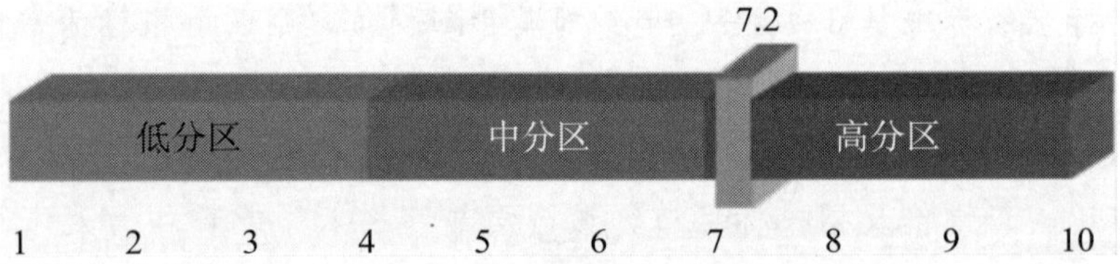

图5-5　沟通能力测评结果

素质定义：个体能否清晰理解他人表达的内容，能否流畅地与他人沟通思想和感情。

低分特征：交流时表达观点或理解他人不太得当，经常出现啰唆或词不达意等情况。

高分特征：能够灵活利用各种技巧，陈述自己的观点并理解他人表达的内容。

（5）综合测评结果。

总体评价：薛小姐与该职位的匹配程度很高，这表明她胜任此项工作的可能性很大。

优势：能够根据变化适当调整自己的思维方式和行为，较为符合工作要求。表现出契合岗位要求的影响他人的意愿，在需要别人接受自己的想法时，能使用一定的技巧达到目的。

风险：过高的内在动力会使薛小姐重视自己的理想甚于工作的要求，会感觉在工作中受到束缚，或者周围人工作不够主动积极；可能打破团队、组织的潜在平衡，让其他成员感到不适应。

面试建议：详细描述一件你遇到过的最困难的事。

资料来源：谷小云．心理测评技术在招聘中的应用．化工管理，2023（2）：18-20．有改动。

心理测验（mental test）根据一定的法则和心理学原理，使用一定的操作程序将人的认知、行为、情感等心理活动予以量化。心理测验是一种心理测量工具，心理测验在心理咨询中能帮助当事人了解自己的情绪、行为模式和人格特点。心理测验技术在人员测评中有以下几个方面的应用：

（1）对被试者的不同需求层次和成就动机等因素进行测量；

（2）对被试者的人格特征、个性类型和心理健康状况等进行测量；

（3）对被试者的职业兴趣、职业倾向和人职匹配程度等进行测量；

（4）对被试者的智力、能力倾向和发展潜能等进行测量。

根据心理测验技术在人员测评中的应用，心理测验主要包括智力测验、职业兴趣测验、能力倾向测验和人格测验。

心理测验的原理是个体的差异性、心理特征的可测性及心理品质的结构性。承认个体差异是心理测验的理论基础，有了个体差异才有测量的必要；心理特征的可测性说明了心理测验的现实可能性，即心理特征是可以通过测量来了解的；心理品质的结构性表明必须以心理学的理论为依据，从个性心理品质的结构入手，确定所要考查的内容及其表现形式，这样才能全面、准确地了解一个人的素质。

下面介绍几种重要的心理测验技术。

5.2.1 智力测验

智力测验是指对人们的感觉与思维能力，包括记忆、推理、观点、表达能力等方面的测验。这是一种通过测验来衡量人的智力水平的方法。所谓智力，指的是一个人认识问题、理解问题和解决问题的一般能力，包括观察力、记忆力、注意力、想象力、思维能力等。

智商是衡量一个人智力高低的量数，即在智力测验中的分数。智商有两种，一种是比率智商，即智力年龄÷实际年龄×100＝智商。如果某人智力年龄与实际年龄相等，他的智商即为 100 分，标示其智力中等。另一种是离差智商，即一个人在同龄组中的相对位置，通过计算被试者偏离平均值多少个标准差来衡量。比如，两个年龄不同的成年人，一个人的智力测验得分高于同龄组分数的平均值，另一个人低于同龄组分数的平均值，那么前者的智商比后者高。

在现代典型的智力测验中，设定主体人口的平均智商为 100 分。根据一定的统计学原理，一半人口的智商介于 90～109 分，其中智商在 90～99 分和 100～109 分的人各占 25%，110～119 分的人占 16.1%，120～129 分的人占 6.7%，其余 2.2%的人智商在 130 分以上，另有 25%的人智商在 89 分以下。另据我国科学家证实，不同民族、不同性别和不同血型的人的智商并无明显的先天差异，而且智商并非完全由先天决定，后天的培养同样至关重要。

企业在招聘时最常用的智力测验是集体测验。测验内容不多，所花时间少，可以对众多人员进行测验。但是在挑选高级人才时，一般采用个人测验。企业在招聘中最常用的智力测验有以下几种。

一、韦氏成人智力测验

1. 测验的实施

（1）测验材料。韦氏成人智力测验首先由韦克斯勒于1955年编制，1981年和1997年经过两次修订。在企业人员测评中用到的主要是韦氏成人智力量表（WAIS-RC）。这是一种耗时很长的个人测验，在招聘时主要用于对高级人员的筛选。这种测验要求主试者训练有素、经验丰富。

测验的全套材料包括：

1）手册一本；

2）记录表格一份（分城市用和农村用两种）；

3）词汇卡一张（分城市用和农村用两种）；

4）填图测验图卡和木块图测验图案，共一本（分城市用和农村用两种）；

5）图片排列测验图卡一本（分城市用和农村用两种）；

6）红白两色立方体一盒（九块）；

7）图形拼凑碎片四盒；

8）图形拼凑碎片摆放位置卡一张（同时做摆放碎片时遮住被试者视线的屏风用）；

9）数字符号计分键一张。

（2）适用范围。该测验适用于16岁以上的被试者，分城市式和农村式两种。凡长期生活、学习或工作在县属集镇以上的人口称为城镇人口，采用城市式；凡长期生活、学习或工作在农村的人口称为农村人口，采用农村式。

（3）施测步骤。首先填写好被试者的一般情况、测验时间、地点和主试者，然后按测验的标准程序进行测验。

在进行成人测验时，一般按先言语测验后操作测验的顺序进行，但在特殊情况下可适当改变，如遇言语障碍或情绪紧张、怕丢面子的被试者，不妨先做一两项操作测验，或从比较容易的项目开始。测验通常是一次做完，对于容易疲劳或动作缓慢的被试者也可分次完成。下面是各分测验的具体实施方法。

1）知识：包括29个一般性知识题，要求被试者用几句话或几个数字回答，问题由易到难排列。一般从第5题开始施测，如果第5题和第6题均失败便回头做第1～4题，连续5道题失败则不再继续。

2）领悟：包括14个按难易程度排列的问题，要求被试者回答在某一情境下最佳的生活方式和对日常成语的解释，或对某一事件说明为什么。一般从第3题开始施测，如果第3题、第4题或第5题中任何一题失败，便回头做第1题和第2题，连续4道题失败则不再继续。

3）算术：包括14道算术题，依难度大小排列。被试者只能用心算来解答，不得使用纸和笔。一般从第3题开始施测，如果第3题和第4题均得0分，便回头做第1题和第2题，连续4道题得0分则停止该项测验。

4）相似性：包括13对名词，每对名词表示的事物都有共同性，要求被试者概括出两者在什么地方相似。题目按难度大小排列，被试者均从第 1 题开始，连续 4 道题失败则停止该项测验。

5）数字广度：包括顺背和倒背两个部分，顺背最多由 12 位数字组成，倒背最多由 10 位数字组成，每一部分的数字由易到难排列。任何一项一试背得正确，便继续进行下一项，如果有错误便进行同项的二试，两试均失败则停止该项测验。两部分念出数字的速度均为每一秒钟一个数字，不得将长数字分组念出，因为分组容易记忆。

6）词汇：包括 40 个词汇，按难度大小排列，要求被试者解释词意。言语能力较差的被试者从第 1 题开始；一般被试者从第 4 题开始，如果第 4～8 题中有一个得 0 分，便回头测第 1～3 题。被试者若连续 5 个词解释不出则不再继续。

7）数字符号：1～9 诸数各有一个规定的符号，要求被试者按照这种对应方式，迅速在每个数字下的空格内从左到右填上相应的符号，不得跳格。被试者从练习项目开始，正式测验限时 90 秒。

8）图画填充：由 21 张卡片组成，每张卡片上的图画有一处缺失，要求被试者在 20 秒内指出这个部位及其名称，其中第 1 题、第 2 题失败时提示缺失的部位及名称，从第 3 题开始不再给出提示。

9）木块图：主试者展示 10 张几何图案，请被试者用 4 个或 9 个红白两色的立方体积木照样摆出来，在连续 3 道题失败后停止此项测验，每一道题有两个图案，图案 1 或图案 2 两次测验均失败才算失败。

10）图片排列：测验材料为 8 组随机排列的图片，每组图片的内容有内在联系，要求被试者在规定的时间内排列成一个有意义的故事，其中第 1 题是“鸟巢”的故事，从第 2 题开始不再告知是何故事。如果第 1 题、第 2 题演示后仍失败，便停止此项测验，否则应完成全部测验。

11）图形拼凑：共有 4 套切割成若干块的图形板，主试者将零乱的拼板呈现给被试者，要求他们拼出一个完整的图形。

2. 测验的计分

（1）原始分的获得。在每个分测验中，题目都是按难易程度排列的。算术、图片排列、木块图、图形拼凑、数字符号和图画填充有时间限制，其他测验不限时间，应让被试者有适当时间来回答。对于有时间限制的项目，以反应速度和正确性作为评分依据，超过规定时间即使通过也计 0 分，提前完成的按提前时间的长短计奖励分。不限时间的项目则按反应的质量给予不同的分数，有的项目通过计 1 分，未通过计 0 分，如知识测验；有的项目按回答的质量分别计 0 分、1 分或 2 分，如领悟、相似性和词汇测验。

在测验指导手册中对每一个分测验的评分都有详细说明。有些分测验计分很客观，对错分明，容易计分。但有些言语测验如领悟、相似性、词汇三个分测验和知识分测验中的部分测试题，有各种各样的回答，有些回答没有列在指导手册提供的“标准答案举例”中，这就要求主试者根据评分原则自行做出判断。

（2）原始分换算量表分。一个分测验中的各项目得分相加，称为分测验的原始分

（或称粗分）。缺一项分测验时，要计算加权分。

原始分按手册上相应用表可转化成平均值为10、标准差为3的量表分。分别将言语测验和操作测验的量表分相加，便可得到言语量表分和操作量表分。再将二者相加，便可得到全量表分。

最后，根据相应量表换算成言语智商、操作智商和总智商。由于测验成绩随年龄变化，各年龄组的智商是根据标准化样本单独计算的，查被试者的智商一定要查相应的年龄组。同时要将城市用和农村用的分清，不能用错表。

另外，在WAIS-RC的手册中，还附有各分测验的粗分转换成年龄量表分的表格。年龄量表分也是以10为平均值、3为标准差的量表分，它是按年龄组的成绩分别计算的。年龄量表分主要用于临床诊断，其意义与用于计算智商的量表分有所不同。

3. 结果的解释

按照智商的高低，智力水平可分为如下若干等级（见表5-1和表5-2）。

表5-1　智力等级分布表

智力等级	智商的范围（分）	人群中的理论分布比率（%）
极超常	≥130	2.2
超常	120～129	6.7
高于平常	110～119	16.1
平常	90～109	50.0
低于平常	80～89	16.1
边界	70～79	6.7
智力缺陷	≤69	2.2

表5-2　智力缺陷分布表

智力缺陷等级	智商的范围（分）	在智力缺陷中的分布率（%）
轻度	50～69	85
中度	35～49	10
重度	20～34	3
极重度	0～19	2

二、奥蒂斯独立管理心理测验

该测验是挑选员工时最常用的一种测验。测验集体进行，所花时间短，适用于筛选不需要很高智力水平、级别较低的工作的求职者，如职员、流水线操作工、计算机制表操作员、低级别工头和监工等。对筛选级别较高的工作的求职者不太适用。

三、旺德利克测验

该测验是奥蒂斯测验的减缩形式，在企业挑选员工时普遍适用，因为这种测验只需

12 分钟，是一种非常经济的筛选手段。该测验尽管很简单，但是对测试求职者能否胜任某些低级别工作，特别是文书类工作还是很有用的。

四、韦斯曼人员分类测验

该测验也是一种集体测验，大约 30 分钟做完。测验有语言部分分数、数字部分分数和总分，并且提供推销员、生产监工和培训生的常模。

该测验的语言部分是一种类推形式。例如：

______对夜晚的关系就像光亮对______的关系一样。

每题中有若干答案供被试者选择后填入表格。数字部分由计算项目和理解分析文字项目组成。韦斯曼人员分类测验更适用于对较高级别的人员的挑选。

5.2.2　职业兴趣测验

职业兴趣测验是心理测验的一种方法，可以表明一个人最感兴趣并最可能从中得到满足的工作是什么。该测验将个人兴趣与那些在某项工作中较成功的员工的兴趣进行比较，可用于了解一个人的兴趣方向以及兴趣序列。

兴趣似乎在很长时期内是稳定的，并与在某些领域获得成功有关。但是，兴趣不等于才能或能力，对这些特点的测验应与兴趣测验同时进行。此外，在兴趣测验问题的回答上很容易作假，虽然在员工招聘中可能用一些兴趣测验，但是它们主要用于评议和指导职业选择等。

一、霍兰德职业兴趣理论简介

约翰·霍兰德是美国约翰·霍普金斯大学心理学教授、著名的职业指导专家。他于 1959 年提出了具有广泛社会影响的职业兴趣理论。他认为人的人格类型、兴趣与职业密切相关，兴趣是人们活动的巨大动力，凡是符合个人兴趣的职业都可以提高人们的积极性，促使人们积极、愉快地从事该职业，而且职业兴趣与人格之间存在很高的相关性。人格可分为社会型（S）、企业型（E）、常规型（C）、实际型（R）、调研型（I）和艺术型（A）六种类型。

1. 社会型

共同特征：喜欢与人交往，不断结交新朋友，善于言谈，愿意教导别人；关心社会问题，渴望发挥自己的作用；寻求广泛的人际关系，比较看重社会义务和社会道德。

典型职业：喜欢与人打交道的工作，能够不断结交新的朋友，愿意从事提供信息、启迪、帮助、培训、开发或治疗等方面的工作，并具备相应的能力，如教育工作者（教师、教育部门行政人员）、社会工作者（咨询人员、公关人员）。

2. 企业型

共同特征：追求权力、权威和物质财富，具有领导才能；喜欢竞争，敢冒风险，有野心，有抱负；为人务实，习惯以利益得失、权力、地位、金钱等来衡量做事的价值，做事有较强的目的性。

典型职业：喜欢要求具备经营、管理、劝服、监督和领导才能，能实现政治、社会及经济目标的工作，如项目经理、销售人员、营销管理人员、政府官员、企业管理者、法官、律师。

3. 常规型

共同特征：尊重权威和规章制度，喜欢按计划办事，细心、有条理，习惯接受他人的指挥和领导，自己不谋求领导职务；喜欢关注实际和细节情况，通常较为谨慎和保守，缺乏创造性，不喜欢冒险和竞争，富有自我牺牲精神。

典型职业：喜欢要求注意细节、精确度，有系统，有条理，记录、归档、根据特定要求或程序组织数据和文字信息的职业，并具备相应的能力，如秘书、办公室人员、记事员、会计、行政助理、图书管理员、出纳员、打字员、投资分析员。

4. 实际型

共同特征：愿意使用工具从事操作性工作，动手能力强，手脚灵活，动作协调；偏好具体任务，不善言辞，做事保守，较为谦虚；缺乏社交能力，通常喜欢独立做事。

典型职业：喜欢使用工具、机器，喜欢需要基本操作技能的工作，对要求具备机械方面的才能、体力或从事与物件、机器、工具、运动器材、植物、动物相关的职业感兴趣，如技术性职业（计算机硬件人员、摄影师、制图员、机械装配工）、技能性职业（木匠、厨师、技工、修理工、农民、一般劳动者）。

5. 调研型

共同特征：思想家而非实干家，抽象思维能力强，求知欲强，肯动脑，善思考，不愿动手；喜欢独立的和富有创造性的工作；知识渊博，有学识和才能，不善于领导他人；考虑问题理性，做事精确，喜欢逻辑分析和推理，不断探讨未知的领域。

典型职业：喜欢抽象的、分析性的、独立的任务，要求具备分析才能，并将这些才能用于观察、估测、衡量、形成理论、最终解决问题等工作，如科学研究人员、教师、工程师、电脑编程人员、医生、系统分析员。

6. 艺术型

共同特征：有创造力，乐于创造新颖、与众不同的成果，渴望表现自己的个性，实现自身的价值；做事理想化；追求完美，不重实际；具有一定的艺术才能和个性；善于表达，怀旧，心态较为复杂。

典型职业：喜欢要求具备艺术修养、创造力、表达能力和直觉的工作：艺术方面，如演员、导演、艺术设计师、雕刻师、建筑师、摄影师、广告制作人；音乐方面，如歌唱家、作曲家、乐队指挥；文学方面，如小说家、诗人、剧作家。

然而，大多数人并非只有一种兴趣（比如，一个人的兴趣中很可能同时包含社会型、实际型和调研型这三种）。霍兰德认为，这些兴趣越相似，相容性越强，一个人在选择职业时所面临的内在冲突和犹豫就会越少。为了描述这种情况，霍兰德建议将这六种兴趣分别放在一个正六边形的每一个角（见图5-6）。

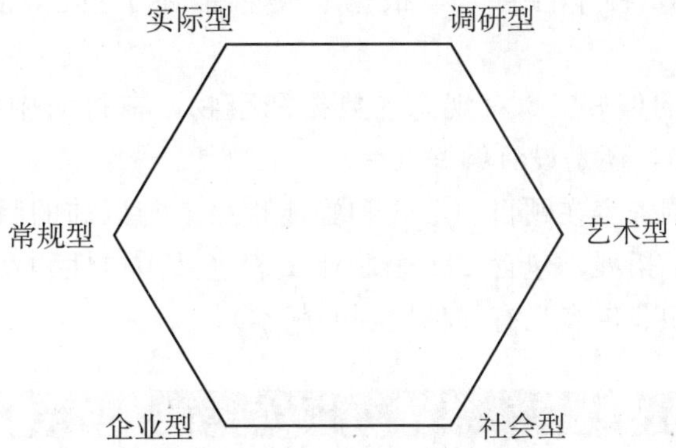

图 5-6　霍兰德职业兴趣理论

员工的工作满意度与离职倾向取决于个体的人格类型与职业环境的匹配程度。当人格类型和职业环境相匹配时，会产生最高的满意度和最低的离职倾向。例如，社会型的个体应该从事社会型的工作，社会型的工作对实际型的人可能不合适。这一模型的关键在于：个体之间在人格方面存在本质差异；个体具有不同的人格类型；当职业环境与人格类型协调一致时，会产生更高的工作满意度和更低的离职倾向。

二、斯特朗职业兴趣量表

1927 年，斯特朗编制完成了第一份正式的职业兴趣量表，这是最早的职业兴趣测验。他的方法是先编制涉及各种职业、学校科目、娱乐活动及人的类型的问卷，然后取两组被试者，一组代表专门从事某种工作的标准职业者，另一组代表一般人，让两组被试者接受测验，将不同的题目放在一起，构成职业兴趣量表。

斯特朗职业兴趣量表是国外比较流行的一种职业兴趣测验量表，广泛应用于人员测评，为个人职业选择和企业的人员选拔提供了非常有用的信息。

斯特朗兴趣调查表是斯特朗编制的量表的最新版。该调查表包括 317 个题目，分为以下八个部分：

（1）职业。135 个职业名称，对其中每一个做出反应：喜欢（L），无所谓（I），不喜欢（D）。

（2）学校科目。39 个学校科目，对其中每一个做出反应：喜欢（L），无所谓（I），不喜欢（D）。

（3）活动。46 个一般职业活动，对其中每一个做出反应：喜欢（L），无所谓（I），不喜欢（D）。

（4）休闲活动。29 个娱乐活动或爱好，对其中每一个做出反应：喜欢（L），无所谓（I），不喜欢（D）。

（5）不同类型的人。20 类人，对其中每一个做出反应：喜欢（L），无所谓（I），不喜欢（D）。

（6）两种活动之间的偏好。30 对活动，对其中第一对活动指出偏爱左边的活动（L）、右边的活动（R），还是没有偏好（=）。

（7）你的个性。12 种个性特点，根据其是否描述了自己，做出反应：是，不知道，否。

（8）对工作世界的偏好。6 对观念、数据和事物，在每对中指出偏爱左边的题目（L）、右边的题目（R），还是没有偏好（=）。

尽管斯特朗兴趣调查表在题目、形式和施测程序上与以前的版本相比并没有本质的变化，但其内容进行了拓展，包含 211 个职业量表（其中男性和女性各自独立的量表各有 102 个，另外 7 个职业量表只有一种性别的版本）。

看一看

探索职业兴趣

一、自我兴趣探索

试着回答以下问题：

1. 回忆令你感到快乐的三件事，并写下令你快乐的原因。

2. 你最崇拜的人有哪些？你崇拜他们哪些地方？写出其中三个。

3. 你曾经担任过哪些职务？你喜欢这些职务吗？写出你喜欢或不喜欢的原因。

4. 你参加的社团或者参与的学生会工作有哪些？你为什么会参与这些工作？

5. 你最喜欢看的电视节目有哪几类？为什么喜欢看这几类电视节目？

6. 你最喜欢浏览哪些网站？这些网站属于什么专业或者领域？

7. 在业余时间，如果仅出于兴趣考虑，你最想学什么？是什么吸引你想学？

8. 你喜欢的课程有哪些？为什么？

9. 你喜欢的职业有哪些？请列举三个，并写出这些职业吸引你的地方。

10. 你喜欢的你的专业吗？为什么？

11. 在生活中，你有没有过全神贯注做某件事情而忘了时间的经历？是什么事情让你如此专注？

二、职业偏好探索——兴趣岛

假设你刚好有一周的空闲时间，正在计划前往远方一处新开发的岛屿群度过这段时光。岛屿群一共有六个各具特色、各具风情的岛屿，在不考虑任何因素的前提下，你可以仅凭个人喜好选择其中任何一个。这六个岛屿的特色如下：

R 岛：自然原始的岛屿，岛上保留有热带的原始植物林，自然生态保护甚佳，也有相当规模的动物园、植物园、水族馆。岛上居民以手工见长，自己种植花果蔬菜、修缮房舍、打造器物、制作工具。

I 岛：可以深思冥想的岛屿，岛上人迹较少，建筑物多僻处一隅、绿野平畴，适合夜观星象。岛上有多处天文馆、科学博物馆以及图书馆等。岛上居民喜好沉思、追求真知，喜欢和来自各地的哲学家、科学家、心理学家等交换心得。

A 岛：美丽浪漫的岛屿，岛上有美术馆、音乐馆，弥漫着浓厚的艺术文化气息。同时，原住民保留了传统的舞蹈、音乐与绘画传统，许多文艺界的朋友都喜欢来这里找寻灵感。

E 岛：显赫富庶的岛屿，岛上的居民热情豪爽，善于企业经营和贸易。岛上的经济高度发达，处处是高级饭店、俱乐部、高尔夫球场。来往多是企业家、经理人、政治家、律师等。

S 岛：温暖友善的岛屿，岛上居民个性温和，十分友善、乐于助人，社区均自成一个密切互动的服务网络，人们多互助合作，重视教育，人文气息浓厚。

C 岛：秩序井然的岛屿，岛上建筑十分现代化，是进步的都市形态，以完善的户政管理、地政管理、金融管理见长。岛民个性冷静保守，做事有条不紊，善于组织规划。

1. 你会选择哪一个岛屿？

2. 如果你的假期延长至三个月或更久，你会选择哪一个岛屿？

3. 如果你有时间去三个岛屿，你会选择哪三个？顺序是？

第一个：__________　第二个：__________　第三个：__________

其实，这六个岛屿代表着霍兰德提出的六种人格（职业兴趣）类型，做完选择，你应当能得出与自己最符合的前三种类型。

资料来源：沈长生. 职业生涯规划与就业指导. 北京：中国人民大学出版社，2020. 有改动。

读一读

职业价值观

职业价值观是指人们对待职业的一种信念和态度，或是人们在职业生活中表现出来的一种价值取向。有关研究发现，职业价值观在个体职业选择过程中发挥着重要作用，并且对工作绩效和工作满意度也有显著的影响。

有研究借助 2015 年中国社会状况综合调查数据，对我国青年群体的职业价值观进行了分析，得到的结果如下。

一、新时代中国青年职业价值观总体上呈现出物质主义特征

研究发现，“高收入”“工作有长期保障”“满足个人兴趣”是当前我国青年优先关注的三种职业价值观。根据英格尔哈特的物质主义与后物质主义的价值观分类，在我国青年前三位职业价值观中，分别有 68.4%和 45.0%的青年将物质主义标准中的高收入和工作有长期保障视为择业的最重要标准，而看重后物质主义标准即满足个人兴趣的青年仅占 17.2%。

我国青年职业价值观的物质主义特征，反映出当前我国社会经济发展中的动态。而对工作有长期保障的看重，则反映出我国社会变革对青年人择业的影响。随着改革开放的深入，我国产业结构发生了较大调整，就业和聘用制度也发生了深刻变革，就业市场总体处于供大于求的状态，我国青年面临着较大的就业压力，并且职业的不稳定性急剧上升，年轻人的职业不安全感上升，从而引发了新时代青年对职业稳定性的诉求，工作有长期保障成为仅次于高收入的重要择业标准。

值得注意的是，物质主义的职业价值观并不十分有利于我国青年的职业发展。霍兰德的职业类型理论认为，个人的职业满意程度、职业稳定性与职业成就，取决于个人的人格类型与工作环境之间的适配性。当前青年群体的这种职业价值倾向应引起全社会关注，并从家庭、学校和社会层面对青年群体的职业价值倾向加以引导，形成更重内在的职业价值观，从而实现个人与职业的最佳匹配。

二、新时代中国青年的职业价值观呈现出典型的群体性特征

1. 新时代中国青年职业价值观存在显著的性别差异。具体体现在中国男青年比女青年看重“社会声望和尊重”以及“拓宽个人的社会关系”，而中国女青年则更加关注“工作有长期保障”。由此可以表明，新时代中国青年男性较女性更重视职业的社会价值，女性则更重视职业的稳定性。中国青年职业价值观的性别差异反映了“男主外，女主内”的传统价值观在新时代中国青年身上的深刻影响。因此，对中国青年女性应更加鼓励她们的职业发展，充分实现自己的人生价值和社会价值。

2. 新时代中国青年职业价值观存在显著的城乡差异。农村青年更加重视职业保障因素“工作有长期保障”，而城市青年更加重视职业发展因素“满足个人兴趣”“发挥个人才智、有成就感”“较大的职权”。这种差异与中国农村青年和城市青年的实际就业状况是一致的，农村青年外出务工的职业多为临时性职业，流动性非常强，这使得农村青年对职业稳定性的需求较为强烈。因此，在就业制度层面，应多给农村青年一些基本保障，可以让农村青年更加安心地投身于职业发展中。相较农村青年，城市青年的职业相对较为稳定。但从职业价值观总体排序来看，在前三位最看重的职业价值观中，农村青年与城市青年排序是相同的，表明在优先职业价值观上，农村青年与城市青年并不存在大的差异，这也说明随着我国城乡一体化进程的加速，城乡差异逐渐缩小，农村青年与城市青年的价值观念也趋向一致。

3. 新时代中国青年职业价值观呈现出显著的教育层次差异。尤其是在“高收入”“工作有长期保障”“满足个人兴趣”“发挥个人才智、有成就感”上表现出极其显著的差异。与初等教育和中等教育学历青年相比，高等教育学历的中国青年看重“满足个人兴趣”“发挥个人才智，有成就感”的人数比例明显更高。由此可见，中国高等教育学历的青年更加注重职业兴趣和能力的发挥。这说明受过高等教育的中国青年拥有了较强的专业知识和综合素质，对职业的态度更加自信和理性，从而更加强调职业兴趣和能力的充分发挥，追求更高的职业满意度和成就感。

三、新时代中国青年职业价值观呈现出趋向“后物质主义”的代际发展趋势

本研究中，从纵向的角度看，在后物质主义标准“满足个人兴趣”“发挥个人才智、有成就感”“拓宽个人的社会关系”“有升迁机会”方面，80后重视的比例明显高于70后，而90后又明显高于80后。与此相反，对物质主义标准“高收入”“工作有长期保障”重视比例则逐渐减少。这一结果表明，随着代际变化，中国青年职业价值观呈现出趋向后物质主义的发展趋势，对物质主义的追求则呈下降趋势。这一变化趋势验证了代际价值观理论在中国青年职业价值观领域的有效性。

新时代中国青年职业价值观趋向后物质主义的发展趋势无疑是一个积极的信号，但我们同时应清醒地看到，根据社会化假设，这种转变需要较长的时间，除了经济因素外，文化和政治等因素也会对这一进程产生影响，目前我们发现的青年职业价值观代际变化比例还较小，但随着我国社会的全面发展，可以预见后物质主义将成为我国青年的主流职业价值观。

四、代际和教育层次是影响新时代中国青年职业价值观的重要因素

研究发现，性别、城乡、代际和教育层次对中国青年职业价值观均有不同程度的影响，但与性别和城乡因素相比，代际和教育层次对中国青年职业价值观的影响更为突出。代际之所以能够显著影响职业价值观，可能是因为代际反映着时代变迁，而职业价值观的形成是与社会环境密不可分的，生活在不同时代的中国青年经历了不同的社会变革，这种社会变革与转型必然会导致职业价值观的深刻变化。

资料来源：张文龙，叶一舵．新时代中国青年的职业价值观：基于 CGSS 数据的分析．福建师范大学学报（哲学社会科学版），2019（5）：69－77＋169．有改动。

5.2.3　能力倾向测验

所谓能力倾向，是指一个人经过一定的训练或处于适当的环境下完成某项任务的可能性和水平，也可视为有效地进行某类特定活动所必须具备的潜在的特殊能力素质。个人的能力倾向有特点，人们之间的能力倾向有差异，能力倾向测验就是测量这些特点和差异的手段之一。它可以预测个体在一定的职业领域中成功的可能性，也可以用来筛选在该领域没有成功可能性的个体。

人的能力倾向是客观存在的，并且总是在一定的质和量的界限中表现出来。因而，对于人的能力倾向，不仅可以定性分析，而且可以定量分析。能力倾向具有预见性、潜在可能性、稳定性和恒常性，这决定了能力倾向测验的必要性和可能性。

能力倾向测验是一种高度标准化的素质测评方法，由智力测验发展而来，用于了解特殊能力的差异，并且含有对今后工作绩效的预测性。就能力倾向测验的作用来看，它测量被试者目前的能力倾向，由此来推测其潜在能力及预测将来经过进一步的训练和实践锻炼后可能取得的成就。所以，能力倾向测验只能预测一个人将来在某方面的“可能”成就，并不能保证他在此方面“必然”能取得成就，因为一个人的能力倾向能否充分发挥，与其身体状况、兴趣爱好、学习态度、工作动机、机会等都有关系。

能力倾向测验在国外已广泛应用于发现人才和员工考核等领域。

一、能力倾向测验的分类

能力倾向测验按内容分为通用能力倾向测验、特殊职业能力测验、创造力测验和心理运动机能测验等。

（1）通用能力倾向测验主要测量思维能力、想象能力、记忆能力、推理能力、分析能力、数学能力、空间关系能力、语言能力等，典型方法有一般能力倾向测验、区分性能力倾向测验（DAT）。

（2）特殊职业能力测验主要测量独特于某一职业的能力，典型方法有明尼苏达办事员能力测验、斯奈伦视力测验、西肖音乐能力测验、梅尔美术判断测验、飞行能力测验。

（3）创造力测验主要测量各种创新思维能力，典型方法有南加利福尼亚大学测验、托兰斯创造思维测验、芝加哥大学创造力测验等。

（4）心理运动机能测验主要测量心理运动能力、身体能力，典型方法有本纳特机械理解测验、克劳福小零件灵巧测验、明尼苏达操作速度测验、明尼苏达空间关系测验、明尼苏达秘书测验、明尼苏达集合测验、施旦贵斯机械性能测验、麦夸里机械能力测验、普渡钉板测验、奥卡挪手指灵活性测验等。

二、一般能力倾向测验

一般能力倾向测验（GATB）由美国劳工部就业保险局于20世纪50年代提出、70年代修订，是职业咨询和安置中最有效的一套测验。GATB是在各种职业团体施行几十个测验后进行因素分析的基础上编制的，美国各州就业办事机构均采用GATB，其他国家制定能力倾向成套测验也会参考GATB。

后来，日本劳动省将GATB进行了日本版的标准化，制成《一般职业适应性检查》（1969年修订版）。这套测验主要是实现对许多职业领域中工作所必需的几种能力倾向的测定，由15个测验项目构成，其中11个是纸笔测验，其余4个是操作测验，两种测验可以测定9种能力倾向。

这9种能力倾向对完成各种工作都是必要的，现列举如下：

（1）G——智能。指一般的学习能力，包括对测验说明、指导语和诸原理的理解能力、推理判断的能力、迅速适应新环境的能力。

（2）V——言语能力。指理解言语的意义及与其关联的概念，并有效地掌握言语的能力，包括言语之间的相互关系及文章和句子意义的理解能力，也包括传达信息和表达自己想法的能力。

（3）N——数理能力。指在正确快速计算的同时，能进行推理、解决应用问题的能力。

（4）Q——书写知觉。指对词、印刷物、各种票据之细微部分正确感知的能力，包括能直观地辨别词和数字、发现错误或校正的能力。

（5）S——空间判断能力。指对立体图形以及平面图形与立体图形之间关系的理解、判断能力。

（6）P——形状知觉。指对实物或图解之细微部分正确感知的能力，包括根据视觉能够对图形的形状和阴影部分的细微差异进行比较辨别的能力。

（7）K——运动协调。指正确、迅速地使眼和手相互协调并完成操作的能力，包括要求手能跟随看到的东西正确、迅速地做出反应动作，并进行准确控制的能力。

（8）F——手指灵巧度。指快速、正确地活动手指，用手指准确地操作细小东西的能力。

（9）M——手腕灵巧度。指随心所欲、灵巧地活动手及手腕的能力，包括拿着、放置、调换、翻转物体时手的精巧运动和手腕的自由运动能力。

这种能力倾向测验是从个人在完成各种职业所必需的能力中，提炼出各种职业对个人所要求的最有特征的 2～3 种，其中纸笔测验可集体进行。计分采用标准分数，各能力因素的原始分数转换为标准分数后便可绘制个人能力倾向剖析图，并与职业能力倾向类型相对照，被试者可以从测验结果中知道能够充分发挥个人能力特性的职业活动领域（见表 5-3）。

表 5-3 GATB 的职业能力倾向类型分类

职业能力倾向类型	职业
1. G-V-N	人文系统的专业职业
2. G-V-Q	特别需要言语能力的职业
3. G-N-Q	自然科学系统的专门职业
4. G-N-Q	需要数理能力的一般职业
5. G-Q-K	机械职业
6. G-Q-M	机械装置的操纵、运转及警备、保安职业
7. G-Q	需要一般性判断的注意力的职业
8. G-S-P	美术作业职业
9. N-S-M	设计、制图作业及电气职业
10. Q-P-F	制版、描图职业
11. Q-P	检查分类职业
12. S-P-F	造型、手指作业职业
13. S-P-M	造型、手臂作业职业
14. P-M	手臂作业职业
15. K-F-M	看视作业、身体性作业职业

三、BEC 职业能力倾向测验

我国心理学工作者通过实验研究和调查研究，在能力倾向和各种不同的职业之间建立了联系，这样就可以根据被试者在职业能力测验的各个分测验中的得分，评价其在各种职业上的潜力。于是在我国便出现了种类颇多的职业能力倾向测验，其中一类是一般职业能力倾向测验，它用于职业定向，通常包括一组涉及各种职业活动的分测验。《BEC 职业能力测验》（I 型）是 1988 年由北京人才评价与考试中心（BEC）参照美国教育与工业测验服务中心编制的《职业能力安置量表》（CAPS）开发的，是我国最早的成套职业能力倾向测验。该测验包括机械推理、空间关系、言语推理、数学能力、言语运用、字词知识、知觉速度和准确性、手指速度和灵活性等八个分测验。

四、托兰斯创造思维测验

托兰斯创造思维测验（TTCT）是由美国明尼苏达大学的托兰斯等于 1966 年编制

的，是目前应用最广泛的创造力测验，适用于各年龄阶段，主要考查流畅性、灵活性、独创性、精确性等。

托兰斯创造思维测验主要有三套测验，每套皆有两个复本。

（1）言语创造性思维测验。包括七项活动：前三项活动要求被试者根据所呈现的图画，列举为了解该图而欲询问的问题、图中所描绘行为可能的原因及该行为可能的后果；活动4要求被试者对给定玩具提出改进意见；活动5要求被试者说出普通物体的特殊用途；活动6要求对同一物体提出不寻常的问题；活动7要求被试者推断一种不可能发生的事情一旦发生会出现什么后果。测验按流畅性、灵活性及独创性计分。

（2）图画创造性思维测验。包括三项活动：活动1要求被试者把一个边缘为曲线的颜色鲜明的纸片贴在一张空白纸上，贴的部分由他自己选择，然后以此为出发点，画一幅非同寻常的能说明一段有趣的振奋人心的故事的图画；活动2要求利用所给的少量不规则线条画物体的草图；活动3要求利用成对的短平行线（A本）或圆（B本）尽可能多地画出不同的图。此套测验皆根据基础图案绘图，可得到流畅性、灵活性、独创性和精确性四个分数。

（3）声音词语创造性思维测验。这是后发展起来的测验。第一个活动为音响想象，要求被试者对熟悉及不熟悉的音响刺激进行想象；第二个活动为象声词想象，对10个诸如“嘎吱嘎吱”等模仿自然声响的象声词展开想象。两个活动皆测验言语性反应，对刺激做自由想象，并写出联想到的有关物体或活动。根据反应的罕见性、独创性计分。

5.2.4 人格测验

人格主要指人所具有的与他人相区别的独特而稳定的思维方式和行为风格。是一个人的整体精神面貌，是具有一定倾向性的、比较稳定的心理特征的总和。人格特点存在个体差异性，不同的人具有不同的人格特点。人格同能力一样，也是影响一个人的工作效率、工作业绩的重要因素，因此在企业招聘过程中，运用人格测验将与组织匹配的人留在组织之内，能确保组织的高效良性运转和人员的相对稳定。虽然一个人的人格从表面上很难把握，但由于人格具有差异性、倾向性和稳定性，因此可以通过一些科学的人格测评量表将一个人的人格特征测试出来。

人格测验是用测验的方法对人格进行测量，测出个体在一定情境下经常表现出来的典型行为和人格品质，如动机、兴趣、爱好、情感、性格、气质、价值观等。几种常用的人格测验问卷介绍如下。

一、卡特尔16PF

卡特尔16PF又称卡特尔16PF测验，是世界上最完善的心理测量工具之一。它由美国伊利诺伊大学人格及能力研究所雷蒙德·卡特尔教授编制。卡特尔采用系统观察法、科学实验法以及因素分析法，经过二三十年的研究确定了16种人格特质，并据此编制了测验量表。卡特尔认为，根源特质是人类潜在、稳定的人格特征，是人格测验应把握的实质。

1. 卡特尔 16PF 的适用对象

卡特尔 16PF 是评估 16 岁以上个体人格特征最普遍使用的工具，广泛适用于各类人员，对测评对象的职业、级别、年龄、性别、受教育程度等均无限制。

2. 卡特尔 16PF 的应用

卡特尔 16PF 已应用于人力资源管理、职业规划、教育辅导、心理咨询等领域。卡特尔 16PF 设计科学，可靠性强，不仅可以对个体的个性特征和能力水平进行客观的评估，还能检测个体的心理健康状况、创造力及适应新环境的能力。这对于个体调整生活状态、进行职业规划等方面具有重大的指导意义。

测一测

卡特尔 16PF 在人员选拔中的应用

在人力资源管理中卡特尔 16PF 能够预测被试者的工作稳定性、工作效率和压力承受能力等，通过对 16 个根源人格特质的测评，可以获得被试者在每个人格特质或分量表上的得分，这些得分一方面反映出个体人格 16 个根源特质中每个特质的具有情况及其整体的人格特征组合情况；另一方面，这 16 个根源特质的部分特质进行不同的组合还能反映出个体性格的适应与焦虑、内向与外向、感情用事与安详机警、怯懦与果断等次级人格特征以及心理健康状况、人际关系情况、职业性向、在新工作环境中有无学习成长能力等综合人格特征。能够帮助我们在人才选拔、员工安置以及员工培训方面获得有关人员的人格特征，为提高人力资源管理的质量提供客观有效的参考依据。

一、卡特尔 16PF 在人才选拔中的应用

这主要是利用其比较完整的人格（个性）测验功能帮助企业挑选适合（或者是有潜力适合）某个行业、岗位的人员。应用的主要思路是将个体或者团体的测验结果和相应的标准进行对照或比较，筛选出在招聘中人格各个方面达到相应要求或者具备胜任潜力的被试者，这可能需要先建立和行业、职业、甚至岗位相适应的卡特尔 16PF 人格特质模型。卡特尔 16PF 还可以量化测验的结果，甚至可以直接得出应聘者与该岗位适合程度的分数，避免招聘者的主观意向导致的不良影响。

二、卡特尔 16PF 在员工安置中的应用

卡特尔 16PF 在人员安置中的应用思路和在人才选拔中的应用思路基本上是一样的，同样需要建立岗位的 16PF 人格特质模型，如果在人才选拔的时候已经建立了详细的模型，在员工安置的时候就可以直接采用。

和人才选拔时不一样的是，在员工安置的时候，人是已经选出来了的，关键是怎样把他们安排到最适合他们的人格特点的岗位上去。当然，现实情况可能要复杂一些，例如发现某人和各个岗位都很适合，即他与各个岗位的适合度都排在所有人员的前列（综合素质非常高的人）。这时，就需要进一步分析测验结果的细节，或者请专家进行解析。

三、卡特尔16PF在员工培训中的应用

有时候在招聘人员的时候，并不一定能招到完全符合胜任要求的员工，另外，社会和企业的发展也会对在职员工提出新的或更高的要求，原本胜任工作的员工可能不再胜任了，就需要对这些员工进行相应的培训。员工培训对企业来说，投入的成本较高，因此必须做到有针对性，这样才能取得实效并获得高收益。卡特尔16PF测验能使员工培训更有针对性，其主要思路亦类似于在人才选拔中的应用，要根据岗位的人格特质模型，将员工的测验结果和相应的岗位人格特质模型进行比较，可以清晰地看出哪些员工的哪些特质需要通过培训加以改善或强化。

资料来源：蔡圣刚.如何提升人员选拔、安置与培训的质量：卡特尔16PF人格测评在人力资源管理中应用.科技管理研究，2010，30（24）：125-128.有改动。

二、MBTI测试

MBTI是当今世界上应用最广泛的人格测验工具，已被翻译成近20种语言，每年的使用者中不乏世界500强企业。MBTI的全称为Myers-Briggs type indicator，是一种迫选型、自我报告式的人格测验工具，用以衡量和描述人们在获取信息、做出决策、对待生活等方面的心理活动规律和人格类型。

MBTI的第一张量表于1942年问世，之后不断修订、完善，至今已升级了10多个版本。MBTI的设计中包含着一整套严格的施测流程和使用规范。

第一步，调整被试者的心态：施测者应帮助被试者放松心情，最大限度地摆脱工作、家庭等外部环境的压力，尽量展现真实的自我。

第二步，回答问卷：施测者应告知被试者按照自己的理解答题，不应与其他人讨论，施测者也不回答任何相关问题。

第三步，MBTI内容基本介绍并定位：施测者将MBTI的测试目标、基本思路和主要内容告知被试者，并指导其按要求进行自我评估。

第四步，答卷计分并比较：施测者应指导被试者计分，并对分数进行解释和深入讨论。

第五步，最后确认：施测者应引导被试者进入一个自我探索的过程，帮助其明确自己的人格类型。

测一测

正确看待MBTI测试

一、四个字母"解锁"16种人格类型

MBTI测试又称迈尔斯-布里格斯人格分类指标，最初由美国作家迈尔斯和她的母亲布里格斯编制。"MBTI测试涉及的心理学理论基础，源自著名分析心理学创始人荣格的著作。"中国科学院心理研究所教授陈祉妍在接受科技日报记者采访时介绍，荣格在20世纪20年代到30年代出版了一本名为《心理类型》的书，在这本书

中他首次对人格进行了类型划分，比如我们熟知的内向和外向等概念就出自此书。

荣格在提出内向和外向概念的同时，还提出了人格的四大机能（思维、情感、直觉和感觉）。他认为，每个人都可能拥有这四项机能，但这四项机能在每个人身上体现的程度不一样。因此根据每个人身上的优势机能，再加上内向、外向变量，他把人又划分为八种类型，即外倾思维型、内倾思维型、外倾情感型、内倾情感型、外倾直觉型、内倾直觉型、外倾感觉型与内倾感觉型。

MBTI 测试就是基于荣格的人格类型理论发展出来的测试工具，将个体行为差异用四个维度进行衡量，包括精神能量指向、信息获取方式、决策方式以及生活态度取向。

每个维度包括两个方向，代表不同的偏好倾向，分别是 E（extroversion，外向）和 I（introversion，内向）、N（intuition，直觉）和 S（sensing，实感）、F（feeling，情感）和 T（thinking，思考）以及 P（perceiving，感知）和 J（judging，判断）。

四个维度的不同偏好倾向经过排列组合就形成了 16 种人格类型，四个字母组合在一起就形成了一类人格特征，比如 ENTP 代表好奇心旺盛的辩论达人、INTP 则是与世无争的理想主义者。

二、学界对 MBTI 测试的科学性存有争议

“其实，基于荣格的人格类型理论发展出来的测量工具很多，MBTI 测试算是其中知名度最高的。”陈祉妍说，“比较知名的还有凯尔西气质类型测试，而 MBTI 测试之所以能够‘出圈’，主要是其在商业推广方面做得比较成功，所以它目前在国际上比较有影响力”。

与其他人格测验不同，MBTI 测试操作简易、测试结果更为直观，往往不需进一步的解读与思考，所见即所得。

同时，MBTI 测试将结果与浪漫文案巧妙结合，如有腼腆、敏感、完美主义以及自卑等性格特点的 INFP 人格，被描述成“治愈家”“空想家”“哲学家”，这样的表述让人更容易接受，MBTI 测试也因此获得了更广泛的传播效果。

“MBTI 测试基于荣格的人格类型理论，是人格测验中一个应用非常广泛的工具，但人格心理学的研究者一直对 MBTI 测试存有争议。”陈祉妍举例道，比如人格是否可分为 16 种类型，有的学者认为这样的分类方式是非常简单且粗暴的。

此外，一个测试的科学程度还受很多其他因素的影响。“比如，在国内大家普遍使用的是 MBTI 测试的中文版本，一个心理测试从国外引进，需要进行多方面的研究以保证其准确性和应用价值。但是具体到某个人使用的 MBTI 测试是否为经过研究验证的中文版，使用者很可能并不清楚。”陈祉妍说。

虽然该测试的科学性受到质疑，但不少人在转发自己的 MBTI 类型描述时，都不禁感叹“每一条都中了”，他们认为测试结果非常准确。

“这样的反馈是由多方面原因造成的，其中之一就是，只有觉得测试结果准确的人才会分享，觉得不准确的人就不会分享了。”陈祉妍分析道，“此外，一个人觉得测试准不准，更多是主观判断的结果，也就是一个心理反馈。可能测试结果中仅有某部分击中了被试者的内心，他就会觉得测试结果很准”。

三、测试结果仅供参考不可盲目相信

MBTI测试自问世以来，常被用于员工招聘和相亲择偶，那么MBTI测试结果靠谱吗？

“实际上，不止MBTI测试，很多人格测评工具都被用于招聘或其他领域。”陈祉妍表示。

“若在专业人士指导下获取的MBTI测试结果，雇主可将其当作一个参考。”陈祉妍指出，从专业心理学角度来说，任何单一测验结果都不能作为录用与否的唯一标准。考察一个人能否胜任一份工作，必须把测试数据和过往资料结合起来进行分析，只有这样才能够得出一个相对可靠的结果。

陈祉妍认为，与招聘相比，相亲择偶是一个更为复杂的问题。“招聘大部分涉及的问题处于人的意识层面，而相亲择偶中还要涉及很多处于无意识层面的问题，而这是很难被测试出来的。”她说。

“我还发现，一些网上的MBTI测试，为了让被试者能在短时间内获得测试结果，会大幅缩减测评题目数量，这样会增大测试结果的误差。”陈祉妍提醒道，误差增大后，测试结果就会更不准确，此时按图索骥去寻找另一半或招聘员工，风险就更大了。

“因此，无论是将MBTI测试用于相亲择偶还是招聘员工，首先需要明确一点，那就是任何测试都是有局限性的。”陈祉妍表示，“MBTI测试可以帮我们更好地了解人的性格特征，但不能仅凭单一的测试结果去推断一个人的心理特征。要想真正考察一个人，必须用多种方法、从多个角度来考察，再结合心理测试结果进行辅助分析，这样才可能得出比较可靠、客观的判断”。

资料来源：4个字母“解锁”16种人格类型，火遍全网的MBTI测试靠谱吗？.（2022-04-14）. https://www.piyao.org.cn/2022-04/14/c_1211636401.htm. 有改动。

读一读

美术能力倾向测验

美术能力倾向测验大多在20世纪50年代之前开发。它如同智力测验，可用来解释现象，帮助人们解释个体在审美与艺术创造方面的差异，测量个体审美能力，以预测其未来在美术方面的成就。美术能力倾向测验的开发分为审美能力与艺术创作技能两大角度。

一方面，审美能力是指个体对审美对象的客观美学特征及其之间联系的感知敏感度。基于此角度开发的美术能力倾向测验大致有两类：一类是让被试者对呈现的作品或简单图形进行喜好判断、喜好程度排序，或让其从中选出最美的并根据美的程度排序，如Christensen-Karwosk美术鉴赏测验、Meier-Seashore美术判断测验、Thorndike

审美测验、Meier审美知觉测验等。其中Thorndike审美测验是最早公开发表的以排序形式测量审美能力的测验，该测验共四道题，要求大学生和成人群体对每道题中4～5个相似的图形（见图5－7）根据自己的喜好进行排序。第二类测验则要求个体从提供的艺术作品或简单图形中挑出最好的，并进一步选出判断或评价的理由。

另一方面，艺术创作技能不仅要求个体具有较强的审美能力，还需接受一定的专业训练。相关的测验主要是指绘画操作类测验，分为主题作画与补全图画两类。主题作画是指给定被试者绘画元素与主题，而后将其绘画作品与特定标准进行匹配计分的测验模式。特定标准既可以是已有的样例画，也可以是既定的评分描述。而补全图画测验则需要被试者基于已有的关键线条、图画展开想象并进行创作，比如Horn开发的美术能力倾向测验（见图5－8）。

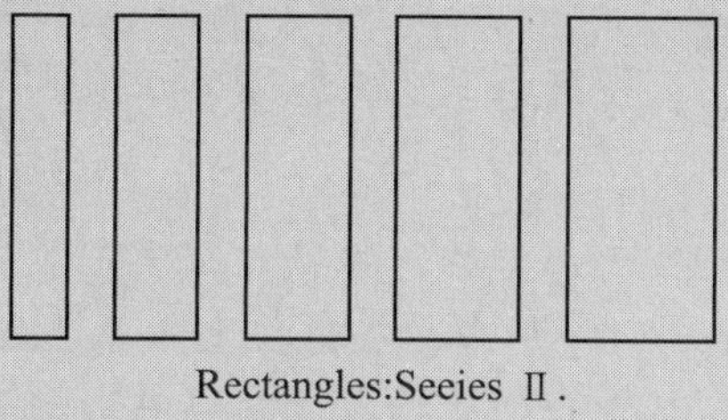

图5－7 Thorndike审美测验示例

图5－8 Horn美术能力倾向测验补全图画示例（题目-答案）

资料来源：黎旋，黄圣鸿．审美的测量：美术能力倾向测验的回顾与展望．心理学探新，2021，41（6）：554－562．有改动。

5.3 评价中心测评技术

5.3.1 评价中心概述

一、历史渊源和定义

评价中心（assessment center/development center）的起源可以追溯到1929年，当时德国心理学家建立了一套用于挑选军官的非常先进的评价体系。在第二次世界大战期间，美国的战略情报局使用小组讨论和情境模拟来选拔情报人员，获得了成功。开创在工业组织中使用评价中心先河的是美国电话电报公司，该公司的评价工作从1956年一直持续到1960年，实践证明，该工作是十分有效的。此后，许多大公司，如通用电气、IBM、福特等都采用了这项技术，并建立了相应的评价中心机构来评价管理人员。

想一想

A公司先进制造中心主任的人选之惑

A公司是一家负责从事新型输配电设备研发与生产的高科技企业。为提高企业产品竞争力，公司领导层多次集体讨论后决定打通原有生产部与研发部，联合成立先进制造中心，通过高端资源和功能的充分整合来提升技术竞争力。但中心的主任由谁来担任成了一个棘手的问题。目前，最令人瞩目的两位中心主任候选人是原研发部主任甲和原生产部主任乙。下面是甲、乙两位候选人的基本情况：

> 研发部主任甲，具有扎实的专业理论知识和丰富的技术经验，对电力专业设备技术有很深入的研究，是A公司技术战线上的领军人物。担任研发部主任后，在提高研发水平和产品的更新换代方面做了大量工作，提升了企业的产品创新能力，同时也为企业创造了良好的经济效益。在他的带领下，企业的新产品策划、推广工作井井有条。特别是自主研发的开关柜、箱式变电站等产品，顺利通过型式试验，并在多地挂网运行，成为公司自主创新的卓越成果，获得了多项专利。
>
> 生产部主任乙，先后在公司的质检部、生产部工作，担任过公司研发部和生产部副主任等职，工作能力和业绩颇受各级领导赞赏。乙担任生产部主任后，在生产能力提升方面做了大量工作。当时，企业的产能难以满足销售订单的需求，他充分挖掘公司的潜力，并调整了一些产品进行外包加工，体现了总揽全局的能力，且能认真贯彻执行公司高层的决策部署，推动战略目标的实现。同时，他还主持制定了分别针对公司外包产品与自制产品的两套ISO9001质量管理体系。

请你根据他们各自的特点进行分析比较，思考谁来担任先进制造中心主任最合适？我们应该用什么方法来评价和判断？

资料来源：廸立公司先进制造中心主任的人选之惑．(2018-09-13)．http：//www.cmcc dlut.cn/Cases/Detail/3367.

评价中心是现代人员素质测评的一种重要方式，主要用于对中高级管理人员的测评。它从多个角度对个体进行标准化评估，使用多种测评技术，通过多名评价者对人在特定测评情境中表现出的行为做出判断，然后将所有评价者的意见通过讨论或统计的方法进行汇总，从而得出对个体的综合评估。

二、测评原理

评价中心应用现代心理学、管理学、计算机科学等相关学科的研究成果，通过心理测验、能力、个性和情境测验对人员进行测评，并根据工作岗位要求及企业特性进行评价，从而实现对人的个性、动机和能力等较为准确的把握，做到人职匹配，确保人员达到最佳工作绩效。严格来讲，评价中心是一种程序，而不是一种具体的方法；是组织选拔管理人员的一个人事评价过程，而不是一个空间场所或地点。它由多个评价人员针对特定的目的与标准，使用多种主客观人事测评方法，对被试者的各种能力进行评价，为组织选拔、鉴别、发展和训练人才服务。

三、主要特点

评价中心最大的特点是情境模拟性，一般的测试项目都会放在具体的情境中，通过设置一定的情境和要求，让被试者做出反应，以考查被试者的综合能力和素质。在评价中心中一般包含多个情境模拟测验，可以说评价中心既源于情境模拟，又不同于简单情境模拟，它是多种测评方法的有机结合。此外，评价中心还有以下几个特点。

1. 技术运用的综合性

评价中心运用的综合性是由其自身特点决定的，因为评价中心本身是一种程序而不是一种具体的方法，这就决定了要完成这个程序需要多种方法作为支撑。

2. 评价过程的动态性

与其他测评方法不同，评价中心测评技术体现了动态性，大多数测评技术都将被试者放在一个动态的互动过程当中，通过被试者与他人、被试者与被试者、被试者与具体工作、被试者针对具体问题的表现和反应来进行观察和分析，而不是对其进行静态抽象的分析。这是因为人的素质十分复杂，只有根据实际的行动表现才能做出正确的判断。

3. 测评内容的全面性

评价中心通过一系列的测评方法对被试者的多个侧面进行不同的测量，如无领导小组讨论可以测量被试者的组织能力、领导能力，演讲可以测量被试者的表达能力，案例分析可以测量被试者理论联系实际、解决问题的能力，公文筐测验可以测量被试者的分析判断能力、权衡决策能力等。通过评价中心的一套程序，企业能对被试者各方面的素质有大致的了解和把握。

四、优缺点

评价中心具有较高的信度和效度，得出的结论预测性较高，相对比较公平和公正，但与其他测评技术相比，评价中心组织过程复杂，需投入很大的人力、物力，且时间较长，操作难度大，对施测者的要求很高。

5.3.2　评价中心的主要工具

评价中心是一种程序而不是一种具体的方法，是由多种评价方法构成的一个组织选拔管理人员的人事评价过程。评价中心所采用的情境测验包括多种形式，主要有无领导小组讨论、公文筐测验、角色扮演、案例分析、管理游戏等。本小节首先对前两种形式做详细介绍。

一、无领导小组讨论

1. 无领导小组讨论概述

无领导小组讨论是指一定数量的应聘者（最佳为 5～8 人）组成一个临时工作小组，

在既定的背景下围绕给定的问题展开讨论，持续1小时左右，由一组评价者对他们在讨论过程中的言语和非言语行为表现进行观察与评价，评价者不参与讨论。所谓无领导，就是评价者只告诉他们讨论的规则、时间规定等，应聘者在讨论中都有一定的角色，但角色一般具有平等性，大家平等地参与问题的讨论，如何解决问题由他们自己决定。评价者不参与应聘者的讨论，他们的工作只是观察和记录应聘者的行为表现。

2. 无领导小组讨论的评价要素

无领导小组讨论的目的主要是考查应聘者的组织协调能力、领导能力、人际交往能力、想象能力、对资料的利用能力、辩论说服能力等，同时也考查应聘者的自信心、进取心、责任感、灵活性以及团队精神等。

无领导小组讨论的评价要素是：发言次数的多少；是否善于提出新的见解和方案，敢于发表不同的意见，支持或肯定别人的意见，坚持自己的正确意见；是否善于消除紧张气氛，说服别人，调节争议问题，创造一种使不大开口的人也想发言的气氛，把众人的意见引向一致；能否倾听他人的意见，是否尊重他人，是否侵犯他人的发言权；语言表达能力如何，分析问题、概括或总结不同意见的能力如何，发言是否主动，反应是否灵敏等。

3. 无领导小组讨论的试题设计

（1）设计原则。主要有如下三个原则。

1）角色平等性。在无领导小组讨论中，角色之间应该平等，如果角色之间有上下级的关系，那么在讨论中就无法做到平等，讨论就不是真正意义上的无领导小组讨论了。

2）难易相当。无领导小组讨论应该选择难易相当的试题。太难了，讨论无从下手，应聘者无法完全把自己的水平发挥出来；太容易的话，难以对应聘者进行区分，也无法考查更高的能力层次。

3）具有可讨论性。试题应该具有可讨论性，这是对无领导小组讨论试题的必然要求。如果不具有可讨论性，选择结果已经十分明确或者答案显而易见，大家的目标都是要合理地解决问题，所以理所当然地就能得出一致的结论，就不需要互动和冲突了。没有互动和冲突，也就无法在这个过程中展示应聘者各方面的能力，讨论也就没有意义了。

（2）题目类型。题目主要有如下几种。

1）开放式问题：答案的范围可以很广、很宽。主要考查应聘者思考问题是否全面，是否有针对性，思路是否清晰，是否有新的观点和见解。例如，你认为什么样的管理者是好的管理者？

2）两难问题：让应聘者在两种互有利弊的答案中选择其中的一种，主要考查应聘者的分析能力、语言表达能力以及说服能力等。例如，你认为以工作为取向的管理者是好管理者，还是以人为取向的管理者是好管理者？

3）多项选择问题：让应聘者在多个备选答案中选择有效的几个，或对备选答案的重要性进行排序。

4）操作性问题：给应聘者一些材料、工具或者道具，让他们利用这些材料，设计出一个或一些评价者指定的物体来。例如，给应聘者一些材料，要求他们相互配合，搭建一座塔或者一栋楼房的模型。

5）资源争夺问题：让处于同等地位的应聘者就有限的资源进行分配。

4. 无领导小组讨论的实施

无领导小组讨论一般为 30～60 分钟，包括以下四步。

（1）准备阶段。准备阶段需完成以下事项。

1）安排场地和时间。场地一般选取环境较为宽敞的小会议室，以圆桌为最佳，U 形桌亦可，不可用方桌，椅子呈环绕型摆在桌子周围。应聘者一般半圆形或者 U 形围坐。评价者和应聘者应该保持一定的距离，以减轻应聘者的心理压力。如果多组讨论同时进行，则需要注意组与组之间保持适当的距离，互不影响。时间安排可表示为 AM/PM ××：××—××：××。

2）准备讨论题目。按照企业对应聘者的能力素质要求，明确测评要素和制定评分表，选择合适的题目。

3）培训评价者。就操作流程、评价方法、测评要素、计分项、计分规则、总结报告等对评价者进行培训，通过讲授和分组演练的形式确保评价者在实施流程和评价标准方面保持最大限度的一致。

4）准备其他设备和材料。准备白纸和笔若干、观察记录表、测评表、秒表等。

5）安排应聘者。第一，分组方法：对所有应聘者进行分组，每组人数一般控制在 5～8 人，视评价者能力高低而定。评价者面试技能熟练，每组可多分些人，但最多不能超过 10 人；评价者能力较弱，每组应该少分些人，但最少不能少于 5 人。按照场地大小和评价者多少，可多个小组同时进行，也可小组交替进行。第二，分组原则：根据院校、籍贯、工作经历、性别将应聘者分组，尽量避免将相识的应聘者分配在一组。第三，通知应聘者：一切准备就绪后告知应聘者时间和地点。

（2）具体实施阶段。评价者向应聘者提供必要的资料、交代问题的背景和讨论的要求后，一定不要参与提问、讨论或者回答应聘者的问题，以免给应聘者暗示。整个讨论过程可用摄像机监测、录像。

实施阶段主要分为五步。第一步：评价者宣读规则和时间安排。第二步：评价者将题目发给各组，让应聘者自己阅读题目，独立思考，列出发言提纲，发言时间一般为 5 分钟左右。第三步：应聘者轮流发言阐述自己的观点。第四步：应聘者自由发言，不但阐述自己的观点，而且对别人的观点提出意见，最后达成一致意见。第五步：每组选派一名代表做总结发言，组员可以适当补充。每一步都要控制好时间。

（3）评价阶段。至少要有 2 个评价者，以相互检查评价结果，将各评价者给出的分数加权平均为应聘者的最终成绩；评价者应对照计分表所列条目仔细评估应聘者的各项表现；评价者一定要摆脱应聘者第一印象的影响，不能带有民族、种族、性别、年龄、资历等方面的成见；评价者对应聘者的评价必须客观、公正，以事实为依据。

（4）总结阶段。在进行无领导小组讨论后，所有评价者都要撰写评价报告，内容包括此次讨论的整体情况、所问的问题以及问题的优缺点，主要说明每个应聘者的具体表现、自己的建议以及最终录用意见等。

5. 无领导小组讨论的评价方法

（1）ORCE 方法。观察（observe），对应聘者做出客观的、不受其目前工作状况和背景等影响的判断；记录（record），用应聘者自己的语言来准确地记录，记录的方法包括用关键词写简短的记录和扮演摄影机的角色；归类（classify），判断行为所体现的能力，回顾记录，如果需要的话，重新把行为和其他能力挂钩；评估（evaluate），对每种能力撰写简短的总结，确定行为的层级，基于能力对应聘者进行评价。

（2）观察要点。无领导小组讨论中，评价者的观察重点是应聘者的行为表现，这是评价者评价应聘者的信息来源。具体而言，评价者在无领导小组讨论中的观察要点为：

1）参与程度：应聘者的发言顺序、发言时间长短、发言时机和发言次数。

2）观点表达：应聘者采用什么策略来提出自己的观点，是否坚持自己认为正确的提议，采取什么策略应对观点冲突。

3）扮演角色：应聘者扮演的是旁观者、协调者、激化者还是领导者？

4）人际影响力：谁推动了讨论的进程？谁起主导作用？谁的亲和力最强？

（3）评分方式。在观察的同时，评价者还要根据应聘者的表现进行打分。一般而言，对于无领导小组讨论的计分有以下几种：各评价者对每个应聘者的每一个测评要素打分；一个评价者对其中一个应聘者的每一个测评要素打分；各个评价者分别对每个应聘者的某几个特定测评要素打分。在具体实施时，评价者可以根据自身的水平和特长等具体情况，有针对性地选择使用某一种计分方式。

6. 无领导小组讨论的注意事项

（1）评价者。评价者要注意如下事项。

1）前期准备工作要做足。前期准备工作非常关键，特别是题目的准备和评分标准的建立，评价者应对无领导小组讨论的实施流程和评分标准非常熟悉，达到熟练运用的程度。

2）注意对讨论过程的控制。评价者应对时间、讨论的进程和讨论的场面有效地进行控制，避免超时、过程混乱等现象的发生。

3）观察和评价置身事外。评价者应在应聘者讨论的过程中注意观察过程，从讨论的内容和互动的过程两个方面入手，不可将重点放在观察内容上。这是观察的一个误区：评价者自己也去做题了，进入了应聘者的角色，和自己观点一致就获得较高程度的认同，得分也高。

4）摆脱主观评价。评价者应严格按照测评要素和计分项对应聘者的典型行为进行评价，避免主观臆断和第一印象的影响。

5）注意综合评价和总结。评价完成后，应将所有评价者的评价进行综合，一般是对分数进行加权取平均分，评价者在完成评价后要撰写评价报告和最终建议。

（2）应聘者。应聘者在无领导小组讨论中，应该注意的事项如下。

1）了解无领导小组讨论的测评要点。根据无领导小组讨论题目类型的不同，所考查的应聘者的素质能力也不同，但通用的评分标准一般包括参与程度、观点表达、扮演角色、人际影响力等。

2）注重礼仪。讨论时，应聘者要注意基本礼仪，如仪态端庄、交流时尊重他人等。

3）注意技巧。应聘者在讨论过程中要注意技巧，积极发言，把握机会，善于总结归纳，注意讲话技巧等。

看一看

无领导小组讨论实例

一、规则介绍（指导语）

大家好！欢迎大家进入无领导小组讨论环节，本轮采用情境模拟的方式就一个主题展开讨论，希望大家在讨论中积极发言、各抒己见。评价者将根据你们在讨论中的表现对你们进行评价。

在讨论过程中，评价者仅作为旁观者，不参与讨论，也不发表任何意见，完全由你们自主进行。注意在讨论开始后，请不要再向评价者询问任何问题。讨论时间为 30 分钟，请大家把控好时间。

二、自我介绍

小组成员分别做自我介绍，一方面是让每个应聘者能把握机会展示自我；另一方面是让小组成员相互熟悉，方便后续讨论。

三、讨论主题

（一）背景

M公司是一家游戏公司，现要开发一款游戏并上市推行，公司有市场调查部、策划部、美术部、程序部、测试部和运营部，游戏预计投资 1 000 万元。此时，这 1 000 万元如何分配给这六个部门，每位应聘者扮演各部门的代表，为自己部门争取资金。

1. 市场调查部

市场调查部是游戏开发的“信息源”。它主要负责市场调研计划的制订与实施，以获得消费者需求、竞品等市场信息。同时需要建立健全的营销信息系统，制定市场情报收集、整理、分析、交流及保密制度，获取最新且全面的信息，为优秀策划提供信息决策支持。

2. 策划部

策划部主要负责公司游戏产品的设计，包括制定游戏规则、设计游戏交互环节，负责游戏公式、游戏剧情与场景设计以及把握整个游戏产品的细节等。策划部是游戏开发的“大脑”，策划部用程序设计人员与美工能够理解的方式对游戏整体模式进行阐释，制定游戏规则，对游戏的可玩性与丰富性起决定性作用。

3. 美术部

美术部负责游戏的“外貌”，根据策划部的设计理念，设计游戏中的各种美术资源。一是游戏界面的设计，包括界面内容布局、图形、图标、动画等；二是场景与角色动画的设计。美术部通过准确把握游戏设计主题与理念，优化和完善设计，提升游戏的用户视觉效果及用户操作化体验。

4. 程序部

将策划部的设计理念与美术部的资源用代码的形式组织在一起，构建一个可运行的游戏程序。程序部负责游戏的“身体”，一方面负责开发游戏的各类系统、玩法与版本，及时修复错误与缺陷，保证游戏在各平台都能高效运行；另一方面负责服务器端数据库、内容分发网络、大数据分析系统的构建，使真正的游戏以程序方式得以实现。

5. 测试部

测试部是游戏的“安检员”，是游戏顺利上市的第一关。测试部主要负责控制游戏的整体质量，根据策划部的设计，寻找、发现和记录游戏开发中可能出现的错误与缺陷，编写并执行测试用例，根据测试结果撰写测试报告，及时对游戏问题、游戏趣味性与平衡性给予反馈，确保游戏运行的稳定性。

6. 运营部

运营部是游戏开发的重要“喇叭”。负责游戏的推广，及时更新游戏动态与编辑相应游戏攻略，并通过举办各种线上线下活动，实现游戏品牌的营销与推广。另外，它还需要对用户行为数据进行实时收集与分析，获取游戏运营的相关数据，协调和配合其他部门对游戏进行优化与更新。

（二）目标

1. 作为部门代表，你要积极为你所代表的部门争取更多的资金。

2. 作为公司的一员，你同时也要充分考虑资金分配的合理性，使新游戏顺利开发与上市这一目标得以实现。

（三）要求

1. 严格遵守时间。在30分钟内必须要达成一致意见，否则各自的成绩将会受到影响。

2. 切忌平均主义。这笔资金不能平均分配，必须按实际要求，体现出投资重点。

3. 小组推选一位成员代表小组陈述最后的决议，时间为8～10分钟。

四、讨论流程

1. 分配角色。

2. 阅读题目，形成自己的观点。

3. 个人陈述。

4. 团队讨论。

5. 得出一致结论，而后小组推选一位成员代表小组陈述最后的决议，组内成员可以补充。

五、评价者评价

在此过程中，评价者按照设置好的评分表，基于由外部专家与人力资源部门招聘团队共同制定的评分标准，根据每组应聘者的现场表现及其承担的角色，从组织协调、人际沟通、语言表达、团队协作等维度客观公正地打分，并将应聘者表现划分为A+、A、B+、B四个层次。

资料来源：自燃力量，Fun享青春：蒙牛集团的校园招聘究竟“牛”在何处？.（2021-03-04). http://www.cmcc-dlut.cn. 有改动。

二、公文筐测验

1. 公文筐测验概述

公文筐测验是一种模拟管理者文件处理工作的活动，是评价中心中运用最多也是最重要的测量工具之一。在模拟活动前，评价机构事先编制好评分标准，并结合评价目的准备好要处理的公文。在测验时，被试者被假定为某部门的领导者或接替某个管理人员的工作，面对一堆等待处理的资料，包括各种文件和手稿，如电话记录、留言条、办公室的备忘录、公司正式文件、客户的投诉信、上级的指示、人事方面的信息等。这样的资料一般有 10～25 份，有来自上级的，也有来自下级的；有来自组织内部的，也有来自组织外部的；有日常琐事，也有重大的紧急事件。被试者要在规定的时间内做出决策。

这一测验不仅可以较好地反映被试者在管理方面的组织、计划、协调、领导等能力，还可反映其对环境的敏感性以及对信息的收集和利用能力。被试者不仅要根据自己的经验、知识、技能去处理各种问题，给出解决方案，而且会被评价者问询，说出处理各种问题的原因。这样不仅能够考查被试者解决问题的能力，还能了解其处理问题的基本思路。

2. 公文筐测验的适用范围

公文筐测验是评价担任特定职务的管理人员在典型职业环境中获取、研究有关资料，恰当处理各类信息，准确做出管理决策，有效开展指挥、协调和控制工作及其现场行为表现的综合性测验。由于公文筐测验可以将管理情境中可能遇到的各种典型问题抽取出来，以书面的形式让被试者来处理，因此它可以考查被试者多方面的管理能力，特别是计划能力、分析和判断问题的能力、给下属布置工作并进行指导和监督的能力、决策能力等。归纳起来，主要有以下两类。

（1）与事有关的能力。公文筐测验中的公文涉及组织中的各种事件，被试者收集和利用信息的（洞察问题）能力首先会体现其中。另外，有的事情需要被试者做出分析、综合、判断，有的事情需要做出决策，有的事情需要组织、计划、协调，有的事情还需要分派任务（授权），而且在纷繁复杂的事情中需要分清轻重缓急，这些能力都可以在公文筐测验中得到反映。同时，由于与其他测评方法相比，该方法提供给被试者的测验材料和作答都是以书面形式呈现的，因此还能有效地测查被试者的文字与写作能力。

（2）与人有关的能力。在公文中会提到各种人物以及他们之间的关系，文件也是来自不同的人，设计得好的公文筐测验会把人物的特点勾勒得淋漓尽致。被试者除了要善于处理公文中的事情，还要对与文件有关的人非常敏感，而且很多情况下，事情处理是否得当取决于是否能够正确理解各种人物的意图、愿望、性格特点和人物之间的关系。因此，在公文筐测验中也能很好地测量与人打交道的能力，尽管这种能力是通过书面的形式间接表现出来的。

3. 公文筐测验的特点

公文筐测验把被试者置于模拟的工作情境中去完成一系列工作，与通常的纸笔测验相比，显得生动而不呆板，能较好地反映出被试者的真实能力与水平；与结构化面试、无领导小组讨论等其他测评技术相比，它提供给被试者的背景信息和测验材料以及被试者的作答都以书面形式完成，一方面考虑到被试者在日常工作中接触和处理大量文件的需要，另一方面也为每一位被试者提供了工作的前提条件和机会相等的情境。公文筐测验可以同时对大批量的被试者进行测验，这也是其他情境测验所无法比拟的。总结起来，公文筐测验具有以下优点和缺点。

（1）优点。公文筐测验兼具情境模拟技术和传统纸笔测验的优点。

1）综合性。公文筐测验使用的是一套组合的公文，可以同时从多个维度评价一个人的管理能力，这些能力是知识、经验和智力相互作用与整合的结果，具有综合性。这些题目的设计也可以因不同的工作特征和所要评价能力的不同而不同，具有一定的灵活性。

2）实施简便。与无领导小组讨论等其他情境模拟测验相比，公文筐测验提供给被试者的背景信息、测验材料和要求的作业都以书面形式来完成和实现，比较简便，对评价机构和场地的要求最低，既可以采取个别的方式施测，也可以采取团体的方式施测，只要评价者给予被试者相同的指导语就可以了。

3）高度仿真性。公文筐测验高度仿真和接近管理实践，这样非常有利于激发被试者的积极性和创造性，能够在很短的时间内全面、准确掌握被试者的能力、潜能以及个性心理特征，是不折不扣的"管理者实战演习"。两小时左右的公文筐测验对被试者综合素质状况、工作和经验积累、专业知识和相关知识的掌握与应用的考查十分有效。

4）普遍适用性。公文筐测验具有跨文化、跨地区、跨行业和跨企业的普遍适用性。据统计，欧美国家和日本在选拔、评价管理人员时最常用的技术就是评价中心，而评价中心中公文筐测验的使用频率高达95%。公文筐测验的效度和信度极高（信度相关系数为0.92）且操作方便。近年来，公文筐测验在企业管理工作中的价值和作用也逐步得到我国管理理论界及企业界人士的高度重视。

5）信度高。从信度上看，公文筐测验采取纸笔的形式，一方面是考虑到被试者在日常工作中接触和处理大量文件的实际需要；另一方面也是为了统一操作，给每个被试者提供相等的条件和机会，比较公平，不会因为情境的不同或者小组成员的差异等因素而影响测验结果。而且，对于被试者处理方式优劣的评价，不是个人单独做出，而是由几位评价者共同讨论做出的。这有助于提高公文筐测验的信度。

6）有效性高。从效度上看，公文筐测验所采用的文件都取自实际的管理活动，类似于被试者所拟任职位上日常需要处理的文件，有时直接选取真实文件。同时，处理公文这样一项管理活动也是任何一个管理者在日常工作中经常遇到的事情。被试者了解公文筐测验的目的所在，非常容易接受这种表面效度高的测验方式。

7）预测性高。公文筐测验中的成绩与实际工作中的表现有很大的相关性，对被试者未来的工作绩效有很好的预测能力，即该测验具有良好的预测效度。因此，只要被试者能够妥善处理公文筐测验中的各类文件，评价者就有理由认为被试者在一定程度上具备了胜任新职位所需要的素质。国外有研究者观察了51人的工作实际绩效后发现，工作绩效与公文筐测验结果之间的相关系数为0.42；还有人发现，公文筐测验结果与日后3年内晋升之间的相关系数为0.32。

8）用途多样性。从用途上看，公文筐测验除了能够挑选出有潜力的管理人才，用于评价、选拔管理人员，还可以用于培训，训练被试者的管理与合作能力，使选拔过程成为培训过程的开始，使参加测验的被试者提高其管理技巧、解决人际冲突和组织内部各部门间摩擦的技巧，以及为人力资源规划和组织设计提供有用的信息。国外有研究表明，公文筐测验的结果与培训成功之间的相关系数为0.18～0.36。

（2）缺点。公文筐测验的主要缺点如下。

1）编制的成本较高。公文筐测验需要专业人员包括测验专家、管理专家和行业专家相互配合，投入的人力、物力和费用都比较多。编制公文筐测验需要结合实际的拟任职位的特征和要求，收集不同的文件，并对文件进行典型化处理，将各个文件串联起来成套编制并标准化，这本身就是一个需要花费大量时间的过程。

2）评价的客观性难以保证。虽然公文筐测验采用笔试和较为标准的考试程序，但是它包含的公文的题目基本上都属于开放式问题，要求被试者自主发挥。由于被试者在经验、背景、管理理念、基本素质等方面存在差异，其处理公文的行为方式也不尽相同。一个经常与公文打交道的企业中层管理者，由于受到企业文化和企业做事风格的影响，在此类测验中很容易按照工作习惯来处理，一些真实的能力被隐藏起来。这会影响评价者对他的评价。

3）不同的评价者对公文筐测验结果会有不同的认识，尤其是专业人员和实际工作者的认识往往有较大的差异。鉴于此，对公文筐测验结果的评价应有专家指导，否则会由于评价尺度把握不准而无法取得好的效果，而在具体实践中专家并不容易请到，这就使得公文筐测验很难大规模推广使用。一般只是在选拔高级管理人员和高级官员时才使用。

4）依然采用静态的形式。公文筐测验采用静态的纸笔考试，每个被试者独立完成测验，评价者与被试者之间没有互动和交流，所以评价者很难对被试者在实际工作中与他人交往的能力和人际协调能力直接进行判断与评价。

4. 公文筐测验的因素及权重

由于公文筐测验内容不尽相同，因此每次测验的维度也是根据实际情况确定的。总的来说，公文筐测验的评分维度主要包括两个方面。

一是明确单个公文的考查要点，针对每个要点的答题情况进行评分，公文一可能考查的是被试者对情况的分析判断能力和决策能力，公文二可能考查的是协调能力，公文三可能考查的是授权意识，公文四可能考查的是商业敏感性等。

二是从公文的总体进行分析，看被试者是否能够充分认识到各个公文之间的关联，对所提供的背景信息能否充分利用，对各个人物在组织中的角色是否有较为准确的认识，是否可以通过对一些数据的分析得出相应的结论；看被试者是否对时间有敏感性，能否较为迅速地发现被拖延处理的公文，在分清时间先后顺序的同时是否能够敏锐地发现时间冲突，并在此基础上分清事情的轻重缓急，合理安排自己的工作；看被试者整体的文字表达能力如何，是否能够用清晰、简洁的语言来传递信息或分配任务，以及对处理公文的一些基本格式和规则的了解程度如何。当然，每一份公文并不一定只考查一个要点或维度，也可以同时考查多个。

概括起来，公文筐测验可以考查计划、组织、预测、决策、沟通。这五种能力的个体水平和群体水平是企业管理团队核心能力的标尺，对于企业可持续发展能力的保持和提升具有重大意义，所以这五种能力的考查是公文筐测验关注的焦点。

5. 公文筐测验的操作与实施

公文筐测验的实施步骤包括测验前的准备、开始阶段、正式测验阶段和评价阶段，各个阶段都有一些特定的要求，任何环节出了问题，其他环节都难以弥补。所以在实施时，必须严格按照要求对所有被试者进行测验，以保证测量的标准化和公平性。

（1）测验前的准备。测验前的准备工作是公文筐测验能否顺利实施的关键。测验前的准备工作范围很广，包括指导语的设计、各种材料的准备、测试场地的安排等。只有将这些工作做得周到细致，才能确保公文筐测验的质量。

首先，要有清楚、详细的指导语。指导语应说明被试者在公文筐测验中的任务与有关要求，文字应该通俗易懂，以保证每个被试者都能够准确无误地理解测验要求。典型的指导语应该是这样的：

> 这是一个公文筐测验，在这项测验中，你将作为一个特定的管理者，在2小时的时间里处理一系列文件、电话记录、办公室的备忘录等。这里为你准备了今天需要处理的全部资料，放在办公桌上的塑料公文袋里。在测验中你可以使用以下工具：一本答题纸、有关背景材料、公文袋中的测验材料、铅笔、计算器等。请不要在公文袋中的测验材料上写任何东西，所有的问题处理请都写在答题纸上。我们只对答题纸上的作答进行计分，在其他任何地方的答题将不予考虑。在测验期间，为了不影响你的成绩，请关闭手机。

其次，准备好测验材料。测验材料包括两类，即提供给被试者的背景材料和待处理的各种测验资料。背景材料一般包括被试者的特定身份、工作职能和组织机构等具体的情境设计，背景材料的多少随测验材料而定，其核心目的是为被试者处理公文筐测验中的各种问题提供背景情况，以保证被试者有足够的背景信息可以参照。各种测验资料包括信函、报告、备忘录等。这些资料事先放在桌子上的公文袋里。为了突出公文筐测验的逼真性，上述文件可以用多种方式来呈现，比如不同的文件用不同规格和大小的纸张来呈现；文件内容可以既有打印稿，又有手写稿；有些文件上甚至可以写上多位主管的批示，以表示文件已在多位主管中传阅过。

再次，准备好答题纸。答题纸专供被试者对材料写处理意见或回答指定的问题，是被试者唯一能够书写答案的地方，评分时只对答题纸上的内容进行评分。给每个被试者的测验材料和答题纸事先要编上序号，测验前要注意清点核对。答题纸一般由三部分内容组成：一是被试者的编号、姓名、应聘职位、文件序号；二是处理意见或处理措施、签名及处理时间；三是处理理由。值得注意的是，文件序号只是文件的标识顺序，通常由易到难，并不代表处理的顺序，应该允许被试者根据轻重缓急调整顺序，只要给所有被试者的文件顺序相同即可。在某些特殊的情况下，要被试者就某个问题写一个报告，此时得另加上几页空白答题纸。

此外，要事先编制好评分标准。根据各测验要素的定义，结合具体的测验试题，给出各要素的评分标准，必要时可以给出好、中、差三种情况的作答特征描述。

最后，事先安排一个尽可能与真实情境相似的环境。公文筐测验除了要求环境安静、通风采光好等条件，最好能够使测验环境与真实情境相似，至少应该保证每个被试者有一张桌子和必要的办公用具。由于要处理大量的公文，桌面要足够大。被试者之间的距离也应该远一些，以免相互干扰。为了保密和公平，最好所有的被试者在同一时间内完成公文筐测验。

（2）开始阶段。在公文筐测验正式实施前，评价者要把测验指导语从头到尾念一遍，并对测验要求做简要介绍，同时强调有关注意事项。当被试者对测验指导语完全理解后，每位被试者才可以开始阅读背景材料，即被试者的身份和一个假定的时间与情境，通常包括工作职能说明、组织结构图、职位描述和部分工作计划等，阅读时间的长短随背景材料的多少而定，一般有10分钟就足够了。这里的关键是让被试者尽快进入情境，明确自己的角色，以便正式作答。被试者在这个阶段有任何不清楚的问题，都可以向评价者提问。

（3）正式测验阶段。这一阶段通常需要1～3小时。为了保证公平性，在正式测验前，被试者不得翻看测验材料。被试者对文件的处理意见或者答案都要写在答题纸上，除非评价中心测评的总体设计中另有规定。被试者一般需要独立工作，没有机会与外界进行交流。被试者在这个阶段有任何问题，都不得向评价者提问。测验结束时，被试者必须同时停笔，但是可以检查一下是否在每一页答题纸上都写上了被试者的编号。对于提前做完的被试者，不要离开考场，因为下一个阶段评价者可能还会对被试者进行必要的追问。

（4）评价阶段。测验结束以后，评价者要对被试者的作答立即进行粗略的评价，只有这样，当评价者觉得被试者的回答模糊不清时，才可能对被试者当面提问，在此并不获取新的信息。如果未能及时进行评价，那么也应该在现场翻看一下，以决定是否要对被试者进行必要的追问。评价者在评价被试者的实际回答时，不仅要看被试者的文件处理方式、方法，还要结合被试者对每份文件处理办法背后的理由说明。有时，尽管两位被试者的处理方法相同，但不同的处理理由往往反映出其不同的能力水平。

5.3.3 评价中心的其他工具

一、角色扮演

角色扮演是指设计一个模拟的环境，要求多个被试者共同参加一项管理活动，每个人扮演一个角色，模拟实际工作中的一切具体活动。被试者在对自己所扮演的角色有充分了解的基础上，根据自己的身份、技能和经验等在活动中做出一定的反应。角色扮演有时用于人际关系矛盾的处理，可以通过被试者的具体反应和行动对被试者进行评价。

二、案例分析

案例分析就是给出一个工作中会遇到的具体情境（或者根据工作情境改编而成），要求被试者运用自己的知识、经验、技能去整合、分析、判断，最终形成一个解决方案。案例分析以事实为基础，主要考查被试者整合所学知识以及运用知识的能力，也能在一定程度上考查其对于所申请岗位相关问题的处理能力。案例分析广泛运用于人员选拔和测评过程中。

三、管理游戏

管理游戏又称管理竞赛，是指几组管理游戏（management game），这是评价中心常用的测评技术之一，可以考查被试者的战略规划能力、团队协作能力和领导能力等。管理游戏一般比较接近真实生活，被试者容易产生兴趣，但其施测过程比较复杂，而且被试者的行为难以观察。管理游戏中，人们利用计算机来模拟真实的公司经营，并做出各自的决策来互相竞争。在管理游戏中，可以将被试者分为 5～6 个组，代表 5～6 个公司，每个公司都要在激烈的模拟市场竞争中与其他公司进行各种形式的博弈。每个公司设立一个明确的目标并知道自己可以做出几个决策。每个公司不了解其他公司的决策情况，尽管这些决策会对它们的销售状况产生影响。

看一看

两个管理游戏示例

示例 1：管理游戏——办公室小生意

目的：在游戏中，每个人都扮演了销售员和消费者两个角色。测试被试者在销售产品的游戏中，如何基于他人的价值标准和能力基础实现自己的目标；如何换位思考，从不同的角度看待产品价值，以便在实际销售时把握消费者的需求和想法。

道具：卡片

步骤：

1. 全员参与，给每位成员发放一张卡片，写明产品名称及要卖给的特定人群，但该人群并不急需卡片上的产品。

2. 每位成员需想一句 30 秒的广告语以推销该产品，要求广告语要关注产品如何改变消费者的生活、消费者如何创造性地使用该产品、产品的价值和消费者的需求是如何匹配的。

3. 其他扮演特定消费人群的成员投票表决广告语是否激起他们的购买欲望；该产品是否真如广告语中所说的那样能满足消费者需求；哪些广告词提升了产品的价值，哪些广告词对销售产品没有用。

示例 2：管理游戏——同心协力

目的：测试被试者在困难条件下的应变能力、团队精神、心理承受能力以及思维方式等

道具：8 个眼罩、2 根 10 米长的粗绳子

步骤：

1. 10 位被试者平均分为两组，每组发放一根绳子。

2. 各组选出一名指挥官，负责发布指示。

3. 两组中的其余队员均蒙住眼睛，根据指挥官的指示，用 10 米长的绳子摆出所要求的图形，如五边形、五角星、圆形等。同时评价者记录游戏时间并监督全程，维持游戏秩序。

4. 最终哪组用时最短、图形最接近要求，判定哪组获胜。

资料来源：佚名.管理游戏：办公室小生意．企业管理，2020（9）：24；桂萍，彭华涛．人员测评与选拔．北京：科学出版社，2019.

5.4　其他测评技术

5.4.1　工作取样法

一、工作取样法的概念

工作取样法是通过抽取足够多在实际工作或者模拟工作情境中所要求的工作任务作为样本，然后观察应试者在抽样工作任务中的行为表现和反应，按照其反应与实际工作要求的任职条件的一致性程度给出不同的分数。

如某公司的销售人员有 15 项工作任务，要通过工作取样法来考查不同被试者是否胜任销售工作，可以从这些工作任务中抽取一些比较关键的工作任务，如抽取其中关键的 8 项，然后对这几项工作任务设置不同的工作方法或者工作步骤，并且对不同的方法和步骤赋予不同的权重得分，根据应试者在测评中的反应，比对标准对应试者完成各项任务的行为和步骤给予评分，最后将应试者在各个工作任务中所得的分数加总，看其是否达到此岗位的任职资格要求。

二、工作取样法的分类

工作取样法大致有行为操作表现、书面语言表现、思维口头表现与情境模拟表现等四种类型。每种类型在实践中都有相对应的操作形式，各自的效度系数也不尽相同，其中行为操作表现与书面语言表现的效度系数最大，情境模拟表现的最小。

三、工作取样法的优点

（1）效度高。工作取样法的测评情境来源于实际工作或者是在实际工作的基础上改编而成的，测评内容与实际工作职位要求具有一致性，这样应试者能够通过测评对未来的工作内容和难度有大致的了解，判断自己是否适合这项工作，评价者也能够客观地判断应试者是否符合所应聘岗位的任职资格要求。

（2）工作取样法是以行为为基础的测评方法，因此能够调动应试者参与的积极性，有利于发挥其才能与实力，对于在招聘中区分被试者是十分有效的。

（3）工作取样法还可以应用于职位分析、职责任务分析与任职条件分析。

四、工作取样法的缺点

工作取样法的适用范围有限。对于一些脑力工作，如讲课就不能简单地按照工作的方法和步骤来进行测评，因为每个教师讲课的风格和方法差异很大，讲课效果也无法按照方法和步骤来确定，因此就无法用工作取样法来测评。

5.4.2 履历分析

履历分析是一种定性的测评方法。履历表即工作经历的简表，是一种关于应试者背景情况的描述材料，一般由基本信息、教育经历、工作经历、职业技能与特长几个部分组成，反映应试者过去的基本情况。由于过去的相关经历和学习过程对将来的工作具有一定的影响，通过对履历进行分析，可以了解应试者的专业、学历、特长、技能、工作经历等基本内容，这些内容对人员测评具有一定的参考作用。

履历分析能够直接从应试者过去的经历中得到一些有关其是否适合当前工作的信息，十分简便、直截了当，而且操作方便，只需要根据情况对履历表的项目和内容进行设计，让应试者按要求填写即可。由于过去的经历对应试者适应目前工作也有一定的影响，因此履历分析在招聘甄选中具有广泛的运用。

但是，履历分析也有一定的局限性。因为过去并不能代表现在和将来，也许一个经历平平的人在与他匹配的岗位上也会有很好的表现，所以从履历分析去判断一个人是否符合当前岗位有一定的片面性。

履历表的示例如表 5 - 4 所示。

表 5 - 4　履历表示例

申请岗位：________________　　　　申请日期：　　年　　月　　日

<table>
<tr><td colspan="7">基本信息</td></tr>
<tr><td>姓名</td><td></td><td>性别</td><td>□男 □女</td><td>出生年月</td><td>年　月</td><td rowspan="6">照片</td></tr>
<tr><td>民族</td><td></td><td>籍贯</td><td></td><td>婚姻状况</td><td>□已婚 □未婚</td></tr>
<tr><td>身高</td><td></td><td>体重</td><td></td><td>电子邮件</td><td></td></tr>
<tr><td>身份证号</td><td colspan="3"></td><td>移动电话</td><td></td></tr>
<tr><td>家庭地址</td><td colspan="3"></td><td>住宅电话</td><td></td></tr>
<tr><td>紧急联系人</td><td></td><td>与本人关系</td><td></td><td>联系电话</td><td></td></tr>
<tr><td>学历</td><td></td><td>专业</td><td></td><td>毕业学校</td><td colspan="2"></td></tr>
<tr><td colspan="7">教育经历</td></tr>
</table>

起止时间	学校名称	学历	专业

工作经历

起止时间	工作单位	部门	职务	证明人及电话

续表

职业技能与特长		
技能名称	技能描述	工龄
郑重申明	本人保证以上所填资料属实，否则一切后果自负。	
说明：		

5.4.3 事实搜寻

事实搜寻就是通过让应试者以提问的方式来展现其思维过程，对其思维能力、沟通技巧等进行考查的一种情境模拟技术。与传统的让应试者针对问题进行回答和操作的方法不同，事实搜寻是让应试者在一定的情境中扮演某种角色，并通过提问去获取更多的信息，通过分析应试者提问的内容、顺序对其思维过程进行研究，同时制定统一的评判标准来考查应试者的思维能力和水平。

读一读

游戏化测评新技术助力人才高效选拔

游戏化测评技术是一种将游戏或游戏的思维、元素、机制等应用于人才测评中并依托于各类电子设备平台运行的创新性人才测评技术。根据相关研究，目前国内外企业或机构运用的游戏化测评技术主要分为模拟经营游戏、项目竞赛游戏、题库型游戏和动作游戏四种。

模拟经营游戏（BSG）主要是指以企业或行业的真实情况为原型，将工作岗位、任务、流程以及企业文化等现实情况与各种虚拟的游戏元素相融合，测评对象扮演管理者，对游戏中虚拟的现实世界进行经营管理。

项目竞赛游戏（PCG）主要是以竞赛的形式，融合奖励、等级、目标、规则、及时反馈、自愿参与等游戏元素来形成比赛机制，测评对象可通过参加竞赛来证明自己的能力，如Interview Street的在线编程挑战平台。

题库型游戏（IBG）主要是将游戏化元素与心理测量指标相结合，以一套简短的经严格设计的若干评估小游戏来考察测评对象在游戏情境中如何做出决策，并通过评估测评对象的行为来了解其能力素质，测试结果可以综合成一个匹配度分数，可以据此来挑选最匹配的人选。比如数字记忆游戏、气球爆炸游戏、金币交换游戏等。

动作游戏（AG）主要是以“动作”为主要表现形式，具有情节紧张刺激、物体运动迅速的特点，比如美国陆军为招募新兵而开发的名为America's Army的游戏。

游戏化测评技术方便测评者根据游戏过程中测评对象的行为、分析数据及结果报告，了解其能力素质倾向、解决问题的思路以及在实际工作中的预期表现，从而识别出富有发展潜力的人才，同时也提高了雇主的吸引力。

资料来源：李志，谢思捷，赵小迪．游戏化测评技术在人才选拔中的应用．改革，2019（4）：149-159.

5.4.4 演　讲

演讲又叫讲演或演说，是指在公众场所，以有声语言为主要手段，以体态语言为辅助手段，针对某个具体问题，鲜明、完整地发表自己的见解和主张，阐明事理或抒发情感，进行宣传的一种语言交际活动。

一、人员测评中演讲的操作过程

给应试者一个题目，让其稍做准备（如10分钟左右），即席演讲一定的时间，在这个过程中，观察和了解应试者的应变能力、反应理解能力、语言表达能力、言谈举止、风度气质和思维方式等。一般在人员测评中，所出的题目要与应试者的专业挂钩，这样可以考查应试者的专业度。演讲在招聘管理人员、销售人员、培训师、采购人员、物流人员、公共关系人员等外向型职位时使用较多。

二、应试者容易发生的问题

（1）太紧张。听的时候没有抓住重点，在没有弄清楚题目之前就仓促作答。应该在听的时候放松自己，记住关键点。

（2）太粗心。抓不住或者抓不准模拟情境的关键，对细节的把握不够。

（3）一般化。缺乏创新思维，如演讲内容千篇一律，不外乎学习文件、开会传达、坚决贯彻三部曲，如何结合本单位的实际情况这方面考虑得不够。

（4）太啰唆。表达不精练，该说的没说，不该说的说太多。

三、演讲的评价标准

演讲主要考查应试者的思维敏捷性、系统性、条理性、创造性、说服能力及自信心等，评价标准有：声音、口齿清晰度、感染力、声调；举止、目光等；内容是否有条理，论点和论据的关系、层次性、说服力；回答提问的情况等。

5.4.5 大数据测评

大数据（big data）是指一种规模大到在获取、存储、管理、分析方面大大超出传统数据库的数据集合，具有海量的数据规模、快速的数据流转、多样的数据类型和价值密度低四大特征。近年来，传统人员测评方式的局限性使得识别和选拔人才的准确度难以进一步提升，而使用大数据技术进行人员测评成为未来人员测评与选拔发展的方向和趋势。

一、人员测评中大数据的来源及使用

在测评中，可使用的大数据包括组织内数据和组织外数据，组织内数据即个体在日常工作中产生的结构化数据，例如项目数据、绩效数据等；组织外数据即个体在非工作时间产生的各种可获取的数据，例如社交网络数据等。而企业对大数据的常见利用方式包括：采用数据分析平台对内部人才数据进行管理；采用外部行业数据进行对标分析；利用邮件和网络搜索等行为数据；应用人工智能进行算法推荐和测评。

二、大数据在人员测评中的作用

首先，大数据有助于提升人员测评的准确性。基于数据挖掘的大数据技术，能够全方位收集个体产生的结构化数据，并对此进行全面深入的分析。其中，企业可以在网络招聘环节依托多个平台和对社交网络数据的深度挖掘，从中抓取应聘者的个性特征、兴趣爱好、行业关系等，从而精确识别其与空缺职位的匹配度。

其次，大数据有助于提升人员测评的预测性。例如，企业通过对其内部绩效优秀者和一般者的性格、知识、技能、行为等特征进行收集，能够建立岗位胜任素质模型，从而在未来的招聘和选拔中，自动根据应聘者简历和表现对其进行评分，筛选出能够为组织创造预期绩效的人才。

最后，大数据有助于提升人员测评的时效性。大数据技术是边收集、边分析、边利用大数据的过程，能够不断更新数据库，提高时效性。在招聘结束后，来自简历评级、面试官评价、录用情况等的新数据会就加入模型中迭代运行，从而预测出更准确的结果。

另外，大数据还可广泛运用于培训、绩效管理和职业生涯规划等环节，以提高招聘的有效性和战略人力资源管理的专业性。

拓展阅读

人-岗匹配和人-组织匹配是否会影响人格测验作假行为？

不同的招聘情境中有不同的人格测验作假模式，相较于关注岗位信息这一影响因素，有学者创新性地将组织信息纳入研究范畴，在人-岗匹配与人-组织匹配的背景下，探索情境性因素对应聘者在人格测验中作假行为的影响及作假行为发生的心理机制，发现：

（1）岗位与组织文化均会影响个体的作假行为模式，即当个体在应聘不同岗位或组织的工作时，会显著提高与该岗位或组织文化相匹配的人格特质得分。此结论具有跨文化的一致性，但可能因集体主义群体内的心理契约感越强，对规则的忠诚度越高，集体主义群体研究中个体的作假分数略低于西方研究背景下的作假分数。

（2）人-岗匹配与人-组织匹配的共同作用无法相互抵消或叠加，岗位与组织文化相冲突的个体同时在与岗位和组织文化相关的特质上表现出装好的作假模式，没有因相互矛盾的信息思考更久，表现得更加诚实，作假模式在岗位与组织文化的共同情境与单独

情境之间无显著差异。

(3) 不同特质上的理想员工形象在岗位信息和组织文化信息与该特质作假行为关系中发挥中介作用，即应聘者可能会通过岗位、组织文化等相关信息事先构建一个适合该岗位或组织的理想员工形象，然后判断并表现出相应的作假行为。

从该研究中，我们可以得到启示：在参考人格测验分数选择候选人时，要考虑不同岗位类型和组织定位对具体特质得分的影响，抓住应聘者的真实信息，做出正确的任用决策，减少人力资本的浪费。

资料来源：李中权，徐俊怡，林淑惠．人-岗匹配和人-组织匹配对人格测验作假行为的影响效应研究．上海行政学院学报，2023，24（1）：89－99.

□小　结

本章详细介绍了人员测评与选拔的主要方法：笔试、心理测验技术、评价中心测评技术以及其他测评技术，准确地掌握和运用人员测评技术对于人员测评与选拔工作具有重要意义。

笔试是一种与面试对应的测试，是考查应试者学识水平的重要工具。这种方法可以有效地测量应试者的基本知识、专业知识、管理知识、综合分析能力和文字表达能力等。笔试广泛运用于人员招聘的初级筛选阶段。笔试试题的编制要遵循一定的原则，清楚各种类型题目编制的注意事项，这样才能够编出高质量的笔试试题，达到预期的选拔效果。

心理测验根据一定的法则和心理学原理，使用一定的操作程序将人的认知、行为、情感等心理活动予以量化。心理测验是一种心理测量工具，心理测量在心理咨询中能帮助当事人了解自己的情绪、行为模式和人格特点。心理测验主要包括智力测验、职业兴趣测验、能力倾向测验、人格测验。各种心理测验有不同的特点和测评重点，在人员选拔的过程中要根据岗位的需要综合运用。

智力测验是指对人们的感觉与思维能力，包括记忆、推理、观点、表达能力等方面的测验。这是一种通过测量来衡量人的智力水平的方法。本章详细介绍了韦氏成人智力测验。

职业兴趣测验是心理测试的一种方法，可以表明一个人最感兴趣并最可能从中得到满足的工作是什么。该测验将个人兴趣与那些在某项工作中较成功的员工的兴趣进行比较，可用于了解一个人的兴趣方向及其兴趣序列。本章详细介绍了霍兰德职业兴趣理论。

能力倾向是指一个人经过一定的训练或处于适当的环境下完成某项任务的可能性和水平，也可视为有效地进行某类特定活动所必须具备的潜在的特殊能力素质。个人的能力倾向有特点，人们之间的能力倾向有差异，能力倾向测验就是测量这些特点和差异的手段之一。它可以预测个体在一定的职业领域中成功的可能性，也可以用来筛选在该领域没有成功可能性的个体。

人格测验是用测验的方法对人格进行测量，测出个体在一定情境下经常表现出来的典型行为和人格品质，如动机、兴趣、爱好、情感、性格、气质、价值观等。

评价中心应用现代心理学、管理学、计算机科学等相关学科的研究成果，通过心理测验、能力、个性和情境测验对人员进行测评，并根据工作岗位要求及企业特性进行评价，从而实现对人的个性、动机和能力等较为准确的把握，做到人职匹配，确保人员达到最佳工作绩效。严格来讲，评价中心是一种程序，而不是一种具体的方法；是组织选拔管理人员的一个人事评价过程，而不是一个空间场所或地点。它由多个评价人员针对特定的目的与标准，使用多种主客观人事测评方法，对被试者的各种能力进行评价，为组织选拔、鉴别、发展和训练人才服务。评价中心所采用的情境测验包括多种形式，主要有无领导小组讨论、公文筐测验、角色扮演、案例分析、管理游戏等。无领导小组讨论和公文筐测验是最常用的评价中心技术。

无领导小组讨论是指一定数量的应聘者（最佳为5～8人）组成一个临时工作小组，在既定的背景下围绕给定的问题展开讨论，持续1小时左右，由一组评价者对他们在讨论过程中的言语和非言语行为表现进行观察与评价，评价者不参与讨论。

公文筐测验中，在模拟活动前，评价机构事先编制好评分标准，并结合评价目的准备好要处理的公文。在测验时，被试者被假定为某部门的领导者或接替某个管理人员的工作，面对一堆等待处理的资料，包括各种文件和手稿，如电话记录、留言条、办公室的备忘录、公司正式文件、客户的投诉信、上级的指示、人事方面的信息等。这样的资料一般有10～25份，有来自上级的，也有来自下级的；有来自组织内部的，也有来自组织外部的；有日常琐事，也有重大的紧急事件。被试者要在规定的时间内做出决策。

角色扮演是指设计一个模拟的环境，要求多个被试者共同参加一项管理活动，每个人扮演一个角色，模拟实际工作中的一切具体活动。被试者在对自己所扮演的角色有充分了解的基础上，根据自己的身份、技能和经验等在活动中做出一定的反应。角色扮演有时用于人际关系矛盾的处理，可以通过被试者的具体反应和行动对被试者进行评价。

除了以上主要的测评技术，还有工作取样法、履历分析、事实搜寻、演讲等其他技术，这些技术是对前述方法和技术的补充与扩展，在人员选拔过程中也能起到一定的作用。

工作取样法是通过抽取足够多在实际工作或者模拟工作情境中所要求的工作任务作为样本，然后观察应试者在抽样工作任务中的行为表现和反应，按照其反应与实际工作要求的任职条件的一致性程度给出不同的分数。

履历分析是一种定性的测评方法。履历表即工作经历的简表，是一种关于应试者背景情况的描述材料，一般由基本信息、教育经历、工作经历、职业技能与特长几个部分组成，反映应试者过去的基本情况。由于过去的相关经历和学习过程对将来的工作具有一定的影响，通过对履历进行分析，可以了解应试者的专业、学历、特长、技能、工作经历等基本内容，这些内容对人员测评具有一定的参考作用。

事实搜寻就是通过让应试者以提问的方式来展现其思维过程，对其思维能力、沟通技巧等进行考查的一种情境模拟技术。与传统的让应试者针对问题进行回答和操作的方法不同，事实搜寻是让应试者在一定的情境中扮演某种角色，并通过提问去获取更多的信息，通过分析应试者提问的内容、顺序对其思维过程进行研究，同时制定统一的评判标准来考查应试者的思维能力和水平。

演讲又叫讲演或演说，是指在公众场所，以有声语言为主要手段，以体态语言为辅助手段，针对某个具体问题，鲜明、完整地发表自己的见解和主张，阐明事理或抒发情感，进行宣传的一种语言交际活动。

□思考题

1. 谈谈人员测评与选拔的方法有哪些，它们各有哪些优点和缺点。
2. 笔试试题编制的过程中，客观性试题和主观性试题各有哪些注意事项？
3. 心理测验技术主要包括哪些测验？这些测验在人员甄选中如何运用？
4. 试述评价中心的主要工具及其使用要点。
5. 简述其他测评技术在人员测评与选拔中起到什么样的作用。
6. 简述无领导小组讨论的注意事项有哪些。
7. 简述公文筐测验的操作与实施。

□参考文献

1. 谌新民．选人战略：人力资源选拔系统．广东：南方日报出版社，2003.

2. 况志华，张洪卫．人员素质测评．上海：上海交通大学出版社，2006.

3. 赵永乐，沈宗军，刘宇瑛，等．招聘与面试．上海：上海交通大学出版社，2006.

4. 廖泉文．招聘与录用．4版．北京：中国人民大学出版社，2022.

5. 萧鸣政．人员测评与选拔．4版．上海：复旦大学出版社，2021.

6. 唐宁玉．人事测评理论与方法．4版．大连：东北财经大学出版社，2016.

7. 牛丽娟．16PF在保险业销售人员选拔中的应用及对工作绩效的预测效度研究．大连：辽宁师范大学，2011.

8. 李德伟．人力资源招聘与甄选技术．北京：科学技术文献出版社，2006.

9. 吴志明，孙健敏，武欣，等．人事测评理论与实证研究．北京：机械工业出版社，2009.

10. 罗伯特·盖特伍德，休伯特·菲尔德．人力资源甄选：第5版．北京：清华大学出版社，2005.

11. 彭剑锋．人力资源管理概论．3版．上海：复旦大学出版社，2018.

12. 苏进，刘建华．人员选拔与聘用管理．北京：中国人民大学出版社，2007.

13. 桂萍，彭华涛．人员测评与选拔．北京：科学出版社，2019.

14. 徐世勇，陈伟娜．招聘与人才测评．2版．北京：中国人民大学出版社，2021.

15. 游戏公司组织架构与部门职能说明．https：//wenku. baidu. com.

16. 萧鸣政，唐秀锋．中国人才评价应用大数据的现状与建议．中国行政管理，2017（11）：6-11.

17. 李育辉，唐子玉，金盼婷，等．淘汰还是进阶？大数据背景下传统人才测评技术的突破之路．中国人力资源开发，2019，36（08）：6-17.

□附 录

2023年度四川省省直机关公开遴选和公开选调公务员公告

根据公务员法和《公务员转任规定》《公务员调任规定》《公务员公开遴选办法》《四川省公务员调任实施办法》和《关于进一步加强和改进公开遴选工作的通知》等政策法规，省委组织部决定开展2023年度省直机关公开遴选和公开选调公务员工作。现将有关事项公告如下：

一、职位

公开遴选职位为一级主任科员以下职级（或其他相当层次职级）职位，分为两类：一类面向所有符合条件的公务员，另一类专门面向符合条件的选调生。

公开选调职位为四级调研员职级职位。

二、报名范围和条件

（一）公开遴选

1. 报名范围

符合遴选条件的省内各市（州）以下机关（单位）已进行公务员登记（含参照公务员法管理机关〈单位〉工作人员登记）且在编在岗的公务员（含参照公务员法管理机关〈单位〉的工作人员，下同）。中央机关、省直机关设在市（州）以下的单位（包括垂直管理单位、派出单位等）中符合条件的也可报名。

2. 报名条件

(1) 政治立场坚定、政治素质过硬，增强“四个意识”、坚定“四个自信”、做到“两个维护”。

(2) 具有良好的业务素质，品行端正，实绩突出，群众公认。

(3) 具有2年以上基层工作经历。

基层工作经历，是指在县（市、区）、乡镇（街道）党政机关（含县以下参照公务员法管理的事业单位），村（社区）党组织或者村（居）委会，以及各类企业、各类不参照公务员法管理的事业单位工作过。军队转业干部在军队团和相当团以下单位工作的经历，退役士兵在军队服现役经历，可视为基层工作经历。直辖市区（县）机关工作经历视同为基层工作经历。

(4) 应当在本级机关工作2年以上，且在本机关（单位）工作1年以上。

(5) 近3年年度考核没有基本称职以下等次。

(6) 具有大学本科以上文化程度（各职位具体学历学位条件详见职位表）。拟报职位的“专业”条件，指与“要求的学历”所对应的专业。

(7) 年龄为40周岁以下（各职位具体年龄条件详见职位表）。

(8) 具有公开遴选职位要求的工作能力和任职经历。

(9) 具有正常履行职责的身体条件和心理素质。

(10) 符合法律法规规定和职位要求的其他资格条件。

工作经历年限、任职经历年限等的计算时间均截至2023年2月。学历学位及其他资格证书应于面试资格审查前取得。

3. 具有下列情形之一的，不得报名：

（1）被开除中国共产党党籍的。

（2）被依法列为失信联合惩戒对象的。

（3）涉嫌违纪违法正在接受有关专门机关审查调查尚未做出结论的。

（4）受到诫勉、组织处理或者党纪政务处分等影响期未满或者期满影响使用的。

（5）新录用乡镇公务员在乡镇机关工作未满5年的（含试用期）。

（6）按照有关规定，到艰苦边远地区以及定向单位工作未满最低服务年限或者对转任有其他限制性规定的。

对于通过降低进入门槛等倾斜政策录用的人员，应当在所报考市（州）辖区内的艰苦边远县乡机关满规定的最低服务年限；未满最低服务年限的，不得公开遴选到本市（州）内的上级机关和非艰苦边远地区的机关，也不得公开遴选到本省内其他市（州）和其他省的机关（包括其中艰苦边远地区的机关）。

（7）尚在试用期或者提拔担任领导职务未满1年的。

（8）法律法规规定的其他情形。

报名人员不得报考任职后即构成公务员法第七十四条第一款所列情形的遴选职位，也不得报考与本人有夫妻关系、直系血亲关系、三代以内旁系血亲关系以及近姻亲关系的人员担任领导成员的用人单位的职位。

（二）公开选调

1. 报名范围

省内符合条件的国有企业、高等院校和科研院所以及其他不参照公务员法管理的事业单位中从事公务的人员。

2. 报名条件

报名人员除应当具备公务员法和《公务员调任规定》《四川省公务员调任实施办法》要求的资格条件外，还应当具备以下条件：

（1）现任我省省属企业、副省级城市的市属企业中层以上领导职务及相当职务层次人员，或者其他市（州）属企业领导班子成员及相当职务层次人员；在中央驻川企业工作的，比照省、市（州）属企业现任相当职务层次人员。在上述国有企业工作，担任副高级专业技术职务2年以上，或者已担任正高级专业技术职务的人员。

事业单位管理岗位工作人员，须为聘任在五级、六级管理岗位上的领导人员；事业单位专业技术岗位工作人员，须在中央、省、市（州）直属及部门所属事业单位副高级岗位2年以上或者正高级岗位。

（2）具有大学本科以上文化程度（各职位具体学历学位条件详见职位表）。拟报职位的“专业”条件，指与“要求的学历”所对应的专业。

（3）年龄在45周岁以下（各职位具体年龄条件详见职位表）。

（4）具有公开选调职位要求的工作经历和任职资历。

（5）具有公务员法及其配套法规规定的晋升至公开选调职务职级累计所需的最低工作年限。

(6) 近3年年度考核均为称职或合格以上等次。

(7) 具有正常履行职责的身体条件和心理素质。

(8) 符合法律法规规定和职位要求的其他资格条件。

工作经历年限、任职经历年限等的计算时间均截至2023年2月。学历学位及其他资格证书应于面试资格审查前取得。

3. 具有下列情形之一的，不得报名：

(1) 因犯罪受过刑事处罚的。

(2) 被开除中国共产党党籍的。

(3) 被开除公职的。

(4) 被依法列为失信联合惩戒对象的。

(5) 涉嫌违纪违法正在接受有关专门机关审查调查尚未作出结论的。

(6) 受到诫勉、组织处理或者党纪政务处分等影响期未满或者期满影响使用的。

(7) 正在接受审计机关审计的。

(8) 尚在试用期或者提拔担任领导职务未满1年的。

(9) 法律法规规定的其他情形。

报名人员不得报考任职后即构成公务员法第七十四条第一款所列情形的选调职位，也不得报考与本人有夫妻关系、直系血亲关系、三代以内旁系血亲关系以及近姻亲关系的人员担任领导成员的用人单位的职位。

三、程序

(一) 报名和资格初审

采用网络方式报名，报名网站为四川省人力资源和社会保障厅官网（http://rst.sc.gov.cn/）首页“人事考试”专栏，报名时间为2023年2月22日至2月28日8:00。报名按以下程序进行：

1. 选择职位。公开遴选和公开选调职位、职位简介、职位资格条件等情况，详见《2023年度四川省省直机关公开遴选公务员职位表》《2023年度四川省省直机关公开选调公务员职位表》(以下统称《职位表》)。报名人员如需咨询《职位表》中的有关事项，可按公布的电话直接与各单位联系。符合条件的选调生在报考1个专门面向选调生的遴选职位的同时，还可自愿选报1个面向所有公务员的遴选职位；其他符合条件的人员每人限报1个面向所有公务员的遴选或选调职位。

2. 填报信息。报考者在认真阅读《报考提示》后，按网络提示进行注册，填写《2023年度四川省省直机关公开遴选公务员报名登记表》或《2023年度四川省省直机关公开选调公务员报名登记表》，同时下载照片审核处理工具（在报名登记表上传照片处下载）进行照片处理，并按网络提示上传照片。报考者应认真对照报考职位要求的资格条件，真实、准确、完整填报有关信息。凡隐瞒真实信息、弄虚作假的，一经查实取消报考资格或者遴选、选调资格，且3年内不得报考。

3. 资格初审。资格初审由各单位负责，资格初审截止时间为2023年3月1日8:00。报考者应在填报信息的1天后登录网站查询是否通过资格初审和照片质量检查。资格初审合格者按网络提示打印报名登记表两份，供资格复审时使用。资格初审通过的考生不允许取消改报其他职位。

资格审查贯穿公开遴选和公开选调全过程。对在各环节发现不符合报考资格条件的，应取消其报考资格或者遴选、选调资格，所产生的后果由报考者本人承担；报名时符合资格条件，报名后由于工作单位或者职务发生变化等原因，导致报名人员新产生不符合报考资格条件情形的，终止其遴选或选调程序，不再作为遴选或选调人选。

4. 确认缴费。初审合格及照片质量合格的考生，在2023年3月2日8：00前登录网站的相关页面，缴纳笔试考务费（按照四川省发展和改革委员会、四川省财政厅印发的川发改价格规〔2022〕539号文件规定，笔试考务费为每人50元）。网络报名成功后未在规定时间内缴费者，视为自动放弃。

5. 打印准考证。缴费成功的考生，在2023年3月20日至3月24日登录网站打印本人准考证，并于考试当天持本人准考证和有效居民身份证（过期身份证、身份证复印件不得作为参考证件）到指定考点参加笔试。

（二）笔试

考试分为笔试和面试，重点测查用习近平新时代中国特色社会主义思想指导分析和解决问题的能力。笔试由省委组织部统一组织，主要测试应试者的政策理论水平、分析和解决实际问题的能力、文字表达能力等综合素质，满分为100分。笔试时间为2023年3月25日，具体时间、地点见准考证。笔试成绩和职位排名暂定于2023年4月上旬公布，考生可登录报名网站进行查询。省委组织部研究确定并公布笔试合格分数线，低于合格分数线的，不能进入下一程序。

（三）职位调剂和资格复审

笔试结束后，由各单位在笔试合格人员中按照笔试成绩从高分到低分的顺序确定进入资格复审人选。进入资格复审人数与遴选或选调计划名额之比为5∶1。拟进入资格复审的最后一名为2人以上笔试成绩并列的，并列人员均进入资格复审。

笔试合格人数与遴选或选调计划名额之比未达到5∶1的职位，报考该职位的笔试合格人员直接进入资格复审，缺额进行调剂。省委组织部统一发布调剂公告，明确调剂职位、调剂名额、调剂方式等。未进入所报考职位资格复审环节的人员（按遴选或选调计划名额数1∶5的比例把握），可以按照调剂公告明确的职位、资格条件联系调剂单位申请调剂，每人限报1个调剂职位。调剂单位在对申请调剂人员进行资格初审后，按照笔试成绩从高分到低分的顺序确定调剂进入资格复审人选。调剂后，个别职位进入资格复审人数与遴选或选调计划名额之比仍未达到5∶1的，资格复审合格人员均进入面试。报考了2个职位的选调生，未进入所报考的面向所有考生职位或专门面向选调生职位资格复审环节的，可报名申请调剂同类型职位，不能跨类别调剂。

由各单位公布资格复审（含调剂）人员名单，并通知考生持报名表（按照干部管理权限经所在单位或主管部门审核，注明“同意报考”并盖章，报考专门面向选调生遴选职位的还需经市＜州＞党委组织部同意推荐并盖章）、身份证、学历（学位）证书及职位要求的其他有关证明材料原件和公务员登记表复印件参加资格复审。资格复审合格者，方可取得面试资格。因资格复审不合格或因考生放弃等原因导致的缺额，由各单位按照笔试成绩从高分到低分的顺序依次递补。通过调剂进入调剂职位资格复审的人员，不再参加原报考职位递补。未在规定时限内参加资格复审的，视为考生自动放弃面试资格。面试当天放弃的，不递补。

（四）面试

面试由各单位严格按照有关规定组织实施，可采取无领导小组讨论、结构化小组面试、集体面谈、结构化面试等方式进行，主要测试考生履行职位职责所要求的能力素质。根据需要，部分职位还将进行职位业务水平测试、开展心理素质测评等，是否组织及分值占比由各单位在面试前通报考生。面试成绩满分为 100 分，最低合格分数线为 70 分，低于 70 分的不能进入下一程序。

（五）体检和差额考察

按笔试成绩、面试成绩 4∶6 的比例计算考试综合成绩，折合总分为 100 分。各单位于面试结束后，根据考试综合成绩从高分到低分的顺序确定体检和差额考察对象并告知本人（若考试综合成绩相同，则根据笔试成绩高低确定）。体检、考察对象人数与遴选或选调计划名额之比一般为 2∶1，对于名额在 2 人以上的职位可适当降低比例，但一般不低于 1.5∶1。

体检由各单位负责组织，在省公务员主管部门指定的医疗机构进行。体检参照《关于修订〈公务员录用体检通用标准（试行）〉及〈公务员录用体检操作手册（试行）〉有关内容的通知》（人社部发〔2016〕140 号）执行。公告发布后至本次遴选和选调体检实施时，如国家出台体检新规定，按照新规定执行。

各单位或考生对非当日、非当场复检的体检项目结果有疑问的，可在接到体检结论通知之日起 7 日内提出复检要求。复检只进行一次，只复检对体检结论有影响的项目。体检结论以复检结果为准。未按规定时间或地点及未在规定期限内完成规定体检项目的，视为自动放弃。

各单位派出考察组，采取个别谈话、民主测评、实地走访、同考察对象面谈等方法，根据需要还可进行专项调查、延伸考察等，充分听取考察对象所在单位有关领导、群众和组织人事部门、纪检监察机关、机关党组织的意见，并审核干部人事档案、查询社会信用记录，对反映问题线索具体、有可查性的信访举报进行核查。考察对象需要报告或者查核个人有关事项、进行经济责任审计的，按照有关规定执行。注重对考察对象的德、能、勤、绩、廉情况以及职位匹配度等进行全面考察，突出政治标准，深入考察政治忠诚、政治定力、政治担当、政治能力、政治自律等方面情况，重点考察政治理论学习情况、制度执行力、履职能力、工作实绩和群众公认程度，严把政治关、品行关、能力关、作风关、廉洁关，坚决杜绝政治素质、道德品行、廉洁操守不符合要求的人员进入省直机关。

各单位根据体检、考察情况和职位要求，按照干部管理权限和人岗相适、人事相宜原则，择优等额确定顶岗试用人选，不唯分取人。因体检、考察不合格或考生放弃等原因形成的缺额，原则上应依次递补。未形成差额考察的职位，考察后由各单位决定考察对象是否进入顶岗试用。《公务员调任规定》对选调人选考察另有规定的，从其规定。

（六）顶岗试用

顶岗试用时间1至3个月（具体时长由各单位确定），主要测试应试者的职位适应能力，确保人岗相适。因试用不合格或考生放弃等原因形成的缺额，由各单位决定是否递补。

报考2个遴选职位的选调生应在顶岗试用开始前，选定最终报考的职位。

（七）讨论决定

由各单位按照干部管理权限，结合考察、试用等情况集体讨论决定拟任职人员。遴选和选调职位的面试人员达到规定比例的，该职位原则上不得空缺（面试成绩不合格的情形除外）。

（八）公示和任职

各单位对拟任职人员分别在本单位网站和拟任职人员原单位进行公示，公示期为5个工作日。公示期满，对没有问题或反映问题不影响任用的，报省委组织部审批办理转任或调任手续；对反映有严重问题并查有实据的，取消遴选或选调资格；对反映有严重问题，但一时难以查实的，暂缓任用，待查实并做出结论后再决定是否任用。公示期间或公示后，因考生放弃或其他原因出现的缺额，不再递补。公开选调拟任职人员试用期按照《公务员调任规定》等有关规定执行。

（九）任职培训

遴选和选调公务员在任职前应接受单位开展的任职培训，主要内容为政治理论、政策法规特别是公务员法及配套法规，四川省情、公务员职业道德、行为规范、优良传统、省直机关工作相关要求等，帮助遴选和选调公务员进一步提高政治素质和履职能力，强化工作作风，尽快适应省直机关工作。

四、其他事项

本次遴选和选调严格按照中央和省委关于干部人事工作的有关规定进行。如发现违反干部人事纪律的现象，可向各单位的纪检监察部门检举，也可直接向省委组织部举报。

五、本公告由省委组织部负责解释。各职位的具体条件，由遴选和选调单位负责解释（遴选和选调单位咨询电话见附件）

省公选办办公地点：四川省委组织部办公楼一楼（成都市××街16号）。

咨询电话：028-××××××××

监督电话：028-××××××××

咨询时间：报名期间每天8：30—18：00

资料来源：2023年度四川省省直机关公开遴选和公开选调公务员公告．（2023－02－22）．http：//sft.sc.gov.cn/sftzww/zklygk/2023/2/22/7925af628f914f38901bbd46d9f85346.shtml.

第6章

面 试

| 学习目标 |

- 了解面试的特点
- 掌握面试的类型
- 掌握面试的评价要素与权重确定
- 掌握面试官的面试技巧
- 了解应聘者在面试中的技巧

引 例

人力资源经理助理的招聘过程①

张君在东部沿海的一个大城市工作，她在一家规模不大的外资企业担任人力资源经理已经快两年了。在这之前，张君在外企摸爬滚打了五六年，积累了比较丰富的管理经验。因此，公司提拔她为人力资源经理助理。做助理期间，张君帮助企业其他部门招聘了很多员工，部门领导普遍反映她水平高、招的人好用，张君也一直很自豪。很快，随着人力资源经理离开公司，她接手了人力资源经理的工作。

张君很喜欢人力资源经理的工作，觉得自己在这个岗位上游刃有余。不过，最近的一件事情却让她心里有些怪怪的。事情还要从一年前说起。

大约一年前，张君一个人到古城A市去旅行。旅行中，她发现当地人特别纯朴善良。做了很多人事工作，张君已经习惯了人与人之间的复杂关系，那样的一个环境使她重新感受到人与人之间的美好。因此，尽管是一个人出远门，当地也没有朋友，她一点都不觉得陌生。

回到公司以后，同事告诉她人力资源经理助理跳槽了。尽管她觉得有些不快，可是

---

① 本案例由中国人民大学劳动人事学院徐世勇教授提供。

由于刚刚旅行回来，心情很愉快，因此也没有当一回事，对自己说：人往高处走，再找一个合适的吧。

在招聘人力资源经理助理之前，张君根据公司内部关于人力资源经理助理的任职资格条件，列出了几条要求：(1) 有责任心；(2) 工作细致认真，有耐心；(3) 具有较强的亲和力和沟通能力；(4) 具有两年以上的相关工作经验；(5) 英语听、说、读、写能力过硬。

面试了几个人以后，张君没有找到合适的人选。正在失望的时候，有个年轻的姑娘进来面试。简单看了一下她的简历：A市人，刚刚毕业一年，没有相关工作经验。

这个小姑娘姓王，从外貌来看，还算比较漂亮，说话略带有一点A市的口音。张君突然觉得小王很亲切，认为她满足第三条，即具有较强的亲和力和沟通能力。但最糟糕的是，小王没有相关工作经验，张君想了想：这没有什么关系，只要认真，有责任心，经验很快就会积累起来。小王的英语也差一些，张君用英语提问，她几乎听不懂，更不要说用英语回答了。张君觉得，尽管这是个外资企业，但平常听说英语的机会并不多，只要能够阅读简单的材料就可以了。因此，张君让小王用英文写了一份材料，主要是介绍自己的家乡。小王按照要求写了份英文材料，张君看了看，认为可以，就把这份英文材料放入招聘档案了。

此时，张君觉得自己好像有些过于宽松了，于是就对小王提了一个问题，打算看看她的反应能力："你的穿着太普通了，甚至有些过时啊。"小王有些不好意思地说："我刚刚来到这里，经济条件算不上好。另外，我也不是一个很时尚的人，即使有了较高的收入，我也跟不上时尚。"这个回答让张君想起了以前的自己。于是点了点头，也就不再问了。

很快，小王就上班了。尽管她对业务并不熟悉，但她踏实、肯干，不懂的地方也喜欢请教。张君很喜欢小王，只要有时间就跟她讲业务上的知识，并不厌其烦地告诉她做人力资源管理工作的注意事项。这在之前是从来没有过的事情。小王进步很快，很快就胜任了自己的工作。公司的其他人也说小王很聪明，张君认为自己选对了人，发自内心地长舒了一口气。

最近，张君学习了面试的一些理论和技巧。这让她想起了对小王的招聘过程。她不禁问自己："当初自己的招聘程序对吗？如果不对的话，现在小王做得也很好。这如何解释呢？"张君陷入了困惑。

6.1 面试概述

面试的方式由来已久，自古孔子便有"听其言而观其行"来选招弟子的做法。现代，众多专家学者对面试颇有研究，对面试给出了不同的定义。

麦克丹尼尔将面试定义为一种通过应聘者的口头回答来预测将来绩效的考核方式。萧鸣政认为：面试是经过精心设计，在特定的场景下，以面对面的交谈与观察为主要手段，由表及里测评应聘者有关素质的一种方式。吴志明提出，所谓面试，就是主试官（考官、评分员）通过与应聘者面对面的交流，或将后者置于一定情境中进行观察，从而了解、考查应聘者是否满足应聘职位条件的一种人员招聘与录用技术。廖泉文认为，面试是通过主试者与被试者面对面的观察、交流等双向沟通的方式，了解应聘人员的素质状况、能力特征以及应聘动机的一种人员考试技术。马欣川指出，面试是一种事先经过精心设计的，考官与应聘者之间面对面地观察、直接交谈或置应聘者于某种特定的情境之中进行观察，从而对应聘者的知识、工作能力、工作经验、性格、态度和待人接物的方式等素质进行考查的人员选拔活动。

综上所述，面试是面试官通过与应聘者进行直接交流或者将应聘者置于特定情境中进行观察，了解应聘者的个性特征，考核应聘者的能力素质，从而评价应聘者在特定岗位上的适应能力和潜在发展能力，为企业招聘到符合企业发展要求的合格人才的人员甄选过程。

6.1.1 面试的目的

一、了解应聘者的求职动机

面试中需要了解的最基本信息就是应聘者的求职动机。面试官在听应聘者回答提问的过程中，要了解应聘者的动机，这样更有利于判断其回答内容的真实性。同时，面试官对其动机的判断不能仅仅依据应聘者的直接回答上，而需要通过追问、情境设置等面谈技巧了解其真实动机。例如，应聘者往往会说应聘这个职位是为了更好地发展，这是一个很抽象的答案，面试官需要通过对应聘者所处情况做出的分析、判断等细节进行追问以了解真实原因。更广泛地讲，面试官还可以通过对应聘者所讲述的以往行为进行分析来更加全面地判断应聘者的求职动机。

二、获取在笔试中难以获得的信息

在笔试选拔阶段，企业能考查的主要是应聘者的书面表达能力、基础知识的掌握程度、部分专业能力等有限的信息，应聘者的性格、仪表、经验和综合能力是否与招聘岗位的要求相符，应聘者的价值观是否与企业的价值观相匹配，则需要面试官在与应聘者进行面对面的交流与沟通中，通过交谈与观察才能够掌握。例如，某企业根据职位说明书对人力资源总监这一岗位提炼出的素质指标为计划组织协调能力、人际沟通能力、解决复杂问题的能力、团队领导能力、激励能力等，这些素质信息在笔试中很难获得，但在面试中可以利用情境模拟或者行为描述的方法获得。

三、评估应聘者的综合能力，为企业招聘优秀人才

面试的最终目的是面试官从空缺职位的需要出发，实现对应聘者素质的有效测评，选拔企业发展需要的高素质人才。如果站在一个更高的角度来看待面试，你会发现其真正目的是寻找空缺，这个空缺存在于应聘者的背景与他能从新工作中期望得到的东西之间。例如，如果应聘者没有管理大型团队的经历，或没有处理过可拿来对比的项目，

或不曾拥有企业的这个岗位将能给他提供的眼界，这些空缺都可以作为他接受企业的入职邀请的理由。如果这种差距很大，这个应聘者显然并不适合这个岗位，他无法获得录用通知；如果这种差距不够大，那么这就不算一次大的职业飞跃，应聘者很可能拒绝企业的入职邀请。

6.1.2 面试的特点

一、面试是一个直接的、双向交流的过程

面试是面试官和应聘者之间的一个双向沟通的过程，包含言语、表情、举止等多方面的信息交流。在面试过程中，双方的接触、交谈、观察都是相互的，面试官可以通过观察和谈话来评价应聘者；应聘者也可以通过面试官的行为来判断面试官的价值判断标准、态度偏好、对自己面试表现的满意度等，调节自己在面试中的行为。同时，应聘者也可借此机会了解自己应聘的单位及职位的情况，从而决定自己是否接受这一工作。所以，面试不仅是面试官对应聘者的一种考查，也是双方之间的一种沟通、情感交流及能力的较量。面试官应通过面试从应聘者那里获取尽可能多的有价值的信息。面试的这种直接性提高了面试官与应聘者之间的沟通效果。

二、面试的内容灵活、针对性强

面试的内容对于不同的应聘者来说是不同的，具体表现在以下几个方面。

（1）面试的内容因应聘者的个人经历、背景等情况的不同而不同。例如，两位应聘者同时应聘档案管理岗位，一位有多年从事档案工作的经历，一位是应届档案管理专业的大学本科毕业生。在面试中，对前者应侧重于询问其多年来从事档案管理方面的实践经验，对后者则应侧重于了解其对该专业知识掌握的情况以及在校期间的学习情况。

（2）面试的内容因工作岗位的不同而不同。不同的工作岗位，其工作内容、职责范围、任职资格要求等都有所不同，例如国家质量监督检验检疫总局有关技术监督的岗位、国家人力资源和社会保障部的考录岗位，无论其工作性质、工作对象还是任职资格要求，都有很大的差别，因此，其面试的内容和形式必然有所不同，面试的题目及考查角度也应各有侧重。

（3）面试的内容因应聘者在面试过程中表现的不同而不同。面试的题目一般应事先拟定，以供提问时参照。但这并不意味着必须按事先拟定好的题目逐一提问，没有变化，而是要根据应聘者回答问题的情况，来决定下一个问题问什么、怎么问。如果应聘者回答问题时引发出与拟定的题目不同的问题，面试官还可顺势追问，而不必拘泥于预定的题目。

总之，面试的内容既应事先拟定，以便提问时有的放矢，又要因人因岗而异，灵活掌握；既能让应聘者充分展示自己的才华，又不能完全让应聘者天马行空地自由发挥，最好是在半控制、半开放的情况下灵活把握。

三、面试是强调过程的素质测评

笔试完全以答案为依据来评判应聘者的成绩，只要应聘者的答案与标准答案一致，不论应聘者是真的回答对了还是猜对的，也不论应聘者的解答方法是否巧妙、熟练，花费的时间是多是少，都要给分。面试则是依据应聘者在面试过程中的全部表现对其素质状况做出评定。它不仅分析应聘者的回答是否正确，更重要的是看应聘者在回答问题的过程中所反映出的思维的灵活性、逻辑性和应变能力等。因此，对应聘者面试结果的评判不把观点正确与否作为第一位的指标，而是通过应聘者回答问题的过程考查其整体素质。

四、面试的评价标准往往具有较强的主观性

与笔试具有明确的客观标准不同，面试的评价标准往往带有较强的主观性。面试官的评价往往受个人主观印象、情感、知识和经验等许多因素的影响，不同的面试官对同一位应聘者的评价往往会有差异，而且各有各的评价依据。所以，面试评价的主观性是面试的一大弱点。同时，由于人的素质评价是一项十分复杂的工作，面试官可以把自己长期积累的经验运用到面试中。在这个意义上，面试的这种主观性又有其独特的价值。

6.1.3 面试的类型

面试的类型有多种，划分的依据不同，面试的类型也相同。

一、按面试标准化程度分类

根据标准化程度，面试可分为结构化面试、非结构化面试和半结构化面试。

1. 结构化面试

结构化面试又称标准化面试，是指依照所申请岗位的胜任素质确定面试的维度，在每个测评维度上预先编制好面试题目并给出相应的权重和评分标准，严格遵循特定程序，对应聘者进行客观评价。面试官在对应聘者进行面试的时候，一方面努力保证基于应聘者所申请岗位的胜任素质进行评估，另一方面力求采用系统化、结构化的方法来评价应聘者在这些胜任素质上的表现，以确保选拔的公平性和科学性。结构化面试可以兼顾这两个方面，因此成为当今最受青睐的面试方法之一。结构化面试的特征如下。

（1）根据职位分析的素质要求设计面试问题。结构化面试实施的前期需要进行深入的职位分析，以明确在特定岗位上哪些事例体现了良好的绩效、哪些事例反映了较差的绩效，由执行人员对这些具体事例进行评价并建立题库。结构化面试测评的要素涉及知识、能力、品质、动机和个人特质等因素，其涉及的有关职责和技能方面的具体问题更能够保证甄选的成功率。

（2）结构化面试问题的内容及问题的提问顺序都是事先确定的。结构化面试的题目对同一岗位的所有应聘者是一致的，面试指导语、面试时间、面试问题的提问顺序、面试实施条件务必一致，以确保所有应聘者在几乎同等的条件下接受面试，从而保证面试

过程的公平、公正以及面试结果的可比性等。

（3）采用标准化的评分程序。从素质模型中提炼出一套系统化的具体标尺，每个问题都有确定的评分标准，针对每一个问题的评分标准建立系统化的评分程序，以保证评分的一致性。总之，结构化面试更加注重根据职位分析得出的与工作相关的素质，面试官知道应该提哪些问题和为什么要提这些问题，避免了主观上的归因错误，每个应聘者都能得到更客观的评价，降低了出现偏见和不公平的可能性，能够可靠、有效地在最短的时间内选聘真正能够满足工作要求的应聘者。

2. 非结构化面试

非结构化面试是指在面试中事先没有规定的框架结构，也不使用有明确答案的固定问题，而是面试官通过与应聘者进行开放式的谈话，深入了解应聘者某些特征的面试。非结构化面试的随意性较大，不像结构化面试那样对测评目标做专业的分析后准确地确定测评要素，在每个测评维度上预先编制好测评题目并制定相应的评分标准，然后通过客观的评价程序，对应聘者进行面试。因此，非结构化面试不具备统一的评价标准，面试官完全凭借经验和主观判断来主导面试过程，没有标准化的面试问题，没有标准化的面试流程，也没有标准化的候选人比较与评估体系。在这种情况下，面试官很容易受到首因效应、近因效应、晕轮效应和类我效应等心理学效应的影响，而且不同的面试官使用不同的评价标准，其测评结论自然不具有可比性，这影响了非结构化面试的效度，也很难把应聘者的评价结果进行横向比较。

3. 半结构化面试

半结构化面试是介于非结构化面试和结构化面试之间的一种形式。它是在结构化面试的基础上，主面试官和其他面试官就应聘者答题中涉及的有关问题或有疑问的地方进一步追问，问题的数量由面试总时间决定，形式更加灵活，有利于应聘者充分展示其真实才能，也有利于比较全面深入地考查应聘者的素质。在试题的设计上，半结构化面试对构成要素中的部分内容做了统一的要求，另一部分内容则不做统一的规定。也就是在预先设计好的试题（结构化面试）的基础上，由主面试官和其他面试官针对应聘者所应聘的岗位又提出一些随机性的问题，并且可以在规定的时间内进行追问。

半结构化面试与结构化面试的区别在于：半结构化面试中面试官的数量比较多，一般有5～8人，面试官的构成也比较多元化，而且提问的随意性较大，涉及的面更宽，提问时间比较长（一般为30～40分钟），所以该方法对面试官的选择与面试官本身的素质提出了更高的要求，如主面试官主持面试的准则、面试官如何发问与追问、如何控制面试进程、如何结束面试等。半结构化面试结合了结构化面试和非结构化面试的特点，对应聘者的评价更加全面准确。

二、按面试实施方式分类

根据实施方式，面试可分为单独面试和小组面试。

1. 单独面试

在这种形式下，由人力资源部工作人员与其他部门人员组成的面试组对各个应聘者逐一进行面试。面试组一般由3～5名面试官组成，其中设定1名主面试官，其他面试官协助该主面试官提问。单独面试是一种一对多的面试形式，面试官可以从多个角度对应聘者进行考查，提高判断的准确性。

2. 小组面试

小组面试是指同时对多名应聘者进行集体面试的形式。小组面试一般采用情境模拟和角色扮演的方式，让应聘者在特定时间内就情境中的某个问题进行陈述和讨论，招聘方有多名面试官在一旁进行一对一或者多对一的观察。小组面试便于面试官全面考查应聘者的领导能力、语言表达能力、逻辑思维能力、辩论能力、说服能力、组织协调能力、倾听能力和合作能力。此外，由于小组面试涉及应聘者相互之间的交流和沟通，便于面试官对应聘者进行横向比较，挑选出佼佼者。

但是，小组面试在实际实施过程中存在一定的困难，如题目难设计、情境中角色划分随意、成本高、评价要素难以设定、对评价者要求高等，而且小组内部比较容易选拔出优秀者，但是不同小组选拔出的优秀者难以比较。

三、按面试题目内容分类

根据题目内容，面试可分为情境面试和行为面试。

1. 情境面试

在情境面试中，面试题目主要是特定的情境性问题，即设置一系列工作中可能遇到的场景，要求应聘者回答“这种情况下你会怎么做”，看应聘者在特定情境中的反应，以此鉴别求职者与工作相关的行为意向，其理论依据来自动机理论中的目标设置理论。该理论认为，一个人的未来行为会在很大程度上受到他的目标或行为意向的影响，个体的目标或意图是未来行为很好的预测指标。情境面试的理论假设认为，应聘者对他们将来会怎么做的回答与他们将来真实的行为之间有非常大的相关性。

情境面试具有三个显著的特点：第一，面试问题是在职位分析基础上构建的，都是与工作相关的行为性问题。第二，对每一位应聘者都询问同样的问题。第三，对照处理应聘者的回答。面试前就已确定职位的胜任素质权重和评价量表，面试后对每一问题的回答进行量化评定。情境面试的环节依次是职位分析、开发问题、确定预期得分点、检查问题、面试实施、评分决策。情境面试在操作上可以减少由于面试官获得和解释应聘者相关信息的能力不同而导致的误差，还可以提高面试官在做最终录用决策时的一致性程度。

想一想

为什么情境面试可以预测工作绩效？

《商业与心理学杂志》（*Journal of Business and Psychology*）2016 年的一篇论文发现，情境面试对应聘者行为意图和应聘者正确解读情境需求能力的衡量，对于预测工作绩效具有显著的意义。

情境面试被认为是最有效的标准面试之一，但其作用机理尚不明确。由于评估预期的与工作相关的结构似乎不能解释情境面试的有效性，一些研究人员呼吁提供关于情境面试和一般面试的潜在的机制的实证证据。识别这些潜在的机制不仅有助于理解情境面试的效度，而且有助于决定在评估应聘者时使用哪些预测因素。

因此，此研究通过考察文献中提出的两种对其标准相关效度的解释，来阐明情境面试为什么可以预测工作绩效。第一种解释假设情境面试衡量应聘者的行为意图。第二种解释假设情境面试衡量应聘者识别标准的能力，即应聘者是否能够正确解读他们在社会情境中所面临的情境需求。

此研究对100余名学生进行实验，实验程序模拟销售经理的选拔过程。关于情境面试与实际工作绩效之间的关系，研究发现：第一，应聘者在面试阶段承诺会做的事情与他们在相应的工作情况下的实际行为有相当大的相似性。第二，应聘者正确解读情境需求的能力与他们在面试和工作相关情况下的表现有关。第三，面试与工作相关情况下的表现之间的关系可以部分地解释为应聘者解读情境需求的能力。因此，评估应聘者识别标准的能力可能对组织做出选择决策有额外的价值，特别是对于对评估情境需求有一定要求的工作。

资料来源：Janneke K O，Klaus G M，Pia V I，et al. Why do situational interviews predict performance? is it saying how you would behave or knowing how you should behave? . Journal of Business and Psychology，2016，31（2）：279－291.

2. 行为面试

行为面试的基本假设源于行为一致性原则，即过去的行为是对未来行为的最好预测。设置招聘情境意味着我们对未来工作人员的最好预测方式是了解他们过去在工作中是如何表现的。一般来讲，行为面试的问题都是基于关键胜任素质的行为性问题，因此，必须对胜任素质的行为要求进行职位分析来决定所需的胜任素质并确定胜任素质的权重，然后开发面试试题、实施面试，最后评分，做出决策。在行为面试中，应聘者在讲述事例时面试官应关注四个方面的问题。

（1）情形：即事例发生时的背景情况，应聘者遇到的问题有哪些。这一部分的讲述不需要太详细，但是一定要突出问题，为后面要采取的行为做铺垫。

（2）目标：在做这件事情时预想的目标和结果是什么。这部分的说明可以让面试官对应聘者所做的事情有个总体的印象和定位。

（3）行为：这一部分是核心，主要内容是应聘者在做这件事情时采取了哪些行为。在讲述时，最好按照一定的逻辑顺序，如按时间顺序来讲解采取的方法、步骤、对突发情况的应对策略等，使面试官有一个详细、清晰的了解。

（4）结果：这件事情的结果如何，包括是否完成了预想的目标，还有哪些收获等。从应聘者的回答中，面试官可以看出应聘者是不是一个善于总结经验的人。

对应聘者在某个胜任素质上评分的依据是：行为描述的情境与工作所面临的情境的相关程度，应聘者的行为目标，应聘者行为的有效性，对一个具体的胜任素质的行为描述结果如何。其中，行为的有效性尤为重要。在对应聘者的成绩进行讨论之前，每个面试官都应该对各应聘者在每个胜任素质上的得分做出自己的评价，然后将所有面试官的评分加总，这样就可得到每个应聘者在每个胜任素质上的得分。一旦对每个应聘者的每个胜任素质都形成了一致意见或平均等级，最后的甄选决策就是显而易见的了。

行为面试和情境面试的不同点表现在以下三个方面：（1）从定义上看，行为面试假设过去的行为是未来行为的最好预测指标，主要通过应聘者对过去某种行为的陈述，来捕捉其某些能力或个性特征。情境面试的基本原理是目标设置理论，假设对未来的意图和设想是未来行为的有效预测指标，主要通过应聘者对某种假设情境的设想、联想、假设和分析，来捕捉其某些能力或个性特征。（2）从适用条件来看，行为面试适合末尾打分，情境面试适合逐题打分。（3）从面试的时间来看，行为面试时间较长，情境面试时间较短。

想一想

表6-1是Y公司在面试销售经理岗位行为面试时的面试指标与行为化问题，从中我们可以分析该岗位的相关职责。

表6-1 Y公司销售经理岗位竞聘行为面试参考问题

序号	面试指标	行为化问题（首问）
1	沟通协调能力	请你谈谈在跨部门协调工作时，遇到了阻力的一次经历。当时最大的困难是什么？你是怎么处理的？请举例说明。
2	关系经营能力	请分享一个以往工作中你成功构建外部关系的案例。
3	问题解决能力	以往工作中你遇到的最大困难是什么？你是怎么解决的？请举例说明。
4	专业素养	请结合你过去的工作经历，举一个你运用专业知识解决销售问题的例子。

从表6-1中可以发现，该岗位的相关职责如下：

（1）系统分析问题、处理人际关系；

（2）指导下属；

（3）敏锐地获得客户需求以及建立良好的人际关系。

如果你是该公司人力资源部工作人员，请根据该岗位的职责要求设计行为面试题目。

资料来源：施菡，池浩．行为面试在Y公司销售经理岗位竞争性选拔中的实践应用．云南电业，2022（12）：43-47.

四、其他面试类型

1. 压力面试

由于竞争日趋激烈，企业越来越倾向于寻找能接受挑战、承担责任、承受压力的素质人才，于是压力面试成为很多企业青睐的一种面试形式。所谓压力面试，是指面试官有意制造紧张氛围，以了解应聘者将如何面对工作压力。面试官通过提出生硬的、不礼貌的问题故意使应聘者感到不舒服，针对某一事项或问题一连串地发问，直至令应聘者无法回答。该面试的目的在于确定应聘者对压力的承受能力、在压力面前的应变能力和人际沟通能力。

（1）压力面试的优势。从压力面试的含义可以看出，压力面试是面试官有意制造紧张的面试氛围，通过面试官生硬的、不礼貌的甚至冒犯的问题，故意让应聘者感到很突然，并承受很大的心理压力，从而测试应聘者的心理承受能力、临场应变能力和应对突发状况的能力。从心理学的角度我们知道，当一个人面对突发事件或者高压力、束手无策、惊慌失措的情况时，会表现出比较本能、潜在的反应。因此，压力面试相对于非压力面试，能更好地测量出应聘者比较本能的深层特质，如包括分析能力、人际交往能力、情绪控制能力、思维能力在内的多种能力水平，使组织能够更有针对性地挑选出具有特殊心理素质和能力的人才来满足招聘岗位的特殊要求。

（2）压力面试的劣势。压力面试因为其特殊的面试环境、试题以及面试技巧的专业性，容易造成面试官对应聘者能力的把握不够全面、准确，面试局面不易掌控等问题。由于压力面试的特殊性，面试试题难以设计，对面试官控场能力的要求也比较高，如果企业过度使用压力面试或者压力面试试题的设计不合理，往往会导致无法合理、有效地衡量应聘者的相关素质；如果面试官控制不当，很容易造成场面无法掌控的情形，导致应聘者出现过激反应等尴尬场面。有时，压力面试也会因为面试氛围过于紧张，使合适的人才由于一时没有反应过来而被淘汰，从而使企业错失人才。

值得注意的是，压力面试并不是一种单独存在的面试类型。由于几乎每一个工作岗位，如销售、人事、财务、管理层等，都不同程度地承受着各种压力，因此，企业在面试过程中，可以把压力面试作为面试的一部分。但是，面试的目的是招聘到符合岗位要求的人员，也就是说，招聘方式必须能够考评应聘者与岗位需求的所有相关素质，而仅仅使用压力面试往往很难满足这一要求，因此，压力面试往往是穿插在行为面试和情境面试当中的。

2. 远程面试

远程面试是指面试官在进行简历筛选后，借助现代通信工具，如电话、网络视频等设施或软件，与符合企业招聘岗位要求的应聘者进行交流，初步了解应聘者的过程。远程面试一般用于初步面试筛选，为真正面对面的考查做准备工作，以提高招聘效率。

（1）电话面试。电话面试的作用和问题类似于谈话之前的交流，可采用中文或英文，不同的企业会采用不同的方式。一般面试官通过电话与应聘者直接交流，时间10～30分钟，有自我介绍和常规问题询问，根据简历进一步了解应聘者的基本能力和经历，判断其是否具备招聘职位所需要的相关能力，并以此判断是否给予应聘者下一轮面试的机会。

（2）视频面试。视频面试是指面试官与应聘者在约定的时间，利用连通互联网的电脑，通过视频摄像头和耳麦进行语音、视频、文字方式的即时沟通交流的招聘方式。在网络招聘竞争日益激烈和人才大批量随时流动、追求效率的现代社会，视频面试已经成为部分企业招聘的一种重要方式。

3. 系列式面试

系列式面试是指企业在做出录用决定前，由多位面试官对应聘者进行面试，每位面试官从自己的角度观察应聘者，提出不同的问题，并形成对应聘者独立的评价意见。在系列式面试中，每位面试官依据标准评价表对应聘者进行评定，然后企业对每位面试官的评定结果进行综合比较分析，最后做出录用决策。

4. AI 面试

随着人工智能（artificial intelligence，AI）的发展，许多企业倾向于使用 AI 面试进行人才选拔。AI 面试能够将人力资源管理人员从繁杂的初步筛选工作中解放出来，给应聘者带来便利，降低成本，并引入人机互动，提高面试结果的准确度。

AI 面试可以通过摄像头和话筒，获取应聘者的表情、声音、肢体语言等信息，然后通过技术分析推测应聘者的个性、动机、才能等特征。整体工作流程可分为以下几步：首先是人力资源部门和用人部门共同确定职位胜任能力模型，并将标准和权重输入系统。然后，系统从海量简历中智能筛选出合格简历并与候选人进行约面。其次是 AI 聊天机器人进行初步的面试环节。在该环节，面试聊天机器人为候选人提供实时互动解答服务，实时回答候选人的问题，根据不同候选人的不同问题做出不同的应答；基于岗位要求对候选人进行提问、提供信息反馈和下一步的招聘建议。之后，系统确定通过初步面试的候选人，并将候选人简历及面试视频上传给招聘负责人，再由专业人员和业务部门进行复面。最后，结合以上，利用大数据技术进行综合评判，精准做出人才推荐，找到最合适的人才。

虽然 AI 面试高效便捷、节约成本，但由于技术不够成熟，其运用空间仍然有限。目前，AI 面试主要运用在大批量的候选人初步筛选过程中，以及行政、柜员、客服、工厂操作工等标准化程度较高的岗位招聘中。

看一看

“云面试亭”＋“AI 面试训练”实习僧助力毕业生互联网求职

在毕业生就业的多重压力下，“云面试”“云招聘”已经成为用人单位开展校园招聘工作的重要方式。为了向应届毕业生提供更多的求职机会，破除各种求职障碍，提升学生面试表现，不少高校和企业均积极探索新模式和新方法。其中，实习僧提出的“云面试亭”＋“AI 面试训练”方案，有效解决了毕业生“云面试”的后顾之忧。

一、提供专属的互联网“云面试亭”提供商务、私密、安心的面试环境

2022 年 4 月，教育部第三次全国大学生就业工作调度会议提出，要求高校开展精准的求职服务行动。会上，教育部就目前求职受阻、岗位紧张和求职焦虑等现状进行了充分的分析，并推广“互联网面试间”解决方案以满足大学生的求职面试需求。

2022 年 5 月，实习僧结合当前大学生就业服务工作需求和学生求职痛点，推出了互联网“云面试亭”空间。单个“云面试亭”占地约 2 平方米，高 2.3 米，配有电源和网络接口，即插即用，可以灵活配置在学校的教学楼、办公楼、图书馆等区域为毕业生提供灵活便捷的“互联网＋”面试服务，学生职业规划与就业指导中心的老师可以通过预约中心，科学地管理“云面试亭”的预约和使用，“云面试亭”能为毕业生提供体验面试流程、参加企业面试、进行 AI 面试训练、进行远程求职咨询等服务。

“云面试亭”不仅给毕业生提供明亮、安静、私密的空间氛围，确保毕业生的面试表现，还给校内外就业指导老师提供了数字化的辅导场景，可以有效提升就业指导工作的效率。此外，“云面试亭”可配置各类传感器和逻辑终端，实现自动消杀、遥控开锁调节灯光、自动测温、远程监控、多设备预约管理等应用功能。

二、“AI 面试训练”让毕业生求职前体验企业面试成为现实

伴随“云面试亭”的硬件推广，实习僧同步推出了“AI 面试训练”服务。AI 面试训练采用成熟的生物识别技术和算法方案，通过各行各业知名企业多年沉淀的岗位面试常见问题和评分考察要求数据，实现智能化的岗位模拟体验面试和自动化的面试成绩报告输出。该服务可以快速帮助每一名求职新手模拟体验真实的面试流程，客观地给面试打分，实现正式面试前“零经验”的突破。

同时，开展与“AI 面试训练”结合的求职训练课程，以“刷题”的方式，可以有效帮助每一名毕业生提前掌握 3～5 个目标岗位的评价标准和常见面试题目，全面提升毕业生的求职技能水平。

资料来源：丁伟．“云面试亭”＋“AI 面试训练”实习僧助力毕业生互联网求职．人力资源服务，2022（8）：29-31.

6.2　面试的前期准备

6.2.1　面试的评价要素与权重确定

一、面试的评价要素

1. 举止仪表

举止仪表主要指应聘者的体格外貌、穿着举止和精神状态。在组织中，对一般人员的测评，举止仪表并不是重要内容，但对于公关人员、营销人员、秘书、管理人员等，举止仪表则相对重要。一般认为，仪表端庄、衣着整洁、举止文明的人在工作生活中注意自我约束，责任心强。

2. 语言表达能力

语言表达能力即应聘者通过语言顺畅、准确地表达自己的思想、观点、意见、建议，以使他人能够理解、明白的能力。语言表达能力在外向型工作中非常重要，因为工作人员要与形形色色、不同类型的对象进行交流。语言表达能力主要考查应聘者语言表达的逻辑性、准确性，语言的感染力，语言的音质、音色、音量、音调和说话时的态度等。

3. 工作实践经验

工作实践经验包括应聘者曾经做过的工作或担任过的职务、取得的成就、工作的收获、人际关系、薪酬情况等。面试官主要通过了解应聘者的有关背景和工作经历来了解其过去工作的情况，以考查其所具有的工作经历和实践经验是否适合工作的需要。通过考查工作实践经验，面试官还可以考查应聘者的社会阅历、为人处世的经验及对突发事件的应变能力，并从侧面考查应聘者的工作能力等。

4. 专业知识与专业技能

专业知识是指一定范围内相对稳定的系统化的知识；专业技能是指在工作中灵活运用专业知识的能力。面试官需从专业的角度了解应聘者掌握的专业知识的深度和广度、技能水平的高低与专业上的特长，以此作为对专业知识笔试的补充，这是人员测评的一个重要方面。面试对专业知识与专业技能的考查更具有灵活性和深度，所提问题也更接近岗位或工作对专业能力的要求。

5. 求职动机与职位匹配度

动机是一个人工作的原动力，只有在工作中不断追求最大限度地发挥自己的才能、实现自我价值，人才会努力奋斗、以工作为乐，才能取得最好的成绩。求职动机与职位匹配度是指一个人在从事某项工作时个人的职业价值观、职业兴趣、职业能力及性格特点等与工作岗位的契合程度，与将来工作发展趋势的匹配程度。一个人的兴趣、特长、个性特点、工作态度、知识结构与所从事的岗位是否契合，往往决定了一个人在某个岗位上所能取得的成就的大小。

6. 人际交往能力

面试中，面试官可以通过询问应聘者经常参与哪些社交活动、喜欢同哪种类型的人打交道、是喜欢集体活动还是喜欢单独活动、采用哪种为人处世的方式等，了解应聘者的人际交往能力。当然，也可以通过设置一些需要协调各方面关系的问题。例如，可以让应聘者回答“如果工作中，你的上级非常器重你，经常给你分配一些属于别人职权范围内的工作，因此，同事对你颇有微词，你将如何处理”等问题，了解应聘者的人际交往能力。

7. 逻辑思维能力

逻辑思维能力是指正确、合理地进行思考的能力，也就是对事物进行观察、分析、判断、推理等的综合能力。这是一种使用科学的逻辑方法准确、有条理地表达自己的思维过程的能力。面试前，人力资源部需要精心设计准确贴切的题目。当面试官提问时，应从应聘者的回答中了解其思路是否清晰，能否应用逻辑方法分析问题并清楚地表述自己的答案。

8. 应变能力

应变能力是现代人应当具备的基本能力之一。在当今社会中，每个人每天都要面对比过去成倍增长的信息，迅速地分析这些信息是人们把握时代脉搏、跟上时代潮流的关键，在企业中工作的员工更是如此。在面试中，应注意应聘者对面试官所提问题的理解是否准确贴切，回答是否迅速、到位等；对于突发问题的反应是否机智敏捷、妥帖恰当；

对于意外事情的处理是否得当、妥善，这些均可以考查应聘者的应变能力。

9. 自我调节与自我控制能力

自我调节与自我控制能力对于一些从事特定工作的人（如企业中的管理人员）显得尤为重要。一方面，在遇到上级批评指责、工作有压力或者个人利益受到冲击时，自我调节与自我控制能力良好的人能够克制、容忍、理智地对待，不至于因情绪波动而影响工作；另一方面，自我调节与自我控制良好的人在工作时也会有足够的耐心和韧性。

10. 组织协调能力

组织协调能力是指根据工作任务对资源进行分配，同时控制、激励和协调群体活动过程，使之相互融合，从而实现组织目标的能力。一般认为组织协调能力应包括组织能力、授权能力、冲突处理能力、激励下属能力。

11. 责任感与进取心

责任感与进取心强的人一般都能明确事业上的奋斗目标，并为之积极不懈地努力，工作中兢兢业业，锐意进取，努力做好工作，百折不挠，工作中常有创新。责任感与进取心的考查可以从奋斗目标、理想抱负、工作意愿、工作要求、工作成就、薪酬变动、工作业绩和奖励情况等方面进行。

12. 综合分析能力

综合分析能力考查应聘者是否关心行业形势，能否准确判断是非、把握事物的本质，对事物的认识是否全面、深刻，思维是否流畅、清晰，解决问题时是否考虑周全。在面试中表现为应聘者能否抓住面试官所提出问题的本质、要点，充分、全面、透彻且有条理地加以分析和回答。综合分析能力的考查可以贯穿面试的整个过程。

13. 兴趣爱好

了解应聘者业余时间的安排、经常从事的娱乐活动、个人的兴趣爱好和生活方式等，可以从侧面分析了解一个人的情趣，对录用后的工作安排也会有所帮助。一般认为应聘者有与工作相关的兴趣爱好，工作中更容易做出成绩。

二、面试评价要素的权重确定

面试评价要素的权重确定要以人员测评的目的为依据。人员测评的目的大致有两个：一是选聘录用新员工；二是组织内部考评、选拔人才，为个人晋升和事业发展打基础。前者由于可能对应聘者的情况知之甚少，因此测评的要素相对要多一些；而后者由于对应聘者的情况已有所了解，因此可以将重点放在工作态度及各项能力上，做到重点突出。

此外，评价要素及权重还要依据具体工作岗位的职位说明书来确定。不同的工作岗位职责不同，任职资格就不同，因而面试中的评价要素及其侧重点也有所不同。例如，如果要招聘的是销售人员，那么语言表达能力就是评价要素中的重点；如果要招聘的是技术人员，那么专业知识和技能就是重点。办公室主任的面试评价要素及权重分配如表6-2所示。

表6-2 办公室主任的面试评价要素及权重

姓名	基本信息		口头语言表达能力	工作动机及灵活应变能力	专业背景与岗位认知	情绪控制力	责任感与归属意识	管理能力			
	个人仪表	岗位认知						领导与指挥	计划与控制	决策	授权与激励
	5%	5%	10%	15%	10%	5%	10%	10%	10%	10%	10%

由于面试主要是通过面试官对应聘者的观察、分析、判断来测评的，很少有标准答案，因此评价往往带有一定的主观性。要使面试评价尽量客观，在设计面试评价要素时就应特别注意各个要素的评价标准及等级的制定。评价等级的制定一般有定性和定量两种方式。定性方式是按“优、良、中、差”“好、较好、差”等进行划分的（示例见表6-3）。定量方式则是采用赋值的形式进行的，如5分制的5分、4分、3分、2分、1分等。为了精确地量化，还需要对每个等级标准进行描述，以使不同的面试官对该等级的理解一致。在标准的用词上，要尽量体现等距原则，讲究各个层级的递进性和连续性（示例见表6-4）。

表6-3 协调能力的评价等级及标准

等级	标准
好	能顾全大局，恰到好处地处理矛盾与冲突
较好	能采用一些冲突处理技巧，基本上能处理矛盾与冲突
差	不能处理矛盾与冲突，致使工作无法正常完成

表6-4 决策能力的评价等级及标准

等级	标准
5	对突发情况反应灵敏
4	对突发情况反应较快
3	对突发情况反应一般
2	对突发情况反应较慢
1	对突发情况反应迟钝

6.2.2 面试试题设计

一、面试试题设计的原则

面试的内容与题目设计是面试设计者要考虑的重要问题。面试的试题设计一般遵循以下原则。

1. 针对性原则

面试总是为特定的岗位选人，所以面试试题设计通常要紧密围绕所应聘岗位的职位说明书提出的能力要求。应聘者的能力包括三种，即一般能力（逻辑思维能力、语言表达能力、临场反应能力等）、领导能力（计划能力、决策能力、预测能力等）和个性特征（气质风度、情绪稳定性、自我认识和处事风格等）。对于这三种能力，每个人的侧重是不同的，而不同的岗位所需要的能力也是不同的，因此设计出来的题目不能泛泛而谈，要考虑招聘岗位所需要的能力，并针对该岗位需要的能力设计问题；问题设计出来后，通过应聘者的回答要能反映这三个方面的能力，以便找出与职位要求相符的应聘者。此外，还应针对应聘者的来源和背景情况，选择适合的问题。例如，若应聘者是没有工作经验的应届毕业生，则可以询问其在大学中参加实践活动的情况；若应聘者是有工作经验的求职者，则可以询问其过去的工作经历方面的问题。

2. 代表性原则

设计面试试题时，需要考虑内容不能过于简单，也不能过于复杂，应在某一方面或某一环节上具有一定的代表性，以测试应聘者的某一特定的素质。例如，企业如果需要招聘一名有经验的人力资源经理，不妨这样提问：请讲一个你自己做过的最难或者最让你记忆犹新的决策。因为一个真正有管理经验的人，稍加思索就会把一个他做过的、比较难的决策讲出来，面试官可以从他讲的那些细节中判断其所言是否属实，进而可以确定他是否真的有管理经验。

3. 可行性原则

可行性原则即从实际出发的原则。从当前实际看，有的地方不难招到高素质人才，因而竞争激烈；有的地方却不然。因此，内容深浅难易要顾及应聘者的情况，不宜一味求新求异求难。如果录用缺乏实际工作经验的应届毕业生，应着重一般素质（尤其是发展潜力）的测评；如果应聘者有一定工作经验，可着重进行特殊素质的测评。因此，对不同类型的应聘者在试题内容的权重分配上应有所区别。

4. 灵活性原则

灵活性原则是指设计者在编制试题的过程中，题目的形式和内容都要采用比较灵活的做法。一是为面试提问留有余地，也给应聘者留有思考的空间以调动其积极性；二是可以铺垫面试所需的活跃氛围，使面试根据时间进展的情况、测试目标完成的情况、应聘者的表现情况，有张有弛、有节奏、有力度地进行，这有利于缓解应聘者的紧张心理，使其正常发挥。

5. 顺序性原则

题目出现的顺序应当遵循以下原则：第一，先易后难原则。面试中首先出现的问题应该是难度最低的，然后再提高难度。在面试过程中，应聘者免不了有些紧张，如果刚开始的题目就有一定的难度则会增加应聘者的压力，使其更紧张，不利于后面题目的回答；也可能应聘者认为面试官提的问题过难，自己根本不会，干脆放弃对后面题目的回答。相反，如果从简单的开始，应聘者见题目简单，就会放松心情、从容作答，这样面试官就可以从应聘者的回答中获取需要的信息。第二，先一般后专业原则。同样的原理，应聘者在紧张的环境下对专业知识的回答可能会由于过于紧张而出错，而一般问题则不容易出现这种情况。第三，先共性后个性原则。一个人在陌生的环境中会对外界提高警惕，如果面试过程中面试官一开始就涉及应聘者的个性问题会提高其警惕度，那么得到的回答可能是不真实的；相反，如果先从共性问题入手，使应聘者慢慢融入新的环境、放松警惕，则更容易得到真实的意思表达。

二、面试试题的类型

1. 背景性问题

背景性问题一般在面试开始阶段作为导入性的题目对应聘者进行提问，其主要目的一方面是营造良好的沟通气氛，缓解应聘者的紧张情绪，另一方面是帮助面试官对应聘者有基本的认识和大致的了解，为双方之间进一步的交流和沟通收集有价值的话题。这类面试题目的设计相对比较容易，但题目的可替换性相对比较小，一般只能围绕应聘者的个人背景进行。例如，谈谈你过去的工作经历，说说你的工作经历对你参加这次面试有什么帮助。

2. 智能性问题

智能性问题主要考查应聘者的综合分析能力、语言表达能力和逻辑推理能力。一般是由面试官提出一些需要思考并富有争议性的现实问题和社会问题，让应聘者阐述自己的观点和看法。这类问题没有明确的标准答案，应聘者可以自由发挥，因此面试官考查的重点不是应聘者的答案是否正确，而在于应聘者能否抓住看似复杂的问题的实质和症结所在，并有逻辑、深层次、有针对性地展开论述，做到论点鲜明、论据充分、论证严密，最终可以自圆其说、令人信服。例如，有人认为“企业用人应以才为先”，也有人认为“企业用人应以德为先”，你认为企业用人应注重什么？为什么？

3. 专业知识问题

专业知识问题主要询问应聘者对所应聘岗位相关知识了解和掌握的情况，对于那些对专业知识要求较强的技术类工作岗位来说尤为重要。提出这类问题需要设计者与具体部门的工作人员进行沟通。如果在工作中对专业技术要求很高，则提问应该有一定的深度；如果工作中只需要了解基础的专业知识，则设计问题时只提问该专业领域的普遍理论知识即可。例如，招聘营销专员时可以询问“请谈谈营销理论中的4P理论”。

4. 情境性问题

情境性问题描述了一个与工作相关的假定情境，让应聘者“身处”这样的情境中，讲述自己会有怎样的想法和做法，是一类语言模拟的情境试题。这类问题可以根据所招聘岗位在工作中解决不同问题所需要的各种能力而设计不一样的情境，主要考查应聘者的组织协调能力、决策能力、随机应变能力等。例如，在一个风雪交加的晚上，一家快递公司要送一个非常重要的包裹给客户，送包裹的员工快到客户家时才发现，这位客户住在山顶上，大雪已经封死了上山的必经之路，而约定包裹送达的最后期限马上就要到了！于是这位员工当机立断，在没有请示公司的情况下自己做主雇了一架直升机，并且用信用卡支付了所有费用，把包裹送到了。客户感动万分，马上告诉了当地媒体，于是这家公司声名大振。如果你是该公司的经理，会如何处理此事？

5. 行为性问题

行为性问题是让应聘者确认在过去某种情境、任务或背景中他们实际做了什么，从而获得应聘者过去行为中与一种或数种能力要素相关的信息。这类问题的目的是通过关注应聘者过去的行为预测应聘者将来的表现。在行为性问题的实际使用过程中，由于所有已经发生的事件都由应聘者进行描述，面试官很难了解真实情况，应聘者可能对以往的工作成果夸大其词。因此，在使用行为性问题时，面试官一定要注意提问的技巧，遵循STAR原则，对应聘者以往的工作细节进行追问，以便了解特定情况下应聘者的行为、表现出来的能力以及取得的成果。例如，请讲述一下你认为自己组织的最成功的一次活动，并说说体会。在了解信息的基础上，可以追问更多细节，例如：你是怎么组织的？他人对这项活动是如何评价的？你自己如何看待这些评价？

6. 压力性问题

压力性问题通常是故意给应聘者施加一定的压力，观察其在压力情境下的反应，主要考查应聘者的应变能力、忍耐性和情绪控制能力。设计压力性问题时，还需要与面试官进行充分的沟通，在考场营造出特定的压力氛围。例如，你只是应届毕业生，没有工作经验，怎么能胜任这份工作？

7. 意愿性问题

意愿性问题主要考查应聘者的工作动机是否与岗位匹配，涉及应聘者的世界观、人生观、价值取向、求职动机以及生活态度等多个方面。另外，薪酬、福利待遇、工作安排等问题均属此类。这类问题也不强调有标准答案，旨在了解应聘者过去和现在对工作的态度、更换工作与求职的原因、对未来的追求与抱负。例如，询问应聘者离开原工作单位的原因或设计一个两难情境让应聘者选择，并询问其选择动机。面试官提出这类问题时，有的是直接询问应聘者的动机和个人志趣，有的是通过应聘者的表现来判断其是否适合做所应聘岗位的工作，但多数面试官是采用投射和迫选两项技术来实现的。这里所说的投射就是询问一些看起来不相关的问题，这类问题采用了旁敲侧击的方式，让应聘者在回答时表现出自己真实的目的。迫选则是通过两项具有同等价值的问题，迫使应聘者必须从中选择其一，这样做的好处是答案限定，应聘者只能在这个范围内回答，从而避免了应聘者按照社会期望的价值取向来回答，对应聘者的评价更为真实。

6.2.3 面试实施前的其他准备工作

一、面试官的选择

面试选拔的成败在很大程度上取决于面试过程中面试官素质的高低。高素质的面试官可以很好地驾驭整个面试，并根据应聘者的具体表现给出恰当的评价。面试官的必备素质有：一是良好的个人品格和修养。因为面试官代表着企业，是企业文化的象征、企业精神的代表，他们必须给人以正直、公正和修养良好的感觉，才能在面试过程中树立企业的良好形象，给应聘者值得信赖的感觉，从而有助于创造良好和谐的面试气氛，使应聘者更有可能向面试官坦露真实观点和看法。二是具备相关专业知识。因为面试的一个重点就是对专业技能和知识水平的测评，如果面试官或面试小组对专业和工作一知半解，就不能在面试中提出合适的问题并评判应聘者的回答，从而就不能评判应聘者的工作能力和知识水平。三是了解职位要求和人员测评技术。通过对招聘企业的状况和职位进行较为深入的了解，掌握面试技巧，可以明确企业需要具有哪些素质的人员、如何测评应聘者某方面的素质，从而帮助企业招聘到合适的人才，提高面试质量。四是具有丰富的工作经验。在面试评价过程中，定性评价往往多于定量评价，因此要求面试官具备丰富的工作经验，从而凭借这些经验来正确把握应聘者的特征。

二、面试评分标准的确定

在编制面试评分表之前，面试官要组织召开头脑风暴会议或者小组讨论，根据岗位通用胜任素质列出足够多的可能的回答，在制定评分标准时要注意给每个可能的回答都设计相应的分数或者等级，并且提前设计好如果应聘者的回答是事先没有想到的，那么该怎样结合其回答进行评分或评测等级，尽可能减小因为标准不明确或者不统一而产生的评分误差。在面试时，提供给面试官的不仅是面试评分表，还要提供岗位胜任素质、对应的行为描述以及评价等级和计分方式，这样面试评分表就有了具体的评分标准，能够在很大程度上降低面试官的主观印象对面试决策的影响，极大地提高面试的信度和效度。在面试前一定要对面试官进行培训，重点让他们熟悉具体的关键行为和评分权重，从而选拔出符合职位特征、能胜任岗位的应聘者。面试评分表详见表6－5。

表6－5　面试评分表

<table>
<tr><td>姓名</td><td></td><td>性别</td><td></td><td>年龄</td><td></td><td>编号</td><td></td></tr>
<tr><td>应聘岗位</td><td colspan="3"></td><td>所属部门</td><td colspan="3"></td></tr>
<tr><td colspan="3" rowspan="2">评价要素</td><td colspan="5">评价等级</td></tr>
<tr><td>1差</td><td>2较差</td><td>3一般</td><td>4较好</td><td>5好</td></tr>
<tr><td colspan="3">个人修养</td><td></td><td></td><td></td><td></td><td></td></tr>
<tr><td colspan="3">求职动机</td><td></td><td></td><td></td><td></td><td></td></tr>
<tr><td colspan="3">语言表达能力</td><td></td><td></td><td></td><td></td><td></td></tr>
<tr><td colspan="3">应变能力</td><td></td><td></td><td></td><td></td><td></td></tr>
<tr><td colspan="3">社交能力</td><td></td><td></td><td></td><td></td><td></td></tr>
<tr><td colspan="3">自我认识能力</td><td></td><td></td><td></td><td></td><td></td></tr>
<tr><td colspan="3">性格特点</td><td></td><td></td><td></td><td></td><td></td></tr>
<tr><td colspan="3">健康状况</td><td></td><td></td><td></td><td></td><td></td></tr>
<tr><td colspan="3">进取心</td><td></td><td></td><td></td><td></td><td></td></tr>
<tr><td colspan="3">相关专业知识</td><td></td><td></td><td></td><td></td><td></td></tr>
<tr><td colspan="3">总体评价</td><td></td><td></td><td></td><td></td><td></td></tr>
<tr><td colspan="3">录用建议</td><td colspan="2">建议录用</td><td>有条件录用</td><td colspan="2">建议不录用</td></tr>
<tr><td colspan="3">用人部门意见：
签名：</td><td colspan="3">人事部门意见：
签名：</td><td colspan="2">总经理意见：
签名：</td></tr>
</table>

面试试题编制完成后，还要通过审核和实践来检验试题的信度、效度以及面试的信度。题目设计完成后，可以请相关部门的负责人员审评并提出意见；同时也要请相关人力资源管理专家审核，并反馈意见；有条件的可以在企业中进行一次模拟招聘，通过模拟招聘的方式发现题目设计中的不足并加以完善。组织模拟招聘不仅可以通过实践检验试题的信度、效度，还可以对面试官进行培训。在结构化面试中面试官的主观性直接决定了应聘者的得分，而每个面试官的专业素养、评分标准、个人偏好等各不相同，在面试过程中容易出现晕轮效应、首因效应等，可能会对选拔优秀人才产生一定的影响。因此，通过模拟招聘可以统一面试官的评分标准、清晰界定测评要素、优化问题结构及检验结构化面试的可靠性。

三、面试场地的布置

面试过程是面试官与应聘者之间一场以知识、智慧、素质、经验、阅历和能力为武器的挑战和对弈。如何在面试场地布置时尽可能营造平等和尊重应聘者的氛围，如何针对不同的面试职位及目的设计不同的考场环境，都是值得注意的问题。但是，在招聘过程中很少有组织能真正注意到这样的问题，都认为只要是一间比较安静的办公室或房间就可以了，这种对应聘者心理状况的疏忽恰恰表现出组织在招聘时的不专业，同时也会影响招聘效果。

企业在招聘员工时，场地布置既要严肃又要有人情味，既要紧张又要不失温馨。因此，面试场地的环境非常重要，舒适整洁的环境、适宜的光线和温度、令人心情愉快的色彩等，都有助于营造一个宽松的面试环境，尽可能缓解应聘者的压力，烘托一种平等、温馨、和谐的氛围，体现出企业对人才的重视。

在布置面试场地时应遵循以下两个原则：第一，平等、尊重原则。在对面试官和应聘者席位进行布置时保证同一规格和档次。第二，不同的职位对面试场地的布置要求不同。这主要是指针对不同职位的招聘，面试的手段和方式并不一样，相应的场地布置也应有所区别。如果进行压力面试，场地可以特意布置得庄严而有压力感，以配合试题来测试应聘者的心理承受能力及情绪稳定程度。而大部分岗位不需要采用压力面试，招聘方应力图创造一种宽松、亲切的氛围，使应聘者能够在最小压力的情况下回答问题，尽可能展示其才华。

在布置场地时还应考虑两个问题。第一，面试场地的大小。从心理学角度分析，狭小的空间容易产生被逼迫的感觉，尤其是需要激烈讨论问题时适合采用小一点的空间，这样便于交谈的时间更长和交流的内容更深，即压力面试可以选择相对较小的房间。相反，非压力面试则适宜选择比较宽敞的空间。第二，座位排列形式。在面试中经常采取的座位排列形式有以下几种。

（1）圆桌会议形式。多名面试官（与应聘者正相对的是主面试官）面对一名应聘者，这种安排能使应聘者感觉自在，同时气氛较为正式严肃。

（2）主面试官与应聘者成一定角度而坐。如坐在长方形桌子相邻的两边。这样的角度避免了目光直视，可以缓解应聘者的紧张情绪，让应聘者在最佳心理状态下完成面试。这样不仅避免了心理冲突，也有利于主面试官对应聘者进行观察。

（3）主面试官与应聘者在距离较近的桌子两端面对面而坐。由于距离很近，主面试官与应聘者面面相对，目光直视，容易给应聘者造成心理压力，使其紧张不安，甚至可能因情绪紧张而影响发挥。当然，如果考查应聘者的情绪控制能力或承受能力，这种座位安排不失为一种很好的形式。

（4）主面试官与应聘者在距离较远的桌子两端面对面而坐。这种形式双方距离太远，不利于交流，同时空间距离太远增大了心理距离，不利于双方更好地合作。

（5）主面试官与应聘者坐在桌子同一侧。这种形式下，主面试官与应聘者之间距离近，显得不够庄重，而且不利于主面试官对应聘者的表情、姿势进行观察。

从以上分析可以看出，如果采用压力面试，一般而言第（3）种座位排列方式最为合适；而采用非压力面试，前两种则是最佳选择。

四、关于应聘者的安排

在面试前，首先要确定参加面试的应聘者人选。企业应借助媒体、网络等发布招聘信息，知道的人越多，选择的余地就越大，这样也能在一定程度上弥补面试技术的不足。在收到应聘者的信息后，根据招聘需求进行初步筛选，并最终确定面试人选，及时通知应聘者具体的面试时间和面试地点，让应聘者有时间做充分的面试准备。在面试前，企业应该合理安排应聘者的面试程序，使面试工作有条不紊地进行，给应聘者提供饮用水等必备物品，并在面试等待区营造一种缓解面试压力的气氛，让应聘者对企业的标准化、规范化留下好的印象。

想一想

这样的面试前期安排有什么好处

M公司是国内乳品行业的龙头企业之一。2020年校园招聘中，M集团更是成功抓住了“校园牛人们”的心，每一场宣讲会都座无虚席。宣讲会之后，一般有100多位幸运儿被筛选出来进入面试环节，面试工作量极大。在其校园招聘中，有三大主体共同保障面试前期工作。

首先，由某人力资源科技公司“招聘云”与M集团HR进行线上协同合作，向应聘者发出面试邀请。之后，将由某招聘平台与应聘者再次进行面试电话通知与确认。最后，由M集团负责面试材料准备，并专门成立人员招聘小组负责相应的面试工作。其中，小组成员是集团内部业务能力过硬、对公司文化深刻认同的优秀员工，并且还定期接受集团开展的选聘制定、面试技巧等专业培训。

资料来源：自燃力量，Fun享青春：蒙牛集团的校园招聘究竟“牛”在何处？.（2021-03-04）. http：//www.cmcc-dlut.cn. 有改动。

以上专栏内容来源于M公司的真实招聘体系，我们不妨分析一下：上述面试的前期准备，对招聘工作的有效开展有什么好处？

6.3 面试的实施与操作技巧

6.3.1 面试的实施

在实施阶段，面试官应灵活地控制面试进程，尽可能多地获得有关应聘者素质与能力的真实信息，保证面试目的的实现。这一阶段包括以下环节。

一、建立关系阶段

在这一阶段，面试官可以从与工作无关的问题开始发问，如询问交通、天气、地理环境、语言习惯、地方风俗等，其目的是通过简单的问候、寒暄，缓解应聘者的紧张情绪，创造宽松友好的氛围。也可以让应聘者进行自我介绍或者询问应聘者一些比较熟悉的问题，如询问应聘者学习、工作经历中的相关经历等。在该阶段常提出一些比较封闭性的问题，如“今天天气很冷吧?”“你原来从事过人力资源管理工作吗?”

二、导入阶段

在导入阶段，面试官会比较自然、亲切地问一些应聘者一般有所准备的、比较熟悉的问题，如让应聘者介绍一下自己的工作经历、自己过去所从事的工作等，以进一步缓解应聘者的紧张情绪，为面试的进一步开展做准备。在本阶段，常常提出一些开放性的问题，使应聘者有较大的自由度，如“请你介绍一下你过去的工作。”“你认为你的优点是什么?”

三、核心阶段

在面试的核心阶段，面试官通常要求应聘者讲述一些关于能体现所应聘岗位胜任素质的事例，面试官将基于这些描述做出基本的判断，对应聘者的各项核心胜任素质做出评价，为最终的录用决策提供重要的依据。通常，面试官在本阶段会按照题目难度由易到难的原则进行提问，并适时进行追问。以行为性问题为例，请应聘者列举一件工作或学习中自己参与的印象最深刻的事情，具体的提问方式可以采用 STAR 原则。如果应聘者提到了某项胜任素质，就根据他的重视程度对这项胜任素质进行等级评分，没有提到的胜任素质则不计分。本阶段中，通常由一个开放性的问题引出一个话题，然后再将该话题聚焦在一个关键的行为事件上，接下来可以不断使用探索性的问题进行追问或者设置情境性问题让应聘者阐述自己的观点。如“在工作中的某件事上，当你的意见与你的直接上级有分歧时，你是怎么处理的?”“如果我们录用了你，你能为我们做什么?”

四、确认阶段

在这一阶段，面试官应避免使用一些封闭性的问题，因为封闭性的问题会对应聘者的回答产生导向性，应聘者会倾向于给出面试官希望听到的答案。所以，本阶段通常采用开放性问题，如“刚才我们已经讨论了几个具体的实例，那么现在你能不能清楚地概括一下组织招聘工作的程序是怎样的?”“刚才你提到帮助人力资源总监制定相关的人力资源政策，能不能讲一讲你具体做了哪些工作?”

五、结束阶段

在面试的前四个阶段，应聘者一直处于被动地位，所以，在面试结束之前，面试官完成所有计划的提问之后，应该给应聘者一个机会。不管录用与否，均应在友好的气氛中结束面试。如果对某一对象是否录用存在分歧，不必急于下结论，还可安排第二次面试。在面试结束前，面试官一般提问1～2个可以让应聘者自由发挥的问题，目的是查漏补缺。如“请问你还有什么需要补充的吗?”“请问你还有什么问题吗?”

6.3.2 面试官的面试技巧以及常犯的错误

一、面试官的面试技巧

1. 面试中的观察技巧

(1) 坚持观察的综合性、目的性和客观性原则。面试官应该从多方面去把握应聘者的内在素质，从整体行为反应中抓住一些带有典型意义的行为反应，即关键行为，系统地测评某种素质，而不能仅凭某一个行为反应就下断言。不但要从一般的问题考查应聘者的素质，而且应该创造条件在激发、扰动的状态下考查应聘者的素质。

(2) 避免以貌取人或者光环效应。孔子也常要“听其言而观其行”，再对前来求教的弟子进行一番取舍。例如，宰予“利口辩辞”，孔子很高兴地收下了；澹台子羽，孔子见其状貌甚恶，以为材薄，虽收留门下，但让其“退而修行，行不由径”，即把他列为“旁听”弟子。后来子羽在楚国办学成就很大，名扬诸侯，孔子自我检讨说“以貌取人，失之子羽”。

(3) 注意面部信息。面试过程中，应聘者的面部表情会有许多变化，面试官必须能观察到这种表情的变化，并判断其心理。例如，应聘者面部涨得通红、鼻尖出汗，目光不敢与面试官对视，便反映其自信心不足，心情紧张；应聘者长时间盯着地面或盯着自己的双脚，默不作声，反映其内心的矛盾或正在思考；当面试官提出某一难以回答或令人窘迫的问题时，应聘者可能目光暗淡，双眉紧皱，带着明显的焦急或压抑的神色。总之，面试官可以借助对应聘者面部表情的观察与分析，判断应聘者的自信心、反应力、思维敏捷性、性格特征、情绪和态度等。

(4) 注意身体语言。在面试过程中，应聘者的身体、四肢等在信息交流过程中发挥着重要作用。比如，手势具有说明、强调、解释或指出某一问题、插入谈话等作用，很难与口头语言分开。而且，具有不同心理素质的人，其身体语言的表现形式各不相同。一个情绪低落的人可能两肩微垂，双手持续地做着某个单调的动作。而一个性格急躁的应聘者常常会不停地快速运动手脚，双手还可能不断地颤抖。一个缺乏自信和创新精神的人会始终使他自己的双手处于与身体紧密接触的部位，头部下垂。一个人紧张或焦躁不安时，往往会出现膝盖或脚尖有节奏地抖动，不停地转动手里的东西，摆弄衣服，乱摸头发等动作。这些心理素质和非语言动作都是面试官值得注意的。

2. 面试中的提问技巧

（1）渐进引导。在面试中，面试官与应聘者之间能否建立某种亲切感，往往对面试的效果具有决定性的意义。在面试导入阶段，面试官如果采用自然、亲切的聊天式提问，给应聘者一种亲切感，容易使应聘者从紧张情绪中解脱出来，在面试官面前感到自在，进而充分表现出自己最好的状态，更容易让面试官获知其真正的能力素质。

（2）及时追问。如果应聘者回答问题不完全、不正确，面试官应该适时地进行追问。追问方式一般有两种：第一，探询式追问。这种追问的问法一般是"怎么办""为什么""请再往下说""真是这样么""那你做了什么"，或者一些示意性的动作等。沉默也是探询式追问的方式之一，但时间把握很重要。一般而言，如果鼓励对方继续谈下去，最有效的方法是在对方的谈话中断时，保持3～6秒的沉默，这样对方会很自然地说下去。第二，反射式追问。即把对方所说的话再重复一遍，看对方的反应并判断其真实意图。当对方回答得不完全或值得怀疑时，就要用反射式追问，鼓励应聘者加以说明或引申，以确定其真实的想法。

（3）选择适当的提问方式。面试中的提问方式可以分为四种：一是开放式提问，即对提出的问题应聘者不能使用简单的"是"或者"不是"来回答，而必须另加解释才能使回答圆满。这类问题可以使面试官从应聘者处获得大量的信息。二是探询式提问，这种提问方式可以帮助面试官深入了解应聘者某方面的情况，获得进一步的信息，因此探询式提问可以用于对初始问题的追问。三是封闭式提问，这是一种能够得到明确回答的提问方式，能够帮助面试官掌握主动权，并在面试官需要核实信息时得到准确的答复。四是假设式提问，在这种提问中，面试官为应聘者假设一种情况，让应聘者在这种情况下回答提出的问题，进而考查应聘者的应变能力、解决问题的能力和思维能力。

3. 面试中的倾听技巧

（1）排除干扰。面试时，招聘方的面试场地应该是一个封闭的、相对安静的环境，尽可能避免在面试过程中有人随便进出面试场地、有电话铃声响起或者其他会引起面试官转移注意力的情况，否则会给应聘者不受重视的感觉，加重应聘者的紧张情绪，影响其发挥，也会使面试官遗漏一些有可能非常重要的信息。

（2）客观倾听。面试中不要首先对应聘者做出评判，然后带着自己的看法和观点倾听，这样会导致倾听过程中的选择性知觉，从而使收集的信息有失偏颇。在倾听过程中，应将重点放在客观的事实和信息上，避免个人偏见影响倾听，以便在客观倾听的基础上对应聘者做出全面、客观的评价。

（3）调节应聘者的状态。在倾听应聘者回答问题的过程中，面试官要善于把握与调节应聘者的情绪，使其处于良好的状态，正常发挥。当应聘者在回答问题的过程中突然表现出紧张、激动时，面试官可以通过反复陈述对方的话、慢慢记录等方式，先稳定其情绪，待其冷静后再进入正题。当应聘者情绪过于低沉或者高度紧张时，面试官可以采用夸奖的技巧。当发现应聘者一见面就处于紧张状态时，可以采用示弱接近术、亲切称呼术和请教悦心术等技巧。

1）示弱接近术即在应聘者面前装着不懂。例如，"你是这方面的高才生（专家），我们是门外汉……不太懂”，从而缓解应聘者心理上的紧张。

2）亲切称呼术即称呼“小李”“老张”之类的简称，或者直呼其名不带姓。这种称呼会让应聘者感受亲切，正常情况下心里会感到比较愉快。

3）请教悦心术是指面试时面试官可以适时地使用请教的口气同应聘者交谈，这有利于唤起应聘者的优越感，使其放松。例如，“据说你非常擅长……能够给我们讲讲吗?”“我曾经遇到过这么一个问题：你专门学过……我想请教一下你。”

(4) 适时加以总结。应聘者并不是总能一次性对问题做出完整的回答，在很多情况下，面试官必须追问，才能获得更多的信息，并将所有分散的信息加以拼凑，获得完整、有效的信息。为了准确地做到这一点，面试官需要适时停下来做一些阶段性总结，这样也可以向应聘者传达面试官很重视他的回答这一信号。

4. 面试中的记录技巧

(1) 认真记录。笔记是面试的永久性记录，是帮助面试官评估应聘者工作能力的凭证之一。所以在面试进行过程中，面试官应该认真进行面试记录，以便在面试工作结束后，将为每位应聘者做的面试记录与职位说明书放在一起进行比较，为最后的录用决策提供信息支持。

(2) 记录客观事实。面试官记下的所有评论都应当是客观的，不能使用主观性的言辞。例如，说某位应聘者有魅力就是一种主观描述，而如果记录“应聘者的外表与其在公司所担任职位相符”就比较客观。另外，面试官不应该记录与工作不相关的事实，如“我认为……”“我觉得……”等。

(3) 学会记录。面试官在记录时，要使用一定的缩写词语或者符号，以保证倾听和记录的速度，用简短的话把应聘者回答的案例、故事记录下来。而且应该让应聘者知道面试官在记录，但不能让其看见记录的内容，也不可让其看见面试官在记录时左涂右改，犹豫不决。在一位应聘者面试结束、下一位应聘者进入面试场地之前，迅速整理记录，但不能当场对任何一位应聘者下结论。

二、面试官常犯的错误

1. 首因效应

首因即常说的“第一印象”，是指两个素不相识的人第一次见面时所形成的印象。首因效应即面试官根据开始几分钟或面试之前从职位申请表格、录用测试等资料中得到的印象，对应聘者做出是否录用的判断。第一印象一旦形成，就会影响面试官在短时间内的评判，从而很容易造成认知上的偏差。如果第一印象很好，面试官就会有意无意地证明应聘者确实不错；相反，如果第一印象不好，面试官就会努力证明应聘者确实不行。

2. 晕轮效应

晕轮效应是指以事物某一方面的突出特点掩盖其他方面的全部特点。在面试过程中，晕轮效应的具体表现是，应聘者在面试过程中表现出来的某一突出的特点容易引起面试官的注意，而使其他素质的表征信息被忽视。如应聘者的语言表达能力很强，给面试官留下良好的印象，有的考官由于受到晕轮效应的影响，武断地认为该应聘者的一切都好；相反，有的应聘者稍不注意，在某个问题的回答上有反常或异常的表现，或有令人反感的回答，给面试官的印象自然不好，有的面试官则据此认为该应聘者的一切均差。这种心理效应以点带面，用主观臆想代替对应聘者自身素质真实客观的评价，面试官应该尽量避免。

3. 类我效应

面试过程中，面试官往往容易将与自己性格、爱好等相似的应聘者的优点放大，以至于忽略其缺点，从而不能做出对应聘者全面、客观的评价。

4. 定型化效应

定型化效应即"刻板印象"，是指根据个体属于哪一类社会团体或群体，并以这一社会团体或群体的典型行为方式来判断个体。在面试官的头脑中，也存在关于某一类人的固定印象，这种固定印象使面试官评价应聘者时常常不自觉地按应聘者的年龄、性别、专业等进行归类，并根据头脑中已有的关于这一类人的固定印象来判断应聘者的个性，从而造成判断的不准确。

5. 对比效应

面试过程中，应聘者总是按照一定顺序接受面试的，而面试顺序有时会影响面试官的正确评价，面试官往往以之前一个或几个应聘者来评估正在接受面试的应聘者。例如，可能由于前面连续出现的几个应聘者的能力都一般，突然出现一个能力较强的应聘者，面试官就很容易打出非常高的分数，也许这个应聘者的水平并没有那么高，只是和前面的应聘者对比使得面试官认为其水平很高，从而得出不恰当的评论，认为该应聘者特别优秀。

6. 近因效应

近因效应是指人们对新接触的东西记忆比较深刻，在面试中往往最后给人留下的印象会得到强化。面试官在面试中应全面、整体地把握应聘者在面试中的表现，不要因为应聘者最后表现好而忽略其在前面的面试中暴露的缺点，也不要因为应聘者最后表现不好而否定其在前面表现出来的优点。

7. 负面效应

面试官对应聘者的印象容易由好变坏，但不容易由坏变好；对待同样程度的优点、缺点，往往强调缺点而忽视优点。与负面效应相对应的是类我效应，面试官往往会因为应聘者与其有相似的兴趣、偏好或经历，从而容易对应聘者产生好感，影响正确判断。

6.3.3 有效评估应聘者

面试结束后，面试官应该及时扩展面试时的简单记录，还原应聘者在面试中的回答与陈述，整理自己的面试笔记，然后将自己得到的关键信息与面试确定的评价要素进行比较，总结每位应聘者在多个维度上的表现，客观地打分，为录用决策提供重要的参考。

面试结束并不意味着确定招聘应聘者与否，而是开启了新一轮的接触。对企业来说，根据诸多事实来评判应聘者合适与否很重要；同样，对应聘者来说，也需要根据诸多事实来评估不同的工作机会，看到底哪一个最适合自己。这些事实包括学习与成长的机会、薪酬、招聘经理及其团队所表现出的素质、工作匹配度、文化匹配度、工作生活平衡。

面试官可以给应聘者发一张基于诸多事实来做决定的表格，让他自己就上面所列的项目，给本企业以及别的同样向他伸出橄榄枝的企业打分。在面试过程中，本企业要在应聘者做出最终决定之前就让他了解所有这些具体信息。如果本企业提供的职位在长期而言对应聘者来说是一次不错的职业飞跃，只要不把薪酬作为第一考虑因素，通常应聘者会选择本企业。

6.3.4 应聘者在面试中的技巧

一、印象管理的技巧

印象管理是一种试图通过控制他人所获得的信息，从而影响他人对自己产生某种印象的活动，在人际交往中普遍使用。印象管理可以有意而为之，也可以在不经意的情况下产生。狭义的印象管理是指在特定情境下所采用的具体印象管理策略，而广义的印象管理就是指印象管理风格，不仅包括灵活多变的策略，还包括稳定选择某种印象管理技巧的倾向。适宜的印象管理是人际交往的有效手段，只要试图影响别人对我们的看法，我们就是在进行印象管理。印象管理可以分为以下几类。

1. 获得性印象管理

获得性印象管理即试图使别人积极看待自己的努力，其目的是传递一种特定的形象。其中，应聘者的获得性印象管理又可分为他人聚焦型和自我聚焦型两大类。他人聚焦型印象管理策略一般将目标指向印象管理的接受者、评价者，如面试中的面试官，通过逢迎讨好等行为来获取人际间的彼此吸引。例如，抬举面试官，遵从面试官的意见等。自我聚焦型印象管理策略则将目标指向行为者自身，应聘者通过一系列的策略行为将人际交流的主题界定在能使自己显得优秀的方面，从而使自己显得更有能力、具备更多的积极特质。例如，自我宣传，享有权利，增强效应，克服障碍等。

2. 保护性印象管理

保护性印象管理指尽可能弱化自己的不足或者避免使别人消极看待自己的防御性措施，其动机是避免社会赞许的显著丢失或避免积累社会不赞许。在面试中，当应聘者被置于尴尬、不利境地时，他们会通过各种补救措施将造成的消极影响减至最低，从而达到减少、否认、中和已留下的消极印象的目的。例如，合理化理由（包括借口和辩解），事先申明，自我设障，道歉等。

3. 非言语印象管理

在实际的面试过程中，应聘者除了使用各种言语印象管理行为来影响面试官评价，很多非言语行为，如面部表情、触摸、身体位置、姿势等，也能够有效地影响面试双方之间的相互印象。面试时，个别应聘者由于某些不拘小节的不良习惯，破坏了自己的形象，会使面试效果大打折扣，导致求职失败。例如，双手玩弄领带，抚弄头发，玩弄面试官递过来的名片，脚不停晃动，哈腰弓背，眼神游离躲闪，面部表情呆滞等。

二、了解必要的信息

应聘者在面试前应适当了解应聘单位的背景资料，如企业文化、价值观、企业管理者、企业发展状况、主营业务等；更应仔细分析企业招聘岗位的素质要求，以便在面试中能够有所针对地突出自己在这些方面的优势和特长，获得更好的结果。要了解企业面试小组中面试官的一些相关信息，因为正如我们在前面所说，面试官也会受多种效应的影响，应聘者如果事先了解面试官的一些信息，在面试过程中可以"投其所好"，适当地表现出自己在某些方面的特质，提高面试的成功率。

三、掌握面试的基本技巧

应聘者在进入面试场地后，应目视前方，略带笑容，视线以正视主面试官为主，兼顾左右两侧所有面试官；回答问题时，语速不能太快，条理要清晰，且对问题的回答时间不宜太长，一道题一定要在3分钟之内回答完。除了计划、组织、协调类试题的细节列举和人际沟通交往类试题的沟通技巧举例稍做展开，其他题目简单谈几句把意思表达清楚即可，不要每一点都详细展开。回答问题时应观察面试官，以做到适时结束陈述。

拓展阅读

结构化小组面试的效度研究

在公务员录用考试中，针对传统的结构化面试出现的考生答题套路化、程式化问题，结构化小组面试应运而生。结构化小组面试是一种标准化的小组面试，要求一组考生同时回答一套试题，答题结束后，考生之间相互评论和回应，整个面试过程由考生自主进行，面试官根据考生的答题和现场表现，对考生相关素质做出评价。与传统结构化面试相比，结构化小组面试能否提高选人的精确性？

为检验结构化小组面试的效度，研究者展开了一项调查，结果显示：首先，传统结构化面试对认知成分较大的测评要素具有较强的区分能力，但对于非认知能力的区分存在一定的局限性；结构化小组面试具有较好的构念效度，尤其在展示考生的非认知能力方面，比结构化面试更为有效。通过对48位录用上岗公务员的工作表现进行考核，结构化小组面试比结构化面试显示出更好的预测效度，尤其在综合分析能力、人际合作能力和应变能力上，面试结果对未来工作能力的预测效度更佳。

资料来源：陈社育.结构化小组面试的效度研究．中国考试，2020（7）：42-46.

□小　结

本章主要介绍了面试以及面试的前期准备。面试的目的是了解应聘者的求职动机；获取在笔试中难以取得的信息；评估应聘者的综合能力，为企业招聘优秀人才。面试作为一种甄选人才的手段，具有四个方面的特点：一是面试是一个直接的、双向交流的过程；二是面试的内容灵活、针对性强；三是面试是强调过程的素质测评；四是面试的评价标准往往具有较强的主观性。根据划分依据不同，面试可分为不同的类型：根据标准化程度，面试可分为结构化面试、非结构化面试和半结构化面试；根据实施方式，面试可分为单独面试和小组面试；根据题目内容，面试可分为情境面试和行为面试；另外还有压力面试、远程面试和系列式面试等其他类型。

在面试的前期准备工作中，需要确定面试的评价要素与权重。面试的评价要素包括举止仪表、语言表达能力、工作实践经验、专业知识与专业技能、求职动机与职位匹配度、人际交往能力、逻辑思维能力、应变能力、自我调节与自我控制能力、组织协调能力、责任感与进取心、综合分析能力、兴趣爱好等，招聘者需要根据职位说明书确定不同要素所在的维度、在面试评分中所占的权重及评分等级。在面试试题设计中，应使其具有针对性、代表性、可行性、灵活性以及一定的顺序性，以便成功甄别应聘者。面试试题有多种类型，包括背景性问题、智能性问题、专业知识问题、情境性问题、行为性问题、压力性问题和意愿性问题，招聘者可以根据不同的岗位素质要求选择多种面试问题。除了设计面试试题，招聘者还需要做多项准备工作，如选择面试官、确定面试评分标准、布置面试场地和安排应聘者等。

进入面试实施阶段后，面试官需要通过五个阶段对应聘者进行面试，即建立关系阶段、导入阶段、核心阶段、确认阶段和结束阶段。在面试过程中，面试官应注意面试中观察、提问、倾听和记录等面试技巧，避免陷入首因效应、晕轮效应、类我效应、定型化效应、对比效应、近因效应、负面效应等误区。最后，在面试的结束阶段，应该对应聘者进行有效评估，为录用决策提供信息基础。

本章最后介绍了应聘者在面试中的技巧，着重介绍了印象管理的技巧及其他面试技巧。

□思考题

1. 观看《杜拉拉升职记》这部电影中杜拉拉到世界500强企业面试时的情境，对照现实中专业的人力资源管理面试流程，谈谈在这次面试中，企业有哪些不妥之处。

2. 假如你是某公司的主要招聘负责人，现在你们公司正在招聘一名人力资源部经理，有5名候选人已经通过简历筛选、笔试等测评，明天进入面试环节，请拟定一个面试计划。

□参考文献

1. 王丽娟．员工招聘与配置．2版．上海：复旦大学出版社，2012.

2. 徐世勇，李英武．人员素质测评．北京：中国人民大学出版社，2019.

3. 孙武．结构化面试研究．厦门：厦门大学，2008.

4. 佚名．10步招到最佳人才．中小企业管理与科技（中旬刊），2011（3）：34－36.

5. 杨波．压力面试的实施策略．人力资源管理，2011（5）：82－83.

6. 吴晨钰．毕业生印象管理策略及其在求职面试中的应用．现代交际，2011（6）：26－27.

7. 段红英．结构化面试制胜的三个环节．人力资源开发，2011（9）：28－29.

8. 鲍金勇．电话面试的特点和应对策略．科技导报，2011，29（27）：84.

9. 谷峰．非结构化面试的标准化评估．科技通报，2011，27（2）：166－170.

10. 童婵娟，江志宇，童婵媛．基于胜任特征的结构化面试试题设计．商业时代，2011（23）：100－101.

11. 王胜军．基于行为的结构化面试法．(2010－05－31). http：//www. chinavalue. net/management/blog/2010－5－31/373051. aspx.

12. 陈慧霞，邓亮．结构化面试在企业招聘中的应用研究：以销售人员为例．现代商贸工业，2011 (14)：112－113.

13. 胡卫东．结构化面试在员工招聘中的应用．企业改革与管理，2011 (8)：58－60.

14. 陈京水，凌文辁．基于胜任力的结构化面试．企业管理，2011 (10)：88－89.

15. 刘红霞．警惕：面试官的七大败笔．人力资源，2011 (9)：44－46.

16. 刘节，萧鸣政．企业面试中存在的常见问题及对策浅析．人力资源开发，2006 (12)：25－27.

17. 谢晟．浅析面试在企业招聘中的作用．经济师，2011 (1)：242－243.

18. 刘树信．什么是半结构化面试．决策，2010 (8)：86－87.

19. 杨真，陈建安．招聘面试人工智能系统的框架与模块研究．江苏大学学报（社会科学版），2017，19 (6)：73－80＋92.

20. 刘潇肖，鲁辰扬，薛贺．求职者对AI面试的接受度及其影响因素：基于公平视角的质性研究．中国人力资源开发，2023，40 (3)：117－130.

21. 白璐．浅析结构化面试．经济研究导刊，2010 (23)：209－210.

22. Fernandez S，Pougnet S. Is there structure in the selection interview? evidence from hotels in Switzerland. Journal of Human Resources in Hospitality and Tourism，2018，17 (1)：80－97.

第 7 章

背景调查与入职体检

| 学习目标 |

- 了解企业开展背景调查的重要意义
- 掌握背景调查的内容及方法
- 掌握背景调查的实施过程
- 了解如何避免因背景调查引起的纠纷

引 例

套路企业骗底薪 53 名犯罪嫌疑人被上海警方刑事拘留

2023 年 4 月 6 日，上海警方召开新闻发布会，披露近期侦破的上海首例“套路应聘”诈骗案件。案件涉案人员共有 53 人，该团伙根据用人企业招聘岗位需求，有针对性地虚构工作履历、伪造学历证明和过往业绩等材料，将自己精心包装成岗位的“完美应聘者”，入职后却消极怠工甚至在多个企业同时就职，以此骗取用人企业工资底薪，初步查证涉案金额达 5 000 余万元。

据上海警方透露，2023 年 1 月，一家网络科技公司负责人向上海市公安局浦东分局报案，称公司于上年 10 月为快速提高销售业绩，给王某某等 8 位前来应聘的“销冠”开出高额底薪；而 3 个月后 8 人因无法达到业绩要求被辞退。近期却偶然发现这 8 名员工不仅在自己公司工作，其间还同时在其他公司入职领取底薪，感觉被骗遂报案。

接报后，上海警方对涉案的 8 人进行了调查，发现他们在应聘时自述的学历履历和项目经历都与事实不符，实际上这些陈述是专门针对该公司的招聘要求而进行的“自我包装”，存在用虚假学历履历、虚构优质客户名单等进行求职的欺诈行为。3 月 8 日凌晨，浦东警方结合砺剑专项行动总体部署，组织警力在上海及外省市开展集中收网，成功抓获杨某某等 53 名犯罪嫌疑人。

此类现象发生的原因，一方面是当前中小私募机构数量众多，彼此之间沟通不充分，为造假分子提供了可乘之机；另一方面也与公司人力资源部门人员入职制度不规范有关。未及时对入职人员的入职材料进行真实性审查，并没有及时为新入职人员缴纳五险一金等，从而无法及时发现犯罪嫌疑人在多处入职的情况。

资料来源：套路企业骗底薪 53 名犯罪嫌疑人被上海警方刑事拘留．(2023－04－12)．https：//www. m. gmw. cn/2023－04/12/content _ 1303340379. htm.

7.1　背景调查概述

背景调查又称为参考调查，是指用人单位通过各种正常的、符合法律法规的方法和途径，通过搜索相关信息来核实外部求职者提供的个人资料真伪的行为。这是用人单位实现精选人才、保证招聘质量、降低用工风险的有效方法。通过背景调查，企业可以证实求职者的真实身份、教育背景、职业生涯状况、原薪资额度、离职原因、家庭情况、有无犯罪记录，以及确认企业根据面试等方式形成的关于求职者能力、性格、品质等的评价。虽然背景调查要耗费公司的人力和物力，但好的背景调查不仅能够使公司的招聘风险大大降低，而且能够有效地预防欺诈，降低招聘成本。特别是一些中小企业，员工相对较少，如果在招聘方面出现失误，可能对整个公司的发展甚至生存带来很大的打击。

7.1.1　背景调查的重要意义

在计划经济时期，我国对劳动力资源实行计划配置的方式，大多数人从学习到就业一般衔接比较紧密，都是从学校完成学业后直接到分配的单位工作，很少出现职业变动和因求职而制作虚假简历的现象。改革开放以后，随着社会主义市场经济的发展，我国逐步实现了劳动力资源的市场化配置，各地人才市场逐步建立起来，出现了全国性的人才合理、有序流动的局面。但由于经济市场不断壮大、科学技术不断发展，人才在市场上整体处于供大于求的状况，用人单位招聘门槛越来越高，对求职者的学历、工作经验、个人特长等的要求水涨船高，求职者面临极大的压力，相当一部分求职者在求职时对自己进行包装，求职简历越做越精美，工作经历越来越丰富。那些学历低、工作经验不足的求职者为迎合用人单位的需要，可能存在弄虚作假的情况。入职前背景调查服务提供商首优咨询（First Advantage，FADV）的一项调查显示，在求职者中，有10％左右的申请人的实际情况与其简历存在出入。在这10％的人当中，99％都是在就职经历或者教育经历方面做手脚。防患于未然，背景调查是拒假于门外的有力手段。

一、背景调查的必要性

（1）就业形势可能导致部分求职者利用虚假信息误导用人单位。当前，我国就业形势依然严峻，具体原因如下：第一，我国人口多、劳动力总量供过于求；第二，我国经济进入增速换挡期，新增的就业岗位有所减少；第三，经济结构处于深度调整期，面临结构性失业增加的压力。其中最突出的问题便是我国就业的结构性失衡，具体表现在：以高校毕业生为主的青年就业形势严峻；劳动技能结构矛盾较为突出；产业结构调整对就业带来较大的挑战；提高就业质量的压力仍然较大。严峻的就业形势导致就业市场成为买方市场，招聘单位往往有充分的发言权，一般求职者处于相对弱势的地位，这种情况在发达地区和大中城市表现得尤其明显。这样的就业现实也使得个别劳动者在没有竞争优势或者在处于竞争劣势时可能采用提供虚假个人信息这样的手段争取就业机会。

（2）我国就业人口多、流动性大，新的个人诚信体系无法在短期内建立，导致劳动者个人信息的真伪难辨。我国目前劳动者个人档案的保管部门是用人单位的人力资源部门、人才交流中心和其他档案管理机构。用人单位的人力资源部门对自己员工的资料补充较好，每年的考评结果都会入档。但是人才交流中心或者其他档案管理机构在人才资料管理上普遍存在资料更新不及时的问题。由于就业人口众多、人才流动频繁、流动区域广阔，很多劳动者在流动期间的资料往往得不到补充，完整性较差，甚至部分高校毕业生直接进入企业工作数年、更换多个单位后个人档案未做任何补充，仍停留在学校记录的层面。个人档案的滞后和不完善给了个别劳动者虚构个人信息的空间。改革开放40多年来，我国旧的个人诚信体系已经完全被打破，新的流动型、开放型社会的个人诚信体系尚未建立。由于缺乏相对完善的个人诚信体系的支持，劳动者的个人信息很难通过有公信力的平台来查验真伪，导致劳动者进行个人信息造假的风险低、成本小。这就使一些求职者敢于编造虚假信息来误导、欺骗用人单位。用人单位的高薪诚聘等策略在某种程度上激发了一些求职者的造假欲望，求职者为赢得竞争，在对高薪职务的角逐中极力掩饰自身的不利信息，突出、夸大和编造优势信息，迎合用人单位的需要。

（3）用人单位忽视背景调查会增加用工风险，还可能给用人单位造成各种损失。用人单位如果不查看或者不核实求职者的户籍信息，有可能出现以下问题：求职者没有达到法定年龄就业，导致用人单位涉嫌非法使用童工或者未成年工；用人单位使用在逃犯罪嫌疑人或者犯罪分子，有关人员可能要承担民事甚至刑事责任；虚假的教育背景信息和工作经历信息会使用人单位错过学有所成、经验丰富的人才。不仅如此，用人单位还有因为忽视背景调查而被要求承担赔偿责任和其他责任的风险。这样的案例在实践中不胜枚举，试举一例：

> 王某是A公司的工程师，被A公司派往国外培训6个月后技术水平显著提高，但回国时间不长就忍不住高薪诱惑，应聘至B公司。A公司要求王某离职时缴纳违约金10万元。王某无奈，不辞而别离开A公司到了B公司。王某的离去给A公司造成了25万元的损失。A公司要求B公司承担连带赔偿责任。B公司尽管随即解除了与王某的劳动关系，最终还是被要求承担连带赔偿责任。

用工风险的增加意味着用工成本可能随之增加。招聘失败会导致招聘广告、人才市场展位费、招聘人员工资和交通费等直接费用的损失。尽管求职者弄虚作假，最后导致劳动合同无效，用人单位仍然需要依法支付该求职者实际付出劳动应得的工资报酬。如果在招聘中出现重大疏忽，用人单位还可能遭受其他损失。

（4）忽视背景调查给用人单位造成损失后，用人单位缺乏事后救济手段。对于求职者提供虚假个人信息的情形，用人单位有两种应对方案：一是事前预防；二是事后补救。事后补救一般是不得已而为之，方法不多且补救效果差。求职者以欺诈手段使用人单位在违背真实意思的情况下订立或者变更劳动合同，导致劳动合同被确认无效的，《劳动合同法》规定由过错方承担损害赔偿责任。但是实践中，仲裁庭和法院对求职者欺诈的认定是非常谨慎的。而且，用人单位通常很难证明由于求职者的欺诈行为导致劳动合同无效对用人单位造成了多少损失。有时，即使用人单位能够证明求职者对用人单位造成了损失，该损失可能也是无法弥补的。例如，某公司误用了另外一家公司的技术密探，导致商业秘密的泄露。尽管该公司后来获得了一定的赔偿，该技术密探也受到了刑事处罚，但是商业秘密泄露的损失已经很难弥补了。相比而言，背景调查作为应对求职者提供虚假个人信息的事前预防的基本方法，是用人单位未雨绸缪的明智之举，也是用人单位真正节约用工成本、降低用工风险的最有效方法。

二、背景调查的目的

（1）预测求职者在本企业未来可能取得的工作业绩。求职者的申请表和简历是其自己陈述的经历和业绩，这对企业招聘行为本身来说只能起到参考作用。企业要深入了解求职者真实的工作能力，背景调查是一种非常有效的方法。企业通过背景调查，可以获得第三方对求职者业绩优良与否的看法，据此推测求职者将来在工作中的表现及成就。

（2）发现一些与工作有关而求职者可能隐瞒的背景信息。在求职过程中，求职者可能篡改个人的就业经历和教育背景，略去一些他认为会影响其就业机会的不良背景信息，如职业道德、团队精神、心理卫生、行为操守等方面的负面信息，而这些信息很有可能就是一种潜在的威胁，不知道哪一天就会对企业的资金安全、科技成果安全或者团队工作效率带来不利影响，甚至造成难以挽回的损失。

（3）核实求职者所提供资料的真伪。受趋利避害思想的影响，求职者为了增加其被录用的机会，提交给企业的信息往往是不准确的，实施背景调查就可以弥补这方面的不足。作为一种比较成熟的招聘技术，尤其是当今获取信息渠道多样的时代，通过背景调查来核实求职者提供材料的真伪，可以将不合格的求职者识别出来，提前淘汰，防患于未然。

读一读

应聘者简历造假被拒用

2019年，广西某公司要招聘一名副总经理，某猎头公司向其推荐了符合招聘要求的人选：王某，44岁，硕士学历。

因公司着急用人，王某于2019年11月10日作为候选人到该公司报到，并以候选人身份在该公司工作。之后，猎头公司应广西某集团要求对王某进行背景调查。调查结果却与简历所陈述的情况大相径庭。

经调查证实，王某最后工作经历的实际在职时间与简历上填写的时间存在较大偏差；其实际年龄为51岁，第一学历为大专，与招聘条件不符。王某所提交的毕业证原件上的信息有被篡改的嫌疑。于是，2019年11月29日，广西某集团决定对王某出具《关于对王某不予录用的通知》，决定对其不予录用。

之后，双方就候选期间是否应支付劳动报酬提起诉讼。根据南宁市邕宁区人民法院判决：王某隐瞒真实工作履历，以欺诈的形式与该公司建立了事实劳动关系，该劳动关系无效。但王某在候选期间确实为该公司付出了劳动，该公司应当向他支付劳动报酬。根据公平原则，法院酌情按照广西2019年度“交通运输、仓储及邮政业”在岗职工年平均工资计算王某的劳动报酬。广西某集团公司应支付给王某工资5 316元，差旅费360元。

如果广西某公司没有对王某进行背景调查，直接与其签约，可能会造成更大的损失。可以说，背景调查成功避免了公司的一次危机。

资料来源：应聘者履历造假被拒用，劳动关系如何认定？.（2022-06-27). https://www.zjkzy.hebeicourt.gov.cn/article/detail/2022/06/id/6762194.shtml.

7.1.2 背景调查的适用范围

对于企业而言，并不是全体员工都要做细致入微的背景调查。企业需要考虑自身的财力和人力，资金充裕的大公司完全可以进行全员背景调查。在企业中，对不同岗位所进行的背景调查的范围和深度也是不同的。企业人力资源部可以根据岗位重要性将员工划分成几个类别，以此决定对不同员工进行调查的范围和深度：最基层的员工可以仅仅做身份证识别和犯罪记录核实，比如一线的操作工人、保安、保洁人员等；初级专业职位，例如文员、助理一类，需要加上对教育背景和工作经历的核实，教育背景仅核实最高学位，工作经历仅了解最近一两段工作经历，也只需确认工作起始时间和是否正常离职即可，不需要了解详细的工作绩效；高级专业职位，包括核心技术人员、高层管理者，则需要全面彻底的调查，包括核实各种专业资格证书、海外经历核实、是否陷入各种法律纠纷、是否在媒体中有负面报道、在前任雇主那里的详细工作表现和真实的离职原因，另外，还要进行更长时间范围内的工作经历核实，一般最长可以追溯到候选人10年以内的工作经历，教育背景也可以核实从本科开始所取得的所有学位。另外，企业要考虑自身所处的行业性质。对于一些特殊性质的职位，例如法律、财务相关工作，无论职位高低，都需要进行全面严谨的背景调查。

读一读

企业人才各层级背景调查情况解读

《2020全行业人才背调白皮书》显示，随着背景调查（以下简称“背调”）的普及，基础、中层的背调群体增速明显，占整体背调需求85%以上。在基层候选人中，随着灵活用工、共享员工等新就业形式的快速发展，蓝领、灰领的背调需求随之激增，背调需求的层级下沉，全民背调成为趋势。其中“学历学位核实”“法院诉讼记录”“资格证书信息”的异常占比较大，企业应注重对个人基础信息与工作履历和表现的核实。

中高层候选人更容易从事关键岗位，对中高层候选人的背调一直是企业招聘过程中必不可少的一项。中层和高层候选人中“工作履历核实”“工作表现鉴定核实”“个人工商信息”的异常情况占比较大，企业在招聘核心、敏感岗位的候选人时，需重视对这三项的核查。

当前，越来越多的企业意识到全员背调的重要性，不单单把背调重心放在中高层岗位的候选人身上，企业应通过全员背调全方位降低企业的招聘风险。

资料来源：I背调2020全行业人才背调白皮书．(2022-09-09)．https：//www．ibeidiao．com/inf/researchReport13200．htm．

然而，对于中小企业来说，如果对拟聘用的所有人员均进行背景调查，需要花费大量的时间、人力、资金，不太现实，因此，中小企业在进行员工背景调查时，要根据情况区别处理，一般情况下，只需针对企业核心岗位细致调查即可，这些岗位主要包括：

（1）涉及资金管理的岗位，如会计、出纳、投资等岗位，出于资金安全考虑，一般企业都会对这些岗位的拟录用人员进行背景调查，主要是期望了解这些拟录用人员的工作能力、是否有犯罪记录和诚信状况。

（2）涉及企业核心技术秘密的岗位，如研发部的工程师、技术人员等，企业的核心技术秘密关系到企业的生存问题，如可口可乐的核心配方等，一旦被卖给竞争对手，企业就会出现生存危机，因此，企业在招聘涉及核心技术秘密岗位的拟录用人员时，会非常慎重，花费一定的资金对拟录用人员进行犯罪记录、诚信状况等背景调查。

（3）部分中高层管理岗位，如运营总监、销售总监、战略管理副总经理等，这些岗位主要涉及企业的运营战略，企业在战略周期中的运营方向、核心客户资源等都掌握在这些人员的手上。如果这部分人员出现问题，会给整个企业的资金链或者运营带来极大的负面效应。大多数企业都会对中高层岗位拟聘用者进行背景调查，甚至不惜花费资金聘请外部调查机构。

看一看

从业人员背景调查服务规范

2023年2月28日下午，浙江省人力资源服务协会在杭州隆重举行《从业人员背景调查服务规范》团体标准发布会。该标准于2023年2月28日起正式发布，并于3月20日起正式实施。

《从业人员背景调查服务规范》团体标准由浙江省人力资源服务协会组织相关单位，严格按照《浙江省人力资源服务协会团体标准管理办法》，通过提案、立项、起草、征求意见、修订、评审等程序，发布团体标准。该团体标准针对背景调查服务的服务要求、服务内容、服务流程、服务质量、服务评价等内容进行了标准规范，是我国首个专项人力资源服务的团体标准。

《从业人员背景调查服务规范》的制定和发布，规范了背景调查行业的服务行为，填补了背景调查服务标准的空白，促进了背景调查企业的服务改进，有利于推动人力资源大行业的产业发展，有利于促进社会高质量就业，更有利于行业和社会信用体系的建设。

资料来源：浙江省人力资源服务协会 我国首个专项人力资源服务的团体标准重磅发布！(2023-03-03). https://www.ttbz.org.cn/Home/Show/51824；浙江省人力资源服务协会 2022年度重点工作总结 (2023-01-09). http://www.zjhrca.com/industrynews/front/detail? id=444&wd=&eqid=a8b31c130000843a00000004648b038d.

7.1.3 背景调查的内容及方法

背景调查的内容主要包括身份识别、犯罪记录调查、教育背景调查、工作经历调查、信用状况调查五大类。其中，身份识别是指核实候选人身份证明的真假；犯罪记录调查是指调查求职者是否曾有违法犯罪等不良行为发生；教育背景调查主要是指求职者提供的毕业证书及学位证书是否真实；工作经历调查包括调查工作经历是否真实，即何时何地任何职、是否正常离职和工作的具体表现等；信用状况调查是指对求职者在社会上的个人信用道德意识和信用自觉性的调查。

背景调查的信息来源主要有：求职者人事档案的管理部门；求职者原来的雇主、同事和客户，其中求职者的原直接上级和同事是最了解该求职者工作表现的人；求职者推荐的私人性质的证明人；资信评估公司和调查公司以及公共记录等。

根据以上调查内容及信息来源，企业在对求职者进行背景调查时可以采用如下方法。

一、档案查询

目前，我国已经建立了一套系统、严格的人事档案管理制度，档案中的个人基本资料、教育与就业等情况的记录比较翔实，可以作为了解求职者基本背景信息的主要渠道。然而，现实中使用档案查询也存在一些局限：首先是对查询档案的审批权限比较严格，企业在短时间内未必可以获得所有求职者的审批权限；其次是档案材料内容存在陈旧、雷同、空洞、单一等缺陷，企业不一定能够找到自己需要的信息。

二、电话调查

人力资源部门需要培训电话调查员，然后与求职者（包括其原单位的人力资源部门工作人员、主管上级和同事）进行事先沟通，说明意图，取得对方的理解和支持，约定通话沟通的日期和具体时间。通话成功后，电话调查员应根据拟定好的调查问卷内容（调查内容一般包括拟聘用者的工作经验、工作业绩、离职原因、入职和离职时间等），逐一询问，同时快速记录求职者的回答。实践中由于求职者声音的语调、停顿等的变化很可能会暴露其一些真实想法，此时电话调查员要特别注意，保持高度的敏感性。通过电话进行背景调查，简便易行、省时成本低，是大多数企业对求职者进行背景调查的首选方法。电话调查效率虽高，但如果电话调查员操作不当，容易侵犯被调查者（求职者）的隐私，引起被访问企业的警觉（尤其是竞争对手），使被调查者的工作陷于被动。不少被访问企业由于不愿员工流动或者与被调查者本身有矛盾，在电话沟通过程中可能会对跳槽员工的工作能力和态度给予极低的评价。这样一来，不仅被调查者可能无法获得这个工作机会，招聘企业也可能因为这些不客观的评价而失去真正的人才。

读一读

A集团拟录用人员背景调查现状及问题

A集团成立于2011年，主要从事投资、基金、担保和交易四大业务，重点布局银行、证券、保险、信托等金融业务，为省内各大支柱产业发展以及中小企业上市等提供金融支撑。A集团目前对干部员工招聘、选聘实行统一集中管理。由集团总部收集各所属企业招聘需求后，统一由A集团人力资源部负责整个集团系统的招聘工作，背景调查作为招聘工作中的一环，同样由人力资源部负责组织实施。

A集团对拟录用人员背景调查分为两部分：（1）学历信息及其他证书材料的核查。此类信息可通过学信网、教育部留学认证中心等其他各类公开的网站进行查询。（2）候选人的工作经历信息，此类信息无公开可查询的渠道，A集团目前采取原单位了解、人事档案核查、社会关系资源侧面核查、委托第三方机构核查等方法进行。

A集团目前在开展背景调查时，存在以下几个方面的问题：（1）缺少完整的背景调查体系和流程。（2）缺少对背景调查岗位的分析。（3）与第三方背景调查机构合作过程中，终版调查报告不能完全满足现实需求。（4）缺少对背景调查效果的评估。

能否为企业招聘到合适的人才，对企业在市场竞争中保持优势起着重要作用。背景调查作为招聘中的一个环节，近年来已越发受到重视。A集团背景调查工作现状分析能够帮助A集团进一步完善背景调查工作，使招聘更加有效，为A集团业务发展提供强有力的人才支持。

资料来源：李健洁. A集团拟录用人员背景调查的改进方案研究．西安：西北大学，2020.

三、发函调查

发函调查包括证明人或推荐人填写调查问卷和写评论信两种方式。招聘企业调查员通过邮局将问卷或者恳请对求职者给予评论的书面材料寄给证明人或推荐人，待其填答问卷或写完评论信之后寄回企业人力资源部。调查问卷的优点是填答方便，省时省力，资料易于做统计分析，缺点是资料失去了自发性和表现力。而证明人或推荐人写评论信恰好可以弥补这个缺点，这种方式就是请求对方按照既定的问题或者自由发挥写一封对求职者的评论信，尽管大部分回信都是正面的评论，而且主观性强，企业仍可从中判断求职者过往业绩的真实性。例如，若评论篇幅较长，或者评论中与求职者智力有关的褒扬比关于礼貌、团结等的夸赞用词多，都可能说明求职者过去的工作业绩确实较好。总体上说，发函调查系统性强，效率较高，但最大的缺点是回复率较低。

四、访谈调查

访谈是一种可靠程度高但是成本也高的背景调查方法，而且访谈的效果受访谈者个人访谈技巧的影响较大。企业的人力资源部门应该先选择和培训一组访谈者，由他们携带调查问卷分赴各个调查点，按照调查方案的要求对所选择的被访谈者进行访问，并记录被访谈者的回答与反应。这种方法需要与被访谈者正面接触，往往能得到一些很有价值的信息，如对求职者人品的评价，因此它的主要优点是调查质量较好，而且调查的回答率较高，缺点是时间长，费用高，对访谈者的个人素质要求较高。

五、网络调查

时代发展到今天，互联网已经成为人们获取信息的重要渠道。对于企业招聘中的背景调查，网络同样是不可或缺的工具。人力资源部门通常采用登录互联网的方式查询求职者的学历和证书等个人信息。例如，验证学历证书，可通过中国高等教育学生信息网（http：//www. chsi. com. cn）等权威网站查询。部分高校已将学校历年毕业生的名单挂在校园网站上，供有需要的人员随时查询。另外，对于应聘中高层职位的求职者的信息查询，互联网同样非常重要，因为这类求职者一般具有令人尊敬的从业经历，或在某知名企业从事过管理工作，或曾代表企业出席过某些行业会议或合同签字会，频繁的社会活动必然会在网络中留下痕迹。招聘企业的人力资源管理人员只需在百度、谷歌等搜索引擎中输入该求职者的姓名，就可查到相关信息。此外，网络调查对知识型、科技型求职者特别适用，这些求职者一般在求职简历上或多或少地总会有一些发表论文的索引，同样，只要在中国期刊网或者百度搜索引擎中输入求职者的姓名，就可以查证他们发表的相关文章是否属实。

读一读

简历造假离职后法院判返还部分工资

李望（化名）谎称具有执业医师资格证，并成功入职一家诊所管理岗，在职期间获得工资、奖金近 9 万元，其中包含了职称津贴、管理岗位绩效工资等。几个月后，李望向诊所提出离职。交涉中，李望承认自己当时提供的资料系伪造，且并没有执业医师资格证。诊所认为李望存在欺诈行为，将其告上法院并要求返还所有的工资、奖金。南京市六合区法院日前公布了该案件的一审判决，认定劳动合同无效，判决李望返还部分工资共计 3.5 万元。

法院经审理认为，执业医师资格证是我国从业医师必须拥有的证书，是证明持证人具有独立从事医疗活动的技术和能力的凭证。李望谎称拥有执业医师资格证，用人诊所出于信任与其签订劳动合同，李望明显存在故意欺诈行为，应认定劳动合同无效。

根据法律规定，劳动合同被确认无效，劳动者已付出劳动的，用人单位应参照本单位相同或相近岗位劳动者的劳动报酬，向劳动者支付劳动报酬，同时返还多支付的工资奖金。因此，法院经过综合认定，判决李望应返还部分工资奖金共3.5万元。

资料来源：简历造假离职后法院判返还部分工资.（2023-05-15）. https://www. m. gmw. cn/2023-05/15/content_1303374112. htm.

六、利用行业人力资源联盟

各个行业发展到成熟阶段后，企业之间的竞争更多体现在人才的竞争上，尤其是决定企业命运的核心技术或营销岗位。事实上，企业之间人才的流动更多是在相互竞争的企业之间进行的。与企业之间市场方面的竞争相比，同行业内不同企业的人力资源部门相互之间对于人才的竞争更激烈。但随着行业发展的日益成熟，不同企业的人力资源部门也会走向合作，相互交流行业经验和管理心得，甚至互相交换人才数据库等。因此，基于共同发展和良性发展的理念，很多同行业的企业也会建立人力资源联盟，相互承诺不恶性挖墙脚，互相接受流动人员的背景调查等，使员工的背景调查可信度更高、更易于操作。很多国外同行业的公司很早就建立了行业内的人力资源联盟，人力资源联盟主要致力于行业内人才的培训、招聘、员工数据收集等，企业对拟录用核心岗位员工进行背景调查时，可以充分利用人力资源联盟的数据库优势，这样调查得到的数据资料比较真实和客观。

七、委托调查机构调查

企业自己进行员工背景调查，往往费时费力，而且由于很多员工来自竞争企业，在实施员工背景调查时无法获得其人力资源部的配合和支持，另外，企业的人力资源部门由于调查手法单一、技术不专业，无法保证调查结果的真实性和有效性。所以，对于一些重要的核心岗位员工的背景调查，很多企业采取委托外部调查机构核查的方式。调查机构利用自身的数据库，与法院、公安机关、学校以及部分企业之间的战略联盟优势，而且与被调查的企业之间不存在排异现象，能迅速调查清楚被调查者的背景信息，保证员工背景调查报告客观、可信。如清华大学在高端人才引进方面就采用委托外部调查机构进行员工调查的方法，对求职者的学术情况进行调查，主要包括代表性的论文著作，以做出客观、公正的评价，这样确保了引进的人才是真正的高端人才，对提升学校的学术地位、占领学术制高点无疑会产生较好的效果。

但是，委托调查机构进行员工背景调查也存在很多不足。首先，委托调查机构进行员工背景调查需要花费较高的费用，给企业带来较大的经济压力；其次，企业委托调查机构进行员工背景调查的拟录用人员均是企业的核心岗位和重要人员，而对于非核心岗位的拟录用人员，基于成本压力，一般不会进行委托，调查对象的适用范围不是特别广；最后，我国的员工背景调查市场尚处于初级阶段，各种信用制度尚未建立，员工背景数据库还不健全，而且各种调查机构鱼龙混杂，再加上企业对员工背景调查认识不足，在国内委托调查机构进行员工背景调查的可信度仍有待提高。

八、从资信评估公司购买

资信评估公司数据库收录的个人资料一般为三大类：一是个人的基本资料；二是个人的银行信用；三是个人的社会信用和特别记录，包括涉及税务、司法以及曾经受到公安处罚等方面的信息。科技型企业中某些工作对员工有一些特殊的要求，如对某些关键技术岗位上的科技人员要求职业操守优良、无不良社会记录，而财务工作者要求个人信用良好等。由于国情，一般企业接触不到求职者的社会信用以及某些特别记录，而这正是资信评估公司的强项。理论上，资产信用是个人信用的主体，而我国个人收入的分配以按劳分配为主体，由此推断，个人信用良好的求职者其劳动能力也可能较强。因此，个人信用也具备预测功能。但目前我国能提供个人信用查询服务的只有中贸远大、上海资信、鹏元资信等几家公司。

以上八种背景调查方式都可以帮助企业得到想要的信息，但是在做背景调查时，要注意保护求职者的隐私和尊重求职者，同时尽可能多地听取多方意见，确保调查结果合理、合法、客观和有效。事实上，企业内外部调查相结合是现阶段背景调查的最优方式。针对背景调查现状，用人企业对新进员工进行背景调查，应根据企业的规模、实力以及招聘岗位本身的职责水平决定背景调查的强度，责任较大的岗位要求进行准确、详细的调查，因此可通过职位分析确定调查内容，对不同工作岗位要根据其性质确定调查重点，进而确定合适的调查方法。

7.2　背景调查的实施

7.2.1　背景调查的实施过程

一、背景调查内容设计

背景调查的内容应以简明、实用为原则。内容简明是为了控制背景调查的工作量，降低调查成本，缩短调查时间，以免延误求职者的上岗时间，影响业务开展；再者，优秀人才往往存在多家公司互相争夺的情况，长时间的调查会给竞争对手制造机会。内容实用指调查内容必须与工作岗位的要求高度相关，避免查非所用，用者未查。

调查内容可以分为两类：一是通用项目，如毕业学位的真实性、任职资格证书的有效性以及是否有犯罪记录；二是与职位说明书要求相关的工作经验、技能和业绩，不必把所有岗位的求职者的背景调查都做得面面俱到。

二、背景调查的实施程序

企业在进行背景调查时，一定要注意保护求职者的个人隐私。即使最终调查的结果证明该求职者不适合本企业的职位，也不能侵犯其个人隐私。

1. 创造良好的背景调查小环境

目前，我国的背景调查缺少完善的诚信支持体系，法律规范、制度规范以及社会舆论都不能提供强有力的支持。不健全的诚信体系使企业较难获得求职者的真实信息。既然大环境不利于背景调查的有效展开，用人单位就更应当创造良好的背景调查小环境。用人单位可以从以下方面着手：第一，建立、健全企业背景调查制度，严把招聘关；第二，在求职者信息告知书或者劳动合同等文件中明确求职者提供真实信息的义务；第三，以书面形式明确求职者提供虚假信息的法律后果。

2. 事先征得求职者的同意

企业在背景调查前应当和求职者协商，让求职者以书面形式签署背景调查授权书（样本见表7-1），同意企业在正式录用其之前进行背景调查。有的企业让求职者在个人情况登记表中填写背景调查授权声明书，并要求求职者以签名的形式同意企业对其进行背景调查，同时建议求职者能够提供3～5个证明人或推荐人的名单及其联系方式。企业人力资源部门将求职者的书面签名资料与该求职者的其他申请材料一起存档。当然，即使有求职者的授权，企业在进行背景调查时，也应当采用适当的方式，以免触犯劳动法及其他相关法律的规定。

表7-1　背景调查授权书（样本）

本人已许可并授权××公司及其代理机构，对本人在职位申请表及个人履历中所提供的信息的真实性进行核实，并在认为必要时向相关部门和单位进行问询。我授权持有或了解相关情况的人士向××公司或其代理机构××如实披露有关情况。本人将不追究因此而可能产生的责任。 此授权书复印件与原件同样有效。 特此说明。 被调查者（签名）： 申请职位： 年　月　日

资料来源：入职背景调查授权同意书．（2022-02-23）．http：//www. bops. ibeidiao. com/inf/beidiao12174. htm. 有改动。

3. 调查与工作有关的情况

在现实招聘过程中，企业没有必要也不可能对求职者的方方面面都进行背景调查。一般情况下，企业应根据招聘岗位的工作性质来安排调查内容。如果应聘的岗位职责重大，背景调查的重点应放在求职者过往的工作经历及业绩上；如果应聘的岗位经常接触企业的商业秘密或重要科技成果，调查重点应放在求职者个人的信用记录是否良好上；如果应聘的岗位涉及财务系统，则调查重点应放在求职者品德、信用记录和家庭状况上。总之，企业须谨记，背景调查内容一定要和工作高度相关，并且要以书面形式记录，以证明企业做出的录用或拒绝录用的决定是有依据的。

4. 选择适当的调查方式

单一的调查方式难以获得真实全面的求职者信息，企业应采用多样化的调查方式、联系多位证明人，将被蒙蔽的可能性降到最小。在合理计量其经济成本的条件下，企业应选择最少两种以上的调查方式。

5. 选择和培训调查员

调查员一般是企业人力资源管理人员，也可由企业负责人指定人员。调查员确定后，企业要对其进行必要的业务培训，可以实行内部培训，也可以聘请相关专家或专业人力资源培训机构进行培训，通过业务培训使调查员熟练掌握背景调查的技术要求及其技巧和方法。

6. 核对信息

企业对求职者进行背景调查遇到的最大难题就在于难以获得求职者真实的评价信息。由于种种原因，用人单位之间往往不愿意互相配合。求职者的前任雇主或公司的评价者往往会从正面的角度对他们以前的同事进行评价，不愿意说出其缺点，因为他们担心自己的一番话会让别人失去工作机会。与此同时，即使求职者的前任公司的评价者很客观，愿意提供真实的看法，可有些求职者往往不愿意让原公司知道跳槽的动机，在新单位决定录用之前不愿与原公司摊牌，有很多顾虑，因此仍然会千方百计想办法弄虚作假，如提供虚假的公司电话、让自己的朋友冒充前任公司的评价者等。再者，也有一些雇主或有关人员可能故意对求职者进行恶意诽谤。如此一来，企业很难获得客观、公正的求职者信息。

所以，当企业将背景调查中得到的信息与求职者提交的材料进行核对时，如发现有不符的地方，一定要在负面信息被使用之前，再使用其他调查方式证实其准确无误，并且确信这一负面信息与应聘岗位的工作密切相关。

7.2.2 背景调查中存在的问题

大部分背景调查是在用人单位有录用意向但求职者尚未入职之前进行的，称为入职前背景调查。在这个时段进行背景调查所针对的求职者比较少，可以节约招聘成本，而且一旦发现有造假的情况，用人单位可以灵活处理，法律风险较小。但是，这个时间段比较短，不一定能够完成背景调查，求职者还有可能因为等待时间长而转向其他公司，导致用人单位可能失去优秀的人才。另外一种做法是在求职者入职后，在试用期内进行背景调查，即入职后背景调查。一般来说，企业试用期为 1～3 个月，这段时间完全能够进行充分的背景调查，也不用担心失去优秀的员工，但是由于已经与求职者签订了劳动合同，而且求职者已经实际到了公司工作，一旦发现有造假情况，公司辞退该求职者要冒比较大的法律风险，并且如果该求职者存在职业道德上的问题，会给公司带来很大的损失。对于大部分职位，企业可以采取入职前背景调查，防患于未然；对于急需填补人员空缺的职位，可以在求职者入职后再补上背景调查，但需要做好相应的防范，以免引起法律纠纷。

目前，由于难以得到求职者原单位的配合等问题，用人单位对求职者的选择基本上还是采取个人材料结合测评的方法，背景调查极少采用。背景调查在实际操作中存在如下问题。

一、调查过程中获得的信息难以保证真实有效

1. 对背景调查缺乏正确客观的认识

在我国，背景调查作为新兴事物还没有全面地被认识和了解。背景调查刚在我国出现时，专业的背景调查公司的客户多是外资企业。用人单位及求职者对背景调查不了解

或认识不全面，甚至对背景调查存在一定的认识误区，于是就出现了对在该单位工作过的人员的背景调查不配合，不愿提供意见，或者提供一些很宽泛模糊或者虚假的意见，这些信息甚至完全是无效信息。此外，证明人为了避免因为客观地评价求职者而使其失去宝贵的工作机会，通常会从正面的角度评价求职者，比如拥有良好的业绩、积极的工作态度等，而对于缺点及需要改进之处等一般不做过多评价。

2. 人才跳槽频繁，流动性大，信息更新不及时

优秀人才通常不满足于现状，在同一家公司晋升到一定职位时，如果认为公司已经不能提供更大的发展空间和预期的薪酬，通常会考虑跳槽，直接的表现就是工作稳定性不佳，有些员工甚至会每半年更换一次工作。这样频繁的职位变动也为背景调查工作的开展带来了难度，而且大部分员工的个人档案由国有单位或人才中心保管，而人才中心保管的员工档案容易发生档案变更不及时的情况。

3. 很多企业关于已离职人员的人事信息保管制度不完善

有些企业的在职在编员工的档案保管制度是完善的，但是对于过去在该单位工作、现已离职的人员信息，保留不完全或不做保留，不能提供求职者过去客观的人事信息，有些仅凭人事专员的回忆，如果原来负责相应工作的人员离职或对该求职者没有印象，就会造成背景调查中最重要的客观信息缺失。

二、因背景调查可能侵犯当事人的隐私权而引发争议

在核实工作履历的过程中，可能会遇到前雇主或有关人员对于跳槽人员进行恶意毁谤等情况。如果调查范围较窄，将这一错误的调查结果作为背景调查的最终结论，不仅会影响求职者的入职，严重的甚至会触犯法律。对薪酬情况、在原单位的违规违纪行为及劳动争议等内容的核实涉及求职者的隐私问题。用人单位应掌握好尺度并且提前对求职者做好说明。在美国，遭拒绝的求职者有权要求查阅雇主所收集的背景资料，若发现对自己有不实的诋毁之处，可以依法起诉雇主及提供资料的个人或单位。

三、缺乏完善透明的调查渠道

目前我国尚未建立完善的诚信查询系统，对于员工诚信的监管力度不够；对于个人的信用记录、犯罪记录等信息的查询要花费一定的时间。有些国家会对员工建立职业记录，求职者若向企业提供虚假信息，录用后被发现，不仅将受到处罚甚至被辞退，而且将被记入职业记录，对个人职业生涯造成很大影响。

四、调查费用较高

在我国，调查一名员工的背景，基于核实项目的不同，所需的费用也不尽相同。这是因为我国尚未建立完备的员工信息系统，核实各项信息需要通过不同的渠道进行，这就使得背景调查的成本大大提高。

7.2.3　基于国情的背景调查策略

虽然目前国内很多企业在招聘时，开始或者已经设置了背景调查这一环节，但是由

于经验、方法等原因，这一环节还存在很多亟待改善的地方。以下是本书基于我国背景调查现状提出的一些策略。

一、建立企业信息共享机制

国际上最大的入职前背景调查服务提供商FADV公司认为，在我国开展背景调查费用相对较高，因为我国有关犯罪记录、信用状况等信息的数据库还不够完善。在我国，一方面是企业无法掌握求职者的真实信息，招聘存在风险；另一方面是即使进行背景调查，也会非常困难。背景调查困难的原因除了我国尚未建立起完善的个人信息数据库，同时还来自企业独自开展背景调查时其他公司或者机构的不配合。不配合的原因在于与受访企业存在竞争关系，或者对方觉得自己没有义务也没有时间提供信息。导致这一困境的根源在于企业间缺乏横向沟通和合作关系。随着背景调查的广泛开展，越来越多的企业在招聘时需要来自其他企业的信息支持。但是，大多数企业在进行背景调查时都是各自为战，只是为了获得求职者的信息才会与其他企业进行沟通和联系，很自然，别的企业也不愿意合作。解决这一问题的方法在于建立企业信息共享机制，即建立企业间的信息联盟机制，联盟内的企业本着坦诚合作的态度，相互支持和配合其他企业的背景调查。凡是加入这一信息共享机制的企业，既需要为其他企业提供信息支持，也同时享有从其他企业获得信息反馈的权利。企业信息共享机制的建立，既可以依托所在地区的知名企业，也可以由当地的人力资源学会牵头。

二、差异化的背景调查工作

背景调查方法的使用应该建立在职位的基础之上，而不能不加区别地对所有职位都用相同的方法进行调查。一般而言，工作职位的层级越高，任职者承担的责任越大，对背景调查的要求就更为详尽和全面。企业在制定背景调查的工作规范时，应该树立差异化管理的思想。对于一般员工，可以采用方便快捷且成本较低的电话调查法；对于高管，由于其涉及整个公司的发展，应该采取更为全面且信息更为准确的访谈法。许多国外大企业针对高管进行背景调查的方法通常是：人力资源部门通过各种渠道与求职者过去所在企业的同事、上级甚至下属取得联系，并尽量与他们面谈，就求职者的工作绩效、管理风格以及个人信息等方面进行交流。显然，这种方法从多个层面入手，不同层面之间又互相补充、印证，因此对高管的调查结果就会比较全面、准确，从而降低招聘风险。

三、基于胜任素质和职位分析的背景调查

在胜任素质模型和职位分析的基础上开展背景调查是差异化管理思想的体现和运用。很多企业建立了职位人员的胜任素质模型并编制了职位说明书，但是在进行背景调查时，往往忽略了岗位本身所要求的核心素质和任职条件，而背景调查的内容又是千篇一律的。因此在进行背景调查时，应该根据该职位的胜任素质模型和职位说明书来确定所要调查的核心和重点内容。也就是在罗列所要调查的内容时，重点考虑空缺职位所需要的技能和资格条件，尤其是理想任职资格条件中的一些关键胜任素质因素，还包括与任职者工作绩效有直接因果关系的素质、个性、工作风格等因素。只有这样，才能确定合理有效

的背景调查的内容。

四、基于人员测评的背景调查

背景调查与人员测评的分离是很多企业招聘环节中的常见问题。人员测评应该成为背景调查的基础。这是因为在人员测评环节中，人力资源部在与求职者的面谈中已经获取了很多求职者的信息，这些信息对最终制定招聘决策非常重要，但是也存在风险。虽然面试官可以通过自己的经验以及相关技能对求职者提供的信息进行判断，但仍然可能存在误差。而建立在人员测评基础上的背景调查，可以将这些信息通过第三方进行再次验证，如果与前面的信息有出入，就应该深入调查原因：到底是求职者提供了不真实的信息，还是受访者的问题。将背景调查看作人员测评的后续环节能够更好地为企业招聘降低风险，同时也是对人员测评中某些方面的不足进行一次补充。反过来，人员测评的结果为确定和编制有效的背景调查内容提供了具有重要价值的信息和方向。

五、背景调查外包

企业明白背景调查对于招聘的重要性，但一些企业受精力和行业竞争限制，往往无法自己开展背景调查。在这种情况下，如果资金允许，可以通过背景调查外包的形式解决这一问题。目前，国内很多企业通过专业化的背景调查公司对其入职员工进行背景调查。FADV公司亚太区副总裁认为，很多中国本土企业已经发现，花几百元到上千元来核实员工的任职资格是值得的，因为不进行核实有可能会让企业付出更大的代价，所以他相信越来越多的企业将通过外包这一形式进行背景调查。当然，背景调查外包会给企业带来一定的成本，但好的背景调查能够有效降低企业的招聘风险，实际上反而降低了招聘成本。

7.2.4 确保背景调查结果的可靠性

背景调查的可靠性对于保证招聘结果的可靠性很重要，而结果的可靠性来源于过程的可靠性。在背景调查过程中应注意以下几点。

首先，调查前选择可靠的调查渠道，这里所说的“可靠”是指那些权威的信息来源。比如对于工作起止时间、职位等客观信息，人力资源部这样有权保留员工信息的部门是可靠渠道之一；而对于工作中的具体表现，直接主管则更可靠一些，因为直接主管是对员工进行绩效考核的主体。

其次，确保接受调查的人的身份是可靠的。在选择了可靠的调查渠道后，如何确定我们所接触的人真的是求职者的前主管或者前公司人力资源部工作人员呢？公司总机和办公邮箱是关键，因为一个公司的总机是公开的、可以信赖的、相对来说不会变的，办公邮箱也是这样。所以如果一个人是通过总机或者公司邮箱联系上的，那么这个人的身份就是可以信赖的。

再次，确保接受调查的人提供的信息是可靠的。选择了可靠的渠道，确定了该渠道中某个人的身份之后，如何确保他所说的话是相对客观公正的呢？这里用“相对”这个词，是因为人在评价的时候难免有主观色彩，我们只能尽量控制这种主观因素的影响，而无法完全消除。要做到这一点，需尽量弄清楚并记录接受调查的人的姓名（至少是姓）、办公电话以及职位。如果一个人被别人知道了自己的姓名、性别、职位和办公电话，那么他自然而然就不太可能说谎，因为他是可以被定位的，同时这些信息也方便我们再次打电话进行二次调查。另外，如果通过邮件、信件、传真联系此人，应妥善保留这些书面证据。如果通过电话核实出负面信息，那么必须找证明人要一份书面证明。

最后，一旦出现求职者提供虚假信息的情况，人力资源部应该高度重视，除了索要书面证明，还要进行各种特殊情况的排除。例如，求职者可能将实习的时间并入工作时间而造成工作起止时间有出入；职位名称方面，求职者可能写的是对外的职位名称，而前雇主提供的则是对内的职位名称；薪酬方面，求职者写的可能是税后工资，而前雇主提供的可能是税前工资。在排除了这些可能的特殊情况后，再从其他渠道进行二次调查。例如，如果前雇主人力资源部提供的工作时间有很大出入时，可以找前主管核实，而如果某位主管对求职者评价非常不好，可以找另外一位主管核实。还需要注意的一点是，在判断一名求职者是否弄虚造假时，需要将他填写在背景调查表上的信息与实际核实的情况进行对比，所以必须防止该求职者在招聘的前几个环节使用一个版本的简历，而等到背景核实时因为心虚又使用另一个版本的简历。这种情况屡见不鲜，尤其在招聘人员和调查人员不同或者将该项业务外包给第三方时。因此为了避免这种情况，人力资源部可以自行或者委托第三方将背景调查表上的信息与应聘的简历进行对比，一旦有出入则要求求职者做出解释。

7.2.5 避免因背景调查引起纠纷

企业必须充分认识到，背景调查并非万能，失败在所难免，企业应当准备好各种应对策略。一是企业应当将背景调查同其他个人信息核实手段相结合，以提高信息甄别的可靠程度。二是企业应当要求求职者在录用前填写个人信息披露单，留下有效的联系方式，并向其明确不真实披露信息的法律后果。三是企业应当及时留存各种有效证据，这样发生纠纷时就会有备无患。这里特别需要提醒企业注意的是，求职者在用人单位留存的复印件一定要求职者签字确认，否则作为证据材料时纯粹复印件的证明力是有问题的。四是一旦企业没有及时发现求职者提供的虚假信息，企业应当依法处理有关问题，尤其是要审慎处理劳动关系。企业还应该总结、吸取教训，完善相关制度，防止类似事情再次发生。

背景调查的纠纷主要是由于求职者对背景调查的过程和结果不满而造成的各种劳动关系纠纷。由于我国的法律没有明确界定企业进行背景调查的权利和义务，不满的求职者很有可能诉诸法律。这种情况违背了背景调查的初衷，无论是对于企业的声誉，还是对于企业正常的运营，都是有害的。

首先，企业要在背景调查前做好两手准备。一方面，要获得求职者的理解和支持，把调查的目的、调查的内容、调查人员范围都向被调查人做出解释说明，最好是在面试中就告知求职者，让他们有思想准备，这样后续的调查也能获得他们的配合和支持。另一方面，要求求职者填写背景调查信息表。在该表中，除了要求求职者提供各种需要调查的信息，还应包括求职者亲笔签署的授权书和声明书。授权书的大体内容是授权用人单位及其第三方代表来调查表格中的各项信息，并免除因此产生的一切责任。

其次，在背景调查过程中应保持严谨和客观的态度，妥善处理背景调查的负面结果。对于疑似负面的信息，要排除各种特殊情况，并多渠道求证，不能轻易地下结论，要相信大部分求职者都是诚实的，何况是过五关斩六将的求职者。但是，一旦确定这些负面信息属实，则需采取相应措施，情节较轻者从轻处理，如培训、调整工作岗位等，情节严重的要果断拒绝聘用，或与之解除劳动关系。在背景调查表中的每段工作经历的后面，需要求职者注明“是否可以与该雇主联系，如果现在不行，何时可以”。否则，人力资源部冒失地打电话过去，可能会产生一些不必要的麻烦。

最后，要完善背景调查的各种制度和流程，保留各种书面资料。这些资料包括：（1）背景调查信息表的存档，尤其是授权书和声明书；（2）书面形式记录的调查内容，包括证明人拒绝核实等情况都应一并记录，将其归档；（3）为员工建立并完善背景调查档案，并保证这些档案的安全，确保只有相应的工作人员才能查看或者处理这些信息资料。

想一想

背景调查不通过，到手的 offer 飞了

31 岁的互联网从业者莎莎，4 月份裸辞后看到一家互联网大厂的招聘信息，于是请朋友帮忙做内推发了简历，加了公司 HR 的微信，但随后就没了音信。等不到回应的她在 5 月份入职了一家小公司，到了 6 月，那家大厂的相关负责人打电话给莎莎，邀请她参加面试。

双方聊得很愉快，很快就敲定了入职时间。莎莎也曾询问用不用提供最新简历，对方表示“手里有了”，但那个简历里没有莎莎最新的工作信息。“之后 HR 让我提供近一年的工资流水，当时是 6 月中旬，系统里面也只能显示到 4 月份，正好我所有的信息都是到 4 月份，我想那就多一事不如少一事，就没有提供最新的工作的工资流水。”

入职小公司不到两个月，莎莎就办理了离职，去互联网大厂报到。入职当天，新公司启动了第三方背景调查。很快，莎莎就接到了补充材料的通知，“由于无法核实您履历中某某公司的准确供职时间，故需补充 2021 年 11 月到 2022 年 7 月的官方社保作为佐证材料”。背景调查公司还自主联系了莎莎在小公司工作时的直属领导，询问她的入职和离职的准确时间，但未得到回复。

因为社保纪录里有 5 月和 6 月的社保缴纳信息，莎莎就跟主管领导和 HR 部门解释了实际情况。主管领导表明了不介意，但公司 HR 部门坚持认为这种做法是简历造假，踩了公司红线。工作不到一周，莎莎被迫离职了。

莎莎推测，自己那段两个月的履历被查到，可能是因为当时公司的宣传资料里留了她的名字和手机号，背景调查公司查到了这些信息，随后就一直刨根问底。一直以来，听身边朋友同事讨论，大多数人认为底层职位不至于启动背景调查，也听到太多人做简历美化，莎莎选择不呈现太短的履历，以免主管觉得自己不稳定。没想到这一做法让她辞掉了旧工作，也失去了心仪的新工作。

这件事对莎莎的影响很大，她2～3年换一家公司，也都有比较充分的理由，结果中间发生了这一段不太愉快的插曲。最近找新工作时，她再次陷入了纠结，这一段履历说了对自己不利，不说担心背景调查被查到，总是惦记这事，心里很不踏实。

分析上述案例，你认为求职者莎莎和公司各存在什么问题？如何避免类似的事情再次发生？

资料来源：唐亚华.背调问到“撕破脸”的前同事，到手的offer飞了.（2022-10-08）. https：//www.m.thepaper.cn/baijiahao_20211119. 有改动。

7.3　入职体检

入职体检是指企业安排拟录用人员在指定的医疗机构统一或者自行进行体格检查，以保证入职员工的身体和心理状况适合从事相应岗位的工作，在工作中不会造成传染病流行，不会由于其个人身体或者心理原因而对企业以及企业中的其他人员造成严重影响。入职体检一般包括身体检查和心理检查，入职体检不仅是对企业负责，也是对企业的每一位员工负责。

7.3.1　入职体检的意义

（1）通过入职体检可以确定求职者的身体状况是否符合职位的要求，发现在对求职者进行工作安排时应当予以考虑的身体素质局限。

（2）通过入职体检还可建立求职者健康记录，以服务于未来保险或员工提出赔偿要求的目的。

（3）通过确定健康状况，入职体检还可以降低缺勤率和事故，帮助员工发现原本不知道的疾病。

7.3.2　入职体检的时间

企业最好是让拟录用员工进行体检，将体检结果作为录用的一个条件。一些企业为了方便，通常是同时发放录用通知书和体检通知书，这样做虽然提高了效率，但万一录用了体检不合格者会给企业带来一些不良影响。例如，某企业通过笔试、面试以及背景调查后，向求职者李某发出了入职通知书和体检通知书，李某也按通知书上列明的事项，向企业提交了个人档案、工资卡账号及原单位的离职证明等。然而，在预定的上班时间的前两天，企业人力资源部收到医疗机构的体检结果，发现李某的身体状况并不适合其应聘的岗位，不得已只能电话通知李某不录用的消息。但李某认为该企业侵犯了她的合法权益，于是向法院起诉要求赔偿其体检费、交通费、误工费、精神损害补偿费等共计2万元。虽然法院最后只判决该企业向其支付体检费320元及部分交通费，驳回了其他诉讼请求，但企业在整个诉讼过程中不仅耗时耗力，也影响了形象。

不同职位对健康的要求有所不同，一些对健康状况有特殊要求的职位在招聘时尤其要对求职者进行严格的体检，否则可能给企业带来负面影响。

看一看

尊重桥本甲状腺炎患者的就业机会

桥本甲状腺炎是一种常见的自身免疫性甲状腺疾病。最新权威资料显示，该病在女性人群中患病率超过10%。在医学教材及内科医生口中，此病是一种慢性疾病，并不影响人的正常生活和工作，只需在出现明显的甲状腺功能减退症状时使用相应的激素药物控制即可。但在我国《公务员录用体检通用标准（试行）》中，患有桥本甲状腺炎的患者属于“体检不合格”之列。这意味着，即使考生通过公务员笔试、面试，如果检查出患有此病，所有努力将付之东流。

24岁的小周是桥本甲状腺炎患者。2022年6月，她报考H市G区专职社会工作者的岗位，通过笔试、面试后，却因为体检查出桥本甲状腺炎被判定为体验不合格，因此不予录用。这份工作，并非公务员或事业编制，而是合同工。小周认为，这是就业歧视。为此，她将G区政府及民政局告上法庭，诉请确认两被告以《公务员录用体检通用标准（试行）》对其进行体检的行政行为违法。Z律师认为，《公务员录用体检通用标准（试行）》被越来越多的事业单位、大型企业乱用、滥用，已经致使像原告一样的群体就业越来越难，他们不仅不能就职公务员岗位，甚至也不能就职非公务员岗位。据悉，该案开庭后尚未宣判。

资料来源：李文滔.年轻人，被“桥本甲状腺炎”拦在考公门外（2023-06-28）. https://www.new.qq.com/rain/a/20230628A066PI00. 有改动。

拓展阅读

企业人力资源从业人员与猎头公司的共生策略

当前，猎头公司是高端人才市场招聘的重要渠道。企业需要充分利用好猎头公司的渠道和资源，做好信息的传递沟通，共同达成为组织高效引入人才的目的。为此，怎样引导企业人力资源从业人员科学地认识自身和猎头公司之间的关系，在博弈过程中有效合作成为其需要思考和解决的问题。

一、摆正自身位置，实现合理化布局

在企业人才招聘的过程中，猎头公司处于怎样的位置和拥有怎样的空间，在猎头工作过程中需要怎样的资源等都是企业人力资源从业人员需要解决的问题。如果企业将人才招聘的重点放在业务素质能力较高的人才以及特殊职位上，比如研发人员、销售人员等，企业需要加快培养外部专业猎头。但是由于当前猎头服务质量参差不齐，在和猎头公司合作的时候如果不加分辨，不仅会耗费大量的人力、物力和财力，而且还很难保障招聘质量。为此，在人才招聘的过程中人力资源从业人员需要突破企业所在地的局限，根据业务需要从全国乃至国际角度思考来优化猎头顾问的布局，不断开拓国内外人才市场。

二、在人才招聘上树立国际化视野，优化区域分布

人力资源从业人员在人才招聘上要突破企业所在地的局限，从国际化的角度思考来进行猎头公司的优化布局，比如北京地区的公司除了要发展本地猎头公司，还需要积极开发深圳、上海、广州等地的猎头公司，适当增加邻近地区的猎头公司。同时，在猎头公司的性质上还需要实现本土和外资猎头公司的搭配，积极学习和借鉴各个公司的运作模式。如果是跨国企业，不仅需要和中国的猎头公司进行合作，还需要积极和欧洲、美洲、非洲等的国际猎头公司合作。

三、将综合性猎头公司和行业性猎头公司结合发展

在人才招聘过程中需要积极开发专注于和本行业相关的猎头公司，这种类型的猎头公司能够更为全面地了解行业发展动态、业务流程、岗位职责、人才分布情况等，从而确定更合适的人才招聘方案，为企业发展提供相匹配的人才。

四、强化猎头公司和人力资源从业人员的沟通

猎头公司和人力资源从业人员的沟通交流能够让双方更好地了解彼此的需求，精准定位，比如猎头公司可以更加准确地提供候选者的简历信息。在二者沟通交流的过程中猎头公司需要秉承实事求是的原则来提交每名候选者的报告信息，并在报告中真实有效地反映候选者的工作能力和职业素养，避免候选者的不公平筛选。人力资源从业人员不仅要督促猎头公司按照自己的要求来向其提供候选者报告，而且还需要猎头顾问将信息有效及时反馈给候选者。

五、通过建立情感联系和提供充足的资金来留住人才

在知识经济时代人才流动速度加快，在这样的情况下企业需要采取有效的措施来留住人才，其中，情感联系和薪酬是留住人才的重要方式。另外，企业还需要为员工提供合理的薪资待遇。有研究发现，薪酬是影响人才流失的重要因素，薪酬高低在一定程度上影响了人才的流动，同时，也是激励人才的重要手段。猎头公司也会为企业提供市场薪酬信息、行业人才分布等增值服务，帮助企业留住人才。

为了能够实现企业的长远发展，在人才招聘的过程中还需要打造完善的人才库，在人才没有被挖掘和主动离职之前，企业人力资源从业人员需要充分考虑人才储备问题，在企业发展的过程中需要做好相应的人才储备，做好关键岗位的接班人规划。

六、人力资源从业人员和猎头公司合作需要注重商业信息的保密

在人力资源从业人员和猎头公司合作的过程中需要采取措施保守商业保密。猎头公司招募的高端职位往往和公司战略、业务发展状况、人事安排等内部信息息息相关，猎头公司在寻访行业人才时，难免会接触到竞争对手、上下游企业等利益相关者。如果透露了重要的商业信息也存在影响企业发展的风险，所以在和猎头公司合作、坦诚交流职位需求的同时，也应督促猎头公司做好信息的保密工作。

综上所述，在知识经济时代，企业之间的竞争在本质上是人才的竞争，在企业对人才需求不断增加的情况下，中国猎头也得到了更进一步的发展，企业和猎头公司之间的沟通增多。在这样的发展背景下，为了能够帮助企业招聘适合的人才，企业负责人才招聘的人力资源从业人员需要进一步发挥自身职能作用，强化自身和猎头公司的沟通联系，认清彼此合作共生的关系，从而整合企业内部资源，实现企业可持续发展的同时推动猎头行业发展。

资料来源：刘庆.试论企业人力资源与猎头顾问的共生关系.新商务周刊，2019（14）：136－138.有改动。

□小　结

背景调查又称参考调查，是指用人单位通过各种正常的、符合法律法规的方法和途径，通过搜索相关信息来核实外部求职者提供的个人资料真伪的行为。企业为录用到优秀人才，降低录用风险，必须对拟录用人员进行背景调查。在企业中，对不同岗位所进行的背景调查的范围和深度是不一样的。一方面企业需要考虑自身财力和人力安排：资金充裕的大公司完全可以进行全员背景调查，中小企业只需针对企业核心岗位做背景调查即可；另一方面企业也要考虑自身所处的行业性质，对于一些特殊性质的职位，例如法律、财务相关工作，无论职位高低，都需要进行全面严谨的背景调查。

背景调查的内容主要包括身份识别、犯罪记录调查、教育背景调查、工作经历调查、信用状况调查五大类。背景调查的方法有档案查询、电话调查、发函调查、访谈调查、网络调查、利用行业人力资源联盟、委托调查机构调查、从资信评估公司购买等八种，企业可以根据自己需要调查的内容选择一种或多种调查方法。

背景调查的实施程序包括创造良好的背景调查小环境、事先征得求职者的同意、调查与工作有关的情况、选择适当的调查方式、选择和培训调查员、核对信息。

背景调查中会存在调查过程中获得的信息难以保证真实有效、因背景调查可能侵犯当事人的隐私权而引发争议、缺乏完善透明的调查渠道、调查费用较高等问题。因此需要企业在实施背景调查过程中确保背景调查结果的可靠性：首先，调查前选择可靠的调查渠道；其次，确保接受调查的人的身份是可靠的；再次，确保接受调查的人提供的信息是可靠的；最后，一旦出现求职者提供虚假信息的情况，人力资源部应该高度重视，除了索要书面证明，还要进行各种特殊情况的排除。另外需要避免因背景调查引起的各种纠纷：首先，企业要在背景调查前做好两手准备，既要获得求职者的理解和支持，也应要求求职者填写背景调查信息表；其次，在背景调查过程中要保持严谨和客观的态度，妥善处理背景调查的负面结果；最后，要完善背景调查的各种制度和流程，保留各种书面资料。

入职体检是指企业安排拟录用人员在指定的医疗机构统一或者自行进行体格检查，以保证入职员工的身体和心理状况适合从事相应岗位的工作，在工作中不会造成传染病流行，不会由于其个人身体原因而对企业以及企业中的其他人员造成严重影响。不同岗位对健康的要求有所不同，一些对健康状况有特殊要求的岗位在招聘时尤其要对求职者进行严格的体检，否则有可能给企业带来许多麻烦。

□思考题

1. 假如你是某企业的人力资源部经理，现在该企业急需一名销售部经理，经过多次测评和今天的最终面试，该企业张总认为戚某非常适合这一岗位，让你通知戚某明天就来上班。但是，你认为销售部经理这么重要的岗位需要做深入的背景调查，而张总却认为背景调查只是在浪费时间。此时，你将怎样说服张总对戚某进行背景调查，维护企业利益呢？

2. 经过了初试、笔试和面试，某公司最终确定了一名合适的人力资源经理助理人选，公司内部相关领导也已经审阅，人力资源部及时通知陈某已被录用。就在这时，陈某却说自己只是中专文凭，而在简历上写的是大专，并且面试时也没有说明。但是，陈某在选拔过程中表现出较高的综合素质和全面的人力资源专业知识，也有丰富的工作经验。她强调，最后说出是中专文凭，是因为不想欺骗公司，也不愿做假，希望公司不会因为文凭将她舍弃。如果现在决定权在你手里，你会录用她吗？

3. 简述背景调查的内容、方法以及主要的实施程序。

□参考文献

1. 王丽娟．员工招聘与配置．2版．上海：复旦大学出版社，2012.

2. 方振邦，钟含坷．如何开展员工背景调查．人力资源管理，2011 (3)：55－57.

3. 王丹．背景调查：企业安全用人的防火墙．人力资源，2008 (6)：52－55.

4. 黄海莹．背景调查：企业招聘不可忽略的最后一关．人力资源，2008 (11)：32－33.

5. 余琛．背景调查，是不能忘记的．人力资源，2005 (12)：50－51.

6. 陈关聚．背景调查：招聘不应忽略的最后一关．中国人力资源开发，2001 (7)：36－37.

7. 王东江．背景调查：招聘工作的最后一步．辽宁经济，2007 (7)：57.

8. 刘磊，张向杰，周开畅，等．背景调查不可忽视．中国劳动，2006 (12)：43－45.

9. 钟孟光．背景调查谁在说谎？．管理@人，2005 (7)：80－81.

10. 杨贵芳．背景调查在企业招聘中的应用．现代商业，2011 (24)：93.

11. 冯晶．给企业招聘加装“防火墙”：利用背景调查把好雇员诚信关．人力资源管理，2010 (11)：28－29.

12. 李锡元，张灿．工作背景调查操作实务．人力资源管理，2009 (5)：30－32.

13. 李丰涛．国内背景调查之面面观与问题探讨．人力资源管理，2009 (1)：34－36.

14. 张若凡．互联网在员工背景调查中的运用．电子商务，2011 (10)：41＋43.

15. 陈正茂，刘中俐．基于背景调查在企业员工招聘应用中存在问题的对策研究．经济师，2010 (8)：20－21.

16. 姚莉萍，毛海强，罗洁．浅论科技型企业招聘中的背景调查．武汉冶金管理干部学院学报，2005 (4)：39－40.

17. 王少波，李晓晖．谈员工背景调查面临的主要问题及改进思路．商业时代，2011

(7)：87－88.

18. 向志虹．员工背景调查现状及其提升途径初探．商场现代化，2008 (32)：279－280.

19. 毛海强，姚莉萍．员工招聘中背景调查的技巧．人才开发，2005 (8)：24－25.

20. 周长伟．员工招聘中的背景调查．中国劳动，2004 (9)：76－77.

21. 孙武．招聘的最后一关：背景调查．人力资源，2005 (6)：34－35.

22. 景素奇．职业背景调查，兜出经理人的底儿．中外管理，2008 (7)：96－98.

23. 张幼林，秦元元．背景调查法在人力资源甄选中的开发与运用．中国人才，2008 (11)：71－73.

24. 黄海莹．背景调查 企业招聘的"暗器"．中国新时代，2008 (5)：99－100.

25. 燕飞静．让背景调查为招聘把好关．人力资源，2010 (12)：77－79.

26. 林伟庆．中高级人才背景调查．中国人力资源开发，2003 (12)：73－74.

27. 吴圣奎，张宪芳．开展员工背景调查的必要性和方法．华北电力大学学报（社会科学版），2009 (4)：42－45＋51.

28. 刘鹊飞．HR vs. 猎头，合作有术．人力资源，2017 (3)：80－82.

29. 韩君．新常态下我国就业形势及政策取向．改革与战略，2017 (4)：134－136＋146.

第8章

录用与招聘评估

| 学习目标 |

- 掌握录用决策的影响因素及注意事项
- 了解新员工培训的一般流程及内容
- 掌握招聘评估的内容及方法

引 例

录用决策的变动

蒋某于2021年11月24日加入某生物公司担任财务总监，双方未签订书面劳动合同。入职时，蒋某在《员工登记表》上填写了三段工作经历及离职原因，但后来被发现部分工作经历不实，该生物公司于2021年11月29日据此向蒋某发出解除劳动关系通知书。

不久蒋某向北京市通州区人民法院提起诉讼，并向北京市第三中级人民法院上诉，主张该生物公司仅以工作期间询问问题过多，不适合公司为理由解除与蒋某的劳动关系，并不是以蒋某工作经历不真实为由而解除劳动关系，要求公司支付违法解除劳动关系赔偿金。

根据法律规定，在劳动争议纠纷案件中，因用人单位做出开除、除名、辞退决定而发生劳动争议的，由用人单位负举证责任。劳动者在试用期被证明不符合录用条件的或者劳动者严重违反用人单位规章制度的，用人单位均可以解除劳动合同。劳动合同的订立和履行，应当遵循诚实信用原则。本案中，根据双方提供的证据，蒋某入职时填写的工作经历确有部分失实，违背了劳动者应具备的诚信义务，该生物公司在录用蒋某后，结合蒋某的工作表现在核实情况后，发现蒋某的实际工作经历与其入职时填写的工作经历不相符。法院判决该生物公司与蒋某解除劳动合同关系的做法属于合法解除，不需承担解除劳动关系赔偿金。

资料来源：中国裁判文书网. 蒋某与北京绿竹生物技术股份有限公司劳动争议二审民事判决书．（2023-05-29）. https://www. wenshu. court. gov. cn/website/wenshu/181107ANFZ0BXSK4/index. html? docId=smlPFwvn-NFpDt/rdNfJrSXtMCbEPrIaXtMRVUZ0Zmwnzo7Ut6I7FRZO3qNaLMqsJwmve5J3s1oKXoV3Lw8QHA8vQWu2PR7rKgqg6+5N33DOwNqx9BkPq3HnHYsVkmy1U.

8.1 录 用

利用各种评价方法进行测评后，我们又回到企业招聘的最初目的——为企业获取合格的人才，所以，接下来就是人员录用这一关键程序了。招聘者的录用决策和待遇协商显得尤为重要，因为这直接关系着企业的人力资源录用成本以及今后的发展。企业与劳动者双方通过签订劳动合同来完成录用工作。

8.1.1 录用决策

录用决策主要是根据企业在招聘中对于求职者的各种选拔评价结果，通过综合分析和筛选，对照预先设定的岗位录用要求，选择最合适的人员予以录用的过程。

一、录用决策的影响因素

1. 企业自身因素

企业的战略与发展目标决定了企业的发展方向、规模、速度等，也因此确定了企业在不同发展阶段对于人力资源管理的具体目标，进而影响招聘与录用人员的条件和类型。

企业的职位空缺类别也直接影响录用过程的繁简程度和录用决策。如果招聘一名保洁员，一般行政经理或者主管就可以决定，同时也只需要一次面试，最多不超过两次；而如果招聘一名大客户经理，则要经过多轮面试，同时需要由公司的高层来决定是否录用。

2. 求职者的信息

每一位求职者在求职之前都做了充分的应聘准备工作，例如整理大量的学习和工作经历、获得的各项荣誉，了解所应聘单位的具体信息等。所以企业在做出录用决策前，不仅需要关注求职者在应聘过程中的表现，还应收集求职者的全部历史信息。其中包括求职者个人基本信息、学习和工作经历、学习成绩、过去工作中的领导者和同事评价、应聘过程中的各种测试结果和表现等。在核实求职者的信息无误后，企业招聘者应该对求职者的职业道德、能力、潜力等方面做出科学的分析，以选择有职业道德操守的，进而挖掘其潜力，为企业健康、快速、高效地发展做出贡献。

3. 录用决策者的个人因素

企业的招聘与录用工作一般由人力资源管理部门具体负责，它需要根据各部门的要求进行多次考核筛选，向用人部门主管提供候选人员名单及录用建议，最终由用人部门主管做出决策，确定录用人员。但一些小型企业并没有设立专门的人力资源管理部门，大多直接把录用决策权交给用人部门主管，由其独立完成招聘与录用的一系列过程，这就会导致招聘者在做出录用决策时带有强烈的主观色彩，从而影响录用人员的质量。在有些企业中，授予员工在录用决策中一定的发言权，让整个工作团队共同筛选、集体讨论、民主评议，做出最终的录用决策，这样无疑降低了录用决策中的个人的影响。

4. 劳动力市场的影响

劳动力市场的高质量劳动力是否充足，直接影响企业招聘的过程。如果市场上劳动力充足，企业的招聘筛选工作不必过于繁杂，录用决策也很简单。如果市场上劳动力不充足，企业要想选出合适的求职者，则需要进行大量的筛选工作，录用决策也相对比较困难。

二、做出录用决策的一般程序

1. 确定录用决策小组成员

录用决策小组一般应由那些直接负责考查求职者工作表现的人、将来会与求职者共事的人（如用人部门的同事或主管）组成，但人数要进行相应的限制。在制定录用决策时，可以根据事先确定的录用标准和企业的实际情况灵活掌握，确定适合企业相应岗位的优秀人才。

2. 分析候选人的相关信息

在确定候选人名单后，企业招聘人员需要对候选人进行背景调查，核实候选人所提供信息的真实性，了解候选人的能力及发展潜能。同时，结合招聘过程中对候选人在语言和非语言等方面的评价，审视部门现状和未来发展目标，考虑企业现有的薪酬水平和求职者的待遇要求，对候选人的各项信息进行评估。

3. 确定拟录用人员名单

录用决策小组综合考虑候选人各方面的信息后，按照各部门职位空缺类别对候选人进行排序，确定最终拟录用人员名单，同时列出备选人员名单，以便在候选人不能录用时由候补人员补充。接下来的工作是将名单交给人力资源管理部门，由人力资源管理部门通知求职者录用决定。

三、制定录用决策的注意事项

1. 原则一致

在制定录用决策时，决策者要坚持一致的原则，这就要求与录用有关的决策人员在场，无关人员回避，同时避免“外部游说”活动的影响。

2. 目标明确

世界上没有十全十美的人，企业必须通过测试来分辨在岗位上工作时，哪些能力是不可缺少的，哪些能力是可有可无的，哪些能力是毫无关系的。只有抓住主要问题、抓住主要问题的主要方面，才能找到合适的人才。

3. 能岗匹配

合适的是最好的，但最好的不一定是最合适的。在招聘时可能会有能力超出岗位要求很多的求职者，在决定是否要录用这样的求职者时必须慎重考虑，因为这样的求职者在工作后，可能会因为工作没有挑战性而很快离职。此外，也要慎用频繁跳槽的求职者，因为他或许还不知道自己真正想要什么，很快就会去寻找下一个目标。

8.1.2 通知求职者

通知求职者是录用工作中的重要组成部分，一般由人力资源管理部门完成。通知包括两种：一种是录用通知；另一种是辞谢通知。

一、录用通知

为了给企业争取到合适的录用者，录用通知必须及时发出。在现今的劳动力市场上，求职者常常会同时应聘多家企业，如果不及时发出录用通知，可能会使企业与合适的人才失之交臂，从而影响企业的发展。

录用通知有信函通知和电话通知两种形式，向被录用者发送录用通知时要以相同的方式，一般以信函通知较为稳妥。在录用通知中，要向被录用者清楚说明其被录用岗位、所属部门、报到时间、报到地点、报到时所需准备的资料及报到流程，最好通过附录提供抵达报到地点的详细路线和其他有关说明。

在录用通知的措辞中，不要忘记欢迎新员工加入企业以及他的到来对企业发展的重要意义等信息。这样做可以表明企业重视人才，是吸引人才的一种手段。

二、辞谢通知

许多企业常常把注意力放在被录用者的录用工作上，而忽视对未被录用的求职者的辞谢程序。其实，求职者很有可能是企业产品的忠实消费者或潜在用户，这样看来，恰到好处的辞谢方式不仅会对今后的招聘工作有利，还可以树立企业在市场中的良好形象。

对于未被录用的求职者，也应该公平对待，同样以统一的方式通知，最好也是采取书面形式。在辞谢通知的措辞中，应该做到简洁、坦诚、礼貌，又不缺乏对求职者的鼓励。通知中要对求职者能够关注本企业表示感谢，告诉求职者未被录用只是企业暂时的情况，并表达建立长期联系的意愿，把未能录用的原因归结于企业目前没有合适的岗位，而不能归结于求职者的能力和经验等。

看一看

××公司录用通知（样本）

尊敬的______先生/女士：

我们很高兴地通知您，您以优异的成绩通过了公司的笔试/面试考核，现诚挚地欢迎您来公司担任____一职，请您于_____年____月____日____时到__________（公司地址）报到。

1. 报到须知

报到时请携带以下材料：

（1）本录用通知。

（2）个人简历。

（3）与原单位解除劳动关系的证明材料。

（4）身份证原件及复印件。

（5）学历证书和资格证书原件及复印件。

（6）指定医院个人近期体检报告。

（7）个人1寸免冠照片两张。

2. 要约条款

（1）聘用岗位：________________，岗位工作内容：________________。

（2）合同期：试用期____个月，合同期____年，自____年____月____日至____年____月____日。

（3）薪资福利：

1）薪资构成：基本薪资＋岗位津贴＋绩效奖金，试用期基本薪酬____元/月（税前），转正基本薪酬____元/月（税前）；交通补助____元/月；午餐补助____元/月；绩效奖金视个人绩效表现而定。

2）福利待遇：公司按国家标准缴纳五险一金；提供公费出游。

（4）工作时间：周一至周五，周末双休，节假日正常休息。

（5）工作地点：______________________________。

若您对上述条款没有异议，请于_____年____月____日前回复是否接受此通知。

人力资源部电话：________________ E-mail：________________

3. 签字栏

（1）公司（盖章）：________ _____年____月____日

（2）个人签字：________ _____年____月____日

备注：

1. 本录用通知于_____年____月____日前有效。

2. 若出现下列情形之一，本录用通知自动失效。

（1）录用人员未与原单位依法解除劳动关系的。

（2）录用人员学历证书、资格证书等造假的。

××公司人力资源部

_____年____月____日

资料来源：郑芳. 资深HR手把手教你做招聘管理. 天津：天津科学技术出版社，2018. 有改动。

看一看

辞谢通知（样本）

尊敬的_______先生/女士：

十分感谢您对我们公司的支持，在上周五的面试中，您丰富的学识与良好的风采给我们留下了非常深刻的印象。遗憾的是此岗位与您的专业并不是最佳匹配，因此暂时没有机会与您合作。我们已经将您的资料存入人才储备库，如有其他适合的岗位，我们将尽快与您取得联系。

再次感谢您对我们公司的信任与支持。

××公司人力资源部

____年____月____日

资料来源：郑芳. 资深HR手把手教你做招聘管理. 天津：天津科学技术出版社，2018. 有改动。

三、询问拒聘者

当然，即使企业在不断努力吸引人才，也难免有被录用者接到录用通知而不前来报到的情况发生。对于这些企业看中的优秀人才，人力资源管理部门甚至是高层管理者应该主动打电话询问，并展示积极争取的态度。如果对方有特殊要求，企业应该进一步协商谈判，必要时做出适当的让步与妥协。但如果在招聘过程中出现很多候选人拒聘，企业就应该考虑自身的原因，与拒聘者交谈或许可以获得一些有用的信息，从而适当调整企业的招聘条件，吸纳优秀人才。

8.1.3 详细协商待遇条件

在接到录用通知后，大部分被录用者会欣然接受企业提供的待遇条件，进而很快融入企业，成为企业中的一员；有些求职者则会仔细考虑企业的待遇条件，并将它与市场价格、其他企业提出的条件进行比较。对于这样的情况，企业如果想吸引优秀人才，就必须在进行人员录用时，根据拟录用人员在求职中表现出来的综合素质、专业能力等因素结合企业的薪酬策略，拟定出给拟录用人员提供的薪酬标准区间，尤其是企业中的重要职位，以便为企业争取优秀人才留有空间。

一、协商待遇的技巧

1. 了解市场薪酬水平

招聘者可以通过互联网或当地的经济发展部门获取相关信息，搞清楚自己提供的岗位在市场上的平均薪酬水平。如果招聘者给出的薪酬高于市场薪酬水平，与求职者在待遇方面达成共识一般不成问题；如果招聘者给出的薪酬水平低于市场薪酬水平，那么招聘者需要做好以下三件事中的至少一件：降低招聘标准；提高薪酬待遇；增加非货币化的额外津贴。

2. 了解求职者原来的薪酬

了解求职者原来的薪酬结构、标准、发放方式等，有助于招聘者做出正确的薪酬判断。如果求职者原来的薪酬水平低于招聘者预定的最高薪酬标准，这段差距便是协商的空间；如果求职者原来的薪酬水平高于招聘者预定的最高薪酬标准，招聘者可以更多地强调企业在非薪酬方面的优势，对于事业心强的求职者而言，事业发展机会无疑更有吸引力。

3. 了解求职者对待遇的期望值

求职者往往会综合考虑自己的专业水平和从业经验能在某一岗位上发挥怎样的作用而给自己设定一定的薪酬标准，这就是求职者对薪酬的期望值。如果招聘者预定的最高薪酬标准低于求职者的期望值，招聘者一定要非常谨慎，不能一味迎合求职者的期望，要知道企业中并不是只有招聘到的新员工，更有其他已经为企业做出很多贡献的老员工。

4. 确定企业在该岗位上的薪酬区间

对于一个岗位来说，薪酬往往是一个范围，人力资源管理部门应根据求职者在甄选过程中表现出的综合素质、工作经历、学历等因素，还要结合企业员工在岗位上所能达到的绩效水平、求职者原来的薪酬水平、劳动力市场供求状况等信息，确定合理的薪酬标准区间，以便招聘者在与求职者协商时清楚自己的协商空间有多大。

5. 该放手时则放手

如果招聘者经过多番努力，求职者仍然不接受招聘者所能提出的最高待遇条件，那么此时不应再浪费精力，而应继续寻找更合适的求职者。

二、协商待遇时应避免的情况

1. 亮出自己的底牌

在进行人员招聘时，招聘者切忌亮出自己在薪酬方面的底牌，最好是在必要的时候给出薪酬范围的下限和中间值。这样不仅可以帮助企业筛选掉对薪酬期望值过高的求职者，还可以给自己在待遇协商时留有足够的余地，在遇到特别优秀的人才时，还可以有上调薪酬争取人才的空间。

2. 随意调整薪酬标准区间

如果人力资源管理部门已经根据实际情况确定了合理的薪酬标准区间，招聘者不可以为了挽留优秀人才，一味地迎合求职者的期望，这样不仅会加大企业的人力资源成本，还会带来很多负面影响。

3. 言不符实

言不符实主要有两种现象：一种是提出过多的货币化或非货币化的奖励；另一种是使求职者少承担很多责任。不管是哪种情况，都会使员工的工作动力和挑战精神随之减弱。它所导致的另一个问题是企业会因为员工得到了那么多优厚的待遇而对其寄予不切实际的期望。此外，其他员工可能会嫉妒新员工。

8.1.4 办理录用手续

常规性的录用手续主要包括接收报到、签订劳动合同等程序。在此过程中，用人单位要特别注意用工管理合法化、规范化的问题。当前由于经济转型、部分地区产业转移以及竞争压力，一些企业为了降低经营成本，在规范用工管理方面的法律意识不强，可能存在违反《劳动法》《劳动合同法》等劳动法律法规的情况，从而为劳动争议的发生埋下隐患。

一、接收报到

新员工携带录用通知在报到当日，应及时到人力资源管理部门填写员工录用表并提交相关资料，如身份证、学历学位证书、健康体检报告、工作必备的各种资格证书及其他所需材料的原件，供人力资源管理部门审核。

二、签订劳动合同

劳动合同是指劳动者与用人单位之间确立劳动关系，明确双方权利和义务的协议。企业在与被录用者办理录用手续时，需要通过签订劳动合同来保护各自的权利和规范各自的义务。

劳动合同分为固定期限劳动合同、无固定期限劳动合同和以完成一定工作任务为期限的劳动合同。固定期限劳动合同是指用人单位与劳动者约定合同终止时间的劳动合同；无固定期限劳动合同是指用人单位与劳动者约定无确定终止时间的劳动合同；以完成一定工作任务为期限的劳动合同是指用人单位与劳动者约定以某项工作任务的完成为合同期限的劳动合同。

看一看

劳动合同（范本）

甲方（用人单位）：
统一社会信用代码：
法定代表人（主要负责人）或委托代理人：
注册地：
经营地：
联系电话：
乙方（劳动者）：
居民身份证号码：
（或其他有效证件名称________ 证件号：______________________）
户籍地址：______________________________
经常居住地（通讯地址）：________________________
联系电话：______________________________

根据《中华人民共和国劳动法》《中华人民共和国劳动合同法》等法律法规政策规定，甲乙双方遵循合法、公平、平等自愿、协商一致、诚实信用的原则订立本合同。

一、劳动合同期限

第一条　甲乙双方自用工之日起建立劳动关系，双方约定按下列第____种方式确定劳动合同期限：

1. 固定期限：自____年____月____日起至____年____月____日止，其中，试用期从用工之日起至____年____月____日止。

2. 无固定期限：自____年____月____日起至依法解除、终止劳动合同时止，其中，试用期从用工之日起至____年____月____日止。

3. 以完成一定工作任务为期限：自____年____月____日起至工作任务完成时止。甲方应当以书面形式通知乙方工作任务完成。

二、工作内容和工作地点

第二条　乙方工作岗位是________________，岗位职责为____________________________。乙方的工作地点为________________________。

乙方应爱岗敬业、诚实守信，保守甲方商业秘密，遵守甲方依法制定的劳动规章制度，认真履行岗位职责，按时保质完成工作任务。乙方违反劳动纪律，甲方可依据依法制定的劳动规章制度给予相应处理。

三、工作时间和休息休假

第三条　根据乙方工作岗位的特点，甲方安排乙方执行以下第____种工时制度：

1. 标准工时工作制。每日工作时间不超过 8 小时，每周工作时间不超过 40 小时。由于生产经营需要，经依法协商后可以延长工作时间，一般每日不得超过 1 小时，特殊原因每日不得超过 3 小时，每月不得超过 36 小时。甲方不得强迫或者变相强迫乙方加班加点。

2. 依法实行以______为周期的综合计算工时工作制。综合计算周期内的总实际工作时间不应超过总法定标准工作时间。甲方应采取适当方式保障乙方的休息休假权利。

3. 依法实行不定时工作制。甲方应采取适当方式保障乙方的休息休假权利。

第四条　甲方安排乙方加班的，应依法安排补休或支付加班工资。

第五条　乙方依法享有法定节假日、带薪年休假、婚丧假、产假等假期。

四、劳动报酬

第六条　甲方采用以下第____种方式向乙方以货币形式支付工资，于每月____日前足额支付：

1. 月工资________元。

2. 计件工资。计件单价为________________，甲方应合理制定劳动定额，保证乙方在提供正常劳动情况下，获得合理的劳动报酬。

3. 基本工资和绩效工资相结合的工资分配办法，乙方月基本工资________元，绩效工资计发办法为________________。

4. 双方约定的其他方式________________。

第七条　乙方在试用期期间的工资计发标准为＿＿＿＿＿＿＿＿或＿＿＿元。

第八条　甲方应合理调整乙方的工资待遇。乙方从甲方获得的工资依法承担的个人所得税由甲方从其工资中代扣代缴。

五、社会保险和福利待遇

第九条　甲乙双方依法参加社会保险，甲方为乙方办理有关社会保险手续，并承担相应社会保险义务，乙方应当缴纳的社会保险费由甲方从乙方的工资中代扣代缴。

第十条　甲方依法执行国家有关福利待遇的规定。

第十一条　乙方因工负伤或患职业病的待遇按国家有关规定执行。乙方患病或非因工负伤的，有关待遇按国家有关规定和甲方依法制定的有关规章制度执行。

六、职业培训和劳动保护

第十二条　甲方应对乙方进行工作岗位所必需的培训。乙方应主动学习，积极参加甲方组织的培训，提高职业技能。

第十三条　甲方应当严格执行劳动安全卫生相关法律法规规定，落实国家关于女职工、未成年工的特殊保护规定，建立健全劳动安全卫生制度，对乙方进行劳动安全卫生教育和操作规程培训，为乙方提供必要的安全防护设施和劳动保护用品，努力改善劳动条件，减少职业危害。乙方从事接触职业病危害作业的，甲方应依法告知乙方工作过程中可能产生的职业病危害及其后果，提供职业病防护措施，在乙方上岗前、在岗期间和离岗时对乙方进行职业健康检查。

第十四条　乙方应当严格遵守安全操作规程，不违章作业。乙方对甲方管理人员违章指挥、强令冒险作业，有权拒绝执行。

七、劳动合同的变更、解除、终止

第十五条　甲乙双方应当依法变更劳动合同，并采取书面形式。

第十六条　甲乙双方解除或终止本合同，应当按照法律法规规定执行。

第十七条　甲乙双方解除终止本合同的，乙方应当配合甲方办理工作交接手续。甲方依法应向乙方支付经济补偿的，在办结工作交接时支付。

第十八条　甲方应当在解除或终止本合同时，为乙方出具解除或者终止劳动合同的证明，并在十五日内为乙方办理档案和社会保险关系转移手续。

八、双方约定事项

第十九条　乙方工作涉及甲方商业秘密和与知识产权相关的保密事项的，甲方可以与乙方依法协商约定保守商业秘密或竞业限制的事项，并签订保守商业秘密协议或竞业限制协议。

第二十条　甲方出资对乙方进行专业技术培训，要求与乙方约定服务期的，应当征得乙方同意，并签订协议，明确双方权利义务。

第二十一条　双方约定的其它事项：＿＿＿＿＿＿＿＿＿＿＿＿＿＿＿＿＿＿＿＿。

九、劳动争议处理

第二十二条　甲乙双方因本合同发生劳动争议时，可以按照法律法规的规定，进行协商、申请调解或仲裁。对仲裁裁决不服的，可以依法向有管辖权的人民法院提起诉讼。

十、其他

第二十三条　本合同中记载的乙方联系电话、通讯地址为劳动合同期内通知相关事项和送达书面文书的联系方式、送达地址。如发生变化，乙方应当及时告知甲方。

第二十四条　双方确认：均已详细阅读并理解本合同内容，清楚各自的权利、义务。本合同未尽事宜，按照有关法律法规和政策规定执行。

第二十五条　本合同双方各执一份，自双方签字（盖章）之日起生效，双方应严格遵照执行。

甲方（盖章）　　　　　　　　　　　　乙方（签字）

法定代表人（主要负责人）

或委托代理人（签字或盖章）

年　　月　　日　　　　　　　　　　　　年　　月　　日

资料来源：人力资源社会保障部关于发布劳动合同示范文本的说明．（2019－11－29）．https：//www.gov.cn/xinwen/2019－11/29/content_5456897.htm.

劳动合同的内容一般包含两部分：一部分是必备条款的内容；另一部分是约定条款的内容。

1. 必备条款

劳动合同的法定条款是法律规定的劳动合同的必备条款。《劳动合同法》第十七条规定劳动合同应当具备以下条款：

（1）用人单位的名称、住所和法定代表人或者主要负责人。

（2）劳动者的姓名、住址和居民身份证或者其他有效身份证件号码。

（3）劳动合同期限。固定期限劳动合同要有明确的起始和终止时间。无固定期限劳动合同只有明确的起始时间，但没有明确的终止时间。以完成一定任务为期限的劳动合同则以一定工作任务的完成为劳动合同终止的条件。

（4）工作内容和工作地点。工作内容是指工作岗位和工作任务或职责，是劳动合同的核心条款之一，劳动合同中的工作内容条款应当明确具体，便于遵照执行。工作地点是劳动合同的履行地，关系到劳动者的工作环境、生活环境，以及劳动者的就业选择。劳动者有权在与用人单位建立劳动关系时知悉自己的工作地点。

（5）工作时间和休息休假。工作时间是指劳动者为履行劳动合同义务从事生产和工作的时间。工作时间的种类包括标准工作时间、不定时工作时间、综合计算工作时间、弹性工作时间等。休息是劳动者的一项基本权利。休息时间是指劳动者免于履行劳动给付义务而自行支配的时间，如周末休息。休假则是劳动者带薪休息，免于上班劳动，并且有工资保障的休息时间，如法定节日休假、探亲休假、年休假、婚假和丧假等。

（6）劳动报酬。劳动报酬是指用人单位根据劳动者劳动的数量和质量，以货币形式支付给劳动者的工资。劳动报酬是劳动者提供劳动的直接目的，也是劳动者的主要生活来源。协商约定劳动者的工资额、工资调整的权限、发放时间、报酬的构成和变更，对劳动关系双方具有重要意义。劳动报酬一般可包括计时工资、计件工资、奖金、津贴和补贴、延长工作时间的工作报酬以及特殊情况下支付的工资等。

（7）社会保险。社会保险是指国家通过立法建立的、以保障劳动者在丧失劳动机会或劳动能力时的基本生活为目标的物质帮助制度，主要包括基本养老保险、基本医疗保险、工伤保险、失业保险和生育保险。

读一读

"五险一金"的基本常识

一、什么是五险一金？必须缴纳吗？

"五险"是指社会保险，即基本养老保险、基本医疗保险、工伤保险、失业保险和生育保险，《劳动法》第七十二条规定，用人单位和劳动者必须依法参加社会保险，缴纳社会保险费。

如果是无雇工的个体工商户、未在用人单位参加基本养老保险/职工基本医疗保险的非全日制从业人员以及其他灵活就业人员，可以按规定自行缴纳基本养老保险费及职工基本医疗保险费，并享受相应的养老及医疗保障。

"一金"是指住房公积金，按照《住房公积金管理条例》的规定，单位录用职工的，应当自录用之日起30日内向住房公积金管理中心办理缴存登记，并办理职工住房公积金账户的设立或者转移手续。

二、五险一金缴费比例是怎样的？

1. 基本养老保险

根据国家规定，目前职工按照工资收入的8%缴纳养老保险费，记入个人账户。缴费工资为本人上一年度月平均工资。月平均工资应按国家统计局规定列入工资总额的统计项目计算，包括工资、奖金、津贴、补贴等收入。

《社会保险法》规定，参加基本养老保险的个人，达到法定退休年龄时累计缴费满十五年的，按月领取基本养老金。如果达到法定退休年龄时累计缴费不足十五年，可以缴费至满十五年，按月领取基本养老金；也可以转入新型农村社会养老保险或者城镇居民社会养老保险，按照国务院规定享受相应的养老保险待遇。

2. 基本医疗保险

职工缴费率一般为本人工资收入的2%。用人单位缴费比例由各统筹地区根据实际情况确定。

3. 工伤保险

工伤保险实行用人单位单方缴费制度。国家根据不同行业的工伤风险程度确定行业的差别费率，并根据使用工伤保险基金、工伤发生率等情况在每个行业内确定费率档次。

因工伤发生的费用，按照国家规定从工伤保险基金中支付。

4. 失业保险

根据《失业保险条例》，城镇企业事业单位按照本单位工资总额的2%缴纳失业保险费，城镇企业事业单位职工按照本人工资的1%缴纳失业保险费。

根据《失业保险条例》，具备一定条件的失业人员，可以领取失业保险金：

(1) 按照规定参加失业保险，所在单位和本人已按照规定履行缴费义务满1年的；(2) 非因本人意愿中断就业的；(3) 已办理失业登记，并有求职要求的。

失业人员在领取失业保险金期间，参加职工基本医疗保险，享受基本医疗保险待遇。失业人员应当缴纳的基本医疗保险费从失业保险基金中支付，个人不缴纳基本医疗保险费。

5. 生育保险

生育保险由用人单位缴纳，职工个人不需缴纳。用人单位缴纳保费的标准为0.4%～1%，应该按照各自统筹地区的缴费比例缴纳生育保险费。

生育保险待遇主要包括两项：生育医疗费用和生育津贴。

(1) 生育医疗费用包括女职工因怀孕、生育发生的检查费、接生费、手术费、住院费、药费和计划生育手术费。

(2) 生育津贴是指根据国家法律、法规规定对职业妇女因生育而离开工作岗位期间，给予的生活费用。在实行生育保险社会统筹的地区，由生育保险基金按本单位上年度职工月平均工资的标准支付，支付期限一般与产假期限相一致。

6. 住房公积金

职工和单位住房公积金的缴存比例均不得低于职工上一年度月平均工资的5%；有条件的城市，可以适当提高缴存比例。

缴存住房公积金的职工，在购买、建造、翻建、大修自住住房时，可以向住房公积金管理中心申请住房公积金贷款。申请人申请住房公积金贷款的，应当提供担保。

三、为了多拿工资，员工能自愿放弃缴纳社保吗？

社会保险是国家强制实行的社会保障制度，具有法定的强制性。《劳动法》《社会保险法》《社会保险费征缴暂行条例》等法律法规明确规定，参加社会保险、缴纳社会保险费是法律对用人单位和劳动者设置的强制性条款，是用人单位和劳动者必须同时履行的法定义务。所以，不管用人单位采取什么办法和借口，也不管与劳动者如何约定，只要没有为劳动者依法缴纳社会保险费，都属于违法行为。

四、用人单位拒绝为劳动者缴纳社会保险费而侵害劳动者权益的，劳动者应如何寻求救济？

《劳动合同法》第三十八条及第四十六条规定，未依法为劳动者缴纳社会保险费的，劳动者可以解除劳动合同并获得经济补偿。因此，如果发生用人单位不为劳动者缴纳社会保险的情况，劳动者有权以用人单位未缴纳社会保险费为由提出解除劳动关系，并要求用人单位支付经济补偿金，同时要求补缴社会保险。依据《最高人民法院关于审理劳动争议案件适用法律若干问题的解释（三）》规定，劳动者可以用人单位未为其办理社会保险手续，且社会保险经办机构不能补办导致其无法享受社会保险待遇为由，要求用人单位赔偿损失而发生争议的，人民法院应予受理。

资料来源：科普｜@毕业生，你不可不知的“五险一金”最全攻略！．(2022-06-09)．https://www.xz.chsi.com.cn/xz/zyts/202206/20220609/2195007584.html．有改动。

（8）劳动保护、劳动条件和职业危害防护。劳动保护是指预防劳动过程中的安全事故，保障劳动者安全的各种措施。劳动条件主要是指用人单位为使劳动者顺利完成劳动合同约定的工作任务，为劳动者提供必要的物质和技术条件，如必要的劳动工具、机械设备、工作场地、技术资料、工具书以及其他必不可少的物质、技术条件和工作条件。职业危害是指劳动者在职业活动中，因接触职业性有害因素如粉尘、放射性物质和其他有毒、有害物质等对健康引起的危害。企业应当按照有关法律法规，采取切实有效的措施，达到职业危害防护的要求标准。

（9）法律、法规规定应当纳入劳动合同的其他事项。即按照《劳动合同法》以外的其他法律、行政法规的规定，应当在劳动合同中说明的内容。

2. 约定条款

除了上述法律规定的九项必备条款，用人单位和劳动者可以约定试用期、培训、保守秘密、补充保险和福利待遇等其他事项。

《劳动合同法》第十九条规定，劳动合同期限三个月以上不满一年的，试用期不得超过一个月；劳动合同期限一年以上不满三年的，试用期不得超过二个月；三年以上固定期限和无固定期限的劳动合同，试用期不得超过六个月。同一用人单位与同一劳动者只能约定一次试用期。以完成一定工作任务为期限的劳动合同或者劳动合同期限不满三个月的，不得约定试用期。试用期包含在劳动合同期限内。劳动合同仅约定试用期的，试用期不成立，该期限为劳动合同期限。

第二十条规定，劳动者在试用期的工资不得低于本单位相同岗位最低档工资或者劳动合同约定工资的百分之八十，并不得低于用人单位所在地的最低工资标准。

第二十一条规定，在试用期中，除劳动者有本法第三十九条和第四十条第一项、第二项规定的情形外，用人单位不得解除劳动合同。用人单位在试用期解除劳动合同的，应当向劳动者说明理由。

读一读

实习期、见习期和试用期

一、试用期和见习期的区别

试用期，又可称适应期或考察期。根据1995年劳动部发布的《关于贯彻执行〈中华人民共和国劳动法〉若干问题的意见》的规定，试用期是指用人单位和劳动者为相互了解、选择而约定的不超过六个月的考察期。一般对初次就业或再次就业的职工可以约定。

《中华人民共和国劳动合同法》第十九条规定："劳动合同期限三个月以上不满一年的，试用期不得超过一个月；劳动合同期限一年以上不满三年的，试用期不得超过二个月；三年以上固定期限和无固定期限的劳动合同，试用期不得超过六个月。同一用人单位与同一劳动者只能约定一次试用期。以完成一定工作任务为期限的劳动合同或者劳动合同期限不满三个月的，不得约定试用期。试用期包含在劳动合同期限内。劳动合同仅约定试用期的，试用期不成立，该期限为劳动合同期限。"由此可见，试用期不是必备条款，是否约定由双方当事人决定。但只要约定了试用期，最长期限就不能超过六个月，而且试用期应包括在劳动合同的期限内。

见习期，根据相关规定，用人单位招收应届毕业生后，原则上都要安排见习，大专、本科见习期期限为一年，研究生没有见习期。见习期是对应届毕业生进行业务适应及考核的一种制度，不是劳动合同制度下的概念，而是人事制度下的做法，目前多适用于国有企事业单位。人事部 1991 年 2 月 4 日发布的《干部调配工作规定》第八条仍有规定，干部见习期未满的，一般不得调动。从这些规定可知，虽然《高等学校毕业生调配派遣办法》已经废止，但国家在之后的规范性文件中仍然使用"见习期"的概念，法律法规关于见习期的存废语焉不详。

综上，两者的区别在于以下几点。

一是期限不同。见习期一般为一年以上；试用期的期限不得超过六个月，用人单位与劳动者双方也可以不约定试用期。

二是适用对象不同。见习期只适用于大中专毕业生，是对大中专毕业生在转正之前制定的考核期限；试用期适用于用人单位新招用的人员（包括大中专毕业生）。

三是对双方的约束力不同。见习期只对大中专毕业生有约束力，对单位无约束力。如果单位认为毕业生在见习期内不合格，可以延长见习期，或做出辞退处理；试用期对用人单位和劳动者都有约束力，在试用期内，如果劳动者不满意可以随时辞职而不需要承担违约责任；如果劳动者不符合录用条件，用人单位可以随时将其辞退。

四是法律效力不同。见习期是强制性的，大中专毕业生必须经过见习期才能转正，即经人事部门转为干部身份；试用期不具有强制性，是由用人单位和劳动者通过劳动合同约定的，劳动者可以与用人单位约定或者不约定试用期，依法约定试用期的长短。对于大中专毕业生而言，只要与用人单位建立劳动关系，见习期和试用期都是劳动合同的组成部分，试用期只能短于见习期，在见习期内可以约定不超过六个月的试用期。

二、实习期与见习期、试用期的区别

实习期与见习期、试用期的一个本质区别就是，当事人的身份不同。处于见习期、试用期的一方是劳动者；处于实习期的一方是在校学生。见习期、试用期的当事人双方存在着劳动关系，用人单位对劳动者承担无过错责任，与劳动者共同履行缴纳社会保险费用的义务，向劳动者支付的工资报酬不得低于当地最低工资标准。而学生实习所在的单位对于实习学生不承担无过错责任，不必执行最低工资标准。

从功能上看，用人单位设立见习期便于对应届毕业生安排熟悉业务、提高技能的教育和培训，其主要功能是学习；试用期强调的是相互了解、选择，考察彼此是否适合，其功能是评判。从适用对象上看，见习期和试用期都含在劳动合同期以内，但见习期一般为应届毕业生，而试用期对变更工作后的劳动者同样适用。

资料来源：岩坞.实习期、见习期、试用期有什么区别？.党的生活（黑龙江），2022（12）：63；程新桐.试用期与见习期的区别，你知道吗？.中国卫生人才，2019（12）：33-36.有改动。

看一看

有了《聘用通知》可以不签劳动合同吗？

《劳动合同法》第八十二条第一款规定，“用人单位自用工之日起超过一个月不满一年未与劳动者订立书面劳动合同的，应当向劳动者每月支付二倍的工资”。可见，我国劳动法对签订书面劳动合同进行了强制规定。然而，什么情况下算是签订了劳动合同，在实务中却有着不同的观点。

董某于2019年6月17日入职某公司担任技术工程师。入职前，双方经过面试达成用工意向，6月10日，该公司通过电子邮件向董某发送聘用通知，其中说明了董某的岗位为技术工程师、合同期限为3年、试用期3个月、月工资7 000元，另外对工作地点、社会保险等事项也进行了明确阐述。董某入职后，公司未再与其签订劳动合同。2020年4月30日，董某离职。随后，董某向当地劳动仲裁委申请劳动仲裁，主张公司支付未签劳动合同二倍工资6.6万余元，未获支持。

董某不服，诉至法院。法院认为，该公司提供的聘用通知，明确了董某的岗位、工作地点、合同期限、试用期、工资、福利待遇等，已具备了劳动合同的必备条款，应视为双方已签订劳动合同，董某主张未签订劳动合同的二倍工资，不予支持。

本案争议的焦点是，企业给求职者发送的聘用通知，在求职者入职后，该通知书能否代替劳动合同？司法实践中存在两种不同的观点。

一种观点认为，该通知虽未冠以《劳动合同》的名称，但只要载明了《劳动合同法》第十七条规定的大部分的劳动合同必备条款，明确了双方最重要的权利义务，可视为双方已签书面劳动合同。

另一种观点则认为，劳动合同有别于普通民事合同，劳动关系双方地位具有不平等性，员工对企业具有强烈的人身依附关系，因此非常有必要强调签订书面劳动合同、明确和细化双方各项权利义务，这样有利于减少劳动争议的发生。

资料来源：谢炳城.有了《聘用通知》，可以不签《劳动合同》吗？.人力资源，2022（5）：57-59.有改动。

8.2 新员工培训与上岗

8.2.1 新员工的培训

工欲善其事，必先利其器。对于刚刚被录用的新员工而言，当他们进入一个新企业时，面对全新的企业文化、价值观、同事和工作环境，多多少少会有些不知所措。企业要想让新员工认同企业文化，迅速融入团队，适应工作，并且使新员工的潜力和价值更快、更大程度地发挥出来，就必须对新员工进行系统培训。

新员工培训又称为入职培训，是指企业为新员工提供师资、信息、技能平台，鼓励员工学习，开发员工潜能，使员工逐步熟悉企业环境，了解并接受企业核心价值理念，认同企业文化，明确自己即将从事的工作的职责、程序和所需的基本技能，帮助新员工尽快适应岗位角色。

一、新员工培训的意义

企业通过培训向新员工介绍企业的发展历史、发展战略、经营特点及企业文化和管理制度，使其明确企业的发展目标，了解企业对自己的期望，激励和引导新员工树立正确的使命感和荣辱观，在熟悉相关业务流程、掌握相关工作技能、认同企业文化的基础上，遵循各项规章制度，做好自身职业规划，实现自我管理，尽快适应岗位角色。培训管理者还可以结合员工自身发展空间，给员工提供富有挑战性的工作，充分挖掘新生力量的潜能，用实际行动来留住新员工。

看一看

G公司的员工“三自主”员工培训

为了能够更好地满足企业员工的培训需求和成长发展的需要，G公司自主搭建了“三自主”的员工培训体系，分别为自主开发培训课程体系、自主建设讲师队伍、自主搭建学习平台。

1. 自主开发培训课程体系

G公司建立了“金字塔式”培训课程体系，覆盖了班组长、科室主管、储备干部、中层干部等在内的全体员工。例如针对主管群体，G公司据其特点设计出“训前导入＋理论教学＋案例研讨＋行动巩固”的综合训练模式，从而提升主管的理论知识储备，切实加强将培训内容运用于工作实际的应用能力。针对专业技术员工，G公司开发了生产类、研发类、销售类、职能类课程。同时，针对不同的员工群体，G公司充分考虑其接受能力，开发由易到难的课程内容，例如针对生产管理岗位的员工，管理开发出通用课程与基础必备课程、强化提升课程、新热点课程等专业课程。

2. 自主建设讲师队伍

首先，G公司通过内外部招聘的方式来招募G公司需要的讲师。G公司会根据企业内部课程需求，内外结合，并以内部选拔讲师为主。

其次，G公司通过精品讲师培养项目、年度十佳讲师评选、讲师级别发展项目及“智造传承——G公司好讲师”大赛等发现并选拔精品讲师。

同时，G公司针对公司内部讲师及外部讲师建立了培训认证课程体系及标准化流程，并引进清华大学、华中科技大学等高校的先进培训资源和培训体系对讲师进行培训。

此外，G公司为讲师建立了实习讲师、初级讲师、中级讲师、高级讲师、特级讲师五个发展级别，并通过课时、满意度、培训效果等指标，对讲师进行评级。

3. 自主搭建学习平台

G公司搭建了线上学习平台以及微课程平台，员工可以利用碎片化的时间进行学习，并随时在平台上查找与分享学习资料。例如G公司搭建了“掌上通”售后技术学习平台，引入微课程设计技术，自主拍摄微课程视频，形成了包括家用、商用及生活电器三大类的微课程视频库。

资料来源：张振刚. 格力模式 . 北京：机械工业出版社，2019. 有改动。

二、新员工培训的一般流程

新员工培训是各部门通力协同作战的过程，只有周密的协作才能完成这一系统的培训任务。在新员工培训过程中，一般有三大流程，即前期准备工作、中期督导工作和后期评估工作。

1. 前期准备工作

在进行系统培训之前，企业应根据实际情况确定培训的组织者，由培训的组织者周密组织、细致安排，与各部门协调做好准备工作，迎接新员工前来培训。该阶段的工作一般包括以下内容。

（1）制订培训计划。组织者通过统计入职培训人员数量，调查培训需求，设计培训课程，确定培训时间、场地和讲师，拟定培训经费，制订切实可行的培训计划。

（2）申请培训费用。费用中应包含交通费、住宿费、师资费等因培训产生的实际花费。

（3）与讲师协调沟通。与讲师沟通培训学员情况、授课时间地点、授课方式与内容以及培训中的注意事项等。

（4）准备培训资料。组织者应当把培训前、培训中、培训后所有涉及的资料编列清单、分类准备，保证培训开始前能够及时提供给讲师和学员。

（5）准备场地和设备。协调培训场地，保证在培训期间场地不被占用而影响培训进程，场地的布置应考虑培训方式、学员特点和讲师要求等因素；培训设备主要包括电脑、投影仪、麦克风、写字板等教学设备，应该在培训开始前全部准备就绪。

（6）进行后勤准备。主要包括讲师和学员的住宿、用餐、交通以及意外事故处理等方面的准备。

2. 中期督导工作

培训班启动后，组织者要同步跟进培训进程，保证培训工作顺利进行，同时观察每位学员的培训过程，记录培训所产生的影响，为完善今后的培训工作积累经验。

（1）观察。观察学员身体情况和心态的变化，保证对每个人可控，避免发生意外；观察学员对讲师的培训反应，为以后类似的培训积累经验。

（2）记录。记录每个学员每天的学习进展、在培训过程中发生的变化以及遇到的问题等。

（3）监督。监督培训工作的推进和培训的质量，查漏补缺，保证培训工作顺利开展。

（4）检验。在培训结束时，通过考试或操作等方法，检验学员的培训效果。

3. 后期评估工作

在新员工培训结束后，组织者应采用一定的形式，把培训的效果用定性或定量的方式表示出来。一般采用由美国培训与发展协会前会长多纳德·柯克帕瑞克提出的柯氏四级培训评估模型，这个模型将培训的效果分为四个层次。

第一层次：反应评估，即评估受训人员的满意程度。反应评估是指受训人员对培训项目的印象如何，包括对讲师和培训科目、设施、方法、内容、自己收获的大小等方面的看法。反应评估主要是在培训项目结束时，通过问卷调查来收集受训人员对于培训项目的效果和有用性的看法。这个层次的评估可以作为改进培训内容、培训方式、教学进度等方面的建议或综合评估的参考，但不能作为评估的结果。

第二层次：学习评估，即测定受训人员的学习获得程度。学习评估是目前最常见也是最常用的一种评价方式，它测量受训人员对原理、技能、态度等培训内容的理解和掌握程度。学习评估可以采用笔试、实地操作和工作模拟等方法。组织者可以通过书面考试、操作测试等方法，来了解受训人员在培训前后知识以及技能的掌握方面有多大程度的提高。

第三层次：行为评估，即考查受训人员的知识运用程度。行为评估是指在培训结束后的一段时间里，由受训人员的上级、同事、下属或者客户观察他们的行为在培训前后是否发生变化，是否在工作中运用了培训中学到的知识。这个层次的评估可以包括受训人员的主观感觉、下属和同事对其培训前后行为变化的对比，以及受训人员本人的自评。行为评估通常需要借助一系列的评估表来考查受训人员培训后在实际工作中行为的变化，以判断所学知识、技能对实际工作的影响。行为评估是考查培训效果最重要的指标。

第四层次：效果评估，即计算培训带来的经济效益。效果评估即判断培训是否能给企业的经营成果带来具体、直接的贡献，这一层次的评估上升到了组织的高度。效果评估可以通过一系列指标来衡量，如事故率、生产率、员工离职率、次品率、员工士气以及客户满意度等。通过对这些指标的分析，管理层能够了解培训所带来的收益。

企业在对新员工培训进行评估时，要向第三、四层次的评估发展，因为只有最终的行为改变和绩效提升才能直观地说明培训的价值所在。组织者应在培训评估完成后，及时撰写培训评估报告，内容包括培训项目概况、培训效果、评估效果及改进建议，以便不断地展现效果、总结经验和持续改进。

三、新员工培训的步骤

1. 岗前集中培训

这一般是由企业内部培养的资深讲师在特定的地点对刚办理完报到手续的新员工进行的集体授课式培训，目的是使新员工了解企业文化和经营理念，熟悉即将工作的环境和团队。可采用发送企业相关资料和到各部门实地参观并相互介绍等方式进行。

2. 上岗分散培训

这是新员工进一步了解工作的具体程序、工作的职责，接触或强化工作方法和工作技能的深入培训。根据岗位工作要求的不同，可以是新老员工对新员工传帮带式的培训，也可以是新员工观摩学习式的培训，目的是加快新员工融入新团队，提高新老员工之间的契合度。

四、新员工培训的内容

1. 认知培训

向新员工介绍企业的创立过程、企业的发展历程、企业的经营理念、企业的文化、企业的核心价值观、企业的战略目标及企业的核心竞争力，营造良好的企业文化环境，凝聚员工向心力，让新员工主动与企业协调发展；提供企业的组织结构图，让新员工了解企业文化，清楚自己在企业中所处的位置，明确在工作中的直接上级和下级，以及今后工作中各部门之间的协调方式。

2. 态度培训

向新员工发放企业规章制度手册和员工手册并细致讲解，通过培训不断强化新员工的责任意识和团队意识，使新员工树立企业主人翁的责任感、团结“家人”的团队意识。企业要用正确的理念去引导、良好的企业文化去熏陶、合理的制度去激励新员工，使他们建立强大的自信心，用正确的态度看待自己和企业。要根据他们的特长安排工作，这样才能创造良好的绩效，达到企业和新员工共同成长的效果。

3. 职业培训

职业培训主要是针对刚走出校门的学生为其成功转变为职场人而设计的培训内容，当然也适用于所有新员工。其内容主要包括社交礼仪、人际关系、沟通与谈判、科学的工作方法、职业生涯规划、压力管理与情绪控制、团队合作技能等。职业培训的目标是：让新员工了解角色转变的心态和能力要求，树立正面的职业心态；更好地了解自己，建立自己的职业生涯规划；了解什么是真正的团队，并成为团队的一分子；掌握与上级、同事建立良好合作关系的方法与技巧，掌握提高自己专业形象的方法，为自己的职业成长奠定基础。

4. 技能培训

技能培训主要是结合新员工即将上任的工作岗位而进行的专业技能培训，现在很多企业采用的“师徒制”就是技能培训的表现形式之一，专业技能是为了满足工作的需要所必备的一种能力。技能培训有两种模式：一是集中培训，即把岗位技能要求相同或相似的新员工集中起来进行培训，这样可以扩大技能的传播范围，并且节约培训成本；二是分散式培训，即由技能熟练的老员工对相应岗位的新员工进行指导，并确定指导责任制，一名老员工可以指导一名或多名新员工。在实际工作中，常常将这两种模式结合运用。

8.2.2 正式录用新员工

新员工加入企业开始工作后，人力资源管理部门的工作并没有完全结束。新员工的加入只是对企业空缺岗位的填补，究竟新员工在其所处的岗位上是否真正合适，还需要在试用期间进行考核评估。用人单位在与劳动者签订劳动合同时已经约定试用期，约定试用期的目的是：一方面维护用人单位的利益，为每个工作岗位找到合适的劳动者，试用期就是供用人单位考查劳动者是否适合其工作岗位的一项制度，给企业考查劳动者的各项条件是否与录用要求相一致提供了时间，避免用人单位遭受不必要的损失；另一方面维护新招收员工的利益，使被录用的新员工有时间了解用人单位的工作内容、劳动条件、劳动报酬等是否符合劳动合同的规定。在劳动合同中规定试用期，既是订立劳动合同双方当事人的权利与义务，也为劳动合同其他条款的履行提供了保障。

试用期间，人力资源管理部门针对新员工进行的主要工作有：对新员工跟踪观察；与新员工工作所在部门持续沟通；考核新员工在试用期的表现；转正前的各项准备工作。当新员工试用期即将结束时，人力资源管理部门需要与新员工及新员工所在的部门进行充分沟通，了解新员工对企业文化和经营理念的认可度，了解新员工试用期间在工作中表现出的能力和素质是否符合其所在岗位的要求，并做出公正、客观的书面考核评价，坚持按公平、择优的原则进行转正录用，办理相关手续。如果在试用期内通过科学的方法对新员工进行了考核，发现新员工不符合岗位的要求，企业应当在试用期内依法通知新员工解除劳动合同、办理离职手续。

想一想

先试用合格再签订劳动合同，可以吗？

某年国庆节前，一家旅行社录用了 10 名应届毕业生，其中就有小帅。入职时，老板发话："试用期内做得好就签合同。"为保住"饭碗"，小帅经常加班加点，处处谨小慎微。谁料仅仅过了两个多月，老板竟然以考核不合格为由将他们全部辞退，并将其加班费全部扣除，而小帅等人考虑到自己的身份只是一个试用期员工且没有书面劳动合同等维权证据，故对老板的做法一筹莫展。

不少人在找工作时都遇到过上述情况：在与用人单位签订劳动合同之前，先要经历一个试用期，而在试用期结束或行将结束时，他们就被用人单位"打发"了。

《劳动合同法》第十九条第四款还规定："试用期包含在劳动合同期限内。劳动合同仅约定试用期的，试用期不成立，该期限为劳动合同期限。"从中可以看出，不论劳动合同是无固定期限的、有固定期限的，还是以完成一定任务为期限的，用人单位均应在劳动者开始为其工作时就与之签订劳动合同。在签订正式劳动合同之后，双方才可以约定试用期，而不是在试用期满后再签订劳动合同。也就是说，在劳动者与用人单位之间不存在单独的所谓的"试用合同"，试用期包含于劳动合同期限内。

在本案例中，小帅应该如何通过法律捍卫自己的合法权益？

资料来源：张兆利. 试用期中，求职防"套路". 人力资源，2023（3）：48－49. 有改动。

8.3 招聘评估

很多企业陷入了成为同行的“黄埔军校”的苦恼——辛辛苦苦将员工招进来，花大量时间和精力培训，等到能用的时候却留不住人才。之所以产生这些招聘困扰，往往是因为企业认为人员到位就万事大吉了，而忽略了招聘后期工作的重要性，对招聘缺乏系统评估和调整。由此可见，在一次招聘任务完成后，对招聘工作成果和方法是否有效做出科学、客观的评估，是进一步提高以后招聘工作效率的一项必不可少的工作。

8.3.1 招聘评估的作用

招聘评估的作用具体体现在以下几方面。

（1）有利于企业节约开支。招聘评估通过成本与效益核算能够使招聘人员清楚地知道费用的支出情况，区分哪些为应该支出部分，哪些为不应该支出部分，对于其中不应该支出部分在今后的招聘中予以消除，从而有利于降低今后的招聘费用，为企业节约开支。

（2）有利于招聘方法的改进。通过对招聘信度与效度的评估，可以了解招聘过程中所使用方法的正确性与有效性，从而不断积累招聘经验与改正不足，改进招聘方法。

（3）有利于提高招聘工作质量。通过招聘数量评估分析是否满足了原定的招聘要求，有利于找出各招聘环节中的薄弱之处；通过招聘质量评估既有利于招聘方法的改进，又能够为员工培训、绩效评估提供必要的信息，及时总结经验、查找不足，有利于提高今后招聘工作的质量。

8.3.2 招聘评估的内容及方法

一、招聘成本评估

招聘成本评估是指对招聘过程中产生的各种费用进行调查、核实并对照预算进行评价的过程。招聘工作的总成本包括获得成本、新员工培训成本、离职成本与重置成本。

1. 获得成本

获得成本是指为了使企业录用到合适的人员到具体的岗位上工作而产生的一系列费用，其中包括为了确定和吸引企业所需要的内外部人力资源而发生的招募成本；对应聘人员进行鉴别、选择以做出录用或不录用决定所支付的选拔成本；把合适的人员录用到企业中所产生的录用成本；安置已被录用的员工到具体的工作岗位所发生的安置成本。其计算公式为：

获得成本＝招募成本＋选拔成本＋录用成本＋安置成本

（1）招募成本主要包括招聘人员的直接劳务费、直接业务费（如招聘洽谈会议费、差旅费、代理费、广告费、宣传资料费、办公费、水电费）、间接管理费（如行政管理费、临时场地及设备使用费等）。招募成本既包括在企业内部或者外部招聘人员的费用，又包括吸引未来可能成为企业员工的人选的费用，如为吸引高校研究生与本科生所预先支付的委托代培费。招募成本的计算公式为：

招募成本＝直接劳务费＋直接业务费＋间接管理费＋预付费

（2）选拔成本因应聘人员所需从事的工作不同而异，一般来说，选拔外部人员比选拔内部人员的成本高；选拔技术人员比选拔操作人员的成本高；选拔管理人员比选拔一般人员的成本高。总之，选拔人员的职位越高，选拔成本越高。在一般情况下，选拔成本的计算公式为：

选拔成本＝选拔者面谈的时间损失费＋汇总申请资料费＋考试费
＋测试评审费＋体检费

（3）录用成本是指经过招聘选拔后，把合适的人员录用到企业所发生的费用，包括录用手续费、调动补偿费、搬迁费和旅途补助费等由录用引起的有关费用。录用成本的计算公式为：

录用成本＝录用手续费＋调动补偿费＋搬迁费＋旅途补助费

（4）安置成本由为安排新员工的工作所必须发生的各种行政管理费用、为新员工提供工作所需要的装备条件以及录用部门因安置人员所损失的时间成本而发生的费用构成。其计算公式为：

安置成本＝安置行政管理费＋必要装备费＋安置人员时间损失成本

2. 新员工培训成本

新员工培训成本是企业对上岗前的新员工在企业文化、规章制度、基本知识、基本技能等方面进行培训所发生的费用。新员工培训成本由受训者的工资、受训者离岗的人工损失费、培训管理费、资料费和培训设备折旧费等构成。

3. 离职成本与重置成本

招聘的成本还包括因招聘不慎使员工离职而给企业带来的损失（即离职成本）以及重新组织招聘所产生的费用（即重置成本）。

员工离职成本可以分为直接成本和间接成本两部分。直接成本是那些通过检验记录及准确估计时间和资源可以量化的成本，比如支付给员工的离职费用。间接成本主要包括员工离职前后对企业造成的潜在的货币或非货币化的损失，如员工离职前因个人工作效率低下引起的集体效率不高、员工离开影响企业内部员工的工作士气等。

评估重置成本之前，准确地说，应该是再进行招聘之前，需要制定招聘预算，招聘成本的评估有利于制定下一次的招聘预算。每年的招聘预算应该是全年人力资源开发与管理的总预算的一部分。招聘预算主要包括招聘广告预算、招聘测试预算、体格检查预算、招聘差旅费及其他预算四个部分，其中招聘广告预算占据相当大的比例，一般来说这四个部分按 4∶3∶2∶1 的比例分配预算较为合理。

二、录用人员评估

录用人员评估是指根据招聘计划对录用人员的数量和质量进行评估的过程。

1. 对录用人员数量的评估

对录用人员数量的评估是检验招聘工作有效性的一个重要方面。通过数量评估，分析录用人员在数量上满足或不满足需求的原因，数量评估有利于找出各招聘环节的薄弱之处，改进招聘工作；同时，通过录用员工数量与招聘计划数量的比较，还可为人力资源规划的修订提供依据。录用人员的数量可用以下几个指标来表示。

（1）录用比公式：

录用比=(录用人数/应聘人数)×100%

录用比越小，相对来说，录用者的素质就越高；反之，则可能录用者的素质较低。

（2）招聘完成比公式：

招聘完成比=(录用人数/计划招聘人数)×100%

招聘完成比等于或大于100%，则说明在数量上全面或超额完成招聘计划。

（3）应聘比公式：

应聘比=(应聘人数/计划招聘人数)×100%

应聘比越大，说明发布招聘信息的效果越好，同时说明录用人员素质较高。

2. 对录用人员质量的评估

对录用人员质量的评估是对员工的工作绩效、实际能力、工作潜力的评估，是招聘工作成果与方法有效性检验的另一个重要方面。质量评估既有利于招聘方法的改进，又为员工培训、绩效评估提供了必要的信息。对录用人员的质量评估实际上是在员工选拔过程中对录用员工在能力、潜力、素质等方面进行的各种测试与考核的延续，也可根据招聘的要求或职位分析中得出的结论，对录用员工进行等级排列来确定其质量，方法与绩效考核方法相似。录用比和应聘比这两个指标也在一定程度上反映了录用人员的质量。

三、招聘方法评估

招聘方法可以从效度和信度两个方面来评估。

1. 效度评估

效度是指招聘真正测评到的员工品质与想要测评的员工品质的符合程度。在甄选过程中，有效的招聘测评的结果应该能够正确地预测应聘者将来的工作绩效，即甄选结果与以后的工作绩效考核的得分是密切相关的。两者之间的相关系数称为效度系数，它的数值越大，说明招聘测评越有效。效度可分为三种：预测效度、同测效度、内容效度。

（1）预测效度。预测效度指对所有应聘者都进行某种测评，但并不依其结果决定录用与否，而依靠其他甄选手段，如申请表、面试等来决定录用人员。待这些被录用人员工作一段时间以后，对其工作绩效加以考核，然后再将绩效考核的得分与当初的测评结果加以比较，求出两者的相关系数。相关系数越大，说明此测评效度越高，可以用此测评来预测应聘者的潜力；相关系数越小或不相关，则说明此测评无法预测应聘者的工作潜力。

（2）同测效度。同测效度是指对现有的员工实施某种测评，然后将其结果与这些员工的工作表现或工作绩效考核的得分加以比较。若两者相关系数很大，则此测评的效度就很高，说明此测评与某项工作密切相关。这种效度的特点是省时，可以尽快检验某种测评的效度，但在将其应用于员工甄选测评时，难免会受到其他因素的干扰，从而无法准确预测应聘者未来的工作潜力。例如，这种效度是根据现有员工的测评得出的，而现有员工所具备的经验、对企业的了解等正是应聘者所缺乏的，因此应聘者有可能因缺乏经验而在测评中得不到高分，从而被错误地判断为没有潜力或能力。其实他们经过实践锻炼与培训，是可能成为称职的员工的。

（3）内容效度。内容效度是指测评是否代表工作绩效的某些重要因素，例如，招聘打字员时，对应聘者的打字速度及准确性进行测评，这种实际操作测评的内容效度是最高的。与前面两种效度不同的是，内容效度不用测评结果与工作绩效考核的得分的相关系数来表示，而是凭借招聘人员或测评编制人员的经验来判断。内容效度多应用于知识测评与实际操作测评，而不适用于对能力或潜力的预测。

2. 信度评估

信度是指系列测评所得结果的稳定性与一致性的高低。当应聘者多次接受同一测评或有关测评时，其得分应该是相同或相近的，因为人的个性、兴趣、技能、能力等在一定时间内是相对稳定的。如果通过某项测评没有得到相对稳定、一致的结果，就说明测评本身的信度不高。测评信度以对同一人所进行的几次测评结果之间的相关系数来表示。可信的测评，其信度系数在 0.85 以上。由于测评的信度受到多种因素的影响，如测评内容的组织与安排，测试者个人的因素（如语音、语调、语速等），被测者情绪、注意力、疲倦程度的变化等，因此不可能要求测评的信度系数达到 1，即几次测评结果完全相同。

测评的信度分为三类：重测信度、对等信度、分半信度。

（1）重测信度。重测信度指用同一种测评方法对一组应聘者在两个不同的时间点进行测评的结果的一致性。如对一组应聘者进行某项测评后，过几天再对他们进行同一测评，两次测评结果之间的相关程度即为重测信度。重测信度高低既与测评方法本身有关，也与测评因素有关。但该方法不适合受熟练程度影响较大的测评，因为被测者在第一次测评中可能记住某些测试题目的答案，从而提高了第二次测评的分数。

（2）对等信度。对等信度是指对同一应聘者使用两种对等的、内容相当的测评的结果之间的一致性。如对应聘者先后使用甲个性测评量表与乙个性测评量表，然后测出这两次测评结果之间的相关程度，用来确定测评的信度。这一方法减少了重测信度中前一次测评对后一次测评的影响，但两次测评间的相互作用在一定程度上依然存在。

（3）分半信度。将对同一组应聘者进行的同一测评分为两部分，这两部分结果之间的相关性即为分半信度。这种方法既省时，又避免了前后两次测评间的相互影响。在对应聘者进行招聘测评时，应努力做到既可信又有效。但应注意的是，可信的测评未必有效，而有效的测评必定是可信的。

8.3.3　招聘总结

评估工作完成之后，最后一个环节就是对招聘工作进行总结，对招聘的实施、招聘工作中的优缺点等进行回顾分析，撰写招聘总结，并把招聘总结作为重要资料存档，为以后的招聘工作提供参考。撰写招聘总结应遵循以下原则：由招聘主要负责人撰写；真实反映招聘的全过程；明确指出成功之处和失败之处，并提出改进意见。招聘总结的主要内容有招聘目标与计划、招聘进程、招聘结果、招聘经费、招聘评定、改进建议等。

拓展阅读

我国事业单位招聘考试的技术性特质与优化

公开招聘是事业单位录用工作人员的主渠道，也是事业单位一项重要的人事管理制度。这一制度的核心环节——技术性选拔测评方式及其涵盖的以笔试和面试为主的人才测评方式是现阶段事业单位选拔人才的基本手段，基本实现了事业单位招聘工作从随机性到制度化、人才评价从主观性走向客观性、人才配置从计划调节走向市场导向的转向。当前，技术性选拔导向下的公开招聘有利于事业单位拓展人才选拔范围，也为社会优秀人才搭建了公开、公平竞争的平台，但亦凸显出诸多问题与弊端，一定程度上影响了人才招聘的科学性和公平性。

一、从总体性配置到技术性选拔：我国事业单位招聘制度的结构性转型

社会结构转型视角下，伴随着我国近现代社会从“总体性社会”向“分类化社会”变迁，事业单位作为社会单位的主要表现形式也发生着重大变化：其一，体现在实施政事分离，以社会公益和改善民生为主要宗旨，发挥市场调节机制，激发事业单位的主体活力。其二，体现在专业化、类别化、服务化，提高事业单位的专业技术性。其三，体现在从业人数巨大，改革影响深远，需要建立健全科学有效的管理体制机制。

转型具体可分为三个阶段：

一是从计划管理的人员录用到面向社会的公开招考。1982 年劳动人事部出台了《吸收录用干部问题的若干规定》，要求国家机关、企事业单位吸收录用干部，实行公开招收、自愿报名，德智体全面考核，坚持考试，择优录用，并在考试科目、命题、监考、评卷以及录用原则等方面都提出了具体要求。报名人员必须通过考试和政审并在体检合格后方能录用。这个文件成为我国第一个明确提出通过考试录用干部的综合性文件，标志着我国干部招考工作有了基本的工作规范。随着国家机关人事制度改革的不断深入，国家同步推进教育、科技、医疗卫生、文化等各个领域事业单位的人事制度改革，逐步建立起分类管理的事业单位人事制度。越来越多的事业单位开始探索实行公开的招聘方式，有些省份人事部门陆续统一组织辖区内事业单位进行公开招聘。从此，我国事业单位用人制度开启了从计划管理的人事制度向面向社会的公开招考的转型历程。

二是从引导性招考到“凡进必考”的规范化建构。2002 年 7 月国务院办公厅转发人事部《关于在事业单位试行人员聘用制度的意见》和 2005 年 11 月人事部颁布的《事业单位公开招聘人员暂行规定》，均要求事业单位凡出现空缺岗位，除国家政策性安置、按干部人事管理权限由上级任命及涉密岗位等确需使用其他方法选拔任用人员以外，都要实行公开招聘。此外，还规定了事业单位公开招聘的适用范围、基本原则、招聘程序、考核办法、纪律监督，构建了该制度的基本框架。从 2006 年起，事业单位录用工作人员全面实行“凡进必考”，招聘考试成为事业单位人事管理的一项重要工作。这一阶段，我国事业单位人事改革重点在于推进传统的事业单位选人用人方式转型，强化“凡进必考”

的刚性规定，建构新型的事业单位公开招聘制度，特别是防止传统进人制度的反弹。一大批高素质的优秀人才通过公开招聘方式充实到事业单位。公开招聘成为一项得民心、保公平的“阳光工程”。

三是从经验式选拔考试到程序化、科学化招考设计。这一时期，国家一方面不断吸收和总结各地招聘考试经验，完善招聘考试制度；另一方面，也加强对招聘考试制度的研究，提高制度设计的科学性，不断解决问题，提高招聘质量。人力资源社会保障部于 2017 年出台了《事业单位公开招聘违纪违规行为处理规定》和《关于事业单位公开招聘岗位条件设置有关问题的通知》，明确了招聘单位和招聘工作人员违纪违规的情形、处理规定以及相应的处理程序，同时要求用人单位科学合理地设置招聘条件，特别是不得设置指向性和与岗位无关的歧视性条件，不断堵住事业单位进人“漏洞”，防止出现社会诟病的“萝卜招聘”。随着公开招聘程序的完善、优化以及对招聘过程诸多问题的纠偏和规范，事业单位公开招聘制度体系日趋完备，招聘考试有序、有效，为事业单位人才招聘提供了重要支撑，同时也在全社会营造了公平公正的用人环境。

二、技术性反思：当前事业单位招聘考试的问题分析

随着社会技术与社会行动的互相促进与融合发展，社会技术对社会系统的支持和参与不断渗透扩张，迫切地需要社会结构与运行方式的转变。在这样的趋势下，我国事业单位招聘制度开启了从总体性配置的人事分配方式到技术性选拔的人事招聘制度的转变。技术性选拔弥补了原来计划经济体制下人事分配方式的不足，为人事招聘制度注入了专业性、规范性、程序性和科学性的技术理念和专业手段，对提高事业单位人力资源配置效益起到了积极作用。同时我们也应该反思，考用分离的笔试命题方式难以落实为用而考的原则，一方面，笔试内容的针对性有待提升，不然会对测评结果的信度和效度产生一定的干扰。另一方面，笔试内容设计存在“重知识轻能力，重知识轻应用”的倾向；集中统一的面试内容设计难以实现精准化的人岗匹配。难以满足评价的多位诉求，答题出现模式化套路化；形式化的考录内容难以深入考察应聘者的隐性特征，即“冰山在水面以下的部分”。现行的招聘大多采用笔试与面试相结合的考试模式，笔试难以展现应聘者的潜在能力，面试亦受到多种因素的影响。应聘者的真实隐性素养难以通过面试的问答式内容有效呈现。

三、技术性优化：改进事业单位招聘考试的策略思考

为顺应我国事业单位改革的发展趋势，事业单位人才选拔未来应更加强调自主性、专业度、公益化，我们可以从这些角度来进行优化。

首先，开展岗位分析，准确把握岗位需求，其次，我们可以构建评估模型，完善分类考试机制。再次，优化招聘环节，注重考察适岗能力。最后，创新考试手段，实现招聘公平高效。

考试结果的信度和效度始终有一个持续提升改进的过程，以后仍须对招聘考试制度的规范性、科学性、合理性进行深入的研究，并在实践中加以改进和完善，不断推动招聘考试质量提升，为事业单位选拔到与岗位高度匹配的优秀人才，为以中国式现代化全面推进中华民族伟大复兴提供源源不竭的人才支持和智力支撑。

资料来源：田一聚. 我国事业单位招聘考试的技术性特质与优化. 河海大学学报（哲学社会科学版），2022（6）：102－109＋132. 有改动。

□小　结

录用决策主要是根据企业在招聘中对于求职者的各种选拔评价结果，通过综合分析和筛选，对照预先设定的岗位录用要求，选择最合适的人员予以录用的过程。录用决策受企业自身因素、求职者的信息、录用决策者的个人因素和劳动力市场等多方面因素的影响。通常是在确定录用决策小组成员和分析候选人的相关信息后，列出最后的拟录用人员名单交给企业人力资源管理部门。企业在制定录用决策时，应注意原则一致、目标明确和能岗匹配等。

在确定录用人员后，人力资源管理部门应当向被录用者和未被录用者分别发出录用通知和辞谢通知，对于拒聘的优秀人员也应该尽力争取。待录用人员到企业报到后，签订正式的劳动合同，确定企业与劳动者双方的劳动关系。

科学、合理的新员工培训可以有效提升新员工对企业的认同感，降低员工的离职率。新员工培训中一般要做好前期准备工作、中期督导工作和后期评估工作，培训内容包括认知培训、态度培训、职业培训和技能培训等。

在一次招聘任务完成后，对招聘工作成果和方法是否有效做出科学、客观的评估，是进一步提高以后招聘工作效率的一项必不可少的工作。招聘评估内容包括招聘成本评估、录用人员评估和招聘方法评估三个方面。

□思考题

1. 简述录用决策的影响因素及注意事项。

2. 简述新员工培训的一般流程和步骤。

3. 在忙碌了很长一段时间后，人力资源部终于完成了公司大部分的招聘工作。总经理在办公会议上，要求人力资源部对本次招聘工作进行总结，并做出简单的评估。会后，人力资源部经理把这项任务交给了你，你将如何完成这项任务？

□参考文献

1. 廖泉文．招聘与录用．4版．北京：中国人民大学出版社，2022.

2. 王丽娟．员工招聘与配置．2版．上海：复旦大学出版社，2012.

3. 徐芳，张成刚．培训与开发理论及技术．2版．上海：复旦大学出版社，2019.

4. 苏进，刘建华．人员选拔与聘用管理．北京：中国人民大学出版社，2007.

5. 程延园．中华人民共和国劳动合同法实施条例适用指南．北京：中国人事出版社，2008.

6. 孙卫敏．招聘与选拔．济南：山东人民出版社，2004.

7. 赵曼，陈全明．公共部门人力资源管理．2版．北京：清华大学出版社，2010.

8. 颜东岳．“五险一金”法律常识你知道多少．劳动保障世界，2010（12）：49.

9. 石先广．不要轻易拿试用期说事儿（上）．HR经理人，2011（3）：71－77.

10. 张同全．基于当期收益的人力资本产权价值计量模型研究．中国行政管理，2007（3）：95－98.

11. 历菲．“试用期”案评（三篇）．人力资源，2017（5）：55－57.

12. 王春超，张玲，周先波．社会关系网为什么能提升农民工工资．统计研究，2017，34（2）：79－91.

13. 蒋石梅，孟静，张玉瑶，等．知识型员工管理模式：华为案例研究．技术经济，2017，36（5）：43－50.

图书在版编目（CIP）数据

招聘与录用/王丽娟，李海蓉主编．-- 3 版.
北京：中国人民大学出版社，2024.7. --（高等学校
经济管理类主干课程教材）．-- ISBN 978-7-300-32931
-4

Ⅰ. C913.2

中国国家版本馆 CIP 数据核字第 2024ST0937 号

高等学校经济管理类主干课程教材・人力资源管理系列
招聘与录用（第 3 版）
主编　王丽娟　李海蓉
Zhaopin yu Luyong

出版发行	中国人民大学出版社		
社　　址	北京中关村大街 31 号	**邮政编码**	100080
电　　话	010－62511242（总编室）		010－62511770（质管部）
	010－82501766（邮购部）		010－62514148（门市部）
	010－62515195（发行公司）		010－62515275（盗版举报）
网　　址	http://www.crup.com.cn		
经　　销	新华书店		
印　　刷	北京宏伟双华印刷有限公司	**版　　次**	2012 年 11 月第 1 版
开　　本	787 mm×1092 mm　1/16		2024 年 7 月第 3 版
印　　张	20.25 插页 1	**印　　次**	2025 年 3 月第 2 次印刷
字　　数	464 000	**定　　价**	55.00 元